Whole process full tax
practical operation guidance of
construction enterprise

建筑业企业全流程全税种实操指导

陶国军 编著

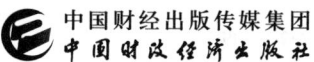

中国财政经济出版社

图书在版编目（CIP）数据

建筑业企业全流程全税种实操指导/陶国军编著. --北京：中国财政经济出版社，2022.1（2023.4重印）
ISBN 978-7-5223-1059-6

Ⅰ.①建… Ⅱ.①陶… Ⅲ.①建筑业－税收管理－中国 Ⅳ.①F812.423

中国版本图书馆 CIP 数据核字（2021）第 012132 号

责任编辑：陈志伟　　　　　责任印制：史大鹏
封面设计：卜建辰　　　　　责任校对：张　凡

建筑业企业全流程全税种实操指导
JIANZHUYE QIYE QUANLIUCHENG QUANSHUIZHONG SHICAO ZHIDAO

中国财政经济出版社 出版

URL：http://www.cfeph.cn
E-mail：cfeph@cfeph.cn

（版权所有　翻印必究）

社址：北京市海淀区阜成路甲 28 号　邮政编码：100142
营销中心电话：010-88191522
天猫网店：中国财政经济出版社旗舰店
网址：https://zgczjjcbs.tmall.com
北京时捷印刷有限公司印刷　各地新华书店经销
成品尺寸：170mm×240mm　16 开　31.75 印张　450 000 字
2022 年 9 月第 1 版　2023 年 4 月北京第 2 次印刷
定价：98.00 元
ISBN 978-7-5223-1059-6
（图书出现印装问题，本社负责调换，电话：010-88190548）
本社质量投诉电话：010-88190744
打击盗版举报热线：010-88191661　QQ：2242791300

推荐语（按照姓氏笔画排序）：

第一次见陶老师，觉得他实诚；第一次听陶老师讲课，认可他的专业；第一次和陶老师探讨实例，领教了他广博的税务知识、见识了他严密的逻辑思维能力。在我国深化财税改革的今天，建筑行业的财税痛点一直困扰着行业中的财务同仁，陶老师的新书全流程全税种剖析了建筑行业的财税特点，融入其多年的财税管理经验，深入浅出地讲解了建筑行业财税实操案例，值得仔细研读，并从中领悟建筑行业财税精髓。

马正华

重庆理工大学 MPAcc 校外导师

林同棪国际工程咨询（中国）有限公司　财务总监

陶老师从事税收工作 20 多年，历经政府官员、企业高管、事务所合伙人以及税法学者身份转换，理论功底扎实，行业经验丰富。他的新书通过案例研究的方式，围绕着现代建筑行业税务处理全过程进行深入浅出的解析，既具有理论高度，又有很强的实操性，对行业和企业都具有极大的指导和借鉴意义。这本书兼具知识性与实操性，更具有研究价值，尤其是关于 EPC、PPP 项目等一些疑难税务问题的论述，列明各种观点和争议口径，有理有据又通俗易懂，非常值得建筑行业从业人员学习和阅读。

王永生

北京市住建委专家库专家

愿景物业集团　副总裁

中国建筑业属于基建"狂魔",这个"狂魔"是褒义词,体现了高质量发展的生产力;但是建筑行业税务处理也是"群魔乱舞",这个"群魔"是贬义词,隐藏着建筑领域普遍存在的风险。我们不要泄气、不要失望,尽管荆棘遍布,仍需进取。陶国军教授的建筑业税务新书,给了这个行业新的力量,代表了行业学习的新风气!

王骏

中翰税务集团　理事长

中国财税浪子

对于大多数财务人员而言,基础理论虽也不可或缺,但示范性的实操往往比深奥的理论更为实用。深耕税务行业,却身兼税务稽查部门负责人、税务咨询机构合伙人及大型建筑企业税务总监多方角色的职业经历和学术兴趣,打造了陶国军这位实战兼具理论的税务专家。

纵览全书,围绕着建筑业企业税收实务展开,既有不同税种的操作指南,也有从合同签订、疑难问题处理到涉税风险分析乃至税务全过程筹划的经验分享,堪称是一本可以指导建筑企业涉税实务的工具书。

李秀峰

浙江财经大学　硕士生社会导师

杭州交通投资建设管理集团有限公司　副总经理、财务总监

本书是作者多年丰富工作经验的积淀,既有建筑企业全流程、全税种的实操指导,又将税务与会计处理相结合,还有对疑难税务问题的剖析和解决方案,是一本不可多得的好书。推荐作为建筑企业财务人实务操作的工具书。

李玉臻

北京某建筑设计集团公司　财务总监

认识陶老师是因为上他的建筑企业税务培训课,陶老师从税务主管

部门视角结合企业视角针对建筑企业在全流程中容易遇到且容易被忽视的涉税问题、存在的风险、怎么预防风险等，作了详细讲解并给出最优处理方案。陶老师幽默风趣的谈吐结合精彩案例让晦涩的税法变得通俗易懂，使我受益匪浅。陶老师是北方人，但是他兼具北方的大气和南方的灵气。陶老师性格直爽，有问必答，知无不言，一定会成为大家的良师益友。

陈高

江苏中南建筑产业集团有限责任公司财务资金管理中心　副总经理

陶老师的新书从建筑企业合同管理入手，详细介绍了建筑企业涉及的各税种处理和会计核算，内容丰富，案例翔实，有助于建筑企业财务人员提升税务管理和会计核算能力，值得推荐。

苏强

兰州财经大学　教授

在日趋严峻的行业背景下，众多建筑企业在完善内部管理、加强内部控制、提升运营水平的努力下，公司利润提升空间依然有限，这种情况下，税务管理与规划就成为企业的"必选动作"，合规条件下的节税也成了建筑企业增加盈利的一条关键路径。陶国军的新书《建筑业企业全流程全税种实操指导》，从实操角度接地气地全面介绍了建筑企业实际经营过程中涉及的各个税种政策、特点，结合案例，全流程分析了税务难点、处理方案。从合作模式、合同设计到各税种前置筹划思路，再到税务风险规避、疑难问题处理，为建筑企业提供了一份极具价值的行业税务管理思维与实操指导。

宋宁

中国对外经贸会计学会　副会长

阳光保险集团　税务总监

全书围绕"新"形势，坚持"全"内容，着眼"实"问题，通过对税收相关政策、规则的细密分解和典型案例的实操，全面解读建筑行业税收难点、热点问题，相信能够对税收教研人员、企业高管、税务顾问、财务人员提供全新问题思考路径和解决要领。陶国军教授视野开阔、思路缜密、经验丰富，他的新作有利于增强"识势"之明、提高"布局"之能、掌握"干事"之道。让大家进一步增进对建筑行业税法的了解和遵从，从而在未来经营和发展中"守良法，行大道"。

林中波

无锡市服务业发展联合会　会长

陶国军老师曾在税务机关和建筑施工企业工作过，有着丰富的税收实践经验，这本专著是他多年的专业积累而成，是一本值得认真学习的建筑业税收实务参考书。

徐贺

大信税务师事务所　合伙人

《建筑业企业全流程全税种实操指导》这本书，是作者二十多年经验和智慧的结晶，结合实际工作中的案例，针对性和实操性强，对防范企业税务风险具有非常好的指导作用，值得推荐给大家。

徐海

国电电力发展股份有限公司北京朝阳技术咨询分公司　高级主管

虽然我这些年一直专注做"走出去"企业国际工程的税务实务工作，中外有别，但是相同的建筑业特点，相似的税种专业判断，使我和陶总，这位中国建筑业税务专家有缘相识，并相互学习和借鉴。特别是陶总也曾先在地方税务局工作，后又在一家大型建筑企业担任税务总监，现在又自己做税务中介服务，相同的工作经历，不同的专业视角，使我和陶总对建筑业涉税问题的探究总能产生共鸣。我对陶总的职业精神、专业判断非常敬佩和认可，也非常期待能与陶总携手为中国的建筑企业做好国内、国际工程全方位的涉税服务。得知陶总的新书《建筑业企业全流程全税种实操指导》出版，坚信这是他厚积薄发的结晶，我也是渴望一睹为快，相信大家读后也一定会受益无穷。

梁红星

北京税海之星税务咨询有限责任公司　总经理

"一带一路"税务实务资深专家

看到国军老弟大作即将出版，心里非常感动，为他刻苦认真的主动学习精神、坚韧不拔的科研毅力和孜孜不倦的工匠态度而叫好！2008年我因工作需要，从《税务研究》编辑部调到中国国际税务咨询公司工作，国军老弟也是从税务系统辞职下海的，由于有着共同的经历，因此交往颇多。他阅历丰富，从基层税务干部做起，一步一步地走到基层局副局长的岗位，税务机关多岗位的锻炼，让他对税收政策以及征管要求有着全面的了解；他研究税收政策、处理税务事项以国家政策为导向，通过正确解读、全面系统应用税收政策来处理问题，经常能很自然地化解税企争议；他执着坚韧，本着看清实质、总结真相的钻研精神，努力把建筑业的税收理论与实践操作搞清搞透；他在建筑企业多年税务总监经历以及多年的教学与涉税服务经历，很好地实现了自我跨越式提升，并将心得总结成书，以从实践中体会行业的税收温度。

《建筑业企业全流程全税种实操指导》这本书，可以说是解决建筑行业税收问题的全能之作，能给建筑业从业人员提供全方位的帮助。我国税种较多，政策繁多，加之不断的改革，新政策、新要求不断更新。从业者只要手持此书，各类税务问题大多能从中找到答案，是企业合规经营的重要参考书。本书内容全面，各税种及相关政策均有描述；范围广阔，从财务核算到税务风险管控均有涉猎；现实感强，文中的政策与实操都与建筑行业紧密相关，让读者没有生疏感。读后，让人有种"有了此书，税收不愁"之感受。

任何领域的专家，都是通过行业实践深耕、思想不断升华和漫长时间沉淀锻造而成的，国军老弟的大作为其成为行业翘楚作了有力的注解。期待他再有新作，为税收事业作出新的贡献！

韩青

中国社科院、中国财政科学研究院　硕士生导师

青爽（北京）税务咨询有限公司　董事长

营改增之后，建筑企业涉税业务的复杂性日趋提高，税务管理的精确性要求也不断提升，税务风险管理与税收筹划成为税务管理的重中之重。陶国军先生多年耕耘于建筑业财税领域，不仅具有实战经验，而且理论功底扎实，观点犀利，《建筑业企业全流程全税种实操指导》一书，值得业界朋友认真研读，落地操作。

蔡昌

中央财经大学　教授、博导

税收筹划与法律研究中心　主任

北京大数据协会财税大数据专委会　会长

一直有关注陶先生的授课，从中也获益良多。新书覆盖了建筑业的全链条和全税种，结合陶先生丰富的税收征管及行业管理经验，从征纳两个思维角度讲授了企业在税务管理中的重点和要点，对实务操作有非常强的指导作用。

廖伟庆

北京建工路桥集团有限公司　财务总监

放在我面前的这本书，是一位资深的税务领域工作者，同时也是中华会计网校、东奥教育集团、高顿咨询、大成方略等多家培训机构的特聘讲师及多家大型企业税务顾问陶国军先生针对建筑类企业面临的税务风险点、工程项目增值税合规管理、建筑企业所得税、建筑安装企业个人所得税及社保处理、涉税政策等问题提出的实操解决方案。

推荐语

陶老师邀请我为这本书作推荐，深感荣幸！拜读此书，感到万分惶恐，难以下笔，深深担心难以用客观、正确的语言来描述其作品所达到的境界和在建筑企业税收实务上的客观指引作用。

建筑施工行业的会计核算和税务处理有其独特性，与生产制造型企业有很大的区别，能够如此全面系统地向读者呈现这样一本书，实属难能可贵。通览本书之后，我总结出本书的三个突出特点：

第一，系统性。本书直接从建筑企业合同税务管理入手，给出风险把控策略，再过渡到建筑企业各税种的管理流程，最后就行业内税务疑难问题展开剖析、提出策略。这样三位一体全面分析，系统性非常强，阅读时不至于晦涩难懂。能从这几个角度将整本书的系统构架起来，可见作者的用心良苦。

第二，专业性。在我国，建筑行业税务处理和其他行业较为不同，长期以来较少人去系统地研究它，市面上全流程全税种实操很难找到相关资料。它属于一个窄口领域，理论上说，比较难作为专题形成一本真正具有指导意义的书籍，而本书作者能够在这个专业领域里进行深入的研究探索，将窄的东西写宽了，专业性不言而喻。

第三，实战性。这本书结合许多案例解析与实操建议，对风险把控、会计核算和税务处理进行了详尽的说明，理论与实践相结合，实战性相当强。

精读此书，将对建筑企业这一领域的流程、税种拥有更加深刻的理解与认识。因此，我衷心希望《建筑业企业全流程全税种实操指导》这本书能够得到读者更多的关注，并对大家的学习、工作产生积极影响。

魏敏霞

中建路桥集团建设发展有限公司　董事、总会计师

本书最大的价值在于"全面"以及"实操"：作为实用工具书足以让建筑业企业的财务从业人员对于各项税种有更全面及清晰的认知，同

时辅以详尽的实操流程及案例，给出了专业的指导意见，从而使得财务人员更容易做到"看得清风险"，"算得准账目"，"缴得对税金"。

瞿孜文

得物集团　高级财务总监

序

《建筑业企业全流程全税种实操指导》一书历经两年,几经易稿,终于与读者见面了。这是笔者的第一本书,书中融入了笔者20年税务机关工作经验、多年建筑企业税务总监和多年涉税服务以及教学经验,相信书中内容对于建筑业从业者以及乐于研究建筑业涉税问题的人士一定会有所帮助和启发。

笔者从多年涉税服务和教学实践中感触最深的是:一些建筑业从业者大多对实操很清楚,但是对于税收政策边界把握不准,很容易带来税务风险;一些涉税服务机构往往对政策把握没问题,但是对于建筑业实操不是特别清楚,很难获得客户的认同,与建筑业客户谈合作自然就更加困难;一些税务机关的干部在接受纳税人咨询或检查建筑企业的涉税问题时,往往对建筑企业实操不甚了解,生搬硬套会计和税法条文很容易闹出笑话,甚至引发税企争议。鉴于此,本书的写作方向是基于建筑业真实业务,站在建筑企业自身、第三方中介机构和税务机关的视角看待建筑业的实操以及税务风险、纳税筹划和稽查应对问题,并结合实务中的一些典型案例引导读者做好自己(熟练掌握建筑业实操)、守住底线(把握违法与犯罪边界,做到不违法)并有所建树(合法合规基础上做好筹划)!

本书具有以下六大特点:

第一,以建筑业税务实操为主,并兼具会计处理。这是一本以建筑业税务实操为主的书籍,会计处理只是进行了辅助介绍,并没有深入展开,之所以把新收入准则和PPP项目合同会计处理部分单独一章放进来,是考虑到这部分知识对建筑企业财务从业人员来说有难度且很有帮助，读者可以当作工具书使用，方便查阅和学习。还有一点需要提示的是，之所以把合同税务处理部分放在了第一章，是想告诉读者朋友合同的重要性，以及不重视合同是很容易带来税务风险的，这也是笔者在建筑企业做税务总监时的工作心得。笔者认为，研究税务必须基于真实的业务，从企业实践看，了解一个企业的业务首要的是研究合同，合同是业务模式的体现，合同中蕴含着税务规划的思维，合同如果签得不好，自然也隐含着税务风险。这里之所以用"研究"一词，是想告诉那些没有经验的财务人员，看合同是要加入思考的过程的，要善于从合同中发现问题并努力找到解决问题的方法，久而久之，你至少不再是外行了。实务中有的财务人员进行会计处理根本不看合同，甚至看不到合同，发票拿来就记账，这是不对的，一定要看合同，要善于从合同条款中读出税务问题，甚至更超前一些，要在合同签订之前融入税务规划的思维。这是笔者对财务朋友们的建议和期望，相关风险点以及应对方法已经写入本书，希望能引起共鸣，对您有所帮助！

第二，覆盖建筑业相关所有税种，并融入最新税收政策。本书重点介绍了与建筑行业相关的增值税、企业所得税、个人所得税三大主体税种，并详细介绍了自2022年7月1日施行的印花税法及其配套文件，以及印花税官方问题解答，其他小税种从风险点防范的角度进行了介绍，对社保费从政策以及规划的角度也进行了介绍。

第三，涉及建筑业所有流程的税务处理，并充分融入业财税融合思维。本书从建筑企业实际业务入手来展开税务问题和会计问题的处理，理论结合实践，政策结合案例，学完就能用。业财税融合的提法已经很多年了，但是实践中很多企业做得并不好，这里边可能有企业内部机制的问题，也可能有财务人员能力问题。本书能做到的，是提升相关从业人员的专业素养和业财税融合能力，让自己更有价值！

第四，选用案例大多是结合工作实践和教学实践中的真实案例改编，贴近建筑业实务。用建筑业财务学员的话讲：全是干货，非常接地气，能解决实际问题。

第五，融入税务风险管理思维，提倡先合规、后筹划。本书税务处理的各环节，包括基本税收政策、疑难税务问题、税务风险防范、纳税筹划和税务稽查应对等方面，都融入税务风险管理思维，利于引导读者从整体把握企业税务风险，积极建立税务风险管理体系。

第六，本书阅读受众不局限于建筑业从业者。本书适合建筑业从业者、涉税服务机构从业人员、税务机关的干部以及财会和税收专业的大学生和研究生阅读。其中税务风险防范、纳税筹划和税务稽查应对部分适合所有行业的财务人员学习和借鉴。特别是关于偷税的是与非的论述、偷税的罪与非罪的论述以及虚开发票罪与非罪的论述部分，是非常好的运用法律保护自己的武器，适合所有行业的财务人员、企业高管以及老板们学习和阅读，对于化解税企争议非常有帮助。

本书的顺利出版，得到了各方面的大力支持和帮助。重庆理工大学MPAcc校外导师、林同棪国际工程咨询（中国）有限公司财务总监马正华，北京市住建委专家库专家、愿景物业集团副总裁王永生，中翰税务集团理事长、中国财税浪子王骏，浙江财经大学硕士生社会导师、杭州交通投资建设管理集团有限公司副总经理、财务总监李秀峰，北京某建筑设计集团公司财务总监李玉臻，江苏中南建筑产业集团有限责任公司财务资金管理中心副总经理陈高，兰州财经大学教授苏强，中国对外经贸会计学会副会长、阳光保险集团税务总监宋宁，无锡市服务业发展联合会会长林中波，大信税务师事务所合伙人徐贺，国电电力发展股份有限公司北京朝阳技术咨询分公司高级主管徐海，北京税海之星税务咨询有限责任公司总经理、"一带一路"税务实务资深专家梁红星，中国社科院、中国财政科学研究院硕士生导师、青爽（北京）税务咨询有限公司董事长韩青，中央财经大学教授、博导、税收筹划与法律研究中心主任、北京大数据协会财税大数据专委会会长蔡昌，北京建工路桥集团有限公司财务总监廖伟庆，中建路桥集团建设发展有限公司董事、总会计师魏敏霞，得物集团高级财务总监瞿孜文等多位业内人士、朋友、同学等分别对本书予以热情的推荐。

中国财政经济出版社商业出版中心尉敏主任及其他几位编辑对本书的出版付出了大量卓有成效的劳动。

本书的顺利出版自然也离不开以前工作单位领导的厚爱和同事的帮助，离不开家人和朋友的辛勤付出。在此，一并表示衷心的感谢！

同时，为了感谢读者的厚爱，笔者将以直播（或录播）方式对本书重点内容进行讲解和答疑，直播路径和时间安排请读者关注"桃子说税"公众号，届时会在公众号发布详细信息。

限于能力和水平，书中难免存在错误和疏漏之处，敬请读者批评和指正，读者有任何意见或建议请发送邮件（邮箱：1030985381@qq.com），以便再版时修正。深表谢意！

期盼本书能成为建筑业从业者以及相关知识爱好者的良师益友！

陶国军

2022 年 7 月 18 日

前言
QIANYAN

《建筑业企业全流程全税种实操指导》一书共13章。

第一章，重点介绍建筑业企业合同税务管理，主要是结合实践中发现的一些税务风险问题，指出合同谈判、合同审核中应注意的涉税节点分析判断方法，并给出风险把控策略，尤其对不签订合同的涉税风险给予了重点提示，并对增值税纳税义务发生时间如何在合同中体现作了梳理，利于指导读者实践应用。

第二章，重点介绍工程项目跨区域税务管理，包括工程项目跨区域报验管理、工程项目跨区域预缴管理。

第三章，专题介绍建筑企业增值税的管理，包括增值税计税方式选择在合同中的体现、增值税预缴税款的管理、增值税进项税额的管理、增值税销项税额（应纳税额）的管理、增值税期末留抵税额退税制度。本章节内容非常重要，在所有税种中，增值税的风险最大，尤其结合增值税留抵税额退税被稽查查处的一些案例看，一旦增值税留抵税额形成的过程不符合税法规定，企业又享受了留抵税额退税，将面临很大的税务风险！轻则退回，重则定偷税、骗税甚至虚开。所以，建筑企业的财务人员一定要认真对待每一笔业务的税务处理，先考虑风险，再考虑税收收益，安全才是硬道理！

第四章，专题介绍建筑企业增值税发票管理，包括取得的增值税发票合规性管理、开具的增值税发票合规性管理、增值税发票领用存的管理、增值税电子发票以及全面数字化的电子发票（全电发票）管理。本章节特别强调了虚开增值税发票的情形及刑事立案最新标准，对于读者控制取得和开具发票虚开风险有很大帮助。全电发票的推广和应用将越来越普遍，本章第五节专门收录了税务机关发布的《全面数字化的电子发票常见问题即问即答》（适用纳税人）供大家学习参考。

在第五章中，重点介绍建筑业企业的企业所得税管理，包括总分机构如何分配所得税、企业所得税汇算清缴难点解析和研发费加计扣除优惠政策详解与实务应用。汇算清缴难点问题很多来自建筑企业财务人员的咨询，与实际工作结合很紧密。研发费加计扣除优惠政策详解与实务应用部分便于读者系统掌握政策，从而安全享受所得税优惠政策。

第六章，重点介绍建筑安装企业个人所得税和社保的处理，包括建安业跨区域工程项目个税核定及其风险规避、个人所得税综合所得年度汇算办税指引、社保基本政策规定和筹划思路的介绍。

第七章，重点阐述其他小税种的风险自查与税务建议，包括房产税、印花税、城镇土地使用税、耕地占用税、土地增值税、资源税、车辆购置税、车船税、契税、城市维护建设税、环境保护税等税费种的风险自查与税务建议。鉴于印花税法已经于2022年7月1日施行，本章第二节对印花税法及其配套政策进行了专题介绍，并将12366关于印花税法的问题解答收录进来，方便读者学习。

第八章，重点介绍建筑业企业税务疑难问题的处理，包括农民工工资支付问题、挂靠项目利润回流问题、EPC工程税务问题、PPP项目税务问题。

第九章，主要涉及涉税违法与涉税犯罪的政策介绍以及风险规避，包括偷税及逃避缴纳税款罪的政策介绍及其风险规避、虚开发票一般违法与犯罪的边界分析及应对、虚开犯罪免予刑事处罚案例解析。

第十章，介绍纳税信用评级及修复的相关政策和程序，便于企业读者及时识别和控制税务风险。

第十一章，介绍建筑业企业新收入准则下的会计处理，包括新收入准则概述、收入确认和计量五步法及其理解、新收入准则会计科目和主要账务处理、关于列报和披露的案例解析、建造合同准则与新收入准则会计科目使用变化的案例解析、社会资本方对政府和社会资本合作（PPP）项目合同的会计处理。

第十二章，介绍建筑业企业增值税的会计处理，主要介绍一般计税和简易计税方式下工程项目的增值税的会计处理。

第十三章，也是本书最后一章，重点介绍纳税筹划案例分析测算方式方法，读者要借鉴本书中所蕴含的纳税筹划思维方式，并学会运用工具进行测算分析，避免就筹划而筹划，重在控制好税务风险。本章包括纳税筹划、避税与偷税的边界分析及应对、利用所得税税负测算指标筛选筹划方案实操演示解析和增值税计税方式选择测算分析。

目录

第一章 建筑业企业合同税务管理 ... 1
- 第一节 合同谈判和审核中注意的涉税节点分析 ... 2
- 第二节 不签订合同的涉税风险节点分析 ... 15
- 第三节 增值税纳税义务发生时间在合同中的体现 ... 17

第二章 建筑业企业跨区域经营税务管理 ... 25
- 第一节 跨区域涉税事项报验管理 ... 25
- 第二节 跨区域经营预缴管理 ... 26

第三章 建筑业企业增值税管理 ... 30
- 第一节 增值税计税方式选择在合同条款中的体现 ... 30
- 第二节 增值税预缴税款的管理 ... 31
- 第三节 增值税进项税额的管理 ... 44
- 第四节 增值税销项税额（应纳税额）的管理 ... 63
- 第五节 增值税期末留抵税额退税制度 ... 67

第四章 建筑业企业增值税发票管理 ... 79
- 第一节 取得的增值税发票合规性管理 ... 79
- 第二节 开具的增值税发票合规性管理 ... 87

第三节　增值税发票领用存的管理 …………………………… 94

　　第四节　增值税电子发票 ……………………………………… 96

　　第五节　全面数字化的电子发票（全电发票）………………… 109

第五章　建筑业企业企业所得税处理 …………………………… 141

　　第一节　建筑业企业总分机构如何分配所得税 ……………… 141

　　第二节　企业所得税汇算清缴难点解析 ……………………… 152

　　第三节　研发费加计扣除优惠政策详解与实务应用 ………… 162

第六章　建筑安装企业个人所得税和社保的处理 ……………… 196

　　第一节　建筑安装企业个人所得税征管 ……………………… 196

　　第二节　按工程收入核定征收个税对建筑企业的影响 ……… 198

　　第三节　个税征免规定 ………………………………………… 200

　　第四节　个人所得税综合所得年度汇算办税指引 …………… 216

　　第五节　社保基本政策规定和筹划 …………………………… 249

第七章　其他小税种的风险自查与税务建议 …………………… 259

　　第一节　房产税 ………………………………………………… 259

　　第二节　印花税法和配套政策及问答 ………………………… 263

　　第三节　城镇土地使用税 ……………………………………… 288

　　第四节　耕地占用税 …………………………………………… 290

　　第五节　土地增值税 …………………………………………… 292

　　第六节　资源税 ………………………………………………… 293

　　第七节　车辆购置税 …………………………………………… 294

　　第八节　车船税 ………………………………………………… 296

　　第九节　契税 …………………………………………………… 296

　　第十节　城市维护建设税 ……………………………………… 298

　　第十一节　环境保护税 ………………………………………… 299

第八章　建筑业企业税务疑难问题处理 ······ 307

　　第一节　农民工工资支付问题 ······ 307
　　第二节　挂靠项目利润回流问题 ······ 311
　　第三节　EPC 工程税务问题 ······ 313
　　第四节　PPP 项目税务问题 ······ 315

第九章　建筑业企业涉税违法与涉税犯罪分析 ······ 329

　　第一节　偷税及逃避缴纳税款罪 ······ 329
　　第二节　虚开发票一般违法与犯罪的边界分析及应对 ······ 339
　　第三节　虚开犯罪免予刑事处罚案例解析 ······ 341

第十章　纳税信用评级及修复 ······ 343

　　第一节　纳税信用评级 ······ 343
　　第二节　纳税信用修复 ······ 353

第十一章　建筑业企业新收入准则下的会计处理 ······ 361

　　第一节　新收入准则概述 ······ 361
　　第二节　收入确认和计量五步法及其理解 ······ 362
　　第三节　新收入准则会计科目和主要账务处理 ······ 374
　　第四节　案例解析关于列报和披露 ······ 386
　　第五节　案例解析建造合同准则与新收入准则会计科目
　　　　　　使用变化 ······ 395
　　第六节　社会资本方对政府和社会资本合作（PPP）项目
　　　　　　合同的会计处理 ······ 404

第十二章　建筑业企业增值税的会计处理 ······ 427

　　第一节　建筑业一般计税工程项目增值税的会计处理 ······ 427
　　第二节　建筑业一般纳税人简易计税工程项目增值税的
　　　　　　会计处理 ······ 464

第十三章　建筑业企业税收筹划案例解析……………………… 468

第一节　筹划、避税与偷税的边界分析及应对……………… 468
第二节　利用所得税税负测算指标筛选筹划方案实操
　　　　演示解析………………………………………………… 470
第三节　增值税计税方式选择测算分析……………………… 479

第一章　建筑业企业合同税务管理

笔者把合同税务管理放在第一章来写，主要是想告诉大家，合同管理实在是太重要了！因为合同一旦签订生效以后，对交易双方或多方就具有了法律的约束力，如果事先不考虑税收因素，签订的合同没有考虑税收的风险或收益，可能会给合同主体带来税收上的损失。凡事预则立，不预则废！所以，在签订合同之前，一定要把税收因素考虑清楚。

在合同与税收的关系上，笔者认同经济决定税收，合同是经济的法律表现形式的理论。经济是个很宏观的概念，落实到企业的实务，就是业务，就是交易模式或交易架构。企业在设计交易模式或交易架构之前或过程中要把税收的事考虑清楚，甚至要基于税收因素去设计和考虑相应的交易模式或交易架构，然后再通过合同的形式把这种交易模式或交易架构固定下来以在法律上产生效力，这样处理才是把合同与税收摆在应有位置的正确做法，绝不能简单地认为"合同决定税收"或"合同控税"，要辩证地去分析和运用，否则容易落入唯合同论的陷阱。

合同一定要基于经济事实和真实的业务去签订，脱离经济事实去签订虚假合同很容易触发虚开发票和偷税风险，弄不好会坐牢的，一定要慎之又慎！

合同税务管理，从实践应用角度看，应包括这样几个方面的内容：一是合同签订前的税务风险梳理、规避和纳税筹划；二是合同起草过程中的税务风险审核；三是合同签订后执行过程中的税务风险监控。实践中发现一些建筑企业本末倒置，把税务风险控制和纳税筹划放在了合同签订之后，这确实不应该。

建筑业企业在经营过程中涉及的合同很多，包括但不限于投融资合同、工程总承包合同、工程分承包合同（专业分包或劳务分包合同）、采购合同、租赁合同、设计合同、咨询合同等，每种合同中涉及的税务节点很多，在合同谈判和合同审核时要格外小心谨慎，避免一时疏忽留下税务风险。笔者在工作实践和教学实践中审核过大量合同，对于审核合同过程中以及解答学员提出问题中发现的税务风险点，也作了一些总结，希望能对建筑业从业者有所帮助。

第一节　合同谈判和审核中注意的涉税节点分析

合同谈判环节很重要，合同谈判和合同审核的内容相近，因此，笔者把合同谈判和审核工作放在一起来说。从税务管理的角度看，合同谈判和合同审核涉税的节点很多。对于一个成规模的公司来说，每一份合同都审核一遍税务风险，工作量巨大。所以，制定标准的合同模板，把涉税风险节点嵌入合同模板中，按照标准的合同模板起草合同，会极大地节省合同审核的工作量。

但是，即便是标准的合同模板也不能完全覆盖所有的经济业务模式，所以，还是要对合同进行必要的人工审核。

结合工作和教学实践，笔者总结了合同谈判和审核中应注意的如下涉税节点：

一、和计税方式相关的条款

一般纳税人建筑企业符合条件的工程项目可以选择适用（或适用）简易计税方式计算增值税，这里所说的符合条件是指以下情况之一：

1. 清包工

《财政部 国家税务总局关于全面推开营业税改征增值税试点的通知》（财税〔2016〕36号）附件2《营业税改征增值税试点有关事项的规定》第一条第（七）项"建筑服务"第1点，一般纳税人以清包工方式提供的建筑服务，可以选择适用简易计税方法计税。

以清包工方式提供建筑服务，是指施工方不采购建筑工程所需的材料或只采购辅助材料，并收取人工费、管理费或者其他费用的建筑服务。

2. 甲供工程

《财政部 国家税务总局关于全面推开营业税改征增值税试点的通知》（财税〔2016〕36号）附件2《营业税改征增值税试点有关事项的规定》第一条第（七）项"建筑服务"第2点，一般纳税人为甲供工程提供的建筑服务，可以选择适用简易计税方法计税。

甲供工程，是指全部或部分设备、材料、动力由工程发包方自行采购的建筑工程。

3. 特殊甲供工程

特殊甲供工程是指《财政部 税务总局关于建筑服务等营改增试点政策的通知》（财税〔2017〕58号）第一条规定的内容：建筑工程总承包单位为房屋建筑的地基与基础、主体结构提供工程服务，建设单位自行采购全部或部分钢材、混凝土、砌体材料、预制构件的，适用简易计税方法计税。

之所以说这是一种特殊的甲供工程，是因为这种甲供工程是适用简易计税的，就是必须适用简易计税，而不是可以选择适用，为了与选择适用简易计税情况的甲供工程相区别，本书称之为特殊甲供工程。

4. 老项目

《财政部 国家税务总局关于全面推开营业税改征增值税试点的通知》（财税〔2016〕36号）附件2《营业税改征增值税试点有关事项的规定》第一条第（七）项"建筑服务"第3点，一般纳税人为建筑工程老项目提供的建筑服务，可以选择适用简易计税方法计税。

建筑工程老项目，是指：

①"建筑工程施工许可证"注明的合同开工日期在2016年4月30日前的建筑工程项目。

②未取得"建筑工程施工许可证"的，建筑工程承包合同注明的

开工日期在 2016 年 4 月 30 日前的建筑工程项目。

关于老项目可以选择简易计税，实务中有一种情况可能会有争议，比如，总包合同对应的工程项目是老项目，选择了简易计税，建设方后来又通过补充协议的方式增加了施工范围，补充协议签订的时间是在 2016 年 5 月 1 日以后，这种情况有的建筑企业仍然选择了简易计税，理由是原合同的补充协议与原合同的计税方式相同。关于这个问题，咨询不同的税务机关往往会有不同的答案。有的认为补充协议可以与原合同计税方式相同，有的认为依然要看合同开工日期，新签订的补充协议的开工日期在 2016 年 5 月 1 日以后的是新项目，不能直接按老项目来选择简易计税。当然，认同补充协议可以按照原合同选择适用简易计税的也能说出理由，理由是新的补充协议的开工日期是原合同的开工日期，笔者认为，这种说法有些牵强，赞同按照合同或协议的开工日期来判断新老项目。

如果想要补充协议选择适用简易方式，除了老项目政策之外，还有甲供工程和清包工思路可供选择，不必利用一个有争议的老项目理由。

当然，建筑企业这样做不一定有利，有些建筑企业的从业人员认为简易计税是一种优惠，认为比一般计税税负低。其实，这不是绝对正确的结论，要分情况来测算对比才能得到答案。有些情况，比如按照不含税金额加税额的定价方式（即不含税金额相同，一般计税加价 9%，简易计税加价 3%），从建筑企业角度看，一般计税比简易计税可能还有利。所谓有利是综合看的，不一定税负就低，这个问题我们在后面章节讨论。

关于为老项目提供建筑服务选择简易计税的情况，实务中很容易被弄错。比如，有的业务人员很善于推理，总承包方为老项目提供的建筑服务可以选择适用简易计税，分包方为老项目提供的建筑服务可以选择适用简易计税。同理可证，总包方选择了简易计税，分包方可以选择简易计税，而且还写进合同条款，把总承包方选择简易计税作为分包方选择简易计税的依据。上述错误在于，没有搞清楚选择简易计税的内涵，建筑企业可以选择简易计税有四种情况，一是小规模企业，二是老项目，三是甲供工程，四是清包工。不能因为总承包方对总包工程项目选择了简易计税就认为分包方可以对分包工程项目选择简易计税，没有这个规定，总包项目简易计税，分包方可以直接选择简易计税的只有老项目一种情况。

二、和价格相关的条款

按照合同总价是否是固定且不再变化的，把合同分为固定总价合同和非固定总价合同（可调价总价合同）。一般来说，固定总价合同价格是锁死的，也是通常说的一口价合同。固定总价合同对承包方的要求很高，承包方要事先做好项目策划，尤其税务成本策划以及优化，避免损失。比如，《住房和城乡建设部 国家发展改革委关于印发房屋建筑和市政基础设施项目工程总承包管理办法的通知》（建市规〔2019〕12号）第十六条规定，"企业投资项目的工程总承包宜采用总价合同，政府投资项目的工程总承包应当合理确定合同价格形式。采用总价合同的，除合同约定可以调整的情形外，合同总价一般不予调整"。

为什么要区分合同类型来讨论和价格相关的条款呢？因为实务中经常会遇到税率变化、合同价格可不可以调整以及怎么调整的问题。

增值税税率变化时间点：

依据《财政部 国家税务总局关于简并增值税税率有关政策的通知》（财税〔2017〕37号）规定，自2017年7月1日起，取消13%的增值税税率，按11%执行。

依据《财政部 税务总局关于调整增值税税率的通知》（财税〔2018〕32号）规定，自2018年5月1日起，原适用17%和11%税率的，税率分别调整为16%、10%。

依据《财政部 税务总局 海关总署关于深化增值税改革有关政策的公告》（财政部 税务总局 海关总署公告2019年第39号）规定，自2019年4月1日起，原适用16%税率的，税率调整为13%；原适用10%税率的，税率调整为9%。

国家大力提倡减税降费，未来可能还会下调税率，所以我们很有必要研究因税率调整而引起的合同价格是否调整以及如何调整的问题。

简单地说，固定总价合同不因税率变化而调价，合同主体都同意调价的除外；非固定总价合同，可以调价，如果一方不同意调价的，另一方可以起诉申请法院裁判。从公开网络报道的司法案例看，非固定总价合同主张调价的一方得到了法院的支持。

可以调价的合同该怎么调呢？已经签订了的在法律上生效的合同如果要修改，可以通过签订补充协议的方式来实现。当然，实践中也有的不去调整合同价格，因为最终是按照工程结算来计算价款的。所以，直接约定（书面或口头）税率变化以后发生的工程量按照新的税率确认合同价格，即不含税金额不变，按新的税率确认税额，这实际上是价格下调了，也实现了调价的目的。

如何理解税率变化以后发生的工程量呢？这个问题要从税法的口径进行定义，即工程量（应税服务）的纳税义务发生在税率变化时点以后的按新税率执行。正确理解这句话，需要对建筑业增值税纳税义务发生时间的政策规定相当熟悉，同时，还要知道怎么与建筑业实务相结合并会应用。

举个例子，这个例子来自实践中某建筑企业的商务经理咨询笔者的一个问题。2019年4月15日，建设方向总承包方提出按照新的税率付款，也就是要求下调合同价，理由是2019年4月1日以后税率调整为9%了（之前是10%），但总承包方向建设方上报的工程量手续是在2019年3月20日，合同约定的付款条件是建设方在收到总承包方上报的工程计量以后3日内审批，在批准后的3日内付款，建设方在3月23日批准确认了总承包方上报的工程计量。来思考一下，按照税法的规则（即不考虑非税因素），总承包方针对这笔业务能否同意调价，即按照税率9%的税率开票呢？

这个问题并不简单，操作不好会引发税务风险。承包方在税率变化以后开具原税率的发票，一方面要履行程序向税务机关承诺对业务的真实性和合法性负责，另一方面该项业务在税率变化前发生了增值税的纳税义务，同时，还应该在该项业务发生增值税纳税义务时申报纳税。如果发生了增值税纳税义务时没有申报纳税，现在补开原税率发票将会产生税收滞纳金。

建设方在 3 月 23 日批准确认了总承包方上报的工程计量，意味着合同约定的付款条件已经启动了，即发生了增值税的纳税义务。即使建设方没有付款，合同约定的付款条件实现了即意味着应该申报缴纳增值税了。因此，承包方应按照原税率给建设方开具发票，当初的那笔业务也应该按照原税率进行结算，建设方也应该按照含原税率的含税金额付款。

这里承包方可能隐含一个税务风险，就是发生增值税纳税义务的当初有没有申报缴纳增值税，如果没有，现在补开原税率发票将面临补缴滞纳金的风险。

三、和税（费）种、税目、税率及征免税政策相关的条款

中国现行的税种共 18 个，包括增值税、消费税、企业所得税、个人所得税、资源税、城市维护建设税、房产税、印花税、城镇土地使用税、土地增值税、车船使用税、船舶吨税、车辆购置税、关税、耕地占用税、契税、烟叶税、环保税。当然，企业社保已有序纳入税务机关管理，也是本书研究的对象。

和税（费）种相关的合同条款怎么审核，其实主要是看经济业务是否属于征税范围，是否发生纳税义务，计税基数确认是否准确，税目税率应用是否正确等。

比如，合同中销售方是增值税一般纳税人，水泥、砂、石的税率（征收率）为 3%，也就是按简易计税执行。作为合同的审核人员，看到这种情况该如何思考呢？

首先，增值税一般纳税人哪些情况可以选择简易计税？

其次，合同中销售的货物是否符合可以选择简易计税的条件？

再次，合同约定内容与实际是否相符？

有些人在审核合同时不关注事实的审核，这样是很容易犯错的。所以本书特别强调要注意审核合同约定内容与实际是否相符，避免被业务人员带偏。其实业务人员也并非主观上想欺骗财务人员，主要是有些业务人员是真的不懂税法，这个时候就需要从事财务工作的人员用业务人

员能听得懂的话去和业务人员细致沟通，以发现问题所在。当然，工作沟通也讲究技巧，这个技巧是在精通税法基础上的工作经验提炼，要靠自己去学习总结和实践摸索，向身边富有经验的人学习以及认真研读本书都会有所收获。

关于一般纳税人销售货物选择简易计税，《财政部 国家税务总局关于部分货物适用增值税低税率和简易办法征收增值税政策的通知》（财税〔2009〕9号）第二条第（三）项规定如下：

> 一般纳税人销售自产的下列货物，可选择按照简易办法依照6%征收率计算缴纳增值税（自2014年7月1日起税率6%调整为3%）。
>
> ①县级及县级以下小型水力发电单位生产的电力。小型水力发电单位，是指各类投资主体建设的装机容量为5万千瓦以下（含5万千瓦）的小型水力发电单位。
>
> ②建筑用和生产建筑材料所用的砂、土、石料。
>
> ③以自己采掘的砂、土、石料或其他矿物连续生产的砖、瓦、石灰（不含粘土实心砖、瓦）。
>
> ④用微生物、微生物代谢产物、动物毒素、人或动物的血液或组织制成的生物制品。
>
> ⑤自来水。
>
> ⑥商品混凝土（仅限于以水泥为原料生产的水泥混凝土）。
>
> 一般纳税人选择简易办法计算缴纳增值税后，36个月内不得变更。

依据《财政部 国家税务总局关于简并增值税征收率政策的通知》（财税〔2014〕57号）规定，自2014年7月1日起，将《财政部 国家税务总局关于部分货物适用增值税低税率和简易办法征收增值税政策的通知》（财税〔2009〕9号）中的征收率调整为3%。

正确理解财税〔2009〕9号文件精神，要准确把握三点：一是销售的是自产的货物，要区别于非自产的货物，比如购进的货物再销售就不符合可以选择简易计税的条件；二是必须是财税〔2009〕9号文件列明的货物，这就涉及个人判断问题，业务人员起草合同，是否判断准确是关键，所以本书强调合同约定内容与实际是否相符是财务人员合同审核的重要内容。

在实践中，审核合同时发现，合同条款中水泥是按征收率3%计算的，砂和石是按征收率3%起草的，我们分析一下：

水泥并不在财税〔2009〕9号文件列明货物范围之内，显然是不符合简易计税按3%征税的条件的，但经过与起草合同的业务人员沟通知晓，合同中的水泥其实是以水泥为原料生产的水泥混凝土，合同起草人员没有在合同中详细说明，这是容易引起歧义的地方，建议在合同中说清楚。

砂和石在财税〔2009〕9号文件列明货物范围之内，但是，这是建筑用和生产建筑材料所用的砂、土、石料吗？销售方是自产的吗？这两个问题要结合合同内容，并与业务人员沟通，查看营业执照经营范围等方式来综合判定。

四、和发票相关的条款

合同中涉及的与发票相关的条款，主要包括但不限于发票种类、发票内容（尤其是发票备注栏内容）、提供发票的时间及其与付款时间的先后、符合税务机关发票管理的其他规定，比如发票管理方面要符合"四流合一"的规定，以及发票违反合同约定及违反税法和涉税刑法规定的责任等。

尤其要注意的是税法关于发票备注栏必须注明的事项，要认真审核。比如，建筑服务发票备注栏必须注明建筑服务发生地所在县（市、区）、项目名称内容，否则，不能作为合规凭证。

和发票相关的条款最好能把不征税发票写进合同。比如，承包方收到发包方拨付预付款以后可以先开具不征税发票，待预付款抵顶工程进度款以后，再按照预付款抵顶进度款金额开具等额增值税专用发票或增值税普通发票。

实践中，发包方往往不接受不征税发票，这里边有税收利益的考虑，同时，也有承包方解释不清楚的原因。比如，有的发包方提出，承包方提供不征税发票要拿出政策文件，但是，承包方又无法拿出取得工程预付款可以开具不征税发票的税收法律文件依据，导致提前开具征税发票提前发生增值税纳税义务。

建筑企业真的找不到收到预收款开具不征税发票的税收政策文件依据吗？

按照税务总局2017年58号文的规定，自2017年7月1日起，纳税人提供建筑服务收到预收款不再产生纳税义务，笔者理解，没有纳税义务，建筑企业（承包方）收到发包方的预收款也无须开具征税发票了。

这本是一个对建筑企业很好的惠民政策，但是，实践中很好的一个政策被"蹂躏"得一塌糊涂。这里边既有发包方税收利益的考虑，也有发包方对不征税发票存在误解的原因，更有建筑企业自身沟通技巧以及对税收政策理解问题。

建筑企业收到预收款开具不征税发票，有没有政策依据呢？

笔者尝试给读者梳理一下开具不征税发票的依据：

（1）《发票管理办法实施细则》第二十六条规定，必须在发生经营业务确认营业收入时开具发票，未发生经营业务一律不准开具发票。笔者理解，《发票管理办法实施细则》最近一次修订在2014年，不征税发票提法最早出现在2016年，因此，《发票管理办法》及细则中提到的发票指的是征税发票。也就是说，只有发生经营业务确认收入时才能开具征税发票，而建筑企业收到预收款不发生纳税义务，不应该开具征税发票。当然，税法并不禁止提前开具发票，但这并不能成为拒收不征税发票的理由。

（2）国家税务总局公告2016年53号文第九条第（十一）项在国家税务总局公告2016年23号附件《商品和服务税收分类与编码（试行）》基础上增加了"未发生销售行为的不征税项目"，用于纳税人收取款项但未发生纳税义务情形，并列举了601－603编码。笔者理解，53号公告的确没有列举"建筑服务预收款"不征税发票编码，这个是可以理解的，因为在2017年7月1日以前，建筑企业收到预收款是有纳税义务的，本应开具征税发票。

（3）国家税务总局公告 2017 年第 45 号规定，国家税务总局公告 2016 年 23 号的附件《商品和服务税收分类与编码（试行）》自 2018 年 1 月 1 日起废止了，新的附件《商品和服务税收分类与编码》里增加了 612 "建筑服务预收款"，如图 1-1 所示。

	A	B	C	D	E	F	G	H	I	J	K	L	
4193	6	00	00	00	00	00	00	00	00	00	00	6000000000000000	未发生销售行为的不征税项目
4194	6	01	00	00	00	00	00	00	00	00	00	6010000000000000	预付卡销售和充值
4195	6	02	00	00	00	00	00	00	00	00	00	6020000000000000	销售自行开发的房地产项目预收款
4196	6	03	00	00	00	00	00	00	00	00	00	6030000000000000	已申报缴纳营业税未开票补开票
4197	6	04	00	00	00	00	00	00	00	00	00	6040000000000000	代收印花税
4198	6	05	00	00	00	00	00	00	00	00	00	6050000000000000	代收车船使用税
4199	6	06	00	00	00	00	00	00	00	00	00	6060000000000000	融资性售后回租承租方出售资产
4200	6	07	00	00	00	00	00	00	00	00	00	6070000000000000	资产重组涉及的不动产
4201	6	08	00	00	00	00	00	00	00	00	00	6080000000000000	资产重组涉及的土地使用权
4202	6	09	00	00	00	00	00	00	00	00	00	6090000000000000	代理进口免税货物货款
4203	6	10	00	00	00	00	00	00	00	00	00	6100000000000000	有奖发票奖金支付
4204	6	11	00	00	00	00	00	00	00	00	00	6110000000000000	不征税自来水
4205	6	12	00	00	00	00	00	00	00	00	00	6120000000000000	建筑服务预收款

图 1-1 《商品和服务税收分类与编码》增加 612 项

笔者理解，2017 年 58 号公告说建筑企业收到预收款不发生纳税义务，政策是好政策，但无法在 2016 年 53 号公告中找到操作办法，直到 2017 年 45 号公告出台，彻底解决了建筑企业的困惑。附件中明确了建筑企业收到预收款的开票编码是 612，名称和简称都是"建筑服务预收款"，而 45 号公告附件的执行时间是 2018 年 1 月 1 日，也就是说，58 号公告给予建筑企业的好政策终于在 2018 年 1 月 1 日落地了。

（4）国家税务总局公告 2017 年第 47 号文提到"不征税自来水"的规定，因此有财税专业人士以此为依据公开发表文章认为，只有专门的法律文件确认《商品和服务税收分类与编码（试行）》中的"未发生销售行为的不征税项目"才算有法律依据。笔者理解，47 号文的依据是财税〔2017〕80 号，80 号文第 26 条规定，"水资源税改革试点期间，可按税费平移原则对城镇公共供水征收水资源税，不增加居民生活用水和城镇公共供水企业负担。"因此 47 号文规定，"原对城镇公共供水用水户在基本水价（自来水价格）外征收水资源费的试点省份，在水资源费改税试点期间，按照不增加城镇公共供水企业负担的原则,城镇公共供水企业缴纳的水资源税所对应的水费收入,不计征增值税,按'不征税自来水'项目开具增值税普通发票。"笔者理解,总局47号文"现对……开具增值税普通发票问题,公告如下"在行文措辞上可能被个别财税专家误解了,47号文制定的初衷或政策背景应该是为了"不增加……企业负担"而规定"对……对应的水费收入""不计征增值税",而按"不征税自来水"开具普通发票仅仅是"不计征增值税"这个结果的发票开具形式而已。如果换一下文头,比如"现对……对应的水费收入不计征增值税问题,公告如下",估计财税专家们就不会误解了。不然,本来45号文附件《商品和服务税收分类与编码》里已经有编码611"不征税自来水"了,又何必再用47号文再强调一下呢?所以,笔者认为,47号文说的主要内容应该是"不计征增值税",顺便把怎么开具发票的事也说了才符合常理。否则,编码里其他不征税项目怎么没单独出文件呢?即便如此,也不能说其他不征税项目没有政策依据,《发票管理办法实施细则》、45号文以及编码表就是开具不征税发票依据。

(5)截至目前,6字开头的不征税编码已经增加到616,具体如图1-2所示。

图1-2 商品和服务税收分类编码

税务总局没有单独发文件在正文里明确的不征税项目，就没有执行依据吗？当然不是。

理解税法要全面，曾经有一个国际税专家和笔者分享过他的经历。他给一个纳税人出具咨询方案，其中涉及一个问题，客户要文件依据，这个国际税专家当时很生气（当然不能表现出来），觉得这就是一个常识性问题，很奇怪作为企业的财务负责人居然还在要依据。实际上，一个常识性的问题，如果要准确理解，有时是需要对税法有体系上的把握以及深入理解的。对于非税收专业的人来说，往往需要给他写一篇文章来论述，所以，知识一定是有价的。尊重知识，尊重人才，应成为主流。

五、和付款相关的条款

合同中与付款相关的条款，既是约束合同付款方及时付款的条款，也是确认纳税义务发生的条款，如果能预判到发包方因资金紧张不能及时付款而且期限很长，要考虑是否有必要修改合同条款以推迟纳税义务。当然，这是一把双刃剑，要权衡利弊。修改合同付款条件即向后推迟付款的时间，一是容易让付款方由违约变为不违约，收款方无法行使诉权；二是容易被税务机关定性为逃税。所以，要综合评估风险。

关于合同约定的付款条件与纳税义务的相关性，后面章节继续讨论。

六、特殊合同的审核

有一种合同在审核时要特别留意，就是机械租赁合同，因为税法对于租赁机械如何征税有特别规定。

《财政部 国家税务总局关于明确金融 房地产开发 教育辅助服务等增值税政策的通知》（财税〔2016〕140号）第十六条规定，纳税人将建筑施工设备出租给他人使用并配备操作人员的，按照"建筑服务"缴纳增值税。

建筑施工设备是有形动产，租赁有形动产的税率是13%（2019年4月1日起），符合财税〔2016〕140号文件规定的出租建筑施工设备按照

"建筑服务"缴纳增值税,适用税率为9%(2019年4月1日起)。

换言之,出租建筑施工设备并配备操作人员的,按照"建筑服务"缴纳增值税,也就是说政策对出租人和承租人都没有要求,只对出租标的和出租形式有要求。出租标的是建筑施工设备,出租形式是配备操作人员,同时符合这两个条件的按照财税〔2016〕140号文件来处理,未配备操作人员的按照租赁有形动产适用增值税政策。

所以,在审核机械租赁合同时,要特别注意租赁标的是不是建筑施工设备,出租方是否配备操作人员,如果同时符合,按照"建筑服务"缴纳增值税。

实践中也发现个别的工程项目负责人为了规避其他法律的约束,故意不按照"建筑服务"缴纳增值税的情况。比如,合同的承租方是某个工程项目的专业承包方,承租了符合财税〔2016〕140号文件规定的建筑施工设备,出租方也配备了操作人员,按政策规定,这种情况下出租方应按照"建筑服务"缴纳增值税并开具税率为9%的增值税发票。但是,工程项目的负责人认为,专业承包方,即分包方取得"建筑服务"的发票可能会被认为是非法转包,所以故意在合同中隐去出租方配备操作人员的事实,不按"建筑服务"开票,而是按照"有形动产租赁"开具发票。

这种情况是很难审核出来的,要与工程项目上的人员交流才能获得信息,光看合同文本是不行的。

问题发现了,怎么解决呢?一是修改合同条款将配备操作人员字样删除,按"有形动产租赁服务"开具发票,满足了业务人员的需求,但这明显不符合事实,所以不建议这样操作。二是按照"建筑服务"开票,并消除业务人员的担心,这样最符合实际,但要消除业务人员的担心需要一番论证。

业务人员担心的问题的核心是,分包方取得"建筑服务"发票是否意味着再次分包了,这个涉及建筑法的规定。

《中华人民共和国建筑法》第二十九条第三款规定,禁止总承包单位将工程分包给不具备相应资质条件的单位。禁止分包单位将其承包的工程再分包。

一般来讲，工程项目的承包方（总承包方或分承包方）向发包方开具的发票内容是"建筑服务"（混合销售按兼营处理的例外），所以，取得了"建筑服务"发票，就会联想到交易双方是发包与承包的关系。专业承包方（建筑法中的分包单位）取得了"建筑服务"发票，可能会被有关行政单位推理为进行了工程再分包，而这恰恰是建筑法所禁止的，这个才是业务人员担心的问题所在。

那么，分包单位取得"建筑服务"发票能直接定性为工程再分包吗？答案是不能，因为这仅仅是一种逻辑推理，法律上讲的是证据，要从经济实质进行判断。

财税〔2016〕140号文件仅仅是对如何适用税法作出规定，并不能改变租赁的业务属性，无论如何缴纳增值税，如何开票，业务属性依然是租赁服务，只不过按照"建筑服务"缴纳增值税而已。消除了业务人员的担心，合同按照事实来签订，税法按照规定执行，通过这个案例的深入分析与讨论，实现了理论与实践的很好结合，从而使读者能体会到活学活用的意义所在。

类似这种特殊情况的审核，还有很多，凡是税法有特殊规定的，都可以作为合同审核重点关注的点，大家平时要多总结。

第二节　不签订合同的涉税风险节点分析

合同一定要签订，理由是：一方面，合同是约定合同主体权利义务的法律文书；另一方面，合同在证明交易行为真实性方面有着非常重要的作用，无论是在发票是否构成虚开的定性上，还是纳税人税前扣除无法取得发票如何扣除问题上，合同都发挥着重要的作用。

比如，《国家税务总局关于发布〈企业所得税税前扣除凭证管理办法〉的公告》（国家税务总局公告2018年第28号）第十四条规定：

企业在补开、换开发票、其他外部凭证过程中，因对方注销、撤销、依法被吊销营业执照、被税务机关认定为非正常户等特殊原因无法补开、换开发票、其他外部凭证的，可凭以下资料证实支出真实性后，其支出允许税前扣除：

（一）无法补开、换开发票、其他外部凭证原因的证明资料（包括工商注销、机构撤销、列入非正常经营户、破产公告等证明资料）；

（二）相关业务活动的合同或者协议；

（三）采用非现金方式支付的付款凭证；

（四）货物运输的证明资料；

（五）货物入库、出库内部凭证；

（六）企业会计核算记录以及其他资料。

前款第一项至第三项为必备资料。

看明白了吗？第一项至第三项是必备资料，其中的第二项是"相关业务活动的合同或者协议"，也就是说，如果不签订合同，"因对方注销、撤销、依法被吊销营业执照、被税务机关认定为非正常户等特殊原因无法补开、换开发票、其他外部凭证的"将无法实现"证实支出真实性"，自然无法实现"其支出允许税前扣除"。

有的企业，在合同签订方面，可能出于提高工作效率或减轻工作人员压力考虑，内部规定了可以不签订合同的数额标准。比如，低于10万元的交易不用签订合同，这个是有一定税务风险的，一旦发生28号公告列举的发票不合规事项，将很难在企业所得税前扣除成本。

从税务风险控制的角度看，合同是要签订的，但是签订太多的小额合同又会增加工作人员的工作量，怎么解决这个矛盾呢？笔者建议，小额合同可以不像大额合同审批那样复杂，通过简化审批环节、缩短流程流转时间减轻工作人员的压力。举个例子，正常一份合同要经过若干个人的起草、审核和审批，既然小额合同都不想签订了，从税务风险控制的角度看，只要取得税务机关认可的合同即可。也就是说，没有必要针对本不想签订的小额合同再去走那些冗长的审批流程了，交易双方签字盖章在法律上生效能被税务机关认可就满足需要了。

所以，建议合同一定要签订，这方面央企和国企以及规模比较大的民营企业做得比较好。

第三节　增值税纳税义务发生时间在合同中的体现

《中华人民共和国增值税暂行条例》（国务院令第691号）第十九条：

> 增值税纳税义务发生时间：
>
> （一）发生应税销售行为，为收讫销售款项或者取得索取销售款项凭据的当天；先开具发票的，为开具发票的当天。
>
> （二）进口货物，为报关进口的当天。
>
> 增值税扣缴义务发生时间为纳税人增值税纳税义务发生的当天。

《中华人民共和国增值税暂行条例实施细则》第三十八条：

> 条例第十九条第一款第（一）项规定的收讫销售款项或者取得索取销售款项凭据的当天，按销售结算方式的不同，具体为：
>
> （一）采取直接收款方式销售货物，不论货物是否发出，均为收到销售款或者取得索取销售款凭据的当天。
>
> （二）采取托收承付和委托银行收款方式销售货物，为发出货物并办妥托收手续的当天。
>
> （三）采取赊销和分期收款方式销售货物，为书面合同约定的收款日期的当天，无书面合同的或者书面合同没有约

定收款日期的，为货物发出的当天。

（四）采取预收货款方式销售货物，为货物发出的当天，但生产销售生产工期超过12个月的大型机械设备、船舶、飞机等货物，为收到预收款或者书面合同约定的收款日期的当天。

（五）委托其他纳税人代销货物，为收到代销单位的代销清单或者收到全部或者部分货款的当天。未收到代销清单及货款的，为发出代销货物满180天的当天。

（六）销售应税劳务，为提供劳务同时收讫销售款或者取得索取销售款的凭据的当天。

（七）纳税人发生本细则第四条第（三）项至第（八）项所列视同销售货物行为，为货物移送的当天。

关于《中华人民共和国增值税暂行条例实施细则》第四条视同销售货物行为的第（三）项（设有两个以上机构并实行统一核算的纳税人，将货物从一个机构移送其他机构用于销售，但相关机构设在同一县（市）的除外）视同销售的规定，需要特别说明一下。

《国家税务总局关于企业所属机构间移送货物征收增值税问题的通知》（国税发〔1998〕137号）：

《中华人民共和国增值税暂行条例实施细则》第四条视同销售货物行为的第（三）项［设有两个以上机构并实行统一核算的纳税人，将货物从一个机构移送其他机构用于销售，但相关机构设在同一县（市）的除外］所称的用于销售，是指受货机构发生以下情形之一的经营行为：

（一）向购货方开具发票；

（二）向购货方收取货款。

受货机构的货物移送行为有上述两项情形之一的，应当向所在地税务机关缴纳增值税；未发生上述两项情形的，则应由总机构统一缴纳增值税。

如果受货机构只就部分货物向购买方开具发票或收取货款，则应当区别不同情况计算并分别向总机构所在地或分支机构所在地缴纳税款。

《国家税务总局关于纳税人以资金结算网络方式收取货款增值税纳税地点问题的通知》（国税函〔2002〕802号）：

纳税人以总机构的名义在各地开立账户，通过资金结算网络在各地向购货方收取销货款，由总机构直接向购货方开具发票的行为，不具备《国家税务总局关于企业所属机构间移送货物征收增值税问题的通知》（国税发〔1998〕137号）规定的受货机构向购货方开具发票、向购货方收取货款两种情形之一，其取得的应税收入应当在总机构所在地缴纳增值税。

《财政部 国家税务总局关于全面推开营业税改征增值税试点的通知》（财税〔2016〕36号）附件1《营业税改征增值税试点实施办法》第四十五条：

增值税纳税义务、扣缴义务发生时间为：

（一）纳税人发生应税行为并收讫销售款项或者取得索取销售款项凭据的当天；先开具发票的，为开具发票的当天。

收讫销售款项，是指纳税人销售服务、无形资产、不动产过程中或者完成后收到款项。

取得索取销售款项凭据的当天，是指书面合同确定的付款日期；未签订书面合同或者书面合同未确定付款日期的，为服务、无形资产转让完成的当天或者不动产权属变更的当天。

（二）纳税人提供建筑服务、租赁服务采取预收款方式的，其纳税义务发生时间为收到预收款的当天。纳税人提供租赁服务采取预收款方式的，其纳税义务发生时间为收到预收款的当天。[作者注：《财政部 税务总局关于建筑服务等营改增试点政策的通知》（财税〔2017〕58号）第二条将

"提供建筑服务"删除，修改为"纳税人提供租赁服务采取预收款方式的，其纳税义务发生时间为收到预收款的当天"。]

（三）纳税人从事金融商品转让的，为金融商品所有权转移的当天。

（四）纳税人发生本办法第十四条规定情形的（作者注：视同销售情形），其纳税义务发生时间为服务、无形资产转让完成的当天或者不动产权属变更的当天。

（五）增值税扣缴义务发生时间为纳税人增值税纳税义务发生的当天。

综合上述政策，归纳总结建筑企业的增值税纳税义务发生时间如下：

1. 建筑企业收到发包方支付的非预收款项的时间。

注意这里说的款项不是预收款，按照财税〔2017〕58号第三条规定，自2017年7月1日起，纳税人提供建筑服务取得预收款不再发生纳税义务，但要预缴增值税款。

从建筑业实务角度看，这里的"非预收款项"包括但不限于工程进度款、质押金、保证金等。《国家税务总局关于在境外提供建筑服务等有关问题的公告》（国家税务总局公告2016年第69号）第四条规定，纳税人提供建筑服务，被工程发包方从应支付的工程款中扣押的质押金、保证金，未开具发票的，以纳税人实际收到质押金、保证金的当天为纳税义务发生时间。

2. 合同中约定的非预收款项付款条件实现了，即使实际没有收到款项，纳税义务也发生了。

比如，合同中约定每月20日报工程计量（实践中叫法不同，有的说"验工计价"等），发包方收到后3日内审批，审批后3日内付款，这样的表述就是合同中约定的付款条件。假设合同约定审批后3日内付款，但是审批后过了3日仍然没有付款，过了付款时点这一天，建筑企业即使没有收到款项，增值税纳税义务也发生了。

3. 开具征税发票的时间。

这里说的征税发票是相对于不征税发票而言的，按照《国家税务总局关于增值税发票管理若干事项的公告》（国家税务总局公告2017年第45号）第一条规定，自2018年1月1日起，纳税人通过增值税发票管理新系统开具增值税发票（包括：增值税专用发票、增值税普通发票、增值税电子普通发票）时，商品和服务税收分类编码对应的简称会自动显示并打印在发票票面"货物或应税劳务、服务名称"或"项目"栏次中。包含简称的《商品和服务税收分类编码表》见附件。如图1－3是附件中截取的不征税发票开具范围。

图1－3　不征税发票开具范围

开具征税发票当天增值税的纳税义务就发生了，包括提前开具发票的。

4. 建筑服务完成的时间。

按照建筑服务完成时间确认增值税纳税义务的，是指按照《财政部、国家税务总局关于全面推开营业税改征增值税试点的通知》（财税〔2016〕36号）附件1《营业税改征增值税试点实施办法》第十四条第一项规定的视同销售建筑服务情形，即"单位或者个体工商户向其他单位或者个人无偿提供服务，但用于公益事业或者以社会公众为对象的除外"。

按建筑服务完成的时间确认增值税纳税义务的，还有一种情况就是建筑企业既没有开具征税发票，合同中也没有约定付款条件或没有签订合同，直到工程结束也没有收到钱，这种情况按照建筑服务完成的时间确认增值税的纳税义务。

如果在同一个纳税期限内，比如月份（一般纳税人）或季度（小规模纳税人）内，建筑企业收到的钱、开具的发票和合同约定的付款金额不相等，以哪个为准来确认发生纳税义务的金额呢？按照孰大原则确认。

建筑企业确认工程项目的增值税纳税义务发生时间还有两个难点：

第一个难点是，合同中通常约定发包方按照审批工程计量金额的百分比支付而不是支付审批金额的全部，这就造成实际付款金额小于工程计量审批金额。那么，建筑企业究竟是按照实际审批的工程计量金额作为纳税基数，还是按照实际收取的款项作为纳税基数呢？

这个问题还是结合增值税纳税义务发生时间的政策规定来分析，《财政部 国家税务总局关于全面推开营业税改征增值税试点的通知》（财税〔2016〕36号）附件1《营业税改征增值税试点实施办法》第四十五条第一项对"增值税纳税义务、扣缴义务发生时间"的表述为"纳税人发生应税行为并收讫销售款项或者取得索取销售款项凭据的当天；先开具发票的，为开具发票的当天"。其中，"取得索取销售款项凭据的当天，是指书面合同确定的付款日期；未签订书面合同或者书面合同未确定付款日期的，为服务、无形资产转让完成的当天或者不动产权属变更的当天"。

"书面合同确定的付款日期"是增值税纳税义务发生的时间，那计税基数怎么确定呢？笔者认为，计税基数应为"纳税人发生应税行为并收讫销售款项或者取得索取销售款项凭据的当天"中的"应税行为"所对应的"书面合同确定的付款日期"应付金额。比如，甲方（含第三方监理单位）审批金额100万，约定付款金额是80%，发生增值税纳税义务的就是80万的金额，而不是100万元金额。当然，同样一个法律，不同的人可能理解并不完全相同，也听说个别地方的税务机关按照工程计量审批额的 100% 来征收增值税，而没有考虑合同约定的付款比例，建议建筑企业要多与当地税务机关沟通。

也有的发包方按照合同约定的付款比例支付款项，但要求建筑企业按照工程量审批金额的 100% 开具征税发票，这种情况就没有争议了，只能按照发票开具金额履行纳税义务。

第二个难点是，自 2017 年 7 月 1 日起，建筑企业纳税人提供建筑服务取得预收款没有纳税义务，那么，预收款的纳税义务在什么时点确认呢？

建筑企业收到预收款，常规处理是给发包方开具不征税发票。但是有的发包方要求建筑企业必须开具征税发票，这种情况相当于税法给予的有利政策建筑企业并没有享受到，在发包方比较强势建筑企业又无法说服的情况下，只能开具征税发票。这种情况下，预收款的纳税义务在开具征税发票的当天就发生了。

【案例 1-1】 2020 年 1 月，建筑公司 A 中标了一工程项目，合同不含税金额 10 亿元，税率 9%，合同约定预付款支付比例为 10% 且一次性支付，预付款分五次扣回，每次支付工程进度款时扣回 20%。2020 年 1 月 10 日，A 公司收到预付款 10 000 万元，2020 年 3 月收到工程进度款 18 000 万元。已知建设方已经扣回 2 000 万元，请分析此项业务中的增值税纳税义务发生时间及金额，如何预缴？如何开具发票？

案例解析：

1. A 公司收到预付款因无增值税纳税义务可以开具不征税发票，编码 612，但同时应预缴增值税，预缴增值税与申报期限相同。此种情况下，预付款的纳税义务在以后收到工程进度款时随着发包方按比例扣回预付款而产生，即预付款转化为工程进度款时产生增值税纳税义务。结合上述案例，由于被扣回预付款 2 000 万元，A 公司实际收到进度款 18 000 万元，也就是说 A 公司应收（合同约定的付款金额）为 20 000 万元。按照孰大原则，A公司应按照20 000万元确认增值税纳税义务，即被扣回的2 000万元在此时发生了增值税的纳税义务，按20 000万元开具征税发票。由于收到预付款时已经按照10 000万元为基数预缴了增值税，因此，收到进度款时虽然按照20 000万元确认增值税纳税义务和开具征税发票，只需要按照18 000万元进行预缴即可（如果跨区域）。

2. A公司收到预付款，如果发包方要求必须开具征税发票，则开具征税发票同时产生增值税纳税义务。笔者认为，预收款开具征税发票即产生增值税纳税义务，不能再按照收到预收款预缴增值税的政策（跨区工程项目在项目所在地预缴，不跨区的在总机构所在地预缴）处理了，而应按照工程项目是否跨区来决定是否预缴增值税。后期在发包方拨付工程进度款时扣回2 000万元后，按照18 000万元实际拨付工程进度款，虽然应付工程进度款是20 000万元，但是由于扣回的2 000万元预付款已经开具过征税发票，本次只需要开具18 000万元征税发票，并按18 000万元预缴（跨区的）和按照18 000万元申报即可。

第二章　建筑业企业跨区域经营税务管理

按照《国家税务总局关于创新跨区域涉税事项报验管理制度的通知》（税总发〔2017〕103号）（自2017年10月30日起正式施行）规定，纳税人跨区域经营前不再开具相关证明，改为填报"跨区域涉税事项报告表"。纳税人跨省（自治区、直辖市和计划单列市）临时从事生产经营活动的，不再开具"外出经营活动税收管理证明"，改向机构所在地的税务机关填报"跨区域涉税事项报告表"。纳税人在省（自治区、直辖市和计划单列市）内跨县（市）临时从事生产经营活动的，是否实施跨区域涉税事项报验管理由各省（自治区、直辖市和计划单列市）税务机关自行确定。

第一节　跨区域涉税事项报验管理

《国家税务总局关于明确跨区域涉税事项报验管理相关问题的公告》（国家税务总局公告2018年第38号）（自2018年7月5日起施行）对跨区域涉税事项报验管理作了规定：

一是明确纳税人跨省（自治区、直辖市和计划单列市）临时从事生产经营活动的，向机构所在地的税务机关填报"跨区域涉税事项报告表"。

二是明确纳税人跨区域经营合同延期的，可以向经营地或机构所在地的税务机关办理报验管理有效期限延期手续。

三是明确跨区域报验管理事项的报告、报验、延期、反馈等信息，通过信息系统在机构所在地和经营地的税务机关之间传递，实时共享。

四是明确纳税人首次在经营地办理涉税事宜时，向经营地的税务机关报验跨区域涉税事项。

五是明确纳税人跨区域经营活动结束后，应当结清经营地税务机关的应纳税款以及其他涉税事项，向经营地的税务机关填报"经营地涉税事项反馈表"。经营地的税务机关核对"经营地涉税事项反馈表"后，及时将相关信息反馈给机构所在地的税务机关。纳税人不需要另行向机构所在地的税务机关反馈。

六是明确机构所在地的税务机关要设置专岗，负责接收经营地的税务机关反馈信息，及时以适当方式告知纳税人，并适时对纳税人已抵减税款、在经营地已预缴税款和应预缴税款进行分析、比对，发现疑点的，及时推送至风险管理部门或者稽查部门组织应对。

国家税务总局公告2018年第38号文是对税务机关如何管理外出经营活动以及办理程序的规定，大家不仅要学习掌握政策要求以及办理程序，更要站在企业风险控制的角度去分析相关条款。有些条款的规定非常值得思考，比如"机构所在地的税务机关""适时对纳税人已抵减税款、在经营地已预缴税款和应预缴税款进行分析、比对，发现疑点的，及时推送至风险管理部门或者稽查部门组织应对"。因此，建筑业纳税人要做好跨区域工程项目的日常税务管理，避免出现税务风险。

第二节 跨区域经营预缴管理

按照税法规定，跨区提供建筑服务，应在工程项目所在地预缴增值税，同时预缴城市维护建设税、教育费附加和地方教育费附加。

城市维护建设税税率如下：

1. 纳税人所在地在市区的，税率为7%；

2. 纳税人所在地在县城、镇的，税率为5%；

3. 纳税人所在地不在市区、县城或者镇的，税率为1%。

教育费附加按照增值税的3%缴纳，地方教育费附加按照增值税额的2%缴纳。

建筑业企业跨区预缴的，以总机构在北京为例，北京市内跨区的工程项目，可以通过电子税务局在网上预缴增值税和城市维护建设税、教育费附加和地方教育费附加。

北京市内跨区的工程项目，先要办理税源登记信息（如图2-1所示）。

跨区税源登记表

纳税人识别号		企业名称	北京××××公司
经办人		联系方式（手机）	
经办日期	20201130	跨区登记税务机关	国家税务总局北京市××税务局

图2-1 跨区税源登记表

然后才能在网上办理跨区域预缴，填写"增值税预缴税款表"（如图2-2所示）。

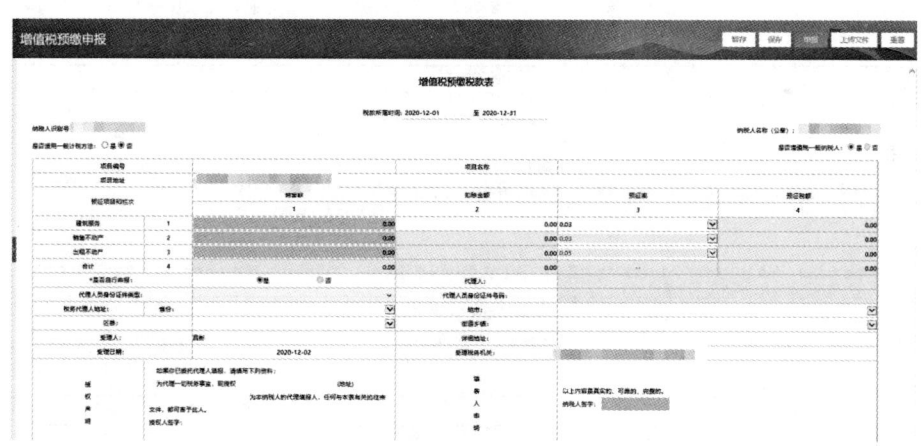

图2-2 增值税预缴税款表

在填写"增值税预缴税款表"时需要上传（如图2-3所示）：

1. 与发包方签订的建筑合同复印件（加盖纳税人公章）；

2. 与分包方签订的分包合同复印件（加盖纳税人公章）；

3. 从分包方取得的发票复印件（加盖纳税人公章）。

上传附注 ×

备注：请您根据业务发生实际，上传以下资料扫描件支持最大上传值为10M。

序号	提交资料名称	报送要求	报送方式
1	与发包方签订的建筑合同复印件(加盖纳税人公章)	条件报送	未上传 选择文件
2	与分包方签订的分包合同复印件(加盖纳税人公章)	条件报送	未上传 选择文件
3	从分包方取得的发票复印件(加盖纳税人公章)	条件报送	未上传 选择文件

图 2－3　填写“增值税预缴税款表”时的上传附注

同时预缴城市维护建设税及附加。

如果是跨省的工程项目，总部应通过电子税务局网上填写“跨区域涉税事项报告表”（如图 2－4 所示）。

跨区域涉税事项报告表

纳税人名称	公司		纳税人识别号（统一社会信用代码）		
经办人		座机号码		手机号码	
跨区域涉税事项联系人		座机号码		手机号码	
跨区域经营地址	省　市　县　乡　村　号				
经营方式	□19-建筑安装　□20-装饰修饰　□17-修理修配　□06-加工　□07-批发　□08-零售　□09-批零兼营　□10-零批兼营　□99-其他				
合同名称			合同编号		
合同金额			合同有效期限	日至　日	
合同对方名称			合同对方纳税人识别号（统一社会信用代码）		
延长有效期	跨区域涉税事项报验管理编号			税跨报〔　〕号	
	最新有效期止			至　年　月　日	
纳税人声明：我承诺，上述填报内容是真实的，可靠的，完整的，并愿意承担相应法律责任。 经办人： 纳税人（盖章） 2020 年 12 月 01 日					
税务机关事项告知：纳税人应当在跨区域涉税事项报验管理有效期内在经营地从事经营活动，若合同延期，可向经营地的税务机关或机构所在地的税务机关办理报验管理有效期的延期手续。					
以下由税务机关填写					
跨区域涉税事项报验管理编号：　税跨报〔　〕号 经办人：　负责人： 税务机关（盖章） 年　月　日					
跨区域涉税事项报验管理有效日期			自　年　月　日起至　年　月　日		
延长后的跨区域涉税事项报验管理有效日期			自　年　月　日起至　年　月　日		

图 2－4　跨区域涉税事项报告表

由工程项目所在地办理预缴增值税和城市维护建设税及其附加。

工程项目如果延期，应同时办理“跨区域涉税事项报告表”延期（如图 2－5 所示）。

跨区域涉税事项报告表

纳税人识别号		纳税人名称	〇〇公司
经办人		联系电话	
局轨	字轨	年号	文号
延长有效期	合同有效期限	至	
	最新有效期止	至	
			申请时间 2020年12月01日

图 2-5　跨区域涉税事项报告表

由于填写错误等原因需要将"跨区域涉税事项报告表"作废的，也可以在网上办理（如图 2-6 所示）。

跨区域涉税事项报告表

纳税人识别号		纳税人名称	〇〇公司
经办人		联系电话	
局轨	字轨	年号	文号
作废理由			
			申请时间 2020年12月01日

图 2-6　跨区域涉税事项报告表

纳税人跨区域经营活动结束后，应当结清经营地税务机关的应纳税款以及其他涉税事项，向经营地的税务机关填报"经营地涉税事项反馈表"。税务机关受理后，纳税人可索取"税务事项通知书"（受理通知）。经营地的税务机关核对"经营地涉税事项反馈表"（见图 2-7）后，及时将相关信息反馈给机构所在地的税务机关。纳税人不需要另行向机构所在地的税务机关反馈。

经营地涉税事项反馈表

纳税人名称					
纳税人识别号（统一社会信用代码）		跨区域涉税事项报验管理编号		税跨报（　）号	
实际经营期间	自　年　月　日起至　年　月　日				
货物存放地点					
合同包含的项目名称	预缴税款征收率	已预缴税款金额	实际合同执行金额	开具发票金额（含自开和代开）	应补预缴税款金额

图 2-7　经营地涉税事项反馈表

第三章　建筑业企业增值税管理

建筑业企业增值税的管理包括工程项目增值税计税方式如何选择更有利以及如何在合同条款中体现、增值税预缴税款的管理、增值税进项税额的管理、增值税销项税额（应纳税额）的管理以及增值税期末留抵税额退税的管理。

第一节　增值税计税方式选择在合同条款中的体现

增值税计税方式有两种：一般计税方式和简易计税方式。建筑企业增值税一般纳税人符合一定条件的可以选择简易计税方式，小规模纳税人只能适用简易计税方式，本节重点讨论增值税计税方式选择在合同条款中如何体现。

1. 为老项目提供的建筑服务选择简易计税的

为老项目提供的建筑服务选择简易计税的，合同条款中应有所体现，以避免引起歧义。老项目的判断有两个依据，首先看开工许可证上的开工日期是否在 2016 年 4 月 30 日之前，其次看施工合同上的开工日期是否在 2016 年 4 月 30 日之前。应当办理开工许可证且已经办理的，以开工许可证上的日期为标准判断是否是老项目。无法按照施工许可证确认的，按施工合同上的开工日期确认是否是老项目。并不是说老项目一定就选择简易计税，建筑企业如果想选择简易计税，一定要在合同条款中明确，避免以后发生歧义。

2. 为甲供工程提供的建筑服务选择或适用简易计税的

甲供工程合同，如果建筑企业想选择简易计税，应该在合同条款中明确发包方购买了哪些"全部或部分设备、材料、动力"。比如，在专用合同条款的附件"发包人供应材料设备一览表"中明确材料、工程设备的品种、规格、型号、数量、单价、质量等级和送达地点，以证明发包方供应了材料、设备等，并注明选择适用简易计税或适用简易计税。适用简易计税是指符合《财政部 税务总局关于建筑服务等营改增试点政策的通知》（财税〔2017〕58 号）第一条规定的甲供。

3. 以清包工方式提供建筑服务选择简易计税的

以清包工方式提供建筑服务选择简易计税的，建筑企业应该在合同条款中明确提供建筑服务的形式或内容。所谓的以清包工方式提供建筑服务，其实就是劳务作业分包，是指施工总承包企业或者专业承包企业将其承包工程中的劳务作业发包给劳务分包企业完成的活动。

合同中除了要明确符合清包工定义（施工方不采购建筑工程所需的材料或只采购辅助材料，并收取人工费、管理费或者其他费用）的建筑服务内容外，还要在合同中注明选择简易计税方式。

自 2019 年 10 月 1 日起，提供建筑服务的一般纳税人按规定适用或选择适用简易计税方法计税的，不再实行备案制。建筑企业选择适用或适用简易计税方式，除了在合同中约定以外，还要保管好相关资料备查。

第二节 增值税预缴税款的管理

建筑企业预缴增值税，在《财政部 国家税务总局关于全面推开营业税改征增值税试点的通知》（财税〔2016〕36 号）、《国家税务总局关于发布〈纳税人跨县（市、区）提供建筑服务增值税征收管理暂行办法〉的公告》（国家税务总局公告 2016 年第 17 号）、《国家税务总局关于营改增试点若干征管问题的公告》（国家税务总局公告 2016 年第 53 号）、《财政部 税务总局关于建筑服务等营改增试点政策的通知》（财税〔2017〕58 号）和《国家税务总局关于国内旅客运输服务进项税抵扣等增值税征管问题的公告》（国家税务总局公告 2019 年第 31 号）都有规定。

建筑企业预缴增值税，实务中需要注意以下几个问题：

一、建筑企业什么情况下需要预缴增值税？

根据《财政部 国家税务总局关于全面推开营业税改征增值税试点的通知》（财税〔2016〕36 号）和《纳税人跨县（市、区）提供建筑服务增值税征收管理暂行办法》（国家税务总局公告 2016 年第 17 号）规定，自 2016 年 5 月 1 日起，除其他个人以外的纳税人跨县（市、区）提供建筑服务，应当向工程项目所在地税务机关预缴增值税。其他个人提供建筑服务，应向建筑服务发生地主管税务机关申报纳税。

根据《国家税务总局关于进一步明确营改增有关征管问题的公告》（国家税务总局公告 2017 年第 11 号）第三条规定，自 2017 年 5 月 1 日起，纳税人在同一地级行政区范围内跨县（市、区）提供建筑服务，不适用《纳税人跨县（市、区）提供建筑服务增值税征收管理暂行办法》（国家税务总局公告 2016 年第 17 号印发）。

根据《财政部 税务总局关于建筑服务等营改增试点政策的通知》（财税〔2017〕58 号）第三条规定，自 2017 年 7 月 1 日起，纳税人提供建筑服务取得预收款，应在收到预收款时，以取得的预收款扣除支付的分包款后的余额，按照预征率 2%（适用一般计税方法计税的项目），或预征率 3%（适用简易计税方法计税的项目）预缴增值税。

这里有几个政策适用的时间点要牢记：

跨县（市、区）提供建筑服务预缴增值税的时间区间（2016 年 5 月 1 日至 2017 年 4 月 30 日）。

跨地级行政区提供建筑服务预缴增值税的时间起点（2017 年 5 月 1 日起）。

建筑企业收到预收款发生增值税纳税义务的时间区间（2016年5月1日至2017年6月30日）。

建筑企业收到预收款无增值税纳税义务但必须预缴税款（无论是否跨地级行政区域）的时间起点（2017年7月1日）。

【案例3-1】 2020年12月10日，建筑公司A收到发包方拨付预收款1 090万元，同日给发包方开具不征税发票，累计未扣除分包发票含税金额300万元，该工程项目是一般计税，请计算建筑公司A当期预缴增值税额（工程项目所在地城建税税率7%）。

案例解析：

建筑企业收到工程预付款，无论工程是否跨区都应预缴增值税和城建税及附加，预缴的增值税可以抵减建筑企业以后的应纳增值税额，建筑企业总机构申报环节按照抵减后的增值税额作为计算缴纳城建税及附加的基数，并且不考虑工程项目所在地和总机构所在地城建税的税率差。

当期应预缴的增值税额 = (1 090 − 300) ÷ (1 + 9%) × 2%
= 14.50（万元）

当期应预缴的城建税及附加 = 14.50 × (7% + 3% + 2%)
= 1.74（万元）

其中：

应预缴的城市维护建设税 = 14.50 × 7% = 1.02（万元）

应预缴的教育费附加 = 14.50 × 3% = 0.43（万元）

应预缴的地方教育费附加 = 14.50 × 2% = 0.29（万元）

二、建筑企业预缴的增值税如何抵减应纳税额？

建筑业在两种情况下应预缴增值税：

一是工程项目跨地级以上行政区域的，应在发生纳税义务时在工程项目所在地预缴增值税。

二是收到预收款时，无论工程项目是否跨地级以上行政区域，都应预缴增值税。工程项目跨地级以上行政区域的在工程项目所在地预缴，工程项目未跨地级以上行政区域的在总机构所在地预缴增值税。

预缴的增值税抵减应纳增值税的时间，在实务中可能会存在争议，争议的点在于，工程项目预缴的增值税是抵减本项目的应纳增值税还是抵减纳税人的应纳增值税（跨项目抵减）。如果是抵减本项目的应纳增值税，"应交税费——预交增值税"科目应直至纳税义务发生时方可从"应交税费——预交增值税"科目结转至"应交税费——未交增值税"科目。如果是抵减纳税人的应纳增值税（即跨项目抵减），"应交税费——预交增值税"科目应按月结转至"应交税费——未交增值税"科目，而不考虑预缴增值税项目是否发生纳税义务。

本书认为，建筑业工程项目预缴的增值税抵减的是纳税人的应纳增值税，而不局限于只抵减该工程项目的应纳增值税，无须考虑该工程项目是否发生增值税纳税义务。即发生的预缴增值税额月末应结转至"应交税费——未交增值税"科目。理由是：

一是财会〔2016〕22号文关于预缴增值税科目使用的特殊规定："房地产开发企业等在预缴增值税后，应直至纳税义务发生时方可从'应交税费——预交增值税'科目结转至'应交税费——未交增值税'科目。"这里的等字，虽然可以理解为包括建筑业，但这毕竟是会计口径，我们还要看税法关于预缴增值税抵减应纳增值税额的口径。

二是《国家税务总局关于发布〈纳税人跨县（市、区）提供建筑服务增值税征收管理暂行办法〉的公告》（国家税务总局公告2016年第17号）第八条规定，"纳税人跨县（市、区）提供建筑服务，向建筑服务发生地主管税务机关预缴的增值税税款，可以在当期增值税应纳税额中抵减，抵减不完的，结转下期继续抵减"。这里的"在当期增值税应纳税额中抵减"的主语是"纳税人"，即"纳税人""预缴的增值税税款""可以在'纳税人'当期增值税应纳税额中抵减"。因此，从国家税务总局公告2016年第17号公告第八条规定看，建筑业预缴的增值税是可以跨项目抵减应纳增值税的。

建筑企业预缴的增值税,可以在当期增值税应纳税额中抵减,抵减不完的,结转下期继续抵减。纳税人以预缴税款抵减应纳税额,应以完税凭证作为合法有效凭证。

建筑企业计算的应纳税额小于已预缴税额,且差额较大的,由国家税务总局通知建筑服务发生地省级税务机关,在一定时期内暂停预缴增值税。

【案例3-2】接案例3-1,假设建筑企业总机构当期销项税额100万元,进项税额50万元,预缴增值税额14.50万元(取得合规完税凭证),总机构所在地城建税税率5%,请计算总机构申报缴纳的增值税额和城建税及附加。

案例解析:

申报应补增值税额 = (100 - 50) - 14.50 = 35.5(万元)

申报应补城建及附加 = 35.5 × (5% + 3% + 2%)
　　　　　　　　　 = 3.55(万元)

其中,应申报城市维护建设税 = 35.5 × 5% = 1.78(万元)

应申报教育费附加 = 35.5 × 3% = 1.06(万元)

应申报地方教育费附加 = 35.5 × 2% = 0.71(万元)

三、建筑企业预缴增值税以及简易计税方式申报纳税如何计算税额?

一般计税方式预缴增值税额计算公式:

应预缴增值税 = (全部价款和价外费用 - 支付的分包款) ÷ (1 + 9%) × 2%

一般计税方式应纳增值税 = 销项税额 - 进项税额

一般计税方式申报应补(退)税额 = 应纳增值税额 - 预缴增值税

如果申报时应纳增值税额 ≥ 预缴增值税额,预缴增值税全额抵减。如果申报时应纳增值税额 < 预缴增值税额,预缴增值税按相当于应纳增值税额的金额填入申报表,当月增值税一般计税方式应补(退)税额按零申报,预缴税额大于当期应纳税额的差额留待以后期间抵减。这里

需要提醒一下，不同省份申报表的勾稽校验关系可能会存在一定差异，具体操作以当地税务机关为准。

【案例 3-3】北京某建筑公司 2020 年承接了山西太原一工程项目（一般计税），12 月 20 日收到工程进度款 1 090 万元，当月取得分包发票 327 万元，该分包发票是增值税专用发票，税率 9%，取得钢材发票进项税额 45 万元，上期留抵税额 20 万元，计算预缴和申报环节税额。

案例解析：

预缴增值税 =（1 090 - 327）÷（1 + 9%）× 2% = 14（万元）

预缴城建税及附加 = 14 ×（7% + 3% + 2%）= 1.4（万元）

应纳增值税 = 1 090 ÷（1 + 9%）× 9% - 327 ÷（1 + 9%）× 9% - 45 - 20 = 90 - 27 - 45 - 20 = -2（万元）

当期应纳增值税是 -2 万元，说明进项税额大于销项税额形成增值税留抵税额 2 万元，本月无应纳增值税可抵减预缴增值税，当期预缴的增值税额 14 万元留待以后纳税期间抵减。

简易计税方式预缴增值税计算公式：

应预缴增值税 =（全部价款和价外费用 - 支付的分包款）÷（1 + 3%）× 3%

简易计税方式应纳增值税 =（全部价款和价外费用 - 支付的分包款）÷（1 + 3%）× 3%

简易计税方式申报应补（退）税额 = 应纳增值税 - 预缴增值税 = 0

把【案例 3-3】修改一下，调整为【案例 3-4】：

【案例 3-4】北京某建筑公司 2020 年承接了山西太原一工程项目（简易计税），12 月 20 日收到工程进度款 1 030 万元，当月取得分包（简易计税）发票 309 万元，是增值税专用发票，税率 9%，取得钢材发票进项税额 45 万元，上期留抵税额 20 万元，计算预缴和申报环节税额。

案例解析：

预缴增值税 = (1 030 - 309) ÷ (1 + 3%) × 3% = 21(万元)

预缴城建税及附加 = 21 × (7% + 3% + 2%) = 2.1 (万元)

应纳增值税 = (1 030 - 309) ÷ (1 + 3%) × 3% = 21(万元)

应纳增值税额等于预缴增值税额，应纳增值税额抵减预缴增值税额后，本月申报税额为0。

也就是说，简易计税工程项目，增值税的预缴计算方法与申报环节计算应纳增值税额的方法相同，应纳增值税额抵减预缴增值税额后总机构所在地申报为0，相当于跨区并实行简易计税的工程项目的增值税全额交在了工程项目所在地。

一般计税方式预缴增值税额按2%，计算应纳增值税额按9%，通常情况下，应纳增值税额应该大于预缴税额，当然，也要看一般计税方式进项税额的占比。如果进项税额占比较高，也可能倒挂，出现应纳税额小于预缴税额的情况，这个要结合项目的进项税构成进行具体分析。

四、建筑企业预缴增值税或简易计税方式计算应纳增值税，如何理解差额扣除支付的分包款？

第一，差额扣除支付的分包款，要凭合法有效的凭证（分包发票），支付了分包款未取得合法有效的凭证不能扣除，未支付分包款但取得了合法有效的凭证依然可以扣除。这里涉及一个支付分包款和取得分包发票先后的问题，从政策原文看是扣除支付的分包款，但是要以取得合法有效凭证为扣除依据。所以，从最终决定因素看，还是要取得合法有效凭证才能扣除，即使暂时未支付分包款。

第二，合法有效的凭证，是指分包发票，分包发票备注栏应注明工程项目地址和项目名称，否则，不能作为合法有效凭证，不能差额扣除。当然分包发票还要符合发票管理办法规定的其他一般性规定。

第三，符合《国家税务总局关于进一步明确营改增有关征管问题的公告》(国家税务总局公告 2017 年第 11 号)第一条规定的混合销售按兼营处理的分包业务，建筑企业从分包方取得的分包发票是两种内容的发票，一是建筑服务内容的发票，二是货物内容的发票。因为 11 号公告要求此种情况下，"应分别核算货物和建筑服务的销售额，分别适用不同的税率或者征收率"，当然要分别开具建筑服务内容的发票和货物内容的发票。这里要注意一点，即使根据兼营的规定开具货物内容的发票，备注栏也应注明工程项目名称和地址。因为，这是分包方开具的发票，虽然按货物内容开票，但不改变分包业务属性，总包方取得这样的发票依然可以差额扣除（简易计税或预缴环节）。

第四，差额扣除时是按照含税价进行差额，再按照税率 9%（一般计税）和征收率 3%（简易计税）进行价税分离计算预缴基数，然后按对应的预征率计算预缴增值税。实务中发现有个别财务人员按照票面税额进行差额确认预缴基数出现了错误，按票面税额进行差额在营业税时期没有问题，但增值税时期容易出现错误。比如分包方按一般计税取得的是 9% 的增值税发票，分包方符合《国家税务总局关于进一步明确营改增有关征管问题的公告》(国家税务总局公告 2017 年第 11 号)第一条规定的混合销售按兼营处理的，其中货物部分开具 13% 的增值税发票时，如果按票面税额直接差额，就会出现计算错误。只有票面税率与适用税率（或征收率）相同时才可以直接按照票面税额差额扣除。

五、关于"建筑服务分包款差额扣除"政策在实务中的应用

关于"建筑服务分包款差额扣除"的问题在实务中经常有纳税人搞错，甚至有的税务师事务所从业人员也没有完全搞明白，笔者在网上看过一个税务师事务所从业人员写的两篇文章，分别为：《国家税务总局公告 2019 年第 31 号"第七条"是一个陷阱吗？》和《再读总局公告 2019 年第 31 号"第七条"》。个人感觉原作者对"建筑服务分包款差额扣除"政策在实务中的应用不太了解，这可能代表一个群体，所以激发了笔者写此书的想法，以帮助广大纳税人更好地理解和应用税法。

国家税务总局公告 2019 年第 31 号第七条"关于建筑服务分包款差额扣除"的原文如下：

"纳税人提供建筑服务，按照规定允许从其取得的全部价款和价外费用中扣除的分包款，是指支付给分包方的全部价款和价外费用。"

怎么理解国家税务总局公告 2019 年第 31 号第七条的内涵呢？

笔者结合实务应用分析一下：

1. 如何理解适用本条政策的主体"纳税人"的范围？

本条"纳税人"的范围，简单地说，可以向下分包的纳税人才适用本条政策。从建筑企业来说，可以把工程项目进行分包的纳税人包括工程总承包方和工程的专业分包方。这里的纳税人为什么不包括工程的劳务分包方呢？因为按照建筑法的规定，劳务分包方不可以向下再分包，既然不允许再分包，就不存在扣除支付分包款的问题，所以，只有工程的总包方和工程的专业分包方才是国家税务总局公告 2019 年第 31 号第七条中规定的纳税人。

2. 如何理解"提供建筑服务"？

《财政部 国家税务总局关于全面推开营业税改征增值税试点的通知》（财税〔2016〕36 号）中对"附：销售服务、无形资产、不动产注释（四）建筑服务"规定："建筑服务，是指各类建筑物、构筑物及其附属设施的建造、修缮、装饰，线路、管道、设备、设施等的安装以及其他工程作业的业务活动。包括工程服务、安装服务、修缮服务、装饰服务和其他建筑服务。"

从合同体系分析"提供建筑服务"会更容易理解。比如，工程总承包合同中的建筑企业向发包方（业主方）提供的服务就是"提供建筑服务"，工程专业分包合同中的建筑企业向发包方（业主方或总包方）提供的服务就是"提供建筑服务"。工程劳务分包合同中的建筑企业向发包方（总包方或专业分包方）提供的服务虽然也是建筑服务，但由于劳务分包方不能再向下分包，不存在差额扣除的问题，因此，不适用国家税务总局公告 2019 年第 31 号第七条的规定。

3. 如何理解"按照规定允许从其取得的全部价款和价外费用中扣除的分包款"中的"按照规定"？

关于"按照规定"的理解，如果您了解建筑业的涉税实务处理，也可以简单地总结为几句话：建筑企业预缴增值税时"允许从其取得的全部价款和价外费用中扣除分包款"；建筑企业申报时简易计税项目"允许从其取得的全部价款和价外费用中扣除分包款"，具体政策依据，在财税〔2016〕36号、国家税务总局公告2016年第17号、国家税务总局公告2017年第11号以及财税〔2017〕58号文件中都有详细介绍，为便于大家理解，列示如下。

财税〔2016〕36号附件2《营业税改征增值税试点有关事项的规定》（三）"销售额"的规定：

> （9）试点纳税人提供建筑服务适用简易计税方法的，以取得的全部价款和价外费用扣除支付的分包款后的余额为销售额。

> （11）试点纳税人按照上述9款的规定从全部价款和价外费用中扣除的价款，应当取得符合法律、行政法规和国家税务总局规定的有效凭证。否则，不得扣除。

财税〔2016〕36号附件2《营业税改征增值税试点有关事项的规定》（七）"建筑服务"的规定：

> （4）一般纳税人跨县（市）提供建筑服务，适用一般计税方法计税的，应以取得的全部价款和价外费用为销售额计算应纳税额。纳税人应以取得的全部价款和价外费用扣除支付的分包款后的余额，按照2%的预征率在建筑服务发生地预缴税款后，向机构所在地主管税务机关进行纳税申报。

> （5）一般纳税人跨县（市）提供建筑服务，选择适用简易计税方法计税的，应以取得的全部价款和价外费用扣除支付的分包款后的余额为销售额，按照3%的征收率计算应纳税额。纳

税人应按照上述计税方法在建筑服务发生地预缴税款后，向机构所在地主管税务机关进行纳税申报。

（6）试点纳税人中的小规模纳税人（以下称小规模纳税人）跨县（市）提供建筑服务，应以取得的全部价款和价外费用扣除支付的分包款后的余额为销售额，按照3%的征收率计算应纳税额。纳税人应按照上述计税方法在建筑服务发生地预缴税款后，向机构所在地主管税务机关进行纳税申报。

《财政部 税务总局关于建筑服务等营改增试点政策的通知》（财税〔2017〕58号）第三条规定：

纳税人提供建筑服务取得预收款，应在收到预收款时，以取得的预收款扣除支付的分包款后的余额，按照本条第三款规定的预征率预缴增值税。

按照现行规定应在建筑服务发生地预缴增值税的项目，纳税人收到预收款时在建筑服务发生地预缴增值税。按照现行规定无须在建筑服务发生地预缴增值税的项目，纳税人收到预收款时在机构所在地预缴增值税。

适用一般计税方法计税的项目预征率为2%，适用简易计税方法计税的项目预征率为3%。

《国家税务总局关于发布〈纳税人跨县（市、区）提供建筑服务增值税征收管理暂行办法〉的公告》（国家税务总局公告2016年第17号）规定如下。

第四条 纳税人跨县（市、区）提供建筑服务，按照以下规定预缴税款：

（一）一般纳税人跨县（市、区）提供建筑服务，适用一般计税方法计税的，以取得的全部价款和价外费用扣除支付的分包款后的余额，按照2%的预征率计算应预缴税款。

（二）一般纳税人跨县（市、区）提供建筑服务，选择适用简易计税方法计税的,以取得的全部价款和价外费用扣除支付的分包款后的余额,按照3%的征收率计算应预缴税款。

(三)小规模纳税人跨县(市、区)提供建筑服务,以取得的全部价款和价外费用扣除支付的分包款后的余额,按照3%的征收率计算应预缴税款。

《国家税务总局关于进一步明确营改增有关征管问题的公告》(国家税务总局公告2017年第11号)第三条规定:

纳税人在同一地级行政区范围内跨县(市、区)提供建筑服务,不适用《纳税人跨县(市、区)提供建筑服务增值税征收管理暂行办法》(国家税务总局公告2016年第17号印发)。

4. 如何理解"扣除的分包款,是指支付给分包方的全部价款和价外费用"?

"扣除的分包款,是指支付给分包方的全部价款和价外费用",这并不是一个新的政策口径,只是对财税〔2016〕36号和国家税务总局公告2016年第17号以及财税〔2017〕58号文件中扣除支付的分包款的进一步强调或明确以统一口径,避免在政策执行层面有争议或分歧。

我们结合工程项目预缴增值税和简易计税项目申报增值税的公式来分析便会一目了然。

适用一般计税方法计税的,应预缴增值税款 =(全部价款和价外费用 - 支付的分包款)÷(1 + 9%)× 2%。

适用简易计税方法计税的,应预缴增值税款 =(全部价款和价外费用 - 支付的分包款)÷(1 + 3%)× 3%。

适用简易计税方法计税的,应纳增值税款 =(全部价款和价外费用 - 支付的分包款)÷(1 + 3%)× 3%。

实务中怎么理解和应用上述公式中差额扣除的"支付的分包款"呢?

第一,扣除"支付的分包款"是"支付给分包方的全部价款和价外费用"（含税），与确认收入即收到发包方的"全部价款和价外费用"（含税）口径保持一致。

第二，扣除"支付的分包款"与实际是否付款无关，扣除"支付的分包款"应以是否从工程分包方取得合规凭证为依据。即使实际支付了分包款，没有取得合规凭证也不能差额扣除。同样道理，即使款项没有支付给分包方，只要从分包方取得了合规凭证，也可以差额扣除。

第三，上述合规凭证是指从分包方取得的 2016 年 5 月 1 日后开具的，备注栏注明建筑服务发生地所在县（市、区）、项目名称的增值税发票。

第四，上述增值税发票开具的内容通常是建筑服务，特殊情况会开具销售货物的发票，国家税务总局公告 2017 年第 11 号第一条规定："纳税人销售活动板房、机器设备、钢结构件等自产货物的同时提供建筑、安装服务，不属于《营业税改征增值税试点实施办法》（财税〔2016〕36 号文件印发）第四十条规定的混合销售，应分别核算货物和建筑服务的销售额，分别适用不同的税率或者征收率。"按照本条规定，建筑企业纳税人从钢结构专业分包方取得的增值税发票，如果钢结构是专业分包方自产的，则钢结构部分单独开具货物的发票，建筑安装部分开具建筑服务发票。

第五，扣除"支付的分包款"要有足够的从发包方取得的"全部价款和价外费用"，尤其是已经结束的简易计税工程项目。未及时差额扣除的"支付的分包款"所对应的增值税分包发票的处理是个难题，实务中有的纳税人直接放弃差额扣除而记入了成本，这样处理对纳税人自身是不利的，所以，在工程项目过程中要保持收入和成本发生时间的匹配性，发生的分包成本要及时取得分包发票并差额扣除，以减少税金的损失。

总之，看似简单的税收政策，在实务应用中其实是很复杂的，如果对建筑行业不熟悉，很容易把税收政策用错。这可能也是税务总局专门针对"建筑服务分包款差额扣除"出台 31 号文的初衷吧。

第三节　增值税进项税额的管理

增值税进项税额，是指纳税人购进货物、加工修理修配劳务、服务、无形资产或者不动产，支付或者负担的增值税额。

按照《财政部 国家税务总局关于全面推开营业税改征增值税试点的通知》（财税〔2016〕36号）附件1《营业税改征增值税试点实施办法》第二十一条规定，一般计税方法的应纳税额，是指当期销项税额抵扣当期进项税额后的余额。应纳税额计算公式：

应纳税额 = 当期销项税额 − 当期进项税额

当期销项税额小于当期进项税额不足抵扣时，其不足部分可以结转下期继续抵扣。

上述增值税应纳税额的计算公式中，在当期销项税额不变的情况下，当期进项税额越小，当期应纳增值税额越大；反之当期进项税额越大，当期应纳增值税额越小。

因此，在合法合理的情况下，将增值税当期进项税额增大将有助于节税或推迟纳税义务发生时间。

当然，销项税额也很重要，我们放在下一节讨论。

一、准予从销项税额中抵扣的进项税额

《财政部 国家税务总局关于全面推开营业税改征增值税试点的通知》（财税〔2016〕36号）附件1《营业税改征增值税试点实施办法》第二十五条规定：

下列进项税额准予从销项税额中抵扣。

（一）从销售方取得的增值税专用发票（含税控机动车销售统一发票，下同）上注明的增值税额。

（二）从海关取得的海关进口增值税专用缴款书上注明的

增值税额。

（三）购进农产品，除取得增值税专用发票或者海关进口增值税专用缴款书外，按照农产品收购发票或者销售发票上注明的农产品买价和扣除率计算的进项税额。计算公式为：

进项税额＝买价×扣除率

买价，是指纳税人购进农产品在农产品收购发票或者销售发票上注明的价款和按照规定缴纳的烟叶税。

购进农产品，按照《农产品增值税进项税额核定扣除试点实施办法》抵扣进项税额的除外。

（四）从境外单位或者个人购进服务、无形资产或者不动产，自税务机关或者扣缴义务人取得的解缴税款的完税凭证上注明的增值税额。

关于购进农产品进项税额计算扣除问题，后续相关文件进一步做了详细规定。

《财政部 国家税务总局关于简并增值税税率有关政策的通知》（财税〔2017〕37号）第二条规定：

自2017年7月1日起，简并增值税税率结构，取消13%的增值税税率，纳税人购进农产品，按下列规定抵扣进项税额。

（一）除本条第（二）项规定外，纳税人购进农产品，取得一般纳税人开具的增值税专用发票或海关进口增值税专用缴款书的，以增值税专用发票或海关进口增值税专用缴款书上注明的增值税额为进项税额；从按照简易计税方法依照3%征收率计算缴纳增值税的小规模纳税人取得增值税专用发票的，以增值税专用发票上注明的金额和11%的扣除率计算进项税额；取得（开具）农产品销售发票或收购发票的，以农产品销售发票或收购发票上注明的农产品买价和11%的扣除率计算进项税额。

（二）营业税改征增值税试点期间，纳税人购进用于生产销售或委托受托加工17%税率货物的农产品维持原扣除力度不变。

（三）继续推进农产品增值税进项税额核定扣除试点，纳税人购进农产品进项税额已实行核定扣除的，仍按照《财政部 国家税务总局关于在部分行业试行农产品增值税进项税额核定扣除办法的通知》（财税〔2012〕38号）、《财政部 国家税务总局关于扩大农产品增值税进项税额核定扣除试点行业范围的通知》（财税〔2013〕57号）执行。其中，《农产品增值税进项税额核定扣除试点实施办法》（财税〔2012〕38号印发）第四条第（二）项规定的扣除率调整为11%；第（三）项规定的扣除率调整为按本条第（一）项、第（二）项规定执行。

（四）纳税人从批发、零售环节购进适用免征增值税政策的蔬菜、部分鲜活肉蛋而取得的普通发票，不得作为计算抵扣进项税额的凭证。

（五）纳税人购进农产品既用于生产销售或委托受托加工17%税率货物又用于生产销售其他货物服务的，应当分别核算用于生产销售或委托受托加工17%税率货物和其他货物服务的农产品进项税额。未分别核算的，统一以增值税专用发票或海关进口增值税专用缴款书上注明的增值税额为进项税额，或以农产品收购发票或销售发票上注明的农产品买价和11%的扣除率计算进项税额。

根据《财政部 税务总局关于调整增值税税率的通知》（财税〔2018〕32号）规定，自2018年5月1日起，纳税人发生增值税应税销售行为或者进口货物，原适用17%和11%税率的，税率分别调整为16%、10%。纳税人购进农产品，原适用11%扣除率的，扣除率调整为10%。纳税人购进用于生产销售或委托加工16%税率货物的农产品，按照12%的扣除率计算进项税额。

根据《财政部 税务总局 海关总署关于深化增值税改革有关政策的公告》（财政部 税务总局 海关总署公告2019年第39号）规定，自2019年4月1日起，增值税一般纳税人（以下称纳税人）发生增值税应税销售行为或者进口货物，原适用16%税率的，税率调整为13%；原适用10%税率的，税率调整为9%。纳税人购进农产品，原适用10%扣除率的，扣除率调整为9%。纳税人购进用于生产或者委托加工13%税率货物的农产品，按照10%的扣除率计算进项税额。

按照《财政部 国家税务总局关于租入固定资产进项税额抵扣等增值税政策的通知》（财税〔2017〕90号）第一条规定，自2018年1月1日起，纳税人租入固定资产、不动产，既用于一般计税方法计税项目，又用于简易计税方法计税项目、免征增值税项目、集体福利或者个人消费的，其进项税额准予从销项税额中全额抵扣。

按照《财政部 国家税务总局关于租入固定资产进项税额抵扣等增值税政策的通知》（财税〔2017〕90号）第七条规定，自2018年1月1日起，纳税人支付的道路通行费（是指有关单位依法或者依规设立并收取的过路、过桥和过闸费用，下同），按照收费公路通行费增值税电子普通发票上注明的增值税额抵扣进项税额。纳税人支付的桥、闸通行费，暂凭取得的通行费发票上注明的收费金额按照下列公式计算可抵扣的进项税额：

桥、闸通行费可抵扣进项税额 = 桥、闸通行费发票上注明的金额 ÷ (1 + 5%) × 5%

根据《财政部 税务总局 海关总署关于深化增值税改革有关政策的公告》（财政部 税务总局 海关总署公告2019年第39号）第六条规定：

纳税人购进国内旅客运输服务，自2019年4月1日起，其进项税额允许从销项税额中抵扣。

（一）纳税人未取得增值税专用发票的，暂按照以下规定确定进项税额：

1. 取得增值税电子普通发票的，为发票上注明的税额；

2. 取得注明旅客身份信息的航空运输电子客票行程单的，按照下列公式计算进项税额：

航空旅客运输进项税额＝（票价＋燃油附加费）÷（1＋9%）×9%

3. 取得注明旅客身份信息的铁路车票的，按照下列公式计算的进项税额：

铁路旅客运输进项税额＝票面金额÷（1＋9%）×9%

4. 取得注明旅客身份信息的公路、水路等其他客票的，按照下列公式计算进项税额：

公路、水路等其他旅客运输进项税额＝票面金额÷（1＋3%）×3%

根据《国家税务总局关于国内旅客运输服务进项税抵扣等增值税征管问题的公告》（国家税务总局公告2019年第31号）第一条：

对国内旅客运输服务进项税抵扣的征管问题进一步作出规定。

（一）《财政部 税务总局 海关总署关于深化增值税改革有关政策的公告》（财政部 税务总局 海关总署公告2019年第39号）第六条所称"国内旅客运输服务"，限于与本单位签订了劳动合同的员工，以及本单位作为用工单位接受的劳务派遣员工发生的国内旅客运输服务。

（二）纳税人购进国内旅客运输服务，以取得的增值税电子普通发票上注明的税额为进项税额的。增值税电子普通发票上注明的购买方"名称""纳税人识别号"等信息，应当与实际抵扣税款的纳税人一致，否则不予抵扣。

（三）纳税人允许抵扣的国内旅客运输服务进项税额，是指纳税人2019年4月1日及以后实际发生，并取得合法有效增值税扣税凭证注明的或依据其计算的增值税税额。以增值税专用发票或增值税电子普通发票为增值税扣税凭证的,为2019年4月1日及以后开具的增值税专用发票或增值税电子普通发票。

二、不得抵扣进项税额的情形

纳税人取得的增值税扣税凭证不符合法律、行政法规或者国家税务总局有关规定的,其进项税额不得从销项税额中抵扣。增值税扣税凭证,是指增值税专用发票、海关进口增值税专用缴款书、农产品收购发票、农产品销售发票和完税凭证。纳税人凭完税凭证抵扣进项税额的,应当具备书面合同、付款证明和境外单位的对账单或者发票。资料不全的,其进项税额不得从销项税额中抵扣。

下列项目的进项税额不得从销项税额中抵扣:

(一)用于简易计税方法计税项目,免征增值税项目,集体福利或者个人消费的购进货物,加工修理修配劳务、服务,无形资产和不动产。其中涉及的固定资产、无形资产、不动产,仅指专用于上述项目的固定资产、无形资产(不包括其他权益性无形资产)、不动产。

纳税人的交际应酬消费属于个人消费。

(二)非正常损失的购进货物,以及相关的加工修理修配劳务和交通运输服务。

(三)非正常损失的在产品、产成品所耗用的购进货物(不包括固定资产)、加工修理修配劳务和交通运输服务。

(四)非正常损失的不动产,以及该不动产所耗用的购进货物、设计服务和建筑服务。

(五)非正常损失的不动产在建工程所耗用的购进货物、设计服务和建筑服务。

纳税人新建、改建、扩建、修缮、装饰不动产,均属于不动产在建工程。

(六)购进的旅客运输服务〔根据《财政部 税务总局 海关总署关

于深化增值税改革有关政策的公告》（财政部 税务总局 海关总署公告2019年第39号）第六条规定，自2019年4月1日起，其进项税额允许从销项税额中抵扣］、贷款服务、餐饮服务、居民日常服务和娱乐服务。

（七）财政部和国家税务总局规定的其他情形。

本条第（四）项、第（五）项所称货物，是指构成不动产实体的材料和设备，包括建筑装饰材料和给排水、采暖、卫生、通风、照明、通讯、煤气、消防、中央空调、电梯、电气、智能化楼宇设备及配套设施。

不动产、无形资产的具体范围，按照《销售服务、无形资产或者不动产注释》执行。

固定资产，是指使用期限超过12个月的机器、机械、运输工具以及其他与生产经营有关的设备、工具、器具等有形动产。

非正常损失，是指因管理不善造成货物被盗、丢失、霉烂变质，以及因违反法律法规造成货物或者不动产被依法没收、销毁、拆除的情形。

三、无法划分的进项税额如何抵扣

适用一般计税方法的纳税人，兼营简易计税方法计税项目、免征增值税项目而无法划分不得抵扣的进项税额，按照下列公式计算不得抵扣的进项税额：

不得抵扣的进项税额＝当期无法划分的全部进项税额×（当期简易计税方法计税项目销售额＋免征增值税项目销售额）÷当期全部销售额

主管税务机关可以按照上述公式依据年度数据对不得抵扣的进项税额进行清算。

【案例3-5】某建筑公司（一般纳税人）2020年1月总部机关发生无法划分的进项税额20万元，当月一般计税收入900万元，简易计税收入100万元，当月合计收入1 000万元；2月份总部机关发生无法划分的进项税额60万元，当月一般计税收入 600 万元，简易计税收入 300 万元，合计收入 900 万元。为简化计算，假设当年只有这两笔无法划分的进项税额，且只有这两个月取得了收入，即全年无法划分的进项税额合计 80 万元，全年一般计税收入 1 500 万元，全年简易计税收入 400 万元。请计算应转出的进项税额。

案例解析：

建筑公司是一般纳税人，按月计算申报增值税额，即按月计算不得抵扣的进项税额：

1 月不得抵扣的进项税额 = 20 × (100 + 0) ÷ 1 000
= 2（万元）

2 月不得抵扣的进项税额 = 60 × (300 + 0) ÷ 900
= 20（万元）

按月合计不得抵扣的进项税额 = 2 + 20 = 22（万元）

按照财税〔2016〕36 号文规定，主管税务机关可以按照上述公式依据年度数据对不得抵扣的进项税额进行清算。也就是说，计算不得抵扣的进项税额是以年度数据为准的，因此，年末应按照年度数据进行清算，多退少补。

2020 年度不得抵扣的进项税额 = 80 × (400 + 0) ÷ 1 900
= 16.84（万元）

根据上述计算，按月转出的不得抵扣的进项税额合计 22 万元，按年度数据计算不得抵扣的进项税额 16.84 万元，多转出进项税额 5.16（22 - 16.84）万元。

多转出的进项税额 5.16 万元可以在当期申报转回，具体操作要征得当地主管税务机关同意。

四、已抵扣进项税额后改变用途变为不能抵扣的如何处理

已抵扣进项税额的购进货物（不含固定资产）、劳务、服务，发生本办法第二十七条规定情形（简易计税方法计税项目、免征增值税项

目除外）的，应当将该进项税额从当期进项税额中扣减；无法确定该进项税额的，按照当期实际成本计算应扣减的进项税额。

已抵扣进项税额的固定资产、无形资产或者不动产，发生不得抵扣情形的，按照下列公式计算不得抵扣的进项税额：

不得抵扣的进项税额＝固定资产、无形资产或者不动产净值×适用税率

固定资产、无形资产或者不动产净值，是指纳税人根据财务会计制度计提折旧或摊销后的余额。

1. 已经抵扣进项税额的材料用于简易计税项目如何计算转出进项税额？

【案例3-6】2020年11月，某建筑公司购进钢材一批，不含税金额2 000万元，税率13%，取得合规发票，用于一般计税项目，已经认证抵扣，由于简易计税项目需要此类型钢材，公司直接调配500万元钢材，请计算应转出的进项税额。

案例解析：

（1）已经认证抵扣的进项税额＝2 000×13%＝260（万元）

（2）用于简易计税应转出进项税额＝500×13%＝65（万元）

2. 已经抵扣进项税额的树苗等初级农产品用于简易计税项目如何计算转出进项税额？

【案例3-7】2020年11月，某建筑公司购进树苗一批，买价2 000万元，取得合规发票，用于一般计税项目，已经计算抵扣（按9%），由于简易计税项目需要此类型树苗，公司直接按账面成本调配50%，请计算应转出的进项税额。

案例解析：

（1）购进树苗计算抵扣进项税额＝2 000×9%＝180（万元）

（2）购进树苗计入成本金额＝2 000－180＝1 820（万元）

(3) 简易计税调配树苗的成本金额 = 1 820 × 50%

= 910（万元）

(4) 用于简易计税树苗的买价 = 910 ÷ (1 - 9%)

= 1 000（万元）

(5) 用于简易计税树苗进项税额转出额 = 1 000 × 9%

= 90（万元）

3. 已经抵扣进项税额的固定资产专门用于简易计税项目等如何计算转出进项税额？

【案例 3-8】某建筑公司于 2020 年 1 月购进一栋大楼用于办公，价值 5 000 万元，税率 9%，假设 2020 年 12 月公司董事会决定将该办公楼用于职工宿舍，账面折旧 20.83 万元，计算不得抵扣的进项税额。

案例解析：

不得抵扣的进项税额 = (5 000 - 20.83) × 9% = 448.13(万元)

假设公司不是把整栋楼用于职工宿舍，即既用于办公又用于职工宿舍，是不需要做进项税额转出的。

五、发生销售折让、中止或者退回进项税额的处理

纳税人适用一般计税方法计税的，因销售折让、中止或者退回而退还给购买方的增值税额，应当从当期的销项税额中扣减；因销售折让、中止或者退回而收回的增值税额，应当从当期的进项税额中扣减。

六、强制不允许抵扣进项税额的情形

有下列情形之一者，应当按照销售额和增值税税率计算应纳税额，不得抵扣进项税额，也不得使用增值税专用发票：

（一）一般纳税人会计核算不健全，或者不能够提供准确税务资料的。

(二) 应当办理一般纳税人资格登记而未办理的。

七、几种特殊情形下的进项税额的处理

(一) 认定或登记为一般纳税人前进项税额抵扣问题

依据《国家税务总局关于纳税人认定或登记为一般纳税人前进项税额抵扣问题的公告》（国家税务总局公告2015年第59号）规定，纳税人自办理税务登记至认定或登记为一般纳税人期间，未取得生产经营收入，未按照销售额和征收率简易计算应纳税额申报缴纳增值税的，其在此期间取得的增值税扣税凭证，可以在认定或登记为一般纳税人后抵扣进项税额。上述"未取得生产经营收入，未按照销售额和征收率简易计算应纳税额申报缴纳增值税"，指的是纳税人按照会计制度和税法的规定，真实记录和准确核算的经营结果，通过隐瞒收入形成的"未取得生产经营收入，未按照销售额和征收率简易计算应纳税额申报缴纳增值税"，不在本公告规定之列。

(二) 一般纳税人注销后增值税留抵税额如何处理

1. 一般纳税人注销或被取消辅导期一般纳税人资格，转为小规模纳税人时，其存货不作进项税额转出处理，其留抵税额也不予以退税[《财政部 国家税务总局关于增值税若干政策的通知》（财税〔2005〕165号）第六条]。

2. 增值税一般纳税人（以下称"原纳税人"）在资产重组过程中，将全部资产、负债和劳动力一并转让给其他增值税一般纳税人（以下称"新纳税人"），并按程序办理注销税务登记的，其在办理注销登记前尚未抵扣的进项税额可结转至新纳税人处继续抵扣[《国家税务总局关于纳税人资产重组增值税留抵税额处理有关问题的公告》（国家税务总局公告2012年第55号）]。

(三) 逾期增值税扣税凭证重新申请认定规定

1. 增值税一般纳税人取得2017年1月1日及以后开具的增值税专

用发票、海关进口增值税专用缴款书、机动车销售统一发票、收费公路通行费增值税电子普通发票，取消认证确认、稽核比对、申报抵扣的期限。纳税人在进行增值税纳税申报时，应当通过本省（自治区、直辖市和计划单列市）增值税发票综合服务平台对上述扣税凭证信息进行用途确认。增值税一般纳税人取得 2016 年 12 月 31 日及以前开具的增值税专用发票、海关进口增值税专用缴款书、机动车销售统一发票，超过认证确认、稽核比对、申报抵扣期限，但符合规定条件的，仍可按照《国家税务总局关于逾期增值税扣税凭证抵扣问题的公告》（2011 年第 50 号，国家税务总局公告 2017 年第 36 号、2018 年第 31 号修改）、《国家税务总局关于未按期申报抵扣增值税扣税凭证有关问题的公告》（2011 年第 78 号，国家税务总局公告 2018 年第 31 号修改）规定，继续抵扣进项税额 [《国家税务总局关于取消增值税扣税凭证认证确认期限等增值税征管问题的公告》（国家税务总局公告 2019 年第 45 号）第一条]。

2. 自 2018 年 1 月 1 日起，增值税一般纳税人发生真实交易但由于客观原因造成增值税扣税凭证（包括增值税专用发票、海关进口增值税专用缴款书和机动车销售统一发票）未能按照规定期限办理认证、确认或者稽核比对的，经主管税务机关核实、逐级上报，由省税务局认证并稽核比对后，对比对相符的增值税扣税凭证，允许纳税人继续抵扣其进项税额 [《国家税务总局关于进一步优化增值税 消费税有关涉税事项办理程序的公告》（国家税务总局公告 2017 年第 36 号）第一条]。

3. 客观原因包括如下类型 [《国家税务总局关于逾期增值税扣税凭证抵扣问题的公告》（国家税务总局公告 2011 年第 50 号）第二条]：

（1）因自然灾害、社会突发事件等不可抗力因素造成增值税扣税凭证逾期；

（2）增值税扣税凭证被盗、抢，或者因邮寄丢失、误递导致逾期；

（3）有关司法、行政机关在办理业务或者检查中，扣押增值税扣税凭证，纳税人不能正常履行申报义务，或者税务机关信息系统、网络故障，未能及时处理纳税人网上认证数据等导致增值税扣税凭证逾期；

（4）买卖双方因经济纠纷，未能及时传递增值税扣税凭证，或者纳税人变更纳税地点，注销旧户和重新办理税务登记的时间过长，导致增值税扣税凭证逾期；

（5）由于企业办税人员伤亡、突发危重疾病或者擅自离职，未能办理交接手续，导致增值税扣税凭证逾期；

（6）国家税务总局规定的其他情形。

当然，根据《国家税务总局关于取消增值税扣税凭证认证确认期限等增值税征管问题的公告》（国家税务总局公告2019年第45号）规定，自2020年3月1日起，增值税一般纳税人取得2017年1月1日及以后开具的增值税专用发票、海关进口增值税专用缴款书、机动车销售统一发票、收费公路通行费增值税电子普通发票，取消认证确认、稽核比对、申报抵扣的期限。这个政策非常好，2020年3月1日生效，但可以追溯到2017年1月1日执行，也就是说截至2020年2月底已经超过认证期限的增值税扣税凭证，只要该增值税扣税凭证开具日期在2017年1月1日以后，即可依据45号公告重新认证抵扣。

（四）增值税专用发票联次丢失如何抵扣进项税额

纳税人同时丢失已开具增值税专用发票或机动车销售统一发票的发票联和抵扣联，可凭加盖销售方发票专用章的相应发票记账联复印件，作为增值税进项税额的抵扣凭证、退税凭证或记账凭证。纳税人丢失已开具增值税专用发票或机动车销售统一发票的抵扣联，可凭相应发票的发票联复印件，作为增值税进项税额的抵扣凭证或退税凭证；纳税人丢失已开具增值税专用发票或机动车销售统一发票的发票联，可凭相应发票的抵扣联复印件，作为记账凭证［《国家税务总局关于增值税发票综合服务平台等事项的公告》国家税务总局公告2020年第1号第四条，自2020年1月8日（发布之日）起施行］。

纳税人丢失发票的发票联、抵扣联后，已无须前往税务机关申请开具"丢失增值税专用发票已报税证明单"，可凭相应发票的其他基本联次复印件，作为增值税进项税额的抵扣凭证、退税凭证或记账凭证（《关于〈国家税务总局关于增值税发票综合服务平台等事项的公告〉的解读》第五条）。

八、建筑业增值税一般纳税人取得发票税率情况总结

在笔者的工作实践和教学实践中，发现一些人员经常把应税行为税率搞错，其实应税行为税率取决于三个因素：一是销售方的增值税纳税人身份是一般纳税人（税率）还是小规模纳税人（征收率）；二是应税行为本身适用的税率（13%、9%、6%）；三是应税行为可（征收率）否（税率）选择简易计税以及销售方是（征收率）否（税率）选择了简易计税。

1. 从分包方取得的增值税发票的税率，应按照分包方的纳税人身份（一般纳税人或小规模纳税人）和计税方式（一般计税方式或简易计税方式）来区分

（1）分包方为小规模纳税人的，取得的进项发票征收率为3%。

（2）分包方为一般纳税人的：

①如果是专业分包，取得的进项发票税率为9%。

②如果是劳务分包（清包工除外），取得的进项发票税率为9%。

③如果是劳务分包（清包工且分包方采取简易计税），取得的进项发票征收率为3%。

④如果是劳务分包（清包工且分包方采取一般计税），取得的进项发票税率为9%。

2. 从分供商取得的工程物资进项发票的税率

（1）取得的工程物资发票通常税率是13%。

（2）取得的树木、树苗、木材及竹木制品发票，取得一般纳税人开具的增值税专用发票或海关进口增值税专用缴款书的，以增值税专用发票或海关进口增值税专用缴款书上注明的增值税额为进项税额；属于农业生产者生产的农业初级产品的原木和原竹，从按照简易计税方法依

照3%征收率计算缴纳增值税的小规模纳税人取得增值税专用发票的，以增值税专用发票上注明的金额和9%的扣除率计算进项税额；取得（开具）农产品销售发票或收购发票的，以农产品销售发票或收购发票上注明的农产品买价和9%的扣除率计算进项税额。而经过加工的属于半成品或成品的木材及竹木制品，以取得的增值税专用发票上注明的税额为进项税额。

（3）取得的水泥及商品混凝土的进项发票税率。

取得一般纳税人开具的水泥发票，适用税率为13%；取得小规模纳税人开具的水泥发票，适用征收率为3%。取得一般纳税人开具的商品混凝土（仅指以水泥为原料的）发票，如果是自产的，选择一般计税的，进项发票适用税率为13%；选择简易计税的，进项发票适用征收率为3%。

（4）取得砂土石料等地材的进项发票税率。

取得一般纳税人开具的砂、土、石料发票，如果是自产的，选择一般计税的适用税率13%，选择简易计税的适用征收率3%；如果是外购的，只能适用税率13%。取得小规模纳税人开具的砂、土、石料无论自产的还是外购的，都适用征收率3%。

3. 取得机械费进项发票的税率

（1）外购机械设备取得进项发票税率。

取得一般纳税人开具的机械设备发票，适用税率13%；取得小规模纳税人开具的机械设备发票，适用征收率3%。

（2）取得机械设备租赁进项发票的税率。

①取得一般纳税人开具的机械设备租赁（不配备操作人员）发票的，进项发票税率为13%。

②取得一般纳税人开具的建筑施工设备租赁（配备操作人员）发票的，进项发票税率为9%。

③取得一般纳税人开具的建筑施工设备租赁（不配备操作人员）发票的，进项发票税率为13%。

④取得一般纳税人开具的非建筑施工设备租赁（配备操作人员）

发票的，进项发票税率为 13%。

⑤取得一般纳税人开具的非建筑施工设备租赁（不配备操作人员）发票的，进项发票税率为 13%。

⑥如果出租方是以试点实施之前购进或者自制的有形动产为标的物提供的经营租赁服务，试点期间可以选择简易计税方法计算缴纳增值税，适用征收率为 3%。

⑦取得小规模纳税人开具的机械设备租赁发票，无论是否配备操作人员，一律适用征收率 3%。

4. 取得临时设施费进项发票税率

（1）取得一般纳税人开具的临时设施发票，例如脚手架、活动板房等，适用税率 13%。

（2）取得小规模纳税人开具的临时设施发票，适用征收率 3%。

5. 取得水费的进项发票的税率

（1）取得一般纳税人开具的自来水水费发票，适用税率为 9%，如果一般纳税人选择了简易计税，适用征收率为 3%。

（2）取得小规模纳税人开具的自来水水费发票，适用征收率为 3%。

（3）取得一般纳税人开具的桶装水发票，适用税率为 13%。

（4）取得小规模纳税人开具的桶装水发票，适用征收率为 3%。

6. 取得电费的进项发票税率

（1）取得一般纳税人开具的电费发票，税率为 13%。

（2）取得小规模纳税人开具的电费发票，征收率为 3%。

7. 取得勘察勘探费用的进项发票税率

（1）取得一般纳税人开具的勘察勘探费用发票，税率为 6%。

（2）取得小规模纳税人开具的勘察勘探费用发票，征收率为 3%。

8. 取得工程设计费用发票的税率

（1）取得一般纳税人开具的工程设计费用发票，税率为 6%。

（2）取得小规模纳税人开具的工程设计费用发票，征收率为3%。

9. 取得检验试验费发票的税率

（1）取得一般纳税人开具的检验试验费用发票，税率为6%。

（2）取得小规模纳税人开具的检验试验费用发票，征收率为3%。

10. 取得电话费发票的税率

电信服务，是指利用有线、无线的电磁系统或者光电系统等各种通信网络资源，提供语音通话服务，传送、发射、接收或者应用图像、短信等电子数据和信息的业务活动。包括基础电信服务和增值电信服务。

基础电信服务，是指利用固网、移动网、卫星、互联网，提供语音通话服务的业务活动，以及出租或者出售带宽、波长等网络元素的业务活动。

增值电信服务，是指利用固网、移动网、卫星、互联网、有线电视网络，提供短信和彩信服务、电子数据和信息的传输及应用服务、互联网接入服务等业务活动。

卫星电视信号落地转接服务，按照增值电信服务缴纳增值税。

基础电信服务适用税率为9%，增值电信服务适用税率为6%。

11. 取得邮递费发票的税率

（1）取得一般纳税人开具的邮递费发票，税率为6%。

（2）取得小规模纳税人开具的邮递费发票，征收率为3%。

12. 取得报刊杂志发票的税率

（1）取得一般纳税人开具的报刊杂志发票，税率为9%。

（2）取得小规模纳税人开具的报刊杂志发票，征收率为3%。

13. 取得汽油费、柴油费发票的税率

（1）取得一般纳税人开具的汽油费、柴油费发票，税率为13%。

（2）取得小规模纳税人开具的汽油费、柴油费发票，征收率为3%。

14. 取得供气供热支出发票的税率

（1）取得一般纳税人开具的供气供热支出发票，税率为9%。

（2）取得小规模纳税人开具的供气供热支出发票，征收率为3%。

供热企业向居民销售暖气热气免征增值税，即使取得增值税专用发票也不能抵扣。

15. 取得广告宣传费用发票的税率

（1）取得一般纳税人开具的广告宣传费用发票，税率为6%。

（2）取得小规模纳税人开具的广告宣传费用发票，征收率为3%。

16. 取得中介机构服务费发票的税率

（1）取得一般纳税人开具的中介机构服务费发票，税率为6%。

（2）取得小规模纳税人开具的中介机构服务费发票，征收率为3%。

17. 取得会议费发票的税率

（1）取得一般纳税人开具的会议费发票，税率为6%。

（2）取得小规模纳税人开具的会议费发票，征收率为3%。

会议费税前扣除不能仅仅凭发票，还应提供能够证明会议真实发生的其他资料，会议费附件应包括：①会议简介，包括会议名称、时间、地点、目的、参加人数、会议预算、费用标准及参加会议人员花名册等。②会议材料，包括会议议程、领导讲话稿、讨论专件、会议纪要等。③花费明细，包括住宿费、自助餐费、文具用品费等。

18. 取得培训费发票的税率

（1）取得一般纳税人开具的培训费发票，税率为6%。

（2）取得小规模纳税人开具的培训费发票，征收率为3%。

19. 取得办公用品发票的税率

（1）取得一般纳税人开具的办公用品发票，税率为13%。

（2）取得小规模纳税人开具的办公用品发票，征收率为3%。

取得办公用品发票上的办公用品要明确具体，不能笼统，否则，应后附防伪税控系统开具的销售清单。

20. 取得劳动保护费用发票税率

（1）取得一般纳税人开具的劳动保护费用发票，税率为13%。

（2）取得小规模纳税人开具的劳动保护费用发票，征收率为3%。

21. 取得物业费发票税率

（1）取得一般纳税人开具的物业费发票，税率为6%。

（2）取得小规模纳税人开具的物业费发票，征收率为3%。

22. 取得绿化费发票税率

（1）取得一般纳税人开具的绿色植物发票，税率为9%。

（2）取得小规模纳税人开具的绿色植物发票，征收率为3%。

（3）如果是租用绿植，税率是13%。

23. 取得房屋建筑物发票的税率

（1）取得一般纳税人开具的房屋建筑物发票，税率为9%。

（2）取得小规模纳税人开具的房屋建筑物发票，征收率为5%。

（3）取得一般纳税人开具的选择简易计税的房屋建筑物发票，征收率为5%。

24. 取得利息费用发票税率

（1）取得一般纳税人开具的利息费用发票，税率为6%。

（2）取得小规模纳税人开具的利息费用发票，征收率为3%。

贷款的利息支出，不能抵扣，与之相关的手续费、咨询费和顾问费都不允许抵扣。

25. 取得银行手续费发票税率

取得银行手续费发票，税率为6%。办理转账，汇款时发生的手续费取得增值税专用发票的可以抵扣进项税额。

26. 取得保险费发票税率

（1）取得一般纳税人开具的保险费发票，税率为6%。

（2）取得小规模纳税人开具的保险费发票，征收率为3%。

人身保险除特殊工种职工支付的人身保险费外，暂不可抵扣。

27. 取得维修费发票税率

（1）取得一般纳税人开具的有形动产的修理费用发票，税率为13%。

（2）取得一般纳税人开具的不动产的维修费用发票，税率为9%。

（3）取得小规模纳税人开具的保险费发票，征收率为3%。

以上内容只是从税率应用的角度做的介绍，实践中要结合实际决定该取得什么样的发票。比如，抵扣进项税额应取得增值税专用发票，不需要抵扣进项税额的可以取得增值税普通发票。

第四节 增值税销项税额（应纳税额）的管理

增值税销项税额（一般计税）和应纳税额（简易计税）都是基于销售额计算确定，因此，本节从增值税销售额开始介绍。

一、销售额的确定

销售额，是指纳税人发生应税行为取得的全部价款和价外费用，财政部和国家税务总局另有规定的除外。

价外费用，是指价外收取的各种性质的收费，但不包括以下项目：

（一）代为收取并符合《营业税改征增值税试点实施办法》第十条规定的政府性基金或者行政事业性收费。

（二）以委托方名义开具发票代委托方收取的款项。

准确把握销售额的定义及其内涵，需要明确以下几个问题：

1. 销售额是不含税金额（或除税金额），即销售额不含增值税销项税额。

2. 销售额包含价外费用（税法列举的特殊情况除外），价外费用如果是含增值税的，要换算为不含增值税的金额并入销售额。

3. 价外费用按照所销售货物或服务的税率计算销项税额，如果是混合销售行为，按照主业适用的税率计算销项税额，这里的主业，应为纳税主体的主业（通常以年度数据为依据），而不是某项销售行为中占比超过50%的部分所属行业。

4. 兼营不同税率的，销售额要分别核算，分别按照各自税率计算销项税额，否则，从高适用税率。

5. 兼营免税、减税的，销售额要分别核算，否则，不能享受免税、减税。

6. 折扣销售扣减折扣额的前提是价款和折扣额在同一张发票上分别注明的，这里说的分别注明，是指销售额和折扣额在同一张发票上的"金额"栏分别注明的，可按折扣后的销售额征收增值税。未在同一张发票"金额"栏注明折扣额，而仅在发票的"备注"栏注明折扣额的，折扣额不得从销售额中减除。[依据《国家税务总局关于折扣额抵减增值税应税销售额问题通知》（国税函〔2010〕56号）]

7. 发生开票有误或者销售折让、中止、退回等情形扣减销项税额或者销售额，是在开票有误或者销售折让、中止、退回的当期扣减，而不是追溯扣减。

8. 应税行为价格明显偏低或者偏高且不具有合理商业目的的，主管税务机关才有权确定销售额，不具有合理商业目的，是指以谋取税收利益为主要目的，通过人为安排，减少、免除、推迟缴纳增值税税款，或者增加退还增值税税款。这里要注意，是以谋取税收利益为主要目的的才能定性为不具有合理商业目的，如果是次要目的不能定性为不具有合理商业目的，主管税务机关也无权确定销售额。

9. 应税行为价格明显偏低或者偏高且不具有合理商业目的的，主管税务机关才有权确定销售额，并且一定是按照以下法定顺序确认，如果主管税务机关不按照法定顺序确认，属于程序违法，调整的结果无效。

（1）按照纳税人最近时期销售同类服务、无形资产或者不动产的平均价格确定。

（2）按照其他纳税人最近时期销售同类服务、无形资产或者不动产的平均价格确定。

（3）按照组成计税价格确定。组成计税价格的公式为：

组成计税价格 = 成本 × (1 + 成本利润率)

成本利润率由国家税务总局确定。

二、销项税额

销项税额，是指纳税人发生应税行为按照销售额和增值税税率计算并收取的增值税额。销项税额计算公式：

销项税额 = 销售额 × 税率

一般计税方法的销售额不包括销项税额，纳税人采用销售额和销项税额合并定价方法的，按照下列公式计算销售额：

销售额 = 含税销售额 ÷ (1 + 税率)

准确把握销项税额的定义及其内涵，需要明确以下三个问题：

1. 销项税额是在发生应税行为时收取的增值税额。《国务院关于废止〈中华人民共和国营业税暂行条例〉和修改〈中华人民共和国增值税暂行条例〉的决定》（国务院令第691号）第五条关于销项税额的规定取消了原增值税条例"向购买方收取"的表述，这个修改既符合经济现象也不违反发票管理上的"三流一致"要求。税法上说的"三流一致"实际是对收款方说的，即收款方同时也是销售方和开票方，对付款方没有限制，比如，委托付款是不违反"三流一致"规定的，因此，国务院令第691号文的这个修改是符合法理与实际情况的。

2. 这里注意"发生应税行为"的表述，避免未发生应税行为产生销项税额，容易造成虚开发票的不良后果。当然，提前开具发票税法是允许的（参考其他章节增值税纳税义务发生时间的规定），但后续要有真实销售业务匹配，不然，仍然有虚开风险。

3. 销项税额与增值税纳税义务直接相关，无增值税纳税义务无销项税额。（增值税纳税义务发生时间规定参见第一章第三节）

三、一般计税应纳税额

一般计税方法的应纳税额，是指当期销项税额抵扣当期进项税额后的余额。应纳税额计算公式：

应纳税额 = 当期销项税额 − 当期进项税额

当期销项税额小于当期进项税额不足抵扣时，其不足部分可以结转下期继续抵扣。

准确把握一般计税应纳税额的计算及其内涵，需要明确以下三个问题：

1. "当期销项税额"和"当期进项税额"中的"当期"对应的是增值税一般纳税人的税款所属期。增值税一般纳税人按月申报，因此，这里的"当期"指的是当月。

2. "当期销项税额"是根据发生了增值税纳税义务的销售额乘以税率计算的，无论是否开票和收到款项，只要发生了增值税纳税义务就应该计算销项税额并申报。

3. "当期进项税额"是指除了不允许抵扣的进项税额以外的全部进项税额，包括上期留抵税额，但不包括加计抵减进项税额，加计抵减进项税额在应纳税额计算出结果以后再参与增值税的计算。（建筑企业不在加计抵减范围之内，本书不做介绍）

四、简易计税应纳税额

建筑企业简易计税项目销售额的计算按差额方法，即按扣除支付的分包款以后的销售额为计税基数。

简易计税方式应纳增值税 =（全部价款和价外费用 − 支付的分包款）÷（1 + 3%）× 3%

简易计税方法的销售额不包括其应纳税额，纳税人采用销售额和应纳税额合并定价方法的，按照下列公式计算销售额：

销售额 = 含税销售额 ÷（1 + 征收率）

如果简易计税方式的工程项目是跨区域的，因为预缴的增值税额等于应申报的增值税额，会出现零申报的情况，即：

简易计税方式申报应补（退）税额 = 应纳增值税 − 预缴增值税 = 0

【案例 3-9】北京的某建筑公司承包了河北省某市的工程项目 A，该工程项目选择了简易计税方式，2020 年 12 月 5 日发包方拨付一笔工程进度款 1 030 万元，当期取得未扣除的分包发票 515 万元（发票符合税法规定），计算预缴增值税和应纳增值税。

案例解析：

预缴增值税 =（1 030 - 515）÷（1 + 3%）× 3% = 15（万元）

应纳增值税 =（1 030 - 515）÷（1 + 3%）× 3% = 15（万元）

总机构申报增值税 = 应纳增值税 - 预缴增值税 = 15 - 15 = 0

上述案例关于预缴增值税的时点要注意，按照税法规定，预缴增值税的时点与申报增值税的时点是相同的，即都在申报期之内完成。如果预缴增值税的时点早于申报增值税的时点，可能会存在预缴增值税时差额扣除的分包发票金额小于申报增值税时差额扣除的分包发票金额，原因是提前预缴增值税，在预缴时点至月底期间取得的分包发票无法在预缴计算中扣除，但是可以在申报环节扣除。所以，尽量不要提前预缴增值税，避免出现这种情况。

第五节 增值税期末留抵税额退税制度

增值税期末留抵退税制度，《财政部 税务总局 海关总署关于深化增值税改革有关政策的公告》（财政部 税务总局 海关总署公告 2019 年第 39 号）、《国家税务总局关于办理增值税期末留抵税额退税有关事项的公告》（国家税务总局公告 2019 年第 20 号）、《财政部 税务总局关于明确部分先进制造业增值税期末留抵退税政策的公告》（财政部 税务总局公告 2019 年第 84 号）、《关于支持新型冠状病毒感染的肺炎疫情防控有关税收政策的公告》（财政部 税务总局公告 2020 年第 8 号）、《关于增值税期末留抵退税有关城市维护建设税教育费附加和地方教育附加政策的通知》（财税〔2018〕80 号）、《财政部 税务总局关于进一步加大增值税期末留抵退税政策实施力度的公告》（财政部 税务总局公告 2022 年第 14 号）、《国家税务总局关于进一步加大增值税期末留抵退税政策实施力度有关征管事项的公告》（国家税务总局公告 2022 年第 4 号）和《财政部 税务总局关于进一步加快增值税期末留抵退税政策实施进度的公告》（财政部 税务总局公告 2022 年第 17 号）等文件都有详细的规定。

自 2019 年 4 月 1 日起，试行增值税期末留抵税额退税制度。

一、通用增值税期末留抵税额退税制度

1. 同时符合以下条件的纳税人，可以向主管税务机关申请退还增量留抵税额：

（1）自 2019 年 4 月税款所属期起，连续六个月（按季纳税的，连续两个季度）增量留抵税额均大于零，且第六个月增量留抵税额不低于 50 万元；

（2）纳税信用等级为 A 级或者 B 级；

（3）申请退税前 36 个月未发生骗取留抵退税、出口退税或虚开增值税专用发票情形的；

（4）申请退税前 36 个月未因偷税被税务机关处罚两次及以上的；

（5）自 2019 年 4 月 1 日起未享受即征即退、先征后返（退）政策的。

2. 所称增量留抵税额，是指与 2019 年 3 月底相比新增加的期末留抵税额。

3. 纳税人当期允许退还的增量留抵税额，按照以下公式计算：

允许退还的增量留抵税额 = 增量留抵税额 × 进项构成比例 × 60%

进项构成比例，为 2019 年 4 月至申请退税前一税款所属期内已抵扣的增值税专用发票（含税控机动车销售统一发票）、海关进口增值税专用缴款书、解缴税款完税凭证注明的增值税额占同期全部已抵扣进项税额的比重。

4. 纳税人应在增值税纳税申报期内，向主管税务机关申请退还留

抵税额。

5. 纳税人出口货物劳务、发生跨境应税行为，适用免抵退税办法的，办理免抵退税后，仍符合本公告规定条件的，可以申请退还留抵税额；适用免退税办法的，相关进项税额不得用于退还留抵税额。

6. 纳税人取得退还的留抵税额后，应相应调减当期留抵税额。按照本条规定再次满足退税条件的，可以继续向主管税务机关申请退还留抵税额，但本条第（一）项第 1 点规定的连续期间，不得重复计算。

7. 以虚增进项、虚假申报或其他欺骗手段，骗取留抵退税款的，由税务机关追缴其骗取的退税款，并按照《中华人民共和国税收征收管理法》等有关规定处理。

二、部分先进制造业纳税人退还增量留抵税额制度

1. 自 2019 年 6 月 1 日起，同时符合以下条件的部分先进制造业纳税人，可以自 2019 年 7 月及以后纳税申报期向主管税务机关申请退还增量留抵税额：

（1）增量留抵税额大于零；

（2）纳税信用等级为 A 级或者 B 级；

（3）申请退税前 36 个月未发生骗取留抵退税、出口退税或虚开增值税专用发票情形；

（4）申请退税前 36 个月未因偷税被税务机关处罚两次及以上；

（5）自 2019 年 4 月 1 日起未享受即征即退、先征后返（退）政策。

2. 所称部分先进制造业纳税人，是指按照《国民经济行业分类》，生产并销售非金属矿物制品、通用设备、专用设备及计算机、通信和其他电子设备销售额占全部销售额的比重超过 50% 的纳税人。

上述销售额比重根据纳税人申请退税前连续 12 个月的销售额计算确定；申请退税前经营期不满 12 个月但满 3 个月的，按照实际经营期的销售额计算确定。

3. 本公告所称增量留抵税额，是指与 2019 年 3 月 31 日相比新增加的期末留抵税额。

4. 部分先进制造业纳税人当期允许退还的增量留抵税额，按照以下公式计算：

允许退还的增量留抵税额 = 增量留抵税额 × 进项构成比例

进项构成比例，为2019年4月至申请退税前一税款所属期内已抵扣的增值税专用发票（含税控机动车销售统一发票）、海关进口增值税专用缴款书、解缴税款完税凭证注明的增值税额占同期全部已抵扣进项税额的比重。

三、疫情防控重点保障物资生产企业增值税增量留抵税额退税制度

疫情防控重点保障物资生产企业可以按月向主管税务机关申请全额退还增值税增量留抵税额。所称增量留抵税额，是指与2019年12月底相比新增加的期末留抵税额。

对实行增值税期末留抵退税的纳税人，允许其从城市维护建设税、教育费附加和地方教育附加的计税（征）依据中扣除退还的增值税税额。

四、加大小微企业增值税期末留抵退税政策力度

加大小微企业增值税期末留抵退税政策力度，将先进制造业按月全额退还增值税增量留抵税额政策范围扩大至符合条件的小微企业（含个体工商户，下同），并一次性退还小微企业存量留抵税额。

1. 符合条件的小微企业，可以自2022年4月纳税申报期起向主管税务机关申请退还增量留抵税额。在2022年12月31日前，退税条件按照《财政部 税务总局关于进一步加大增值税期末留抵退税政策实施力度的公告》（以下简称"14号公告"）第三条规定执行。

2. 符合条件的微型企业，可以自2022年4月纳税申报期起向主管税务机关申请一次性退还存量留抵税额；符合条件的小型企业，可以自2022年5月纳税申报期起向主管税务机关申请一次性退还存量留抵税额。

3. 适用上述政策的纳税人须同时符合以下条件：

（1）纳税信用等级为A级或者B级；

（2）申请退税前36个月未发生骗取留抵退税、骗取出口退税或虚开增值税专用发票情形；

（3）申请退税前36个月未因偷税被税务机关处罚两次及以上；

（4）2019年4月1日起未享受即征即退、先征后返（退）政策。

4. 前文所称增量留抵税额，区分以下情形确定：

（1）纳税人获得一次性存量留抵退税前，增量留抵税额为当期期末留抵税额与2019年3月31日相比新增加的留抵税额。

（2）纳税人获得一次性存量留抵退税后，增量留抵税额为当期期末留抵税额。

5. 前文所称存量留抵税额，区分以下情形确定：

（1）纳税人获得一次性存量留抵退税前，当期期末留抵税额大于或等于2019年3月31日期末留抵税额的，存量留抵税额为2019年3月31日期末留抵税额；当期期末留抵税额小于2019年3月31日期末留抵税额的，存量留抵税额为当期期末留抵税额。

（2）纳税人获得一次性存量留抵退税后，存量留抵税额为零。

6. 14号公告中所称中型企业、小型企业和微型企业，按照《中小企业划型标准规定》（工信部联企业〔2011〕300号）和《金融业企业划型标准规定》（银发〔2015〕309号）中的营业收入指标、资产总额指标确定。其中，资产总额指标按照纳税人上一会计年度年末值确定。营业收入指标按照纳税人上一会计年度增值税销售额确定；不满一个会计年度的，按照以下公式计算：

增值税销售额（年）＝上一会计年度企业实际存续期间增值税销售额÷企业实际存续月数×12

所称增值税销售额，包括纳税申报销售额、稽查查补销售额、纳税评估调整销售额。适用增值税差额征税政策的，以差额后的销售额确定。

对于工信部联企业〔2011〕300号和银发〔2015〕309号文件所列

行业以外的纳税人，以及工信部联企业〔2011〕300号文件所列行业但未采用营业收入指标或资产总额指标划型确定的纳税人，微型企业标准为增值税销售额（年）100万元以下（不含100万元）；小型企业标准为增值税销售额（年）2 000万元以下（不含2 000万元）；中型企业标准为增值税销售额（年）1亿元以下（不含1亿元）。

所称大型企业，是指除上述中型企业、小型企业和微型企业外的其他企业。

> 注：建筑业划型标准为营业收入80 000万元以下或资产总额80 000万元以下的为中小微型企业。其中，营业收入6 000万元及以上，且资产总额5 000万元及以上的为中型企业；营业收入300万元及以上，且资产总额300万元及以上的为小型企业；营业收入300万元以下或资产总额300万元以下的为微型企业。

7. 按照以下公式计算允许退还的留抵税额：

允许退还的增量留抵税额 = 增量留抵税额 × 进项构成比例 × 100%

允许退还的存量留抵税额 = 存量留抵税额 × 进项构成比例 × 100%

进项构成比例，为2019年4月至申请退税前一税款所属期已抵扣的增值税专用发票（含带有"增值税专用发票"字样全面数字化的电子发票、税控机动车销售统一发票）、收费公路通行费增值税电子普通发票、海关进口增值税专用缴款书、解缴税款完税凭证注明的增值税额占同期全部已抵扣进项税额的比重。

8. 纳税人出口货物劳务、发生跨境应税行为，适用免抵退税办法的，应先办理免抵退税。免抵退税办理完毕后，仍符合14号公告规定条件的，可以申请退还留抵税额；适用免退税办法的，相关进项税额不得用于退还留抵税额。

9. 纳税人自2019年4月1日起已取得留抵退税款的，不得再申请享受增值税即征即退、先征后返（退）政策。纳税人可以在2022年10月31日前一次性将已取得的留抵退税款全部缴回后，按规定申请享受增值税即征即退、先征后返（退）政策。

纳税人自 2019 年 4 月 1 日起已享受增值税即征即退、先征后返（退）政策的，可以在 2022 年 10 月 31 日前一次性将已退还的增值税即征即退、先征后返（退）税款全部缴回后，按规定申请退还留抵税额。

10. 纳税人可以选择向主管税务机关申请留抵退税，也可以选择结转下期继续抵扣。纳税人应在纳税申报期内，完成当期增值税纳税申报后申请留抵退税。2022 年 4 月至 6 月的留抵退税申请时间，延长至每月最后一个工作日。

纳税人可以在规定期限内同时申请增量留抵退税和存量留抵退税。同时符合第四项和第五项相关留抵退税政策的纳税人，可任意选择申请适用上述留抵退税政策。

11. 纳税人取得退还的留抵税额后，应相应调减当期留抵税额。

如果发现纳税人存在留抵退税政策适用有误的情形，纳税人应在下个纳税申报期结束前缴回相关留抵退税款。

以虚增进项、虚假申报或其他欺骗手段，骗取留抵退税款的，由税务机关追缴其骗取的退税款，并按照《中华人民共和国税收征收管理法》等有关规定处理。

五、加大制造业等行业增值税期末留抵退税政策力度

加大"制造业""科学研究和技术服务业""电力、热力、燃气及水生产和供应业""软件和信息技术服务业""生态保护和环境治理业"和"交通运输、仓储和邮政业"（以下称制造业等行业）增值税期末留抵退税政策力度，将先进制造业按月全额退还增值税增量留抵税额政策范围扩大至符合条件的制造业等行业企业（含个体工商户，下同），并一次性退还制造业等行业企业存量留抵税额。

1. 符合条件的制造业等行业企业，可以自 2022 年 4 月纳税申报期起向主管税务机关申请退还增量留抵税额。

2. 符合条件的制造业等行业中型企业，可以自 2022 年 7 月纳税申报期起向主管税务机关申请一次性退还存量留抵税额；符合条件的制造

业等行业大型企业,可以自 2022 年 10 月纳税申报期起向主管税务机关申请一次性退还存量留抵税额。

3. 所称制造业等行业企业,是指从事《国民经济行业分类》中"制造业""科学研究和技术服务业""电力、热力、燃气及水生产和供应业""软件和信息技术服务业""生态保护和环境治理业"和"交通运输、仓储和邮政业"业务相应发生的增值税销售额占全部增值税销售额的比重超过 50% 的纳税人。

上述销售额比重根据纳税人申请退税前连续 12 个月的销售额计算确定;申请退税前经营期不满 12 个月但满 3 个月的,按照实际经营期的销售额计算确定。

4. 前文适用上述政策的纳税人须同时符合以下条件:

(1) 纳税信用等级为 A 级或者 B 级;

(2) 申请退税前 36 个月未发生骗取留抵退税、骗取出口退税或虚开增值税专用发票情形;

(3) 申请退税前 36 个月未因偷税被税务机关处罚两次及以上;

(4) 2019 年 4 月 1 日起未享受即征即退、先征后返(退)政策。

5. 前文所称增量留抵税额,区分以下情形确定:

(1) 纳税人获得一次性存量留抵退税前,增量留抵税额为当期期末留抵税额与 2019 年 3 月 31 日相比新增加的留抵税额。

(2) 纳税人获得一次性存量留抵退税后,增量留抵税额为当期期末留抵税额。

6. 14 号公告中所称存量留抵税额,区分以下情形确定:

(1) 纳税人获得一次性存量留抵退税前,当期期末留抵税额大于或等于 2019 年 3 月 31 日期末留抵税额的,存量留抵税额为 2019 年 3 月 31 日期末留抵税额;当期期末留抵税额小于 2019 年 3 月 31 日期末留抵税额的,存量留抵税额为当期期末留抵税额。

(2) 纳税人获得一次性存量留抵退税后,存量留抵税额为零。

7. 所称中型企业、小型企业和微型企业,按照《中小企业划型标准规定》(工信部联企业〔2011〕300 号)和《金融业企业划型标准规定》(银发〔2015〕309号)中的营业收入指标、资产总额指标确定。其中,资产总额指标按照纳税人上一会计年度年末值确定。营业收入指标按照纳税人上一会计年度增值税销售额确定;不满一个会计年度的,按照以下公式计算:

增值税销售额(年)=上一会计年度企业实际存续期间增值税销售额÷企业实际存续月数×12

所称增值税销售额,包括纳税申报销售额、稽查查补销售额、纳税评估调整销售额。适用增值税差额征税政策的,以差额后的销售额确定。

对于工信部联企业〔2011〕300号和银发〔2015〕309号文件所列行业以外的纳税人,以及工信部联企业〔2011〕300号文件所列行业但未采用营业收入指标或资产总额指标划型确定的纳税人,微型企业标准为增值税销售额(年)100万元以下(不含100万元);小型企业标准为增值税销售额(年)2 000万元以下(不含2 000万元);中型企业标准为增值税销售额(年)1亿元以下(不含1亿元)。

所称大型企业,是指除上述中型企业、小型企业和微型企业外的其他企业。

8. 按照以下公式计算允许退还的留抵税额:

允许退还的增量留抵税额=增量留抵税额×进项构成比例×100%

允许退还的存量留抵税额=存量留抵税额×进项构成比例×100%

进项构成比例,为2019年4月至申请退税前一税款所属期已抵扣的增值税专用发票(含带有"增值税专用发票"字样全面数字化的电子发票、税控机动车销售统一发票)、收费公路通行费增值税电子普通发票、海关进口增值税专用缴款书、解缴税款完税凭证注明的增值税额占同期全部已抵扣进项税额的比重。

9. 纳税人出口货物劳务、发生跨境应税行为,适用免抵退税办法的,应先办理免抵退税。免抵退税办理完毕后,仍符合本公告规定条件的,可以申请退还留抵税额;适用免退税办法的,相关进项税额不得用于退还留抵税额。

10. 纳税人自 2019 年 4 月 1 日起已取得留抵退税款的，不得再申请享受增值税即征即退、先征后返（退）政策。纳税人可以在 2022 年 10 月 31 日前一次性将已取得的留抵退税款全部缴回后，按规定申请享受增值税即征即退、先征后返（退）政策。

纳税人自 2019 年 4 月 1 日起已享受增值税即征即退、先征后返（退）政策的，可以在 2022 年 10 月 31 日前一次性将已退还的增值税即征即退、先征后返（退）税款全部缴回后，按规定申请退还留抵税额。

11. 纳税人可以选择向主管税务机关申请留抵退税，也可以选择结转下期继续抵扣。纳税人应在纳税申报期内，完成当期增值税纳税申报后申请留抵退税。2022 年 4 月至 6 月的留抵退税申请时间，延长至每月最后一个工作日。

纳税人可以在规定期限内同时申请增量留抵退税和存量留抵退税。同时符合第四项和第五项相关留抵退税政策的纳税人，可任意选择申请适用上述留抵退税政策。

12. 纳税人取得退还的留抵税额后，应相应调减当期留抵税额。

如果发现纳税人存在留抵退税政策适用有误的情形，纳税人应在下个纳税申报期结束前缴回相关留抵退税款。

以虚增进项、虚假申报或其他欺骗手段，骗取留抵退税款的，由税务机关追缴其骗取的退税款，并按照《中华人民共和国税收征收管理法》等有关规定处理。

六、关于增值税期末留抵退税会计处理

（一）财政部会计司关于增值税期末留抵退税政策适用《增值税会计处理规定》有关问题的解读

财政部、税务总局先后印发《关于进一步加大增值税期末留抵退税政策实施力度的公告》（财政部 税务总局公告 2022 年第 14 号）、《关于进一步加快增值税期末留抵退税政策实施进度的公告》（财政部 税务总局公告 2022 年第 17 号）、《关于进一步持续加快增值税期末留抵退税

政策实施进度的公告》（财政部 税务总局公告 2022 年第 19 号）、《关于扩大全额退还增值税留抵税额政策行业范围的公告》（财政部 税务总局公告 2022 年第 21 号）等政策，增值税期末留抵退税政策实施力度进一步加大、实施进度进一步持续加快，现就有关政策适用《增值税会计处理规定》（财会〔2016〕22 号）的有关问题解读如下：

增值税一般纳税人应当根据《增值税会计处理规定》的相关规定对上述增值税期末留抵退税业务进行会计处理，经税务机关核准的允许退还的增值税期末留抵税额，以及缴回的已退还的留抵退税款项，应当通过"应交税费——增值税留抵税额"明细科目进行核算。

纳税人在税务机关准予留抵退税时，按税务机关核准允许退还的留抵税额，借记"应交税费——增值税留抵税额"科目，贷记"应交税费——应交增值税（进项税额转出）"科目；在实际收到留抵退税款项时，按收到留抵退税款项的金额，借记"银行存款"科目，贷记"应交税费——增值税留抵税额"科目。

纳税人将已退还的留抵退税款项缴回并继续按规定抵扣进项税额时，按缴回留抵退税款项的金额，借记"应交税费——应交增值税（进项税额）"科目，贷记"应交税费——增值税留抵税额"科目，同时借记"应交税费——增值税留抵税额"科目，贷记"银行存款"科目。

财政部会计司

2022 年 6 月 23 日

（二）执行企业会计准则的企业应当如何对增值税期末留抵退税业务相关现金流量进行列示？

答：执行企业会计准则的企业按照《关于进一步加大增值税期末留抵退税政策实施力度的公告》（财政部 税务总局公告 2022 年第 14 号）等规定收到或缴回的增值税期末留抵退税相关现金流量，应当根据《企业会计准则第 31 号——现金流量表》（财会〔2006〕3 号）有关规定进行列示。企业收到或缴回留抵退税款项产生的现金流量，属于经营活动产生的现金流量，应将收到的留抵退税款项有关现金流量在"收到的税费返还"项目列示，将缴回并继续按规定抵扣进项税额的留抵退税款项有关现金流量在"支付的各项税费"项目列示。

财政部会计司发布 2022 年第二批企业会计准则实施问答

（三）执行《小企业会计准则》的企业应当如何对增值税期末留抵退税业务相关现金流量进行列示？

答：执行《小企业会计准则》的企业按照《关于进一步加大增值税期末留抵退税政策实施力度的公告》（财政部 税务总局公告 2022 年第 14 号）等规定收到或缴回的增值税期末留抵退税相关现金流量，应当根据《小企业会计准则》有关规定进行列示。企业收到或缴回留抵退税款项产生的现金流量，属于经营活动产生的现金流量，应将收到的留抵退税款项有关现金流量在"收到其他与经营活动有关的现金"项目列示，将缴回并继续按规定抵扣进项税额的留抵退税款项有关现金流量在"支付的税费"项目列示。

财政部会计司发布 2022 年第二批企业会计准则实施问答

特别提醒：税务总局对利用虚增进项、虚假申报或其他欺骗手段骗取留抵退税的，进行严厉查处和打击，陆续曝光多起骗取留抵退税案件，详情请参阅作者公众号"桃子说税"中的文章《对恶意骗取留抵退税企业近三年税收情况全面检查并延伸上下游企业》和"老陶讲税法"公众号中的文章《由"骗取留抵税额典型案件"引发的思考》。

第四章 建筑业企业增值税发票管理

建筑业企业增值税发票管理主要包括三个环节，一是取得增值税发票环节，二是开具增值税发票环节，三是增值税发票领用存的管理。尤其是前两个环节要足够重视，取得发票环节和开具发票环节都要防范发票虚开的风险。

第一节 取得的增值税发票合规性管理

本书主要从增值税发票的取得、开具和保管三个环节介绍，本节重点介绍增值税发票的取得环节的合规性管理。

一、取得不合规发票的处理

1. 根据《中华人民共和国发票管理办法》（国务院令第587号）第二十一条的规定，不符合规定的发票，不得作为财务报销凭证，任何单位和个人有权拒收。

2. 根据《国家税务总局关于增值税发票开具有关问题的公告》（国家税务总局公告2017年第16号）第一条的规定，不符合规定的发票，不得作为税收凭证。

3. 根据《中华人民共和国增值税暂行条例》第九条规定，纳税人购进货物、劳务、服务、无形资产、不动产，取得的增值税扣税凭证不符合法律、行政法规或者国务院税务主管部门有关规定的，其进项税额不得从销项税额中抵扣。

4. 根据《国家税务总局关于发布〈企业所得税税前扣除凭证管理办法〉的公告》（国家税务总局公告2018年第28号）第十二条规定，企业取得私自印制、伪造、变造、作废、开票方非法取得、虚开、填写不规范等不符合规定的发票，以及取得不符合国家法律、法规等相关规定的其他外部凭证，不得作为税前扣除凭证。

5. 根据《国家税务总局关于营改增后土地增值税若干征管规定的公告》（国家税务总局公告2016年第70号）第五条规定，营改增后，土地增值税纳税人接受建筑安装服务取得的增值税发票，应按照《国家税务总局关于全面推开营业税改征增值税试点有关税收征收管理事项的公告》（国家税务总局公告2016年第23号）规定，在发票的备注栏注明建筑服务发生地县（市、区）名称及项目名称，否则不得计入土地增值税扣除项目金额。

6. 取得异常凭证的处理（依据《国家税务总局关于异常增值税扣税凭证管理等有关事项的公告》国家税务总局公告2019年第38号）。

（一）异常凭证的范围

1. 符合下列情形之一的增值税专用发票，列入异常凭证范围：

（1）纳税人丢失、被盗税控专用设备中未开具或已开具未上传的增值税专用发票；

（2）非正常户纳税人未向税务机关申报或未按规定缴纳税款的增值税专用发票；

（3）增值税发票管理系统稽核比对发现"比对不符""缺联""作废"的增值税专用发票；

（4）经税务总局、省税务局大数据分析发现，纳税人开具的增值税专用发票存在涉嫌虚开、未按规定缴纳消费税等情形的；

（5）属于《国家税务总局关于走逃（失联）企业开具增值税专用发票认定处理有关问题的公告》（国家税务总局公告2016年第76号）第二条第（一）项规定情形的增值税专用发票。（即：商贸企业购进、销售货物名称严重背离的；生产企业无实际生产加工能力且无委托加工，或生产能耗与销售情况严重不符，或购进货物并不能直接生产其销售的货物且无委托加工的。直接走逃失踪不纳税申报，或虽然申报但通过填列增值税纳税申报表相关栏次，规避税务机关审核比对，进行虚假申报的）

2. 增值税一般纳税人申报抵扣异常凭证，同时符合下列情形的，其对应开具的增值税专用发票列入异常凭证范围：

（1）异常凭证进项税额累计占同期全部增值税专用发票进项税额 70%（含）以上的；

（2）异常凭证进项税额累计超过 5 万元的。

纳税人尚未申报抵扣、尚未申报出口退税或已作进项税额转出的异常凭证，其涉及的进项税额不计入异常凭证进项税额的计算。

（二）取得异常凭证的处理

1. 尚未申报抵扣增值税进项税额的，暂不允许抵扣。已经申报抵扣增值税进项税额的，除另有规定外，一律作进项税额转出处理。

2. 尚未申报出口退税或者已申报但尚未办理出口退税的，除另有规定外，暂不允许办理出口退税。适用增值税免抵退税办法的纳税人已经办理出口退税的，应根据列入异常凭证范围的增值税专用发票上注明的增值税额作进项税额转出处理；适用增值税免退税办法的纳税人已经办理出口退税的，税务机关应按照现行规定对列入异常凭证范围的增值税专用发票对应的已退税款追回。

纳税人因骗取出口退税停止出口退（免）税期间取得的增值税专用发票列入异常凭证范围的，按照第 1 项规定执行。

3. 消费税纳税人以外购或委托加工收回的已税消费品为原料连续生产应税消费品，尚未申报扣除原料已纳消费税税款的，暂不允许抵扣；已经申报抵扣的，冲减当期允许抵扣的消费税税款，当期不足冲减的应当补缴税款。

4. 纳税信用 A 级纳税人取得异常凭证且已经申报抵扣增值税、办理出口退税或抵扣消费税的，可以自接到税务机关通知之日起10个工作日内，向主管税务机关提出核实申请。经税务机关核实，符合现行增值税进项税额抵扣、出口退税或消费税抵扣相关规定的，可不作进项税额转出、追回已退税款、冲减当期允许抵扣的消费税税款等处理。纳税人逾期未提出核实申请的，应于期满后按照第1项、第2项、第3项规定作相关处理。

5. 纳税人对税务机关认定的异常凭证存有异议，可以向主管税务机关提出核实申请。经税务机关核实，符合现行增值税进项税额抵扣或出口退税相关规定的，纳税人可继续申报抵扣或者重新申报出口退税；符合消费税抵扣规定且已缴纳消费税税款的，纳税人可继续申报抵扣消费税税款。

二、如何判断发票是否合规？

1. 项目填写是否齐全？

《中华人民共和国发票管理办法实施细则》（国家税务总局令第37号）第四条规定，发票的基本内容包括：发票的名称、发票代码和号码、联次及用途、客户名称、开户银行及账号、商品名称或经营项目、计量单位、数量、单价、大小写金额、开票人、开票日期、开票单位（个人）名称（章）等。

根据《中华人民共和国发票管理办法》（国务院令第587号）第二十二条规定，开具发票应当按照规定的时限、顺序、栏目，全部联次一次性如实开具，并加盖发票专用章。

《国家税务总局关于增值税发票开具有关问题的公告》（国家税务总局公告2017年第16号）第一条规定，自2017年7月1日起，购买方为企业的（包括公司、非公司制企业法人、企业分支机构、个人独资企业、合伙企业和其他企业），索取增值税普通发票时，应向销售方提供纳税人识别号或统一社会信用代码；销售方为其开具增值税普通发票时，应在"购买方纳税人识别号"栏填写购买方的纳税人识别号或统一社会信用代码。不符合规定的发票，不得作为税收凭证。

从上述规定可以看出,发票尤其是增值税专用发票的项目应填写齐全,增值税普通发票至少要填写纳税人识别号或统一社会信用代码,否则不得作为税收凭证。关于国家税务总局公告2017年第16号规定的增值税普通发票填写购买方的纳税人识别号或统一社会信用代码的规定,建议建筑企业审慎对待,因为从法律适用角度看,16号公告仅仅是规范性文件,而发票管理办法是行政法规,二者规定不一致时尽量按上位法口径从严掌握并执行,这样可以控制企业的税务风险,避免发生争议时被动。

关于填写齐全,是不是发票上所有的项目都要填写才算齐全?还是按照《中华人民共和国发票管理办法实施细则》(国家税务总局令第37号)第四条规定的发票的基本内容填写就算齐全?关于这个问题实务中争议的焦点主要在收款人、开票人和复核人方面,有的说开票人必须写,因为开票人是《中华人民共和国发票管理办法实施细则》(国家税务总局令第37号)第四条规定的发票的基本内容,有的说收款人、开票人和复核人都要写,因为《中华人民共和国发票管理办法实施细则》(国家税务总局令第37号)第四条规定的发票的基本内容最后有一个"等"字。有争议就意味着有风险,所以笔者建议按最严口径执行,能写的都写上。

2. 发票专用章盖在哪个位置?

根据《国家税务总局关于印发税务机关代开增值税专用发票管理办法(试行)的通知》(国税发〔2004〕153号)第十一条,增值税纳税人应在代开专用发票的备注栏上,加盖本单位的发票专用章。

对于纳税人自己开具增值税发票,税务机关也是要求盖在备注栏上的。

那么,如果纳税人在备注栏上盖的章模糊,在其他空白处又盖了一个清晰的发票专用章,算不算不合规呢?

原深圳国税曾经在官网12366热线/疑难解答/发票类/"发票盖章的相关问题"中解答:"可以在旁边补盖一个清晰的章,或者作废冲红。"这只代表税务机关内部的一种观点,但不代表全部。实务操作中为了避免操作风险，一般建议直接作废重新开具或咨询主管税务机关。

3. 从中国境外取得的与纳税有关的发票或者凭证是否能提供证明？

《中华人民共和国发票管理办法》（国务院令第587号）第三十三条规定，单位和个人从中国境外取得的与纳税有关的发票或者凭证，税务机关在纳税审查时有疑义的，可以要求其提供境外公证机构或者注册会计师的确认证明，经税务机关审核认可后，方可作为记账核算的凭证。《财政部 国家税务总局关于全面推开营业税改征增值税试点的通知》（财税〔2016〕36号）附件1《营业税改征增值税试点实施办法》第二十六条规定，纳税人凭完税凭证抵扣进项税额的，应当具备书面合同、付款证明和境外单位的对账单或者发票。资料不全的，其进项税额不得从销项税额中抵扣。

4. 汇总开具发票是否有销货清单？

《增值税专用发票使用规定》（国税发〔2006〕156号）第十二条规定，一般纳税人销售货物或者提供应税劳务可汇总开具专用发票。汇总开具专用发票的，同时使用防伪税控系统开具《销售货物或者提供应税劳务清单》，并加盖发票专用章。

5. 发票备注栏填写是否规范？

（1）代开发票岗位应按下列要求填写专用发票的有关项目：备注栏内注明增值税纳税人的名称和纳税人识别号。（《国家税务总局关于印发〈税务机关代开增值税专用发票管理办法（试行）〉的通知》国税发〔2004〕153号第十条）

（2）自2016年1月1日起，增值税一般纳税人提供货物运输服务，使用增值税专用发票和增值税普通发票，开具发票时应将起运地、到达地、车种车号以及运输货物信息等内容填写在发票备注栏中，如内容较多可另附清单。

（3）铁路运输企业受托代征的印花税款信息，可填写在发票备注栏中。中国铁路总公司及其所属运输企业（含分支机构）提供货物运输服务，可自 2015 年 11 月 1 日起使用增值税专用发票和增值税普通发票，所开具的铁路货票、运费杂费收据可作为发票清单使用。

上述（2）和（3）依据《国家税务总局关于停止使用货物运输业增值税专用发票有关问题的公告》（国家税务总局公告 2015 年第 99 号）。

（4）自 2016 年 5 月 1 日起，保险机构作为车船税扣缴义务人，在代收车船税并开具增值税发票时，应在增值税发票备注栏中注明代收车船税税款信息。具体包括：保险单号、税款所属期（详细至月）、代收车船税金额、滞纳金金额、金额合计等。该增值税发票可作为纳税人缴纳车船税及滞纳金的会计核算原始凭证。[《国家税务总局关于保险机构代收车船税开具增值税发票问题的公告》（国家税务总局公告 2016 第 51 号）]

（5）按照现行政策规定适用差额征税办法缴纳增值税，且不得全额开具增值税发票的（财政部 税务总局另有规定的除外），纳税人自行开具或者税务机关代开增值税发票时，通过新系统中差额征税开票功能，录入含税销售额（或含税评估额）和扣除额，系统自动计算税额和不含税金额，备注栏自动打印"差额征税"字样，发票开具不应与其他应税行为混开。

（6）提供建筑服务，纳税人自行开具或者税务机关代开增值税发票时，应在发票的备注栏注明建筑服务发生地县（市、区）名称及项目名称。

（7）销售不动产，纳税人自行开具或者税务机关代开增值税发票时，应在发票"货物或应税劳务、服务名称"栏填写不动产名称及房屋产权证书号码（无房屋产权证书的可不填写），"单位"栏填写面积单位，备注栏注明不动产的详细地址。

（8）出租不动产，纳税人自行开具或者税务机关代开增值税发票时，应在备注栏注明不动产的详细地址。

（9）个人出租住房适用优惠政策减按 1.5% 征收，纳税人自行开具或者税务机关代开增值税发票时，通过新系统中征收率减按 1.5% 征收开票功能，录入含税销售额，系统自动计算税额和不含税金额，发票开具不应与其他应税行为混开。

（10）税务机关代开增值税发票时，"销售方开户行及账号"栏填写税收完税凭证字轨及号码或系统税票号码（免税代开增值税普通发票可不填写）。

（11）为跨县（市、区）提供不动产经营租赁服务、建筑服务的小规模纳税人（不包括其他个人），代开增值税发票时，在发票备注栏中自动打印"YD"字样。

上述（5）至（11）依据《国家税务总局关于全面推开营业税改征增值税试点有关税收征收管理事项的公告》（国家税务总局公告2016年第23号）第四条。

（12）代开发票岗位应按下列要求填写增值税发票[《国家税务总局关于营业税改征增值税委托地税局代征税款和代开增值税发票的通知》（税总函〔2016〕145号）第二条]：

①备注栏填写销售或出租不动产纳税人的名称、纳税人识别号（或者组织机构代码）、不动产的详细地址；

②差额征税代开发票，通过系统中差额征税开票功能，录入含税销售额（或含税评估额）和扣除额，系统自动计算税额和金额，备注栏自动打印"差额征税"字样；

③纳税人销售其取得的不动产代开发票，"货物或应税劳务、服务名称"栏填写不动产名称及房屋产权证书号码，"单位"栏填写面积单位；

④按照核定计税价格征税的，"金额"栏填写不含税计税价格，备注栏注明"核定计税价格，实际成交含税金额×××元"。

（13）试点企业为会员企业代开的增值税专用发票需在发票备注栏注明会员的纳税人名称和统一社会信用代码（或税务登记证号码或组织机构代码）。[《关于开展互联网物流平台企业代开增值税专用发票试点工作的通知》（税总函〔2017〕579号）]

（依据税总函〔2019〕405号《国家税务总局关于开展网络平台道

路货物运输企业代开增值税专用发票试点工作的通知》，该法规自2020年1月1日起全文废止。按照税总函〔2019〕405号第三条的规定，试点企业按照以下规定为会员代开增值税专用发票：（三）使用自有增值税发票税控开票软件，按照3%的征收率代开增值税专用发票，并在发票备注栏注明会员的纳税人名称、纳税人识别号、起运地、到达地、车种车号以及运输货物信息。如内容较多可另附清单。）

（14）单用途商业预付卡（以下简称"单用途卡"）业务按照以下规定执行：销售方与售卡方不是同一个纳税人的，销售方在收到售卡方结算的销售款时，应向售卡方开具增值税普通发票，并在备注栏注明"收到预付卡结算款"，不得开具增值税专用发票。

（15）支付机构预付卡（以下称"多用途卡"）业务按照以下规定执行：特约商户收到支付机构结算的销售款时，应向支付机构开具增值税普通发票，并在备注栏注明"收到预付卡结算款"，不得开具增值税专用发票。

上述（14）和（15）依据《国家税务总局关于营改增试点若干征管问题的公告》（国家税务总局公告2016年第53号）。

第二节　开具的增值税发票合规性管理

增值税发票的开具与取得是同一行为的两个方面，取得不合规凭证即意味着开票方没有按照要求开具发票，因此，本节与第一节重复的地方请参见第一节，不再赘述。

一、开具发票基本要求

1. 未发生经营业务一律不准开具发票

依据《中华人民共和国发票管理办法实施细则》（国家税务总局令第37号）第二十六条规定，填开发票的单位和个人必须在发生经营业务确认营业收入时开具发票。未发生经营业务一律不准开具发票。

根据《中华人民共和国增值税暂行条例》（国务院令第691号）第十九条关于"增值税纳税义务发生时间"第（一）项的规定，"先开具发票的，为开具发票的当天"。这意味着税法是允许先开具发票的，先开具发票是指先开具发票后发生经营业务，如果后续没有经营业务发生则属于未发生经营业务开具发票行为，是税法所禁止的。

2. 开具发票时，项目填写要齐全

根据《中华人民共和国发票管理办法》（国务院令第587号）第二十二条规定，开具发票应当按照规定的时限、顺序、栏目，全部联次一次性如实开具，并加盖发票专用章。

根据《国家税务总局关于修改〈中华人民共和国发票管理办法实施细则〉的决定》（国家税务总局令第37号）第二十八条规定，单位和个人在开具发票时，必须做到按照号码顺序填开，填写项目齐全，内容真实，字迹清楚，全部联次一次打印，内容完全一致，并在发票联和抵扣联加盖发票专用章。

3. 开具红字发票规定

根据《国家税务总局关于修改〈中华人民共和国发票管理办法实施细则〉的决定》（国家税务总局令第37号）第二十七条规定，开具发票后，如发生销货退回需开红字发票的，必须收回原发票并注明"作废"字样或取得对方有效证明。开具发票后，如发生销售折让的，必须在收回原发票并注明"作废"字样后重新开具销售发票或取得对方有效证明后开具红字发票。

根据《国家税务总局关于红字增值税发票开具有关问题的公告》（国家税务总局公告2016年第47号）规定，自2016年8月1日起，开具红字发票按以下规定处理。

（1）增值税一般纳税人开具增值税专用发票（以下简称"专用发票"）后，发生销货退回、开票有误、应税服务中止等情形但不符合发票作废条件，或者因销货部分退回及发生销售折让，需要开具红字专用发票的，按以下方法处理：

①购买方取得专用发票已用于申报抵扣的，购买方可在增值税发票管理新系统（以下简称"新系统"）中填开并上传"开具红字增值税专用发票信息表"（以下简称"信息表"，详见附件），在填开"信息表"时不填写相对应的蓝字专用发票信息，应暂依"信息表"所列增值税税额从当期进项税额中转出，待取得销售方开具的红字专用发票后，与"信息表"一并作为记账凭证。

购买方取得专用发票未用于申报抵扣、但发票联或抵扣联无法退回的，购买方填开"信息表"时应填写相对应的蓝字专用发票信息。

销售方开具专用发票尚未交付购买方，以及购买方未用于申报抵扣并将发票联及抵扣联退回的，销售方可在新系统中填开并上传"信息表"。销售方填开"信息表"时应填写相对应的蓝字专用发票信息。

②主管税务机关通过网络接收纳税人上传的"信息表"，系统自动校验通过后，生成带有"红字发票信息表编号"的"信息表"，并将信息同步至纳税人端系统中。

③销售方凭税务机关系统校验通过的"信息表"开具红字专用发票，在新系统中以销项负数开具。红字专用发票应与"信息表"一一对应。

④纳税人也可凭"信息表"电子信息或纸质资料到税务机关对"信息表"内容进行系统校验。

（2）税务机关为小规模纳税人代开专用发票，需要开具红字专用发票的，按照一般纳税人开具红字专用发票的方法处理。

（3）纳税人需要开具红字增值税普通发票的，可以在所对应的蓝字发票金额范围内开具多份红字发票。红字机动车销售统一发票需与原蓝字机动车销售统一发票一一对应。

（4）按照《国家税务总局关于纳税人认定或登记为一般纳税人前进项税额抵扣问题的公告》（国家税务总局公告2015年第59号）的规定，需要开具红字专用发票的，按照本公告规定执行。

开具红字增值税专用发票信息表见表4-1。

表 4-1　　　　　开具红字增值税专用发票信息表

填开日期：　　年　　月　　日

销售方	名　称		购买方	名　称			
	纳税人识别号			纳税人识别号			
开具红字专用发票内容	货物（劳务服务）名称	数量	单价	金额	税率	税额	
	合计	—	—		—		
说明	一、购买方□ 对应蓝字专用发票抵扣增值税销项税额情况： 1. 已抵扣□ 2. 未抵扣□ 对应蓝字专用发票的代码：＿＿＿＿＿＿　号码：＿＿＿＿＿＿ 二、销售方□ 对应蓝字专用发票的代码：＿＿＿＿＿＿　号码：＿＿＿＿＿＿						
红字专用发票信息表编号							

4. 不得虚开发票

（1）虚开发票的形式。根据《中华人民共和国发票管理办法》（国务院令第587号）第二十二条第二款规定，任何单位和个人不得有下列虚开发票行为：

①为他人、为自己开具与实际经营业务情况不符的发票；

②让他人为自己开具与实际经营业务情况不符的发票；

③介绍他人开具与实际经营业务情况不符的发票。

最高人民法院发布《关于适用〈全国人民代表大会常务委员会关于惩治虚开、伪造和非法出售增值税专用发票犯罪的决定〉的若干问题的解释》，规定：具有下列行为之一的，属于"虚开增值税专用发票"。

①没有货物购销或者没有提供或接受应税劳务而为他人、为自己、让他人为自己、介绍他人开具增值税专用发票；

②有货物购销或者提供或接受了应税劳务但为他人、为自己、让他人为自己、介绍他人开具数量或者金额不实的增值税专用发票；

③进行了实际经营活动，但让他人为自己代开增值税专用发票。

（2）虚开发票的行政处罚。根据《中华人民共和国发票管理办法》（国务院令第587号）第三十七条规定，违反本办法第二十二条第二款的规定虚开发票的，由税务机关没收违法所得；虚开金额在1万元以下的，可以并处5万元以下的罚款；虚开金额超过1万元的，并处5万元以上50万元以下的罚款；构成犯罪的，依法追究刑事责任。

非法代开发票的，依照前款规定处罚。

根据《国家税务总局关于纳税人虚开增值税专用发票征补税款问题的公告》（国家税务总局公告2012年第33号）规定，纳税人虚开增值税专用发票，未就其虚开金额申报并缴纳增值税的，应按照其虚开金额补缴增值税；已就其虚开金额申报并缴纳增值税的，不再按照其虚开金额补缴增值税。税务机关对纳税人虚开增值税专用发票的行为，应按《中华人民共和国税收征收管理法》及《中华人民共和国发票管理办法》的有关规定给予处罚。纳税人取得虚开的增值税专用发票，不得作为增值税合法有效的扣税凭证抵扣其进项税额。

（3）虚开增值税专用发票犯罪的立案标准。根据《最高人民法院关于虚开增值税专用发票定罪量刑标准有关问题的通知》（法〔2018〕226号）规定，自2018年8月22日（通知下发之日）起，在新的司法解释颁行前，对虚开增值税专用发票刑事案件定罪量刑的数额标准，可以参照《最高人民法院关于审理骗取出口退税刑事案件具体应用法律若干问题的解释》（法释〔2002〕30号）第三条的规定执行，即虚开的税款数额在5万元以上的，以虚开增值税专用发票罪处3年以下有期徒刑或者拘役，并处2万元以上20万元以下罚金；虚开的税款数额在50万元以上的，认定为刑法第二百零五条规定的"数额较大"；虚开的税款数额在250万元以上的,认定为刑法第二百零五条规定的"数额巨大"。

最高人民检察院、公安部于2022年4月29日联合发布修订后的《关于公安机关管辖的刑事案件立案追诉标准的规定（二）》（自2022年5月15日施行）第五十六条规定,〔虚开增值税专用发票、用于骗取出口退税、抵扣税款发票案（刑法第二百零五条）〕虚开增值税专用发票或者虚开用于骗取出口退税、抵扣税款的其他发票,虚开的税款数额在10万元以上或者造成国家税款损失数额在5万元以上的,应予立案追诉。

（4）虚开增值税专用发票犯罪的量刑标准。根据《中华人民共和国刑法》第205条规定,虚开增值税专用发票或者虚开用于骗取出口退税、抵扣税款的其他发票的,处3年以下有期徒刑或者拘役,并处2万元以上20万元以下罚金；虚开的税款数额较大或者有其他严重情节的,处3年以上10年以下有期徒刑,并处5万元以上50万元以下罚金；虚开的税款数额巨大或者有其他特别严重情节的,处10年以上有期徒刑或者无期徒刑,并处5万元以上50万元以下罚金或者没收财产。

单位犯前款罪的,对单位判处罚金,并对其直接负责的主管人员和其他直接责任人员,依照前款的规定处罚。

（5）虚开刑法第二百零五条规定以外的其他发票犯罪的立案标准。根据《最高人民检察院 公安部关于公安机关管辖的刑事案件立案追诉标准的规定（二）的补充规定》,虚开刑法第二百零五条规定以外的其他发票,涉嫌下列情形之一的,应予立案追诉：

①虚开发票100份以上或者虚开金额累计在40万元以上的；

②虽未达到上述数额标准,但5年内因虚开发票行为受过行政处罚2次以上,又虚开发票的；

③其他情节严重的情形。

最高人民检察院、公安部于2022年4月29日联合发布修订后的《关于公安机关管辖的刑事案件立案追诉标准的规定（二）》（自2022年5月15日施行）第五十七条规定,〔虚开发票案（刑法第二百零五条之一）〕虚开刑法第二百零五条规定以外的其他发票,涉嫌下列情形之一的,应予立案追诉：

①虚开发票金额累计在 50 万元以上的；

②虚开发票一百份以上且票面金额在 30 万元以上的；

③五年内因虚开发票受过刑事处罚或者二次以上行政处罚，又虚开发票，数额达到第一、二项标准 60% 以上的。

（6）虚开刑法第二百零五条规定以外的其他发票犯罪的量刑标准。虚开刑法第二百零五条规定以外的其他发票，情节严重的，处 2 年以下有期徒刑、拘役或者管制，并处罚金；情节特别严重的，处 2 年以上 7 年以下有期徒刑，并处罚金。

单位犯前款罪的，对单位判处罚金，并对其直接负责的主管人员和其他直接责任人员，依照前款的规定处罚。

（7）对直接负责的主管人员和其他直接责任人员的认定。根据《最高人民法院关于印发〈全国法院审理金融犯罪案件工作座谈会纪要〉的通知》（法〔2001〕8 号）的规定，直接负责的主管人员，是在单位实施的犯罪中起决定、批准、授意、纵容、指挥等作用的人员，一般是单位的主管负责人，包括法定代表人。其他直接责任人员，是在单位犯罪中具体实施犯罪并起较大作用的人员，既可以是单位的经营管理人员，也可以是单位的职工，包括聘任、雇佣的人员。在单位犯罪中，对于受单位领导指派或奉命而参与实施了一定犯罪行为的人员，一般不宜作为直接责任人员追究刑事责任。对单位犯罪中的直接负责的主管人员和其他直接责任人员，应根据其在单位犯罪中的地位、作用和犯罪情节，分别处以相应的刑罚。

5. 未按规定开具和保管发票的行政处理

根据《中华人民共和国发票管理办法》（国务院令第 587 号）第三十五条规定，违反本办法的规定，有下列情形之一的，由税务机关责令改正，可以处 1 万元以下的罚款；有违法所得的予以没收：

（1）应当开具而未开具发票，或者未按照规定的时限、顺序、栏目，全部联次一次性开具发票，或者未加盖发票专用章的；

（2）使用税控装置开具发票，未按期向主管税务机关报送开具发票的数据的；

（3）使用非税控电子器具开具发票，未将非税控电子器具使用的软件程序说明资料报主管税务机关备案，或者未按照规定保存、报送开具发票的数据的；

（4）拆本使用发票的；

（5）扩大发票使用范围的；

（6）以其他凭证代替发票使用的；

（7）跨规定区域开具发票的；

（8）未按照规定缴销发票的；

（9）未按照规定存放和保管发票的。

第三节　增值税发票领用存的管理

一、已经开具的发票存根联和发票登记簿保存期限

根据《中华人民共和国发票管理办法》（国务院令第587号）第二十九条规定，开具发票的单位和个人应当按照税务机关的规定存放和保管发票，不得擅自损毁。已经开具的发票存根联和发票登记簿，应当保存5年。保存期满，报经税务机关查验后销毁。

二、已开具的作为会计凭证的发票的保管期限

依据《会计档案管理办法》（财政部 国家档案局令第79号）的规定，会计档案的保管期限分为永久、定期两类。定期保管期限一般分为10年和30年。会计档案的保管期限，从会计年度终了后的第1天算起。会计凭证、会计账簿等主要会计档案的最低保管期限为30年，其他辅助会计资料的最低保管期限为10年。

三、发票丢失的处理

1. 丢失发票的处罚

根据《中华人民共和国发票管理办法》（国务院令第587号）第三十六条规定，跨规定的使用区域携带、邮寄、运输空白发票，以及携

带、邮寄或者运输空白发票出入境的，由税务机关责令改正，可以处 1 万元以下的罚款；情节严重的，处 1 万元以上 3 万元以下的罚款；有违法所得的予以没收。

丢失发票或者擅自损毁发票的，依照前款规定处罚。

2. 丢失发票取消登报作废声明

《中华人民共和国发票管理办法实施细则》（国家税务总局令第 37 号）第三十一条规定，使用发票的单位和个人应当妥善保管发票。发生发票丢失情形时，应当于发现丢失当日书面报告税务机关，并登报声明作废。

根据《国家税务总局关于公布取消一批税务证明事项以及废止和修改部分规章规范性文件的决定》（国家税务总局令第 48 号）附件 1 中关于"取消的税务证明事项目录"第 1 项规定，取消发票丢失登报作废声明，取消后的办理方式为"不再提交。取消登报要求"。

3. 丢失发票取消申请开具"丢失增值税专用发票已报税证明单"

根据《国家税务总局关于增值税发票综合服务平台等事项的公告》（国家税务总局公告 2020 年第 1 号）规定，纳税人丢失发票的发票联、抵扣联后，已无须前往税务机关申请开具"丢失增值税专用发票已报税证明单"，可凭相应发票的其他基本联次复印件，作为增值税进项税额的抵扣凭证、退税凭证或记账凭证。

4. 增值税专用发票联次丢失进项税额的处理

纳税人同时丢失已开具增值税专用发票或机动车销售统一发票的发票联和抵扣联，可凭加盖销售方发票专用章的相应发票记账联复印件，作为增值税进项税额的抵扣凭证、退税凭证或记账凭证。纳税人丢失已开具增值税专用发票或机动车销售统一发票的抵扣联，可凭相应发票的发票联复印件，作为增值税进项税额的抵扣凭证或退税凭证；纳税人丢失已开具增值税专用发票或机动车销售统一发票的发票联，可凭相应发票的抵扣联复印件，作为记账凭证。[《国家税务总局关于增值税发票综合服务平台等事项的公告》国家税务总局公告 2020 年第 1 号第四条，自 2020 年 1 月 8 日（发布之日）起施行]

第四节　增值税电子发票

为全面落实《优化营商环境条例》，深化税收领域"放管服"改革，加大推广使用电子发票的力度，国家税务总局决定自 2020 年 12 月 21 日起在前期宁波、石家庄和杭州等 3 个地区试点的基础上，在全国新设立登记的纳税人（以下简称"新办纳税人"）中实行增值税专用发票电子化（以下简称"专票电子化"）。

一、在新办纳税人中实行增值税专用发票电子化的背景是什么？

为适应经济社会发展和税收现代化建设需要，税务总局自 2015 年起分步推行了增值税电子普通发票（以下简称"电子普票"）。电子普票推行后，因开具便捷、保管便利、查验及时、节约成本等优点，受到越来越多的纳税人欢迎。

为贯彻落实国务院关于加快电子发票推广应用的部署安排，税务总局本着积极稳妥的原则，决定采用先在部分地区新设立登记的纳税人（以下简称"新办纳税人"）中实行增值税专用发票电子化（以下简称"专票电子化"），此后逐步扩大地区和纳税人范围的工作策略。一是先在新办纳税人中实行专票电子化，在完善系统、积累经验的基础上，下一步再考虑在其他纳税人中实行专票电子化。二是对于新办纳税人，从 2020 年 9 月 1 日起先逐步在宁波、石家庄和杭州开展专票电子化试点，在此基础上再分两步在全国实行：第一步，自 2020 年 12 月 21 日起，在天津等 11 个地区的新办纳税人中实行专票电子化，受票方范围为全国；第二步，自 2021 年 1 月 21 日起，在北京等 25 个地区的新办纳税人中实行专票电子化，受票方范围为全国。

二、前期已纳入试点的纳税人，开具电子专票的受票方范围有何变化？

宁波、石家庄、杭州等 3 个地区已纳入试点的纳税人，开具增值税电子专用发票（以下简称"电子专票"）的受票方范围，在2020年12月20日（含）前仅限于规定地区，自2020年12月21日起扩至全国。上述地区2020年12月21日起实行专票电子化的新办纳税人，开具电子专票的受票方范围为全国。

三、电子专票具备哪些优点？

电子专票属于增值税专用发票，其法律效力、基本用途、基本使用规定等与增值税纸质专用发票（以下简称"纸质专票"）相同。与纸质专票相比，电子专票具有以下几方面优点：

一是发票样式更简洁。电子专票进一步简化发票票面样式，采用电子签名代替原发票专用章，将"货物或应税劳务、服务名称"栏次名称简化为"项目名称"，取消了原"销售方：（章）"栏次，使电子专票的开具更加简便。

二是领用方式更快捷。纳税人可以选择办税服务厅、电子税务局等渠道领用电子专票。通过网上申领方式领用电子专票，纳税人可以实现"即领即用"。

三是远程交付更便利。纳税人可以通过电子邮箱、二维码等方式交付电子专票，与纸质专票现场交付、邮寄交付等方式相比，发票交付的速度更快。

四是财务管理更高效。电子专票属于电子会计凭证，纳税人可以便捷获取数字化的票面明细信息，并据此提升财务管理水平。同时，纳税人可以通过全国增值税发票查验平台（https://inv-veri.chinatax.gov.cn）下载增值税电子发票版式文件阅读器，查阅电子专票并验证电子签名有效性，降低接收假发票的风险。

五是存储保管更经济。电子专票采用信息化存储方式，与纸质专票相比，无须专门场所存放，也可以大幅降低后续人工管理的成本。此外，纳税人还可以从税务部门提供的免费渠道重新下载电子专票，防范发票丢失和损毁风险。

六是社会效益更显著。电子专票交付快捷，有利于交易双方加快结算速度，缩短回款周期，提升资金使用效率。同时，电子专票的推出，还有利于推动企业财务核算电子化的进一步普及，进而对整个经济社会的数字化建设产生积极影响。

四、电子专票为何采用电子签名代替原纸质发票上的发票专用章？

《中华人民共和国电子签名法》第十四条规定，可靠的电子签名与手写签名或者盖章具有同等的法律效力。为更好适应发票电子化改革需要，电子专票采用电子签名代替原发票专用章，纳税人可以通过全国增值税发票查验平台下载增值税电子发票版式文件阅读器，查阅电子专票并验证电子签名的有效性。

五、在新办纳税人中实行专票电子化，税务部门同步推出了哪些便利纳税人的举措？

税务部门紧紧围绕推进办税缴费便利化改革和提升纳税人获得感，不断优化发票服务方式，以专票电子化为契机，创新推出了五条便利化举措：

一是开票设备免费领取。需要开具增值税纸质普通发票（以下简称"纸质普票"）、电子普票、纸质专票、电子专票、纸质机动车销售统一发票（以下简称"纸质机动车发票"）和纸质二手车销售统一发票（以下简称"纸质二手车发票"）的新办纳税人，统一领取税务 UKey 开具发票。税务机关向新办纳税人免费发放税务 UKey。

二是电子专票免费开具。税务部门依托增值税电子发票公共服务平台，为纳税人提供免费的电子专票开具服务，纳税人通过该平台开具电子专票无须支付相关费用。

三是首票服务便捷享受。税务部门对首次开具、首次接收电子专票的纳税人实行"首票服务制"，通过线上线下多种方式，帮助纳税人及时全面掌握政策规定和操作要点。

四是发票状态及时告知。税务部门对增值税发票综合服务平台进行了优化升级，纳税人可以通过该平台及时掌握所取得的电子专票领用、开具、用途确认等流转状态以及正常、红冲、异常等管理状态信息。这一举措有助于纳税人全面了解电子专票的全流程信息，减少购销双方信息不对称或滞后而产生的发票涉税风险，有效保障纳税人权益。

五是发票信息批量下载。纳税人可以通过增值税发票综合服务平台，批量下载所取得的纸质普票、电子普票、纸质专票、电子专票、纸质机动车发票和纸质二手车发票等发票的明细信息。这既为纳税人实现报销入账归档电子化提供了完整准确的发票基础数据，也有利于纳税人改进内部管理，防范电子发票重复报销入账风险。此外，发票电子信息的便捷获取和拓展应用，还将有助于纳税人更好地开展财务分析，强化资金和供应链管理，为企业提升经营决策水平提供帮助。

随着专票电子化工作的推进，税务部门还将推出更多创新服务举措，为纳税人提供更便捷、更高效、更舒心的办税体验。

六、实行专票电子化的新办纳税人领取税务UKey后，可以开具哪些种类的发票？

实行专票电子化的新办纳税人领取税务UKey并核定对应票种后，可以开具纸质普票、电子普票、纸质专票、电子专票、纸质机动车发票和纸质二手车发票。

七、实行专票电子化的新办纳税人在核定电子专票时有什么具体要求？

按照《国家税务总局关于新办纳税人首次申领增值税发票有关事项的公告》（2018年第29号）规定，税务机关为首次申领增值税发票的新办纳税人办理发票票种核定，增值税专用发票最高开票限额不超过10万元，每月最高领用数量不超过25份。各省税务机关可以在此范围内结合纳税人税收风险程度，自行确定新办纳税人首次申领增值税发票票种核定标准。

电子专票和纸质专票同属增值税专用发票。税务机关核定的增值税专用发票最高开票限额，同时适用于纳税人所领用的电子专票和纸质专票，两者保持一致。实行专票电子化的新办纳税人，可以在税务机关核定的增值税专用发票每月最高领用数量内，根据自身需要分别确定电子专票和纸质专票的领用数量。

实行专票电子化的新办纳税人，在税务机关核定增值税专用发票最高开票限额和领用数量后，可以根据生产经营需要申请"增版增量"。

八、实行专票电子化的新办纳税人领取税务 UKey 后，是不是电子专票和纸质专票都可以开具？

实行专票电子化的新办纳税人领取税务 UKey 后，既可以开具电子专票，也可以开具纸质专票。部分受票方因自身管理需要，可能仍需使用纸质专票，为保障受票方权益，其在索取纸质专票时，开票方应当开具纸质专票。

九、纳税人应当如何开具红字电子专票？

纳税人开具电子专票后，发生销货退回、开票有误、应税服务中止、销售折让等情形，可以开具红字电子专票。相较于红字纸质专票开具流程，纳税人在开具红字电子专票时，无须追回已经开具的蓝字电子专票，具有简便易行好操作的优点。具体来说，开具红字电子专票的流程主要可以分为以下三个步骤：

第一步是购买方或销售方纳税人在增值税发票管理系统（以下简称"发票管理系统"）中填开"开具红字增值税专用发票信息表"（以下简称"信息表"）。根据购买方是否已将电子专票用于申报抵扣，开具"信息表"的方式分为两类。第一类是购买方开具"信息表"。如果购买方已将电子专票用于申报抵扣，则由购买方在发票管理系统中填开并上传"信息表"，在这种情况下，"信息表"中不需要填写相对应的蓝字电子专票信息。第二类是销售方开具"信息表"。如果购买方未将电子专票用于申报抵扣，则由销售方在发票管理系统中填开并上传"信息表"，在这种情况下，"信息表"中需要填写相对应的蓝字电子专票信息。

第二步是税务机关信息系统自动校验。税务机关通过网络接收纳税人上传的"信息表"，系统自动校验通过后，生成带有"红字发票信息表编号"的"信息表"，并将信息同步至纳税人端系统中。

第三步是销售方纳税人开具红字电子专票。销售方在发票管理系统中查询到已经校验通过的"信息表"后，便可开具红字电子专票。红字电子专票应与"信息表"一一对应。

需要说明的是，对于购买方已将电子专票用于申报抵扣的情形，因购买方开具"信息表"与销售方开具红字电子专票可能存在一定时间差，购买方应当暂依"信息表"所列增值税税额从当期进项税额中转出，待取得销售方开具的红字电子专票后，与"信息表"一并作为记账凭证。

十、纳税人以电子发票报销入账归档的，应当注意哪些事项？

纳税人以电子发票（含电子专票和电子普票）报销入账归档的，应当按照《财政部 国家档案局关于规范电子会计凭证报销入账归档的通知》（财会〔2020〕6号，以下简称《通知》）的相关规定执行。

第一，纳税人可以根据《通知》第三条的规定，仅使用电子发票进行报销入账归档。

第二，电子发票与纸质发票具有同等法律效力，按照《通知》第五条的规定，纳税人取得的电子发票，可不再另以纸质形式保存。

第三，纳税人如果需要以电子发票的纸质打印件作为报销入账归档依据的，应当根据《通知》第四条的规定，同时保存打印该纸质件的电子发票。

十一、受票方丢失已开具的电子专票后应当如何处理？

受票方如丢失或损毁已开具的电子专票，可以根据发票代码、发票号码、开票日期、开具金额（不含税）等信息，在全国增值税发票查验平台查验通过后，下载电子专票。如不掌握相关信息，也可以向开票方重新索取原电子专票。

十二、财政部会计司 国家档案局经济科技档案业务指导司 国家税务总局货物和劳务税司关于增值税电子专用发票电子化管理与操作有关问题的答问

1. 电子专票作为电子会计凭证与纸质会计凭证法律效力是否相同？

答：电子会计凭证是指以电子形式生成、传输、存储的各类会计凭证，包括电子原始凭证、电子记账凭证。电子专票属于电子会计原始凭证。国家税务总局2020年第22号公告第二条规定："电子专票由各省税务局监制，采用电子签名代替发票专用章，属于增值税专用发票，其法律效力、基本用途、基本使用规定等与增值税纸质专用发票相同。"《财政部 国家档案局关于规范电子会计凭证报销入账归档的通知》（财会〔2020〕6号）规定："来源合法、真实的电子会计凭证与纸质会计凭证具有同等法律效力。"《档案法》第三十七条规定："电子档案应当来源可靠、程序规范、要素合规""电子档案与传统载体档案具有同等效力，可以以电子形式作为凭证使用"。因此，来源合法、真实的电子专票作为电子会计凭证与纸质会计凭证具有同等的法律效力，且可作为电子档案进行保存归档。

2. 实行专票电子化的新办纳税人如何开具电子专票？

答：实行专票电子化的新办纳税人可向税务机关免费领取税务UKey，通过电子税务局、办税服务厅等渠道申请电子专票票种核定，在国家税务总局增值税发票查验平台（https：//inv－veri.chinatax.gov.cn）上下载并安装增值税发票开票软件（税务UKey版）后，开具电子专票。开票完成后，纳税人可以通过电子邮件、二维码等方式，远程交付电子专票给受票方。

3. 受票方收到电子专票后，应如何查验其发票真伪？

答：电子专票采用可靠的电子签名代替原发票专用章，采用经过税务数字证书签名的电子发票监制章代替原发票监制章，更好适应了发票电子化改革的需要。

纳税人可以通过全国增值税发票查验平台（https：//inv－veri.chinatax.gov.cn）下载增值税电子发票版式文件阅读器，查阅电子专票并验证电子签名以及电子发票监制章有效性。

验证电子签名具体方法如下：通过增值税电子发票版式文件阅读器打开已下载的电子专票版式文件，鼠标移动到左下角"销售方"相关信息处，点击鼠标右键，再点击提示框中的"验证"按钮，即可弹出验证结果（如图4-1所示）。

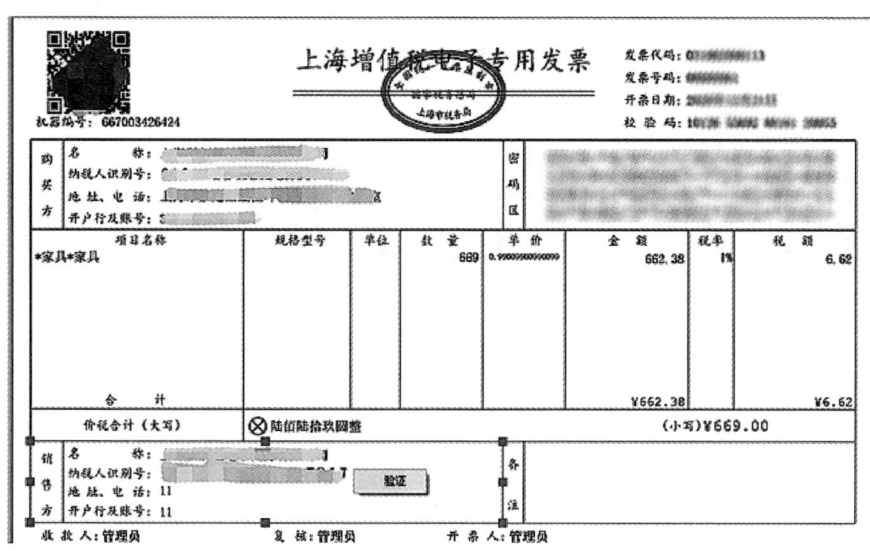

图4-1　电子专用发票验证电子签名方式

如验证结果为"该签章有效！受该签章保护的文档内容未被修改。该签章之后的文档内容无变更"，表明销售方的电子签名有效（如图4-2所示）。

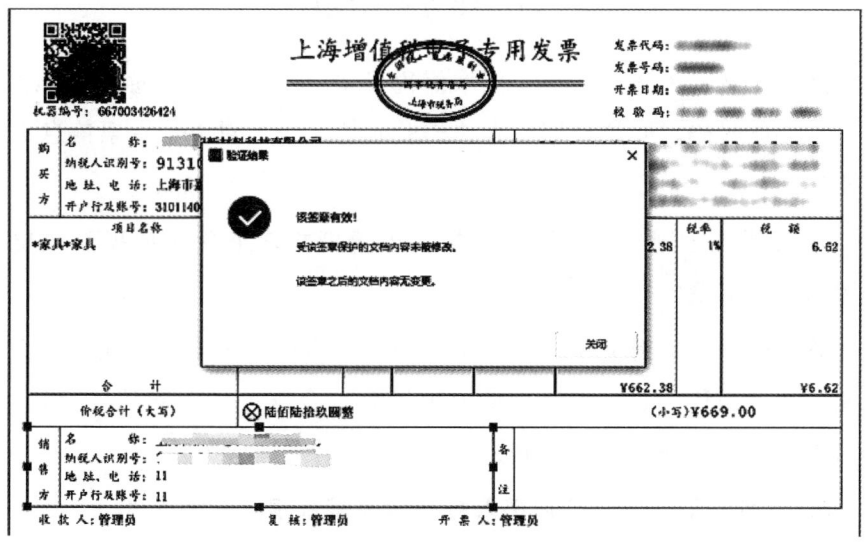

图4-2　电子签名验证有效

验证电子发票监制章具体方法如下：通过增值税电子发票版式文件阅读器打开已下载的电子专票版式文件，鼠标右键点击发票上方椭圆形的发票监制章，选择"验证"，即可显示验证结果（如图4-3所示）。

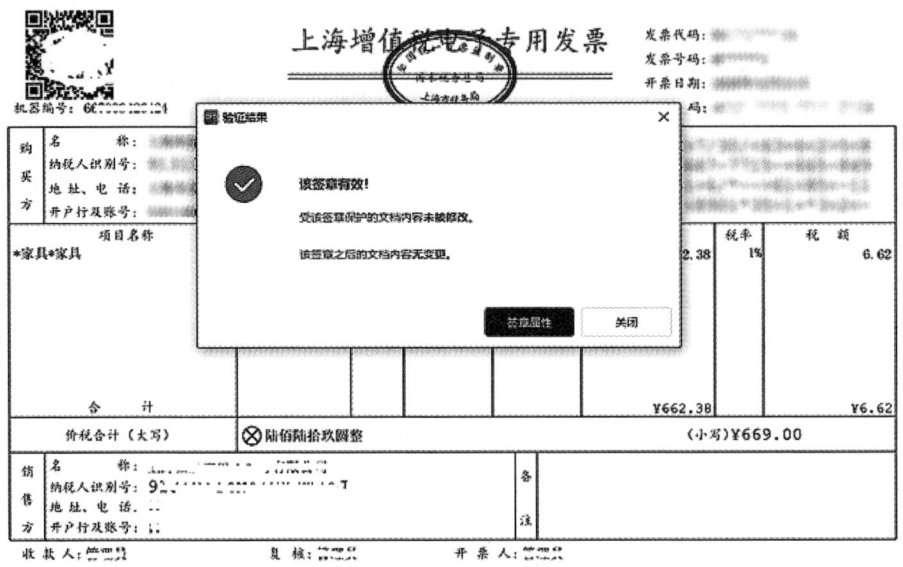

图4-3 验证电子发票监制章

此外，纳税人还可以在全国增值税发票查验平台上，通过录入发票代码、发票号码、开票日期、发票校验码等字段，对电子专票信息进行查验。

4. 受票方收到电子专票后，如何申请抵扣增值税进项税额或出口退税、代办退税？

答：受票方取得电子专票用于申报抵扣增值税进项税额或申请出口退税、代办退税的，应当登录增值税发票综合服务平台确认发票用途，登录地址由各省税务局确定并公布。

5. 使用电子专票进行报销入账归档的基本规定有哪些？

答：依据财会〔2020〕6号文规定，电子专票作为电子会计凭证的一种，同时满足下列条件的，可以仅使用电子专票进行报销入账归档。

（1）接收的电子会计凭证经查验合法、真实；

（2）电子会计凭证的传输、存储安全、可靠，对电子会计凭证的任何篡改能够及时被发现；

（3）使用的会计核算系统能够准确、完整、有效接收和读取电子会计凭证及其元数据，能够按照国家统一的会计制度完成会计核算业务，能够按照国家档案行政管理部门规定格式输出电子会计凭证及其元数据，设定了经办、审核、审批等必要的审签程序，且能有效防止电子会计凭证重复入账；

（4）电子会计凭证的归档及管理符合《会计档案管理办法》（财政部 国家档案局令第 79 号）等要求。

采用电子专票进行报销、入账且本单位财务信息系统能导出符合国家档案部门规定的电子归档格式的，应当将电子专票与其他电子会计记账凭证等一起归档保存，电子专票不再需要打印和保存纸质件；不满足上述条件的单位，采用电子专票纸质打印件进行报销、入账的，电子专票应当与其纸质打印件一并交由会计档案人员保存。

6. 如何借助标准化手段支持会计核算系统对电子专票进行自动接收、识别和入账处理？

答：财政部即将出台电子发票入账数据标准，并将会同国家税务总局在部分企业开展试点，以进一步规范电子发票等电子凭证入账，方便受票方会计核算系统进行自动化的接收、识别和入账处理。

7. 电子专票的纸质打印件能否单独作为报销入账归档依据使用？

答：不能。根据财会〔2020〕6 号的规定，各单位无论采用何种报销、入账方式，只要接收的是电子专票，则必须归档保存电子专票。单位如果以电子专票的纸质打印件作为报销入账归档依据的，必须同时保存打印该纸质件的电子专票。

8. 受票方应如何防范电子专票的纸质打印件重复报销入账的风险？

答：电子专票的纸质打印件只是承载电子专票发票信息的载体，不具备物理防伪功能，具有可复制的特点。为避免电子专票的纸质打印件重复报销入账，各单位应建立完善的内控机制，严格按照财会〔2020〕6号文规定。如果以电子专票的纸质打印件作为报销入账归档依据的，必须同时保存打印该纸质件的电子专票。同时建议各单位在报销入账时对发票代码、号码进行查重处理。对于已经使用财务信息系统的单位，可以通过建立发票数据库的方式，升级系统功能，利用系统进行自动比对；对于尚未使用财务软件实行纯手工记账的单位，可以通过电子表格等方式，建立已入账发票手工台账，有效防范重复报销、虚假入账等风险。

9. 包括电子专票在内的各类电子发票应如何归档保存？

答：电子发票归档保存分以下几种情况进行。

已建立电子档案管理系统的单位，实施了会计信息系统，与电子发票相关的记账凭证、报销凭证等已全部实现电子化（不包括纸质凭证扫描，下同），可将电子发票与相关的记账凭证、报销凭证等电子会计凭证通过归档接口或手工导入电子档案管理系统进行整理、归档并长期保存，归档方法可参照《企业电子文件归档和电子档案管理指南》（档办发〔2015〕4号）；如与电子发票相关的记账凭证、报销凭证等未实现电子化，可单独将电子发票通过归档接口或手工导入电子档案管理系统进行整理、归档并长期保存，整理、归档、长期保存方法可参照《企业电子文件归档电子档案管理指南》（档办发〔2015〕4号）。

无电子档案管理系统的单位，如实施了会计信息系统，与电子发票相关的记账凭证、报销凭证等已全部实现电子化，可将电子发票与相关的记账凭证、报销凭证等移交会计档案管理人员保存，编制档号，存储结构建议采取如图4-4所示方式。

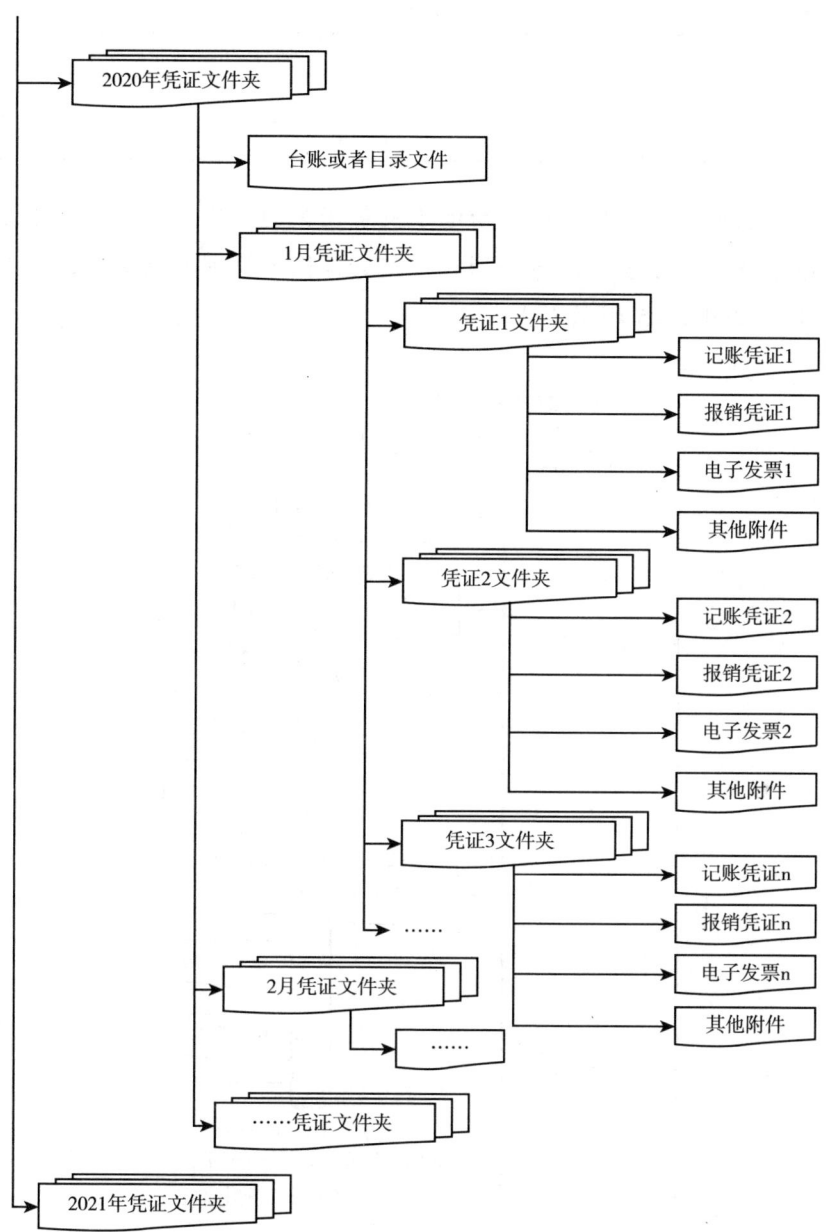

图 4-4　实施了会计信息系统的存储结构

同时，建立电子会计档案台账或者目录，台账或者目录的结构建议如表 4-2 所示。

表4-2　　　　　　　　电子会计档案结构

序号	档号	凭证号	摘要	凭证日期	电子凭证件数	备注

如未实施会计信息系统，与电子发票相关的记账凭证、报销凭证未实现电子化，电子发票以电子形式移交会计档案管理人员保存，存储结构建议采取图4-5所示方式。

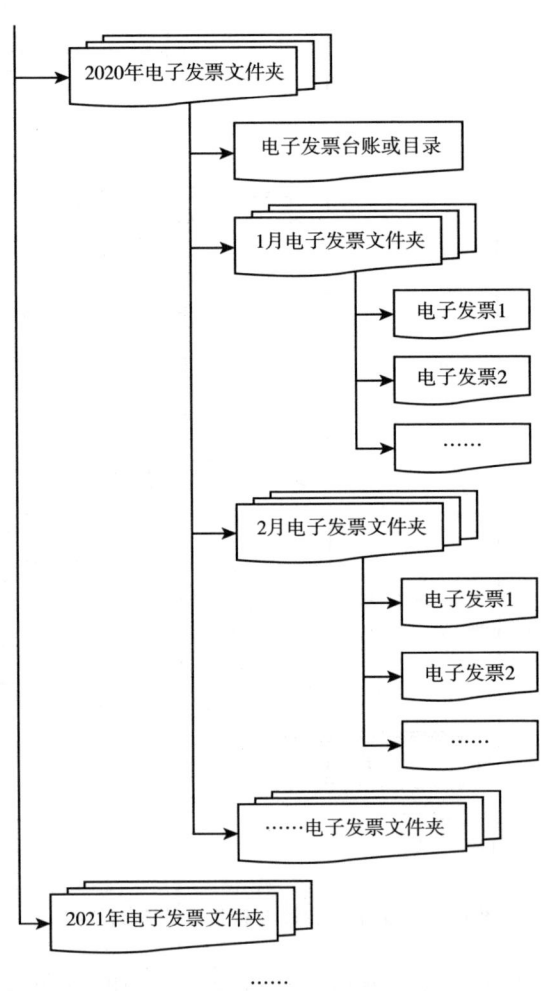

图4-5　未实施会计信息系统下的存储结构

同时，建立电子发票台账或者目录，台账或者目录的结构建议如表4-3所示：

表4-3 未实施会计信息系统下的电子发票档案结构

序号	纳税人识别号	年度	交易事项	开票方名称	发票号码	开具日期	报销单据号	记账凭证号	文件名	备注

保存电子发票时，应当采用多重备份、定期检测等方法，保证电子发票档案在规定的保管期限内不会丢失并能被读取。

10. 接收电子专票的单位，相关的纸质会计凭证该如何保管？

答：接受电子专票的单位，如部分业务的报销、入账仍采用纸质凭证，该部分纸质凭证仍应按传统纸质会计档案的管理方法进行管理。

11. 上述关于电子专票报销入账归档的问答口径是否适用于其他增值税电子发票？

答：同样适用。

第五节 全面数字化的电子发票（全电发票）

为落实中办、国办印发的《关于进一步深化税收征管改革的意见》要求，继续加大全面数字化的电子发票（以下简称"全电发票"）推广使用力度。经国家税务总局同意，决定进一步开展全电发票试点工作。

按照总局发票电子化改革（金税四期）建设工作部署：2021年12月1日起，在广东（不含深圳，下同）、内蒙古、上海三地试点地区部分纳税人中开展全电发票试点，试点使用的依托电子税务局搭建的平台称为电子发票服务平台（以下简称"电票平台"）1.0版，实现了56项功能，成功开出第一张"全电"发票。试点纳税人通过电子发票服务平台开具发票的受票方范围为本省税务局管辖范围内的纳税人。

随后，2022年4月1日起，在广东地区的部分纳税人中进一步开展全电发票试点，电票平台1.5版成功在广东省上线切换，实现了142项功能，试点纳税人通过电子发票服务平台开具发票的受票方范围为本省税务局管辖范围内的纳税人。

2022年4月25日，在内蒙古自治区的部分纳税人中进一步开展全电发票试点，电票平台1.5版成功在内蒙古上线切换，试点纳税人通过电子发票服务平台开具发票的受票方范围为本自治区税务局管辖范围内的纳税人。

2022年5月10日起，四川省纳税人仅作为受票方，通过增值税发票综合服务平台接收由内蒙古自治区和广东省的部分纳税人通过电子发票服务平台开具的发票。

2022年5月23日起，上海市切换电票平台1.5版，并可向四川省、广东省和内蒙古自治区纳税人通过电子发票服务平台开具发票。

自2022年6月1日起，国家税务总局决定，内蒙古自治区、上海市和广东省试点纳税人通过电子发票服务平台开具发票的受票方范围逐步扩至全国。内蒙古自治区、上海市和广东省3个地区以外的纳税人暂仅作为受票方，分步接收试点纳税人通过电子发票服务平台开具的全电发票、增值税纸质专用发票（以下简称"纸质专票"）和增值税纸质普通发票（折叠票，以下简称"纸质普票"）。

为了让读者更好地了解全电发票的知识和应用，笔者节选了北京市税务局2022年6月9日发布的《全面数字化的电子发票常见问题即问即答》（适用纳税人）部分内容供大家学习参考。

一、定义与特征

1. 什么是全面数字化的电子发票？

答：全面数字化的电子发票（以下称全电发票）是与纸质发票具有同等法律效力的全新发票，不以纸质形式存在、不用介质支撑、无须申请领用、发票验旧及申请增版增量。纸质发票的票面信息全面数字化,将多个票种集成归并为电子发票单一票种,全电发票实行全国统一赋码、自动流转交付。

2. 全电发票的票面信息包括哪些?

答:全电发票的票面信息包括基本内容和特定内容。

为了符合纳税人开具发票的习惯,全电发票的基本内容在现行增值税发票基础上进行了优化,主要包括:动态二维码、发票号码、开票日期、购买方信息、销售方信息、项目名称、规格型号、单位、数量、单价、金额、税率/征收率、税额、合计、价税合计(大写、小写)、备注、开票人。

为了满足从事特定行业、经营特殊商品服务及特定应用场景业务(以下简称"特定业务")的纳税人开具发票的个性化需求,税务机关根据现行发票开具的有关规定和特定业务的开票场景,在全电发票中设计了相应的特定内容。特定业务包括但不限于稀土、卷烟、建筑服务、旅客运输服务、货物运输服务、不动产销售、不动产经营租赁、农产品收购、光伏收购、代收车船税、自产农产品销售、差额征税等。试点纳税人在开具全电发票时,可以按照实际业务开展情况,选择特定业务,将按规定应填写在发票备注等栏次的信息,填写在特定内容栏次,进一步规范发票票面内容,便于纳税人使用。特定业务的全电发票票面按照特定内容展示相应信息,同时票面左上角展示该业务类型的字样。

3. 全电发票与现有的发票样式有什么区别?

答:全电发票样式与现有发票样式区别在于:一是全电发票票样将原有发票代码+发票号码变为20位发票号码;取消了校验码、收款人、复核人、销售方(章);取消了发票密码区。二是全电发票特定业务会影响发票展示内容,不同的特定业务展示的发票票面内容不同。三是全电发票将原备注栏中手工填列、无法采集的内容,设置为固定可采集、可使用的数据项,并展示于票面上。

4. 全电发票和使用税控设备开具的电子发票主要区别是什么?

答:一是管理方式不同。对于全电发票,纳税人开业后,无须使用税控专用设备，无须办理发票票种核定，无须领用全电发票，系统自动赋予开具额度，并根据纳税人行为，动态调整开具金额总额度，实现开业即可开票。对于使用税控设备开具的电子发票（以下简称"纸电发票"），纳税人开业后，须先申领税控专用设备并进行票种核定，发票数量和票面限额管理同纸质发票一样，纳税人需要依申请才能对发票增版增量，是纸质发票管理模式下的电子化。

二是发票交付手段不同。全电发票开具后，发票数据文件自动发送至开票方和受票方的税务数字账户，便利交付入账，减少人工收发。同时，依托电子发票服务平台税务数字账户，纳税人可对各类发票数据进行自动归集，发票数据使用更高效便捷。而"纸电"发票开具后，需要通过发票版式文件进行交付。即开票方将发票版式文件通过邮件、短信等方式交付给受票方；受票方人工下载后，仍需对发票的版式文件进行归集、整理、入账等操作。

5. 使用全电发票有什么优点？

答：（1）领票流程更简化。

开业开票"无缝衔接"。全电发票实现"去介质"，纳税人不再需要预先领取税控专用设备；通过"赋码制"取消特定发票号段申领，发票信息生成后，系统自动分配唯一的发票号码；通过"授信制"自动为纳税人赋予开具金额总额度，实现开票"零前置"。基于此，新办纳税人可实现"开业即可开票"。

（2）开票用票更便捷。

一是发票开具渠道更多元。电子发票服务平台全部功能上线后，纳税人不仅可以通过电脑网页端开具全电发票，还可以通过客户端、移动端手机App随时随地开具全电发票。

二是"一站式"服务更便捷。纳税人登录电子发票服务平台后，可进行发票开具、交付、查验以及勾选等系列操作，享受"一站式"服务，无须再登录多个平台完成相关操作。

三是发票数据应用更广泛。通过"一户式""一人式"发票数据归集，加强各税费数据联动，为实现"一表集成"式税费申报预填服务奠定数据基础。

四是满足个性业务需求。全电发票破除特定格式要求，增加了 XML 的数据电文格式便利交付，同时保留 PDF、OFD 等格式，降低发票使用成本，提升纳税人用票的便利度和获得感。全电发票样式根据不同业务进行差异化展示，为纳税人提供更优质的个性化服务。

五是纳税服务渠道更畅通。电子发票服务平台提供征纳互动相关功能，如增加智能咨询，纳税人在开票、受票等过程中，平台自动接收纳税人业务处理过程中存在的问题并进行智能答疑；增设异议提交功能，纳税人对开具金额总额度有异议时，可以通过平台向税务机关提出。

（3）入账归档一体化。

通过制发电子发票数据规范、出台电子发票国家标准，实现全电发票全流程数字化流转，进一步推进企业和行政事业单位会计核算、财务管理信息化。

6. 使用全电发票如何保障纳税人的发票数据安全和隐私？

答：全电发票使用了最新加密技术，加强了纳税人最关心的发票安全性、隐私性保障能力。

从安全性来说，电子发票服务平台将利用数字信封技术来最大限度地保障交易安全性，通过对发票数据传输通道进行加密，保证数据流转的安全性，防止数据被窃取、篡改、冒充。

从隐私性来说，全电发票保持了纸质发票的基本属性和主要特征，在为用户提供不同于纸质发票交付和入账等体验的同时，通过隐私保护技术确保用户数据安全，避免信息泄露。

7. 纳税人可以通过哪些渠道了解全电发票有关事项？

答：纳税人可以通过电子税务局、办税服务厅、12366 纳税服务热线、税务门户网站、官方微信等渠道了解全电发票的有关事项。

二、身份管理

1. 试点纳税人如何建立、变更、解除与办税人员的关联关系？

答：试点纳税人可通过电子税务局或办税服务厅建立、变更、解除与办税人员的关联关系。

试点纳税人通过电子税务局新增办税人员或对已有办税人员进行变更的，应对办税人员进行岗位权限授权或调整。系统将自动通过电子税务局及移动端向该办税人员推送待确认的授权信息。办税人员在完成个人身份信息采集核验，以及对推送的授权信息进行确认后，关联关系即建立，系统自动记录关联关系。纳税人通过电子税务局解除办税人员关联关系的，无须办税人员确认。

试点纳税人在办税服务厅申请新增或变更办税人员信息时，税务机关在核心征管系统完成办税人员信息录入或变更，通过实名办税系统验证办税人员实名信息后，由办税人员登录电子税务局确认相关信息。信息确认后，系统自动记录关联关系。纳税人在办税服务厅解除办税人员关联关系的，无须办税人员确认。

涉税专业服务机构建立、变更、解除本机构办税人员关联关系的，适用以上方式。

2. 办税人员如何解除与试点纳税人的关联关系？

答：办税人员因离职、退休等原因须解除税务网络可信身份关联关系时，办税人员可通过线上自行解除或通过办税服务场所申请解除。

3. 试点纳税人如何建立与涉税专业服务机构（人员）关联关系？

答：试点纳税人与涉税专业服务机构（人员）委托代理关系的建立支持以下两种方式。

（1）涉税专业服务机构（人员）可通过线上或线下渠道向税务机关提交其与纳税人签订的委托办税协议信息，纳税人在电子税务局确认后，涉税专业服务机构（人员）获得相应办税权限，系统自动记录关联关系。

（2）试点纳税人可通过线上或线下渠道向税务机关提交其与涉税专业服务机构（人员）签订的委托办税协议信息，涉税专业服务机构（人员）在电子税务局确认后获得相应办税权限，系统自动记录关联关系。

涉税专业服务机构（人员）以"一人多户"的方式为纳税人代办涉税事宜的，应于办理前向税务机关报送基本信息及委托办税协议信息。

4. 试点纳税人完成注销后，企业授权人、被授权人的身份认证信息及操作权限是否需要在电子发票服务平台中手动撤销？

答：不需要。平台设置自动标记失效状态功能。企业完成注销后，电子发票服务平台自动同步企业状态信息，自动标记企业授权人、被授权人的身份认证信息及操作权限为失效状态。

三、电子发票服务平台

1. 试点纳税人需要用什么税控设备开具全电发票？是否免费？

答：试点纳税人无须领用税控专用设备即可开具全电发票，税务机关免费向纳税人提供全电发票的开具、查验及交付服务，降低纳税人发票的使用和管理成本。

2. 试点纳税人需要用什么开票软件开具全电发票？

答：可直接使用电子发票服务平台（登录方式及地址由各试点省确定）免费开具全电发票，无须使用其他特定开票软件。

3. 试点纳税人如何了解电子发票服务平台？

答：税务部门将对全面数字化的电子发票的全流程进行辅导，纳税人在开具过程中出现问题，可以拨打12366咨询主管税务部门。另外在电子发票服务平台上也会有操作指引，确保纳税人正确开好每张全面数字化的电子发票。

4. 试点纳税人可以通过电子发票服务平台开具哪些种类的发票？

答：电子发票服务平台支持开具全电发票、纸质专票和纸质普票。试点纳税人通过实名验证后，无须使用税控专用设备即可通过电子发票服务平台开具全电发票、纸质专票和纸质普票，无须进行发票验旧操作。其中，全电发票无须进行发票票种核定和发票领用。

试点纳税人中,电子发票服务平台升级至1.5版后新设立登记且未使用增值税发票管理系统开具纸质专票和纸质普票的(以下简称"新办试点纳税人"),如需开具纸质专票和纸质普票,应当通过电子发票服务平台开具,纸质专票和纸质普票的票种核定、发票领用、发票作废、发票缴销、发票退回、发票遗失损毁等事项仍然按照原规定和流程办理;试点纳税人中,电子发票服务平台升级至1.5版前设立登记或已使用增值税发票管理系统开具纸质专票和纸质普票的(以下简称"存量试点纳税人"),如需开具纸质专票和纸质普票,可以通过增值税发票管理系统开具。

试点纳税人可以通过增值税发票管理系统开具机动车销售统一发票、二手车销售统一发票、增值税普通发票(卷票)、增值税电子专用发票和增值税电子普通发票和收费公路通行费增值税电子普通发票。

5. 试点纳税人使用增值税纸质发票有何规定?

答:试点纳税人满足相关使用条件后,可以通过电子发票服务平台开具纸质专票、纸质普票。试点纳税人需要事先核定相关发票票种,确定最高开票限额和每月最高领用数量。在使用电子发票服务平台开具纸质专票和纸质普票时,所开具的发票金额将从当月开具金额总额度中扣除。若出现需要开具红字发票的情况,则应按照电子发票服务平台相关规则进行处理,并在红字发票开具后收回被红字冲销的纸质发票原件。所领用的纸质专票与纸质普票使用后,再次领用时无须进行发票验旧。

试点纳税人仍然使用增值税发票管理系统开具纸质专票和纸质普票的,与现有规定保持一致。

四、发票开具

1. 我公司是试点纳税人,在开具全电发票前,还需要办理哪些业务?

答:不需要。试点纳税人通过实名验证后,无须使用税控专用设备,无须办理全电发票票种核定,无须领用全电发票,使用电子发票服务平台即可开票。

2. 试点纳税人开具全电发票流程是什么？

答：试点纳税人登录电子发票服务平台后，通过开票业务模块，选择不同的发票类型，录入开具内容，电子发票服务平台校验通过后，自动赋予发票号码并按不同业务类型生成相应的全电发票。

3. 电子发票服务平台提供哪几种发票开具模式？

答：电子发票服务平台对发票的开具提供页面输入和扫描二维码两种模式。试点纳税人选择页面输入模式进行开票，即进入页面输入内容完成发票开具；试点纳税人选择扫描二维码模式进行开票，可通过扫描二维码的方式完成发票相关信息预采集。

4. 2022 年 2 月 1 日注册了一家公司，目前是小规模纳税人，使用纸质发票，能否申请由税务机关为我代开全电发票？

答：不可以。目前，税务机关暂不为纳税人代开全电发票。

5. 试点纳税人在电子发票服务平台开具发票过程中可以暂存发票信息吗？

答：可以。电子发票服务平台提供发票草稿功能，试点纳税人在开具发票过程中，如需暂时保存发票信息可以选择保存草稿。

6. 试点纳税人销售商品开具全电发票，如果商品种类较多是否需要开具销货清单？

答：全电发票的载体为电子文件，无最大开票行数限制，交易项目明细能够在全电发票中全部展示，无须开具销货清单。

7. 试点纳税人通过电子发票服务平台开具发票时，是否每次都需要手动录入发票的全部票面信息？

答：试点纳税人可以通过电子发票服务平台的"基础信息维护"模块来维护项目以及客户的基础信息。完成维护后即可在开具发票时直接选择对应的项目完成发票信息预填，无须手动录入。

8. 试点纳税人在电子发票服务平台可以维护哪些项目信息？

答：试点纳税人可以使用电子发票服务平台中的"基础信息维护"模块，对项目（商品或服务）名称、规格型号、单位、单价、商品和服务税收分类编码及税率/征收率等信息进行维护。项目信息维护后，试点纳税人可在开票时直接选择已经维护的信息，减少开票时间。

9. 电子发票服务平台中"客户信息分类管理"模块的主要功能是什么？

答："客户信息分类管理"模块主要是用于试点纳税人查看与管理不同类别的客户信息。试点纳税人可以通过手工录入、模板导入方式新增或修改客户信息。

10. 试点纳税人通过电子发票服务平台开票时，备注信息如何填写？

答：发票备注信息是指纳税人根据所属行业特点和生产经营需要，自行额外增加的发票信息。发票备注信息项目可以在电子发票服务平台中"信息维护"模块预设的相应"场景模板"添加或开票时直接选择"附加项目"单个添加编辑，添加相应的"场景模板"；也可以直接在备注信息输入框中填写。

11. 试点纳税人在电子发票服务平台开具发票时，自动填充的商品和服务税收分类编码是否可以修改？

答：试点纳税人可按照实际业务对自动填充的商品和服务税收分类编码进行修改。

12. 试点纳税人哪种情况下可以申请开通临时开具原适用税率全面数字化的电子发票权限？

答：试点纳税人属于以下四种情形，可以向税务机关申请临时开具原适用税率全电发票权限。

（1）一般纳税人在税率调整前开具的发票有误需要重新开具，且已按照原适用税率开具了红字发票，现重新开具正确的蓝字发票。

（2）一般纳税人在税率调整前发生增值税应税销售行为，且已申报缴纳税款但未开具增值税发票,现需要补开原适用税率增值税发票。

(3) 转登记纳税人在一般纳税人期间开具的适用原税率发票有误需要重新开具,且已按照原适用税率开具了红字发票,现重新开具正确的蓝字发票。

(4) 转登记纳税人在一般纳税人期间发生增值税应税销售行为,且已申报缴纳税款但未开具增值税发票,现需要补开原适用税率增值税发票。

13. 试点纳税人如何在电子发票服务平台开具原税率发票?

答:试点纳税人需要开具17%、16%、11%、10%等税率发票的,可通过电子发票服务平台向主管税务机关提交《开具原适用税率发票承诺书》,办理临时开票权限。临时开票权限有效期限为24小时,试点纳税人应在获取临时开票权限的规定期限内通过电子发票服务平台开具原适用税率发票。

14. 试点纳税人申请开通临时开具原适用税率全面数字化的电子发票权限,需要提供什么资料?

答:试点纳税人向税务机关申请使用原税率开具全电发票,应提交《开具原适用税率发票承诺书》,并保留交易合同、红字发票、收讫款项证明等材料,以备查验。

15. 我公司因故需要申请开通临时开具原适用税率发票权限,请问该权限的有效期有多久?

答:税务机关审核同意后,手动调整纳税人税率,并设置临时开票有效期起止,有效时限为24小时。

16. 试点纳税人发起临时开具原适用税率发票权限后,可在哪里查看审核结果?

答:税务机关根据审核结果发放税务事项通知书至试点纳税人的电子发票服务平台税务数字账户。试点纳税人登录后,系统会提示纳税人签收文书。同时,电子发票服务平台将同步审核税务机关审核结果,对试点纳税人的税率进行调整。

17. 试点纳税人是否可以查看申请临时开具原适用税率发票权限历史记录？

答：可以。电子发票服务平台设有历史查询功能，该功能可展示历史税率调整记录、时间及状态筛选等，可通过"税率调整记录查询"查询。

五、开具金额总额度和剩余可用额度

1. 试点纳税人通过电子发票服务平台开具发票，开票份数、开票金额限制与以前相比有什么不同？

答：通过电子发票服务平台开具的全电发票，在开具金额总额度内，没有发票开具份数和单张开票限额限制。

通过电子发票服务平台开具的纸质发票，最高开票限额和每月最高领用数量仍按照现行有关规定办理。

2. 试点纳税人在开票过程中，若提示不得继续开票，应如何处理？

答：电子发票服务平台针对存在发票开具"红色"预警情形的试点纳税人、开具发票过程中存在内容校验不通过、授信额度为零等情形会阻断开票，试点纳税人须根据提示进行相应操作。如红色预警须联系主管税务局进行处理，内容校验不通过须更改发票开具内容，授信额度为零可以申请额度调整等。

3. 试点纳税人发票开具金额额度如何确定？

答：发票开具金额额度包括三类：开具金额总额度、初始开具金额总额度和剩余可用额度。

开具金额总额度，也称总授信额度，是指一个自然月内，试点纳税人发票开具总金额（不含增值税）的上限额度，包括试点纳税人可通过电子发票服务平台开具的全电发票、增值税纸质专用发票（以下简称"纸质专票"）和增值税纸质普通发票（折叠票，以下简称"纸质普票"）的上限总金额以及可通过增值税发票管理系统开具的纸质专票、纸质普票、增值税普通发票（卷式，以下简称"卷式发票"）、增值税电子专用发票和增值税电子普通发票的上限总金额。

初始开具金额总额度，是指试点纳税人首次使用全电发票时，电子发票服务平台赋予该纳税人的当月发票可开具金额上限额度。

剩余可用额度，是指在一个自然月内，试点纳税人开具金额总额度扣除已使用额度。其中，已使用额度包括试点纳税人通过电子发票服务平台开具的发票金额，以及通过增值税发票管理系统开具的纸质专票、纸质普票、卷式发票、增值税电子专用发票和增值税电子普通发票的领用份数和单张发票最高开票限额之积（存在多种不同版式的发票应分别计算并求和，下同）。

4. 试点纳税人开具不同种类的发票是否共用同一个开具金额总额度？

答：是。试点纳税人通过电子发票服务平台开具的全电发票、纸质专票和纸质普票以及通过增值税发票管理系统开具的纸质专票、纸质普票、卷式发票、增值税电子专用发票和增值税电子普通发票，共用同一个开具金额总额度。

但是授信总额度扣除方式与环节不同。通过电子发票服务平台开具的发票，在发票开具时扣除，扣除的是已实际开具发票的金额；通过税控系统开具的发票，在发票领用时扣除，扣除的是发票领用的单张最高开票限额与发票领用份数之积。

5. 我公司是按月申报的一般纳税人，2022 年 7 月开具金额总额度为 750 万元，截至 7 月 31 日实际已使用额度 400 万元，剩余可用额度为 350 万元。8 月 1 日，电子发票服务平台自动计算 8 月开具金额总额度为 750 万元。请问我公司 8 月可用额度是否一直是 750 万元？

答：不是。如果你公司在 8 月 11 日 9 时，完成 7 月所属期增值税申报并比对通过，则在 8 月 11 日 9 时前，你公司的可使用额度为 350 万元（7 月剩余可用额度 350 万元 < 8 月月初开具金额总额度 750 万元）。8 月 1 日至 11 日 9 时，如果你公司实际已使用额度为 20 万元，则 8 月 11 日 9 时（即完成申报）后的剩余可用额度为 730 万元。

6. 试点纳税人发票开具金额总额度如何调整？有哪些调整方式？

答：调整开具金额总额度有三种方式，包括定期调整、临时调整和人工调整。

（1）定期调整。

定期调整是指电子发票服务平台每月自动对试点纳税人开具金额总额度进行调整。

（2）临时调整。

临时调整是指税收风险程度较低的试点纳税人开具发票金额首次达到开具金额总额度一定比例时，电子发票服务平台当月自动为其临时增加一次开具金额总额度。

（3）人工调整。

人工调整是指试点纳税人因实际经营情况发生变化申请调整开具金额总额度，主管税务机关依法依规审核未发现异常的，应为纳税人调整开具金额总额度。

7. 试点纳税人开具纸质专票和纸质普票如何使用剩余可用额度？

答：试点纳税人通过电子发票服务平台开具纸质专票和纸质普票时，单张发票开具金额不得超过单张最高开票限额且不得超过当月剩余可用额度，并根据实际开票金额扣除当月剩余可用额度。

试点纳税人领用通过增值税发票管理系统开具的纸质专票、纸质普票、卷式发票、增值税电子专用发票和增值税电子普通发票时，按领用份数和单张发票最高开票限额之积扣除当月剩余可用额度，开具时不再扣除当月剩余可用额度。

8. 我是试点纳税人，在什么情况下可以提出人工开具金额总额度调整？

答：试点纳税人开具金额总额度不足且系统自动调整后开具金额总额度仍不足的，可向主管税务机关申请调整开具金额总额度，税务机关依据纳税人的风险程度、纳税信用级别、实际经营情况等因素调整其开具金额总额度。

9. 我公司是试点纳税人，8月因订单激增开具金额总额度无法满足开票需求，请问如何申请调整开具金额总额度？

答：试点纳税人通过电子发票服务平台的"税务数字账户——授信额度调整申请"模块，申请调整开具金额总额度，填写调整理由并上传相关附件后，即可启动人工调整流程。

10. 我公司是辅导期一般纳税人，申请人工调整开具金额总额度或领用增值税专用发票时，是否需要预缴增值税？

答：试点纳税人是辅导期一般纳税人的，当月首次申请人工调整开具金额总额度或者当月第二次领用增值税专用发票（包括纸质专票和增值税电子专用发票，下同）时，应当按照当月已开具带有"增值税专用发票"字样的全电发票和已领用并开具的增值税专用发票销售额3%预缴增值税；多次申请人工调整开具金额总额度或者多次领用增值税专用发票时，应当自本月上次申请人工调整开具金额总额度或者上次领用增值税专用发票起，按照已开具带有"增值税专用发票"字样的全电发票和已领用并开具的增值税专用发票销售额的3%预缴增值税。

六、开具红字全面数字化的电子发票

1. 什么情况下可以开具红字全电发票？

答：一般情况下，试点纳税人发生销货退回、开票有误、服务中止、销售折让等情形，可以按规定开具红字全电发票。但以下几种情况下不允许开具红字全电发票：

（1）蓝字发票已作废、已全额红冲、已被认定异常扣税凭证、已锁定（已发起红字确认单或信息表且未开具红字发票、未撤销红字确认单或信息表）时，不允许发起红冲；

（2）蓝字发票增值税用途为"待退税""已退税""已抵扣（改退）""已代办退税""不予退税且不予抵扣"时，不允许发起红冲；

（3）蓝字发票税收优惠类标签中，"冬奥会退税标签"为"已申请冬奥会退税"时，不允许发起红冲；

(4) 发起红冲时，如对方纳税人为"非正常""注销"等状态、无法登录系统进行相关操作时，不允许发起红冲。

2. 试点纳税人如何通过电子发票服务平台发起红冲？

答：试点纳税人可登录电子税务局，依次选择进入【开票业务】——【红字发票开具】——【红字发票确认信息录入】，也可以通过【税务数字账户】——【红字信息确认单】——【红字发票确认信息录入】，选择对应蓝字发票发起红冲。

3. 通过电子发票服务平台发起红冲时，冲红原因如何选择？

答：冲红原因应由纳税人根据业务实际确定。需要注意的是，如原蓝字发票商品服务编码仅为货物或劳务时，红冲原因不允许选择"服务中止"；商品服务编码仅为服务时，红冲原因不允许选择"销货退回"。

4. 发起红冲时，应如何选择红字发票票种？

答：各票种之间的红冲规则为"新冲旧、电冲纸"，具体如下：

（1）全电发票可以对全电发票、全电纸票（电子发票服务平台开具的纸票）、税控发票进行红冲；

（2）全电纸票可以对全电纸票、税控发票进行红冲，不允许对全电发票进行红冲；

（3）税控发票仅允许对税控发票进行红冲，不允许对全电发票、全电纸票进行红冲。

5. 如何对蓝字全电发票开具红字发票？

答：受票方未进行用途确认时，由开票方通过电子发票服务平台发起《红字信息确认单》后全额开具红字全电发票，无须受票方确认。

受票方已进行用途确认时，可由购销双方任意一方在电子发票服务平台（当受票方为非试点纳税人时，在增值税发票综合服务平台发起和确认）发起《红字信息确认单》，经对方确认后全额或部分开具红字全电发票。受票方已将发票用于增值税申报抵扣的，应当暂依《确认单》所列增值税税额从当期进项税额中转出，待取得开票方开具的红字发票后，与《确认单》一并作为记账凭证。

6. 如何对蓝字税控发票开具红字发票？

答：当开票方纳税人仍使用增值税发票管理系统开具发票时，应按原税控红冲流程开具红字税控发票；

当开票方纳税人已不再使用增值税发票管理系统、仅使用电子发票服务平台开具发票时，可参照蓝字全电发票红冲流程发起《红字信息确认单》并开具红字全电发票。

7. 试点纳税人已填开红字信息表但还未开具红字发票，是否可以在电子发票服务平台中直接开具？

答：不可以。红字信息表和红字确认单未实现互相转换，对校验通过的红字信息表仍须通过增值税发票管理系统开具红字发票。

8. 试点纳税人可以在电子发票服务平台中对同一张已确认用途的发票多次发起红字发票开具流程吗？

答：除以下几种特殊情形，试点纳税人可以通过电子发票服务平台对同一张已确认用途的发票多次开具红字发票：

（1）冲红原因为"开票有误"时，必须全额红冲；

（2）蓝字发票对应的"增值税优惠用途标签"为"待农产品全额加计扣除"或"已用于农产品全额加计扣除"的，必须全额红冲。"增值税优惠用途标签"为"待农产品部分加计扣除"或"已用于农产品部分加计扣除"的，第一次红冲只能对未加计部分全额冲红或整票全额红冲。如第一次对未加计部分全额冲红，第二次红冲仅允许对剩余部分（即已加计部分）全额红冲；

（3）蓝字发票标签为"差额征税——差额开票"时，必须全额红冲。

9. 对蓝字发票进行部分红冲时，有何具体要求？

答：除问题5与问题6所述几种特殊情形外，对红冲原因选择销货退回/服务中止/销售折让，或蓝字发票状态为"已部分红冲"的，允许多次冲红该张发票。具体要求如下：

（1）已进行销货退回/服务中止/销售折让开具红字发票的部分冲

红的，允许更换申请方再次申请红字确认单，但申请原因只能选择销货退回/服务中止/销售折让；

（2）部分冲红允许删除项目行，即仅对部分项目进行红冲。

销货退回，只允许修改数量，自动计算金额和税额，不能修改单价，不能直接修改金额；如蓝字发票没有数量仅有金额，则允许修改金额，税额自动计算；

服务中止，允许修改金额和数量，不能修改单价，自动计算税额；

销售折让，选择需折让的商品行，录入折让比例或金额，不能修改单价和数量，税额自动计算；

（3）累计开具的红字发票票面记载的数量、负数金额、负数税额绝对值，均不得超过原发票票面记载的数量、金额和税额。

10. 试点纳税人取得全面数字化的电子发票后，若开票方发起红字发票开具流程后，受票方是否还可以对该发票进行发票用途确认？

答：全电发票未确认用途及未入账的，开票方发起红冲流程后，对应的全电发票将被锁定，不允许受票方再进行发票用途确认操作。

全电发票未确认用途已入账的，若开票方部分开具红字发票后，允许受票方对该全电发票未冲红的部分进行抵扣勾选；若开票方全额开具红字发票，则不允许继续抵扣勾选。

11. 试点纳税人发起红字发票开具流程后，对方的确认是否有时限要求？

答：有。发起冲红流程后，开票方或受票方须在 72 小时内进行确认，未在规定时间内确认的，该流程自动作废，需开具红字发票的，应重新发起流程。

12. 试点纳税人对开具的全电发票进行红冲后开票方当月的可用授信额度会增加吗？

答：试点纳税人开具全电发票后，当月开具红字全电发票的，电子发票服务平台同步增加其可用授信额度。

跨月开具红字全电发票或开具红字全电发票无法对应全电发票的，

电子发票服务平台不增加其当月可用授信额度。对于销售折让的情形，也不会增加其可用授信额度。

13. 试点纳税人通过电子发票服务平台发起红字发票开具流程，是否需要与蓝字发票一一对应？

答：是的。通过电子发票服务平台发起的红字发票开具流程，不论《确认单》还是《信息表》，均需要同原蓝字发票一一对应。

14. 试点纳税人通过电子发票服务平台开具发票，在开具红字发票时，能够作废红字发票开具流程吗？

答：具体规则如下：

（1）销方发起无须确认的红字确认单，未开具红字发票前，允许销方撤回；

（2）红字确认信息发起方在提交红字确认单后，对方尚未确认前，不允许修改，发起方可撤销红字确认单；

（3）购销双方任意一方发起且对方已确认的红字确认单，发起方不允许撤销红字确认单，确认方可在确认后且未开具红字发票前撤销确认单；

（4）已开具红字发票的红字确认单不允许撤销。

（5）发起红字确认单后、开具红字发票前，原蓝字发票被认定异常凭证的，系统自动作废红冲流程。

15. 试点纳税人通过电子发票服务平台开具红字发票后，是否需要追回已开具的发票？

答：试点纳税人通过电子发票服务平台开具的全电发票被红冲时，无须追回被红冲的全电发票及其纸质打印件；通过电子发票服务平台开具的纸质发票被红冲时，需要追回被红冲的纸质发票。

七、电子发票服务平台税务数字账户

1. 什么是电子发票服务平台税务数字账户？

答：电子发票服务平台税务数字账户是面向试点纳税人缴费人，归集各类涉税涉费数据，集查询、用票、业务申请于一体的应用。通过对全量发票数据的归集，为试点纳税人提供发票用途勾选确认服务、发票交付、发票查询统计，并为纳税人下载及打印全电发票提供支持，同时满足试点纳税人发票查验、发票入账标识、税务事项通知书查询、税收政策查询、发票开具金额总额度调整申请等需求。

2. 电子发票服务平台税务数字账户能为试点纳税人提供哪些便捷？

答：电子发票服务平台税务数字账户便利纳税人对发票数据进行增值应用，通过对纳税人的发票数据分析管理，向纳税人提供个性化信息推送服务，增进其获得感和满意度，促进市场交易便捷便利。

3. 电子发票服务平台税务数字账户的功能包括哪些？

答：电子发票服务平台税务数字账户为试点纳税人提供发票归集、用途确认、查询、下载、打印等服务。试点纳税人开具和取得各类发票时，系统自动归集发票数据，推送至对应纳税人的税务数字账户，从根本上解决纳税人纸质发票管理中出现的丢失、破损及电子发票难以归集等问题；并支持纳税人对全量发票进行用途确认、查询，对全电发票还可进行下载、打印，同时满足纳税人对已入账发票进行标识、税务事项通知书查询、税收政策查询、发票开具金额总额度调整申请、原税率发票开具申请、操作海关缴款书业务等需求，为纳税人提供高效便捷的发票服务。

4. 试点纳税人开出的全电发票如何交付给对方？

答：电子发票服务平台税务数字账户可以为纳税人提供发票自动交付和自行交付两种方式。数字账户自动交付是指销售方成功开具发票后，系统默认将电子发票文件及数据自动交付至购买方（包括经办人）税务数字账户，如果购买方为未录入组织机构代码的党政机关及事业性单位，或购买方（包括经办人）为未录入身份证件号的自然人，系统无法自动交付，销售方可使用自行交付方式；自行交付方式是指纳税人通过电子发票服务平台税务数字账户查询发票后自行选择电子邮件、二维码、电子文件导出等方式交付全电发票。

5. 电子发票服务平台税务数字账户中"海关缴款书采集"模块的功能是什么？

答："海关缴款书采集"模块的功能是：对在"发票抵扣勾选"模块中无法查询到的双抬头海关缴款书信息、无法清分及下发的单抬头海关缴款书信息进行第一联数据的采集。

6. 电子发票服务平台税务数字账户中，哪些情形需要采集海关缴款书？

答：需要采集海关缴款书的情形主要包括双抬头海关缴款书、无法清分及下发、对清分结果有异议的单抬头海关缴款书信息等情形。

7. 电子发票服务平台税务数字账户归集的发票有哪些？有哪些发票是目前无法归集的？

答：电子发票服务平台税务数字账户后台采集发票的全量数据，包括全电发票、增值税纸质专用发票、增值税电子专用发票、增值税普通发票（折叠票）、增值税普通发票（卷票）、增值税电子普通发票（含收费公路通行费增值税电子普通发票）、机动车销售统一发票、二手车销售统一发票等。

其中，对于有明确销售方或购买方（包括经办人）信息的发票，通过销售方或购买方（包括经办人）信息归集至销售方或购买方（包括经办人）的税务数字账户。若购买方（包括经办人）信息中没有纳税人识别号或身份证号码的，只在销售方归集。对定额发票等没有销售方信息的发票，根据系统发票领用及验旧信息归集至销售方的电子发票服务平台税务数字账户。对没有购买方（包括经办人）信息的（如定额发票等）发票，则不归集到购买方（包括经办人）的税务数字账户。

八、电子发票服务平台税务数字账户的查询功能

1. 电子发票服务平台税务数字账户的发票查询模块都有哪些功能？

答：电子发票服务平台税务数字账户的发票查询包括全量发票查

询、发票领用及开票数据查询、进项税额转出情况查询、未到勾选日期发票查询、出口转内销发票查询、汇总纳税总机构汇总分支机构开票数据。纳税人可根据实际需要选择相应的查询项进行查询。

2. 试点纳税人可以在"进项税额转出情况查询"模块查询到哪些数据？

答：试点纳税人可以通过电子发票服务平台税务数字账户"进项税额转出情况查询"模块查询本单位的进项税额转出数据，具体可查当前及以前所属期转出的异常凭证统计表、转出异常凭证具体明细、当前及以前所属期红字发票信息确认单需购货方转出的信息。

3. 进项税额转出情况查询具体指哪类需要进项税额转出的发票？包括海关缴款书吗？

答：包括被列为异常凭证的已经认证抵扣的发票，以及开具红字发票确认单上的红字发票，不包括海关缴款书信息。

4. 试点纳税人如何通过电子发票服务平台对开具、取得的发票信息进行查询？

答：试点纳税人登录电子发票服务平台税务数字账户后，可通过"全量发票查询"模块查询其开具和取得的发票。

5. 发票领用及开票数据查询可以查询什么内容？

答：电子发票服务平台税务数字账户提供发票领用及开票数据查询功能，主要可以用于查询发票领用存状态、发票期初库存份数、购进发票份数、退回发票份数情况；正数发票份数、正数废票份数、空白废票份数、负数发票份数、负票废票份数、期末库存份数（领用、库存份数主要涉及纸质发票）。

6. 发票状态查询是指查询发票的什么状态？

答：试点纳税人可通过电子发票服务平台税务数字账户的全量发票查询模块，查询到某张发票的入账状态、下载次数、下载格式、打印次数、发票冲红台账、发票退税状态等。

九、电子发票服务平台税务数字账户的发票查验功能

1. 全面数字化的电子发票的查验渠道有哪些？

答：单位和个人通过全国增值税发票查验平台（https://inv-veri.chinatax.gov.cn）查验；试点纳税人可以通过电子发票服务平台税务数字账户发票查验模块对全电发票信息进行查验。

2. 如何登录全国统一的发票查验平台？

答：社会公众通过输入网址（https://inv-veri.chinatax.gov.cn/），进入全国统一的发票查验平台。

3. 电子发票服务平台税务数字账户发票查验方式有哪些？

答：电子发票服务平台税务数字账户提供两种发票查验方式，一是单张发票查验（手工单张录入，单张文件导入）；二是批量发票查验（下载模板录入信息导入查验）。

4. 手工导入发票查验都支持什么发票格式？

答：支持导入以下几种格式的电子发票文件：JPG、PNG、PDF、OFD、XML。

5. 试点纳税人在什么时间可以通过电子发票服务平台税务数字账户查验全面数字化的电子发票？

答：电子发票服务平台税务数字账户为纳税人提供 7×24 小时在线的发票查验服务。

6. 全国增值税发票查验平台如何查验全面数字化的电子发票？

答：纳税人可通过全国增值税发票查验平台，对全电发票进行查验。全国增值税查验平台仅支持单张发票查验模式，包括手工查验及扫描查验等方式。

7. 电子发票服务平台税务数字账户能否对非开具给本人或者本单位的发票进行查验？

答：电子发票服务平台税务数字账户可以对取得的开具给本人或本

单位的发票进行查验,也可以对非开具给本人或者本单位的发票进行查验。

8. 在电子发票服务平台税务数字账户上发票单张查验和批量查验的结果有什么不同?

答:发票单张查验的结果是对该发票信息进行可视化展示(可以看到整张发票),批量查验的结果是只能显示查验的发票相符或者不相符。

9. 批量查验是否可以只录发票号码?

答:不可以。如果批量查验只输入发票号码,无法对发票里的交易信息(单价、数量、时间等)进行核验,故只能在批量查验之前录入全部发票信息才能校验发票信息是否一一对应,对应则相符,反之不相符。

十、电子发票服务平台税务数字账户的发票勾选确认功能

1. 20××年×月×日,杭州市纳税人接收到带有"增值税专用发票"字样的全电发票及其他符合规定的全电发票等凭证用于申报抵扣增值税进项税额、申请出口退税或代办退税的,应该怎么进行用途确认?

答:仍然通过增值税发票综合服务平台进行用途确认。

2. 电子发票服务平台税务数字账户"抵扣类勾选业务"模块包括哪些功能?

答:"抵扣类勾选业务"模块包括抵扣勾选、农产品加计扣除勾选、不抵扣勾选、变更税款所属期等功能。

3. 电子发票服务平台税务数字账户"抵扣类勾选业务"模块中增值税扣税凭证不得进行用途勾选的有哪些?

答:下列增值税扣税凭证不得进行用途勾选:

(1)异常增值税扣税凭证;

（2）已作废的发票；

（3）之前所属期已确认用于其他用途的发票；

（4）已用于冬奥会退税的发票；

（5）已全额冲红的发票；

（6）其他。

4. 电子发票服务平台中被部分红冲的发票是否可以进行抵扣勾选？

答：可以，可勾选抵扣的税额为原发票票面税额与所红冲的发票税额之差。

5. 电子发票服务平台税务数字账户"抵扣类勾选业务"模块勾选增值税扣税凭证时间范围是什么？

答：试点纳税人可勾选的增值税扣税凭证开具时间范围为2017年1月1日至本次勾选增值税所属期的最后一日。

6. 电子发票服务平台税务数字账户"注销勾选业务"模块的作用是什么？

答：试点纳税人需要注销时，可以通过此模块对注销当期未勾选的发票进行勾选。

7. 在电子发票服务平台税务数字账户中进行发票抵扣勾选确认后，未进行增值税纳税申报，可否撤销？

答：可以。若试点纳税人需对"已勾选（抵扣）"发票的状态进行调整，只需选中"已勾选（抵扣）"的发票，点击"撤销勾选"即可。

8. 电子发票服务平台税务数字账户"用途确认"模块的作用是什么？

答：电子发票服务平台税务数字账户"用途确认"模块是供试点纳税人将勾选的发票用于申报抵扣、出口退税等用途确认，并对发票数据进行归集、实时统计。

9. 发票用途确认后需要注意什么？

答：一是试点纳税人进行发票用途确认后，将锁定当期勾选操作，如需继续勾选，可通过用途确认撤销后再继续勾选。二是发票为异常增值税扣税凭证的，无法进行用途确认。

10. 电子发票服务平台税务数字账户"发票用途确认"模块中的汇总展示信息提醒功能，能否查看明细数据？

答：可以查看明细数据。例如：其中的"红字发票提醒"子模块，可查看红字发票明细清单，也可根据开票日期查询历史月份的红字发票明细；"上游风险企业提醒"子模块，可查看上游风险企业信息、上游风险企业开具的发票信息；"取得不得抵扣增值税专用发票提醒"子模块，可查看不得抵扣增值税专用发票的发票信息，在详情页可查看货物信息。

11. 试点纳税人错误确认发票用途后，税务机关如何帮助纳税人进行修改和更正？

答：试点纳税人通过电子发票服务平台确认发票用途后，如果出现发票用途确认错误的情形，税务机关可为纳税人提供规范、便捷的更正服务。

试点纳税人将发票用途误确认为申报抵扣且已申报抵扣后，如果要改为用于申报出口退税或代办退税，试点纳税人可以向主管税务机关申请更正。主管税务机关在核实确认相关进项税额已转出后，为试点纳税人调整发票用途。

试点纳税人将发票用途误确认为用于出口退税、代办退税的，可以向主管税务机关申请更正。如试点纳税人尚未申报出口退税，经主管税务机关确认后，可将发票信息回退至电子发票服务平台，试点纳税人可以重新确认发票用途；如果试点纳税人已申报办理出口退税，可向主管税务机关申请开具出口货物转内销证明。

12. 纳税人开具或取得全面数字化的电子发票后，如何填写增值税申报表？

答：（1）试点一般纳税人开具的带有"增值税专用发票"字样的全电发票的金额及税额应填入《增值税及附加税费申报表附列资料

(一)》（本期销售情况明细）第1至2列"开具增值税专用发票"栏次中；开具的带有"普通发票"字样的全电发票的金额及税额应填列在《增值税及附加税费申报表附列资料（一）》（本期销售情况明细）第3至4列"开具其他发票"栏次中。

一般纳税人勾选用于本期抵扣的带有"增值税专用发票"字样的全电发票的份数、金额及税额，填列在《增值税及附加税费申报表附列资料（二）》（本期进项税额明细）第2栏"其中：本期认证相符且本期申报抵扣"或第3栏"前期认证相符且本期申报抵扣"。

一般纳税人已将全电发票用于增值税申报抵扣的，对应的《红字发票信息确认单》所列增值税税额填列在《增值税及附加税费申报表附列资料（二）》（本期进项税额明细）第20栏"红字专用发票信息表注明的进项税额"。

（2）试点小规模纳税人开具的带有"增值税专用发票"字样的全电发票的金额应填入《增值税及附加税费申报表（小规模纳税人适用）》第2栏"增值税专用发票不含税销售额"、第5栏"增值税专用发票不含税销售额"；开具的"普通发票"字样的全电发票的金额应填列在《增值税及附加税费申报表（小规模纳税人适用）》第3栏、第6栏、第8栏"其他增值税发票不含税销售额"。

13. 试点纳税人如何通过电子发票服务平台税务数字账户进行农产品加计扣除？

答：试点纳税人购进用于生产或者委托加工13%税率货物的农产品，取得符合规定的带有"增值税专用发票"字样的全电发票、增值税专用发票、海关进口增值税专用缴款书、农产品销售发票等凭证或者开具符合规定的收购发票，可以由主管税务机关开通加计扣除农产品进项税额确认功能，通过电子发票服务平台税务数字账户进行用途确认，按照相关规定计算当期进项税额，并将已进行用途确认的凭证明细转入加计扣除农产品进项税额确认待用。

试点纳税人将购进农产品用于生产或者委托加工的当期，可以通过电子发票服务平台税务数字账户选择相应凭证，按规定计算填写本次加计扣除农产品进项税额。

对于符合以上规定的试点纳税人取得的尚未用于加计扣除农产品进项税额的凭证，试点纳税人可以向主管税务机关申请补录。

（1）试点纳税人取得自产农产品免税普通发票，如何计算申报进项税额？

A 纳税人为新办试点纳税人，在所属税务机关进行了农产品深加工企业的行业性质归类。A 纳税人登录电子发票服务平台后，在"发票用途确认"——"抵扣类勾选业务"模块，可以看到"待处理农产品发票"和"农产品加计扣除勾选"模块。A 纳税人在 5 月取得了一张自产农产品免税普通发票，在申报期进行发票用途确认时，A 纳税人首先在"待处理农产品发票"模块，对取得的自产农产品免税普通发票进行是否属于自产农产品销售发票确认处理，选择"否"，该发票信息不转入"抵扣勾选"；选择"是"，该发票信息转入"抵扣勾选"模块。A 纳税人进入"抵扣勾选"模块对该发票进行 9% 抵扣勾选，勾选提交后，用于当期进项税额抵扣，同时该发票的明细数据和计算结果，转入"农产品加计扣除勾选"模块待用。

当 A 纳税人购进的该笔农产品用于生产或者委托加工 13% 税率货物时，应通过"农产品加计扣除勾选"模块，选择该发票并填写本次加计扣除税额进行 1% 加计扣除，提交完成后，即可在当期进行增值税申报表预填和进项税额抵扣。

（2）试点纳税人取得农产品收购发票，如何计算申报进项税额？

B 纳税人为试点纳税人，并已进行了农产品深加工企业的行业性质归类。B 纳税人取得了一张农产品收购发票，进行发票用途确认时，进入"抵扣勾选"模块对该发票进行 9% 抵扣勾选，勾选提交后，用于当期进项税额抵扣，同时该发票的明细数据和计算结果，转入"农产品加计扣除勾选"模块待用。

当 B 纳税人购进的该笔农产品用于生产或者委托加工 13% 税率货物时，通过"农产品加计扣除勾选"模块，选择该发票并填写本次加计扣除税额进行 1% 加计扣除，提交完成后，即可在当期进行增值税申报表预填和进项税额抵扣。

（3）试点纳税人取得了从小规模纳税人处购进的3%农产品增值税专用发票，如何计算申报进项税额？

C纳税人为试点纳税人，并已进行了农产品深加工企业的行业性质归类。C纳税人取得了从小规模纳税人处购进的3%农产品专票。进行发票用途确认时，C纳税人首先在"待处理农产品发票"模块，对取得的从小规模纳税人处购进的3%农产品专票进行确认处理，选择"否"，该发票信息不转入"抵扣勾选"；选择"是"，该发票信息转入"抵扣勾选"模块。纳税人进入"抵扣勾选"模块对该票进行9%抵扣勾选，勾选提交后，用于当期进项税额抵扣，同时该发票的明细数据和计算结果，转入"农产品加计扣除勾选"模块待用。

当C纳税人购进的该笔农产品用于生产或者委托加工13%税率货物时，通过"农产品加计扣除勾选"模块，选择该发票并填写本次加计扣除税额进行1%加计扣除，提交完成后，即可在当期进行增值税申报表预填和进项税额抵扣。

（4）试点纳税人取得了9%农产品增值税专用发票，如何计算申报进项税额？

D纳税人为试点纳税人，并已进行了农产品深加工企业的行业性质归类。其取得了9%农产品专票。在进行发票用途确认时，D纳税人进入"抵扣勾选"模块对该票进行9%抵扣勾选，勾选提交后，用于当期进项税额抵扣，同时该发票的明细数据和计算结果，转入"农产品加计扣除勾选"模块待用。

当D纳税人购进的该笔农产品用于生产或者委托加工13%税率货物时，通过"农产品加计扣除勾选"模块，选择该发票并填写本次加计扣除税额进行1%加计扣除，提交完成后，即可在当期进行增值税申报表预填和进项税额抵扣。

（5）试点纳税人2020年取得的农产品收购发票和销售发票，如何计算申报进项税额？

E纳税人为试点纳税人，并已进行了农产品深加工企业的行业性质归类。E 纳税人有一张 2020 年取得的已抵扣自产农产品销售发票但未进行加计扣除。在进行发票用途确认时，E 纳税人通过"农产品加计扣除勾选"模块中的"补录"功能，对上述发票进行补录，补录成功后，即可看见该发票的明细数据。当该笔农产品用于生产或者委托加工 13% 税率货物时，选择该发票并填写本次加计扣除税额进行 1% 加计扣除，提交完成后，即可在当期进行增值税申报表预填和进项税额抵扣。

14. 试点纳税人取得的代开农产品免税普通发票，进行发票用途确认时，无法进行抵扣勾选和农产品加计扣除勾选，如何处理？

答：试点纳税人取得的代开农产品免税普通发票如因商品名称未使用自动匹配商品和服务税收分类编码而导致发票信息无法归集到"待处理农产品发票"模块时，试点纳税人可通过"发票用途确认"——"抵扣类勾选业务"——"抵扣勾选"模块中的"代开补录"进行代开农产品普通发票的发票信息补录，补录成功后，即可在抵扣勾选明细中看见该发票的明细数据，并可对该发票进行 9% 抵扣勾选，勾选提交后，用于当期进项税额抵扣，同时该发票的明细数据和计算结果，转入"农产品加计扣除勾选"模块待用。

当该笔农产品用于生产或者委托加工 13% 税率货物时，选择该发票并填写本次加计扣除税额进行 1% 加计扣除，提交完成后，即可在当期进行增值税申报表预填和进项税额抵扣。

15. 试点纳税人取得的农产品海关缴款书，进行发票用途确认时，无法进行农产品加计扣除勾选，如何处理？

答：试点纳税人取得的农产品海关缴款书在进行发票用途确认时，如果该海关缴款书不在可勾选海关缴款书明细中，无法进行用途确认。试点纳税人可通过"农产品加计扣除勾选"模块海关缴款书的补录功能进行农产品海关缴款书的发票信息补录，补录成功后，即可在"农产品加计扣除勾选"模块看见该发票的明细数据。

当该笔农产品用于生产或者委托加工 13% 税率货物时，选择该发票并填写本次加计扣除税额进行 1% 加计扣除，提交完成后，即可在当期进行增值税申报表预填和进项税额抵扣。

十一、发票入账

1. 电子发票服务平台税务数字账户是否提供发票入账标识功能？

答：试点纳税人可以通过"发票入账标识"模块，对取得的 2017 年 1 月 1 日之后开具的发票进行入账标识操作，帮助纳税人降低重复入账的风险，便利会计核算管理。

电子发票服务平台税务数字账户目前支持单张、批量、清单导入等入账标识方式，其中清单入账需要下载模板，并按照模板格式录入相关发票信息后导入进行入账标识操作。后续会加入接口方式和数据直连的方式与财务系统对接入账。

2. 我公司是非试点纳税人，今天收到一张全电发票，自行打印后，纸质打印件上没有加盖销售方的发票专用章，是否可以作为税收凭证？

答：可以。全电发票其法律效力、基本用途等与纸质发票一致。纳税人以电子发票的纸质打印件作为税收凭证的，无须要求销售方在纸质打印件上加盖发票专用章，但必须同时保存打印该纸质件的全电发票电子文件。

3. 我公司是国家税务总局上海市税务局管辖范围内的纳税人，想以全面数字化的电子发票的纸质打印件作为税收凭证，还需要同时保存对应的电子件吗？

答：需要。根据《关于规范电子会计凭证报销入账归档的通知》（财会〔2020〕6 号）的规定，单位以电子会计凭证的纸质打印件作为报销入账归档依据的，必须同时保存打印该纸质件的电子会计凭证。

4. 哪些发票可以使用发票入账服务进行入账？

答：2017 年 1 月 1 日之后开具的发票，且不属于以下情形的可以使用入账服务进行入账：

(1) 异常增值税扣税凭证；

(2) 已作废的发票；

(3) 之前入账的发票；

(4) 其他。

第五章 建筑业企业企业所得税处理

本章主要介绍建筑业企业总分机构所得税的处理，以及建筑业企业企业所得税汇算清缴难点解析。

第一节 建筑业企业总分机构如何分配所得税

为加强跨地区经营汇总纳税企业所得税的征收管理，根据《中华人民共和国企业所得税法》及其实施条例、《中华人民共和国税收征收管理法》及其实施细则和《财政部 国家税务总局 中国人民银行关于印发〈跨省市总分机构企业所得税分配及预算管理办法〉的通知》（财预〔2012〕40号）等文件的精神，国家税务总局制定了《跨地区经营汇总纳税企业所得税征收管理办法》（国家税务总局公告2012年第57号），57号公告自2013年1月1日起施行。

我们学习57号公告，重点要熟悉以下方面。

一、57号公告的适用范围

居民企业在中国境内跨地区（指跨省、自治区、直辖市和计划单列市，下同）设立不具有法人资格分支机构的，该居民企业为跨地区经营汇总纳税企业（以下简称汇总纳税企业），除另有规定外，其企业所得税征收管理适用该办法。

二、汇总缴纳企业所得税的征收管理办法

汇总纳税企业实行"统一计算、分级管理、就地预缴、汇总清算、

财政调库"的企业所得税征收管理办法：

（一）统一计算，是指总机构统一计算包括汇总纳税企业所属各个不具有法人资格分支机构在内的全部应纳税所得额、应纳税额。

（二）分级管理，是指总机构、分支机构所在地的主管税务机关都有对当地机构进行企业所得税管理的责任，总机构和分支机构应分别接受机构所在地主管税务机关的管理。

（三）就地预缴，是指总机构、分支机构应按本办法的规定，分月或分季分别向所在地主管税务机关申报预缴企业所得税。

（四）汇总清算，是指在年度终了后，总机构统一计算汇总纳税企业的年度应纳税所得额、应纳所得税额，抵减总机构、分支机构当年已就地分期预缴的企业所得税款后，多退少补。

（五）财政调库，是指财政部定期将缴入中央国库的汇总纳税企业所得税待分配收入，按照核定的系数调整至地方国库。

三、就地分摊缴纳企业所得税的情况

总机构和具有主体生产经营职能的二级分支机构，就地分摊缴纳企业所得税。

二级分支机构，是指汇总纳税企业依法设立并领取非法人营业执照（登记证书），且总机构对其财务、业务、人员等直接进行统一核算和管理的分支机构。

四、不就地分摊缴纳企业所得税的情况

以下二级分支机构不就地分摊缴纳企业所得税：

（一）不具有主体生产经营职能，且在当地不缴纳增值税、营业税的产品售后服务、内部研发、仓储等汇总纳税企业内部辅助性的二级分支机构，不就地分摊缴纳企业所得税。

（二）上年度认定为小型微利企业的，其二级分支机构不就地分摊缴纳企业所得税。

（三）新设立的二级分支机构，设立当年不就地分摊缴纳企业所得税。

（四）当年撤销的二级分支机构，自办理注销税务登记之日所属企业所得税预缴期间起，不就地分摊缴纳企业所得税。

（五）汇总纳税企业在中国境外设立的不具有法人资格的二级分支机构，不就地分摊缴纳企业所得税。

五、总分机构税款预缴和汇算清缴

汇总纳税企业按照《企业所得税法》规定汇总计算的企业所得税，包括预缴税款和汇算清缴应缴应退税款，50%在各分支机构间分摊，各分支机构根据分摊税款就地办理缴库或退库；50%由总机构分摊缴纳，其中25%就地办理缴库或退库，25%就地全额缴入中央国库或退库。

企业所得税分月或者分季预缴，由总机构所在地主管税务机关具体核定。

汇总纳税企业应根据当期实际利润额，按照该办法规定的预缴分摊方法计算总机构和分支机构的企业所得税预缴额，分别由总机构和分支机构就地预缴；在规定期限内按实际利润额预缴有困难的，也可以按照上一年度应纳税所得额的1/12或1/4，按照该办法规定的预缴分摊方法计算总机构和分支机构的企业所得税预缴额，分别由总机构和分支机构就地预缴。预缴方法一经确定，当年度不得变更。

总机构应将本期企业应纳所得税额的50%部分，在每月或季度终了后15日内就地申报预缴。总机构应将本期企业应纳所得税额的另外50%部分，按照各分支机构应分摊的比例，在各分支机构之间进行分摊，并及时通知到各分支机构；各分支机构应在每月或季度终了之日起15日内，就其分摊的所得税额就地申报预缴。

分支机构未按税款分配数额预缴所得税造成少缴税款的，主管税务机关应按照《税收征收管理法》的有关规定对其处罚，并将处罚结果通知总机构所在地主管税务机关。

汇总纳税企业预缴申报时，总机构除报送企业所得税预缴申报表和企业当期财务报表外，还应报送汇总纳税企业分支机构所得税分配表和各分支机构上一年度的年度财务报表（或年度财务状况和营业收支情况）；分支机构除报送企业所得税预缴申报表（只填列部分项目）外，还应报送经总机构所在地主管税务机关受理的汇总纳税企业分支机构所得税分配表。

在一个纳税年度内，各分支机构上一年度的年度财务报表（或年度财务状况和营业收支情况）原则上只需要报送一次。

汇总纳税企业应当自年度终了之日起5个月内，由总机构汇总计算企业年度应纳所得税额，扣除总机构和各分支机构已预缴的税款，计算出应缴应退税款，按照该办法规定的税款分摊方法计算总机构和分支机构的企业所得税应缴应退税款，分别由总机构和分支机构就地办理税款缴库或退库。

汇总纳税企业在纳税年度内预缴企业所得税税款少于全年应缴企业所得税税款的，应在汇算清缴期内由总、分机构分别结清应缴的企业所得税税款；预缴税款超过应缴税款的，主管税务机关应及时按有关规定分别办理退税，或者经总、分机构同意后分别抵缴其下一年度应缴企业所得税税款。（依据国家税务总局公告2021年第34号《国家税务总局关于企业所得税年度汇算清缴有关事项的公告》，前文中"或者经总、分机构同意后分别抵缴其下一年度应缴企业所得税税款"的规定自2021年1月1日废止。）

汇总纳税企业汇算清缴时，总机构除报送企业所得税年度纳税申报表和年度财务报表外，还应报送汇总纳税企业分支机构所得税分配表、各分支机构的年度财务报表和各分支机构参与企业年度纳税调整情况的说明；分支机构除报送企业所得税年度纳税申报表（只填列部分项目）外，还应报送经总机构所在地主管税务机关受理的汇总纳税企业分支机构所得税分配表、分支机构的年度财务报表（或年度财务状况和营业收支情况）和分支机构参与企业年度纳税调整情况的说明。

分支机构参与企业年度纳税调整情况的说明，可参照企业所得税年度纳税申报表附表"纳税调整项目明细表"中列明的项目进行说明，涉及需由总机构统一计算调整的项目不进行说明。

分支机构未按规定报送经总机构所在地主管税务机关受理的汇总纳税企业分支机构所得税分配表，分支机构所在地主管税务机关应责成该分支机构在申报期内报送，同时提请总机构所在地主管税务机关督促总机构按照规定提供上述分配表；分支机构在申报期内不提供的，由分支机构所在地主管税务机关对分支机构按照《税收征收管理法》的有关规定予以处罚；属于总机构未向分支机构提供分配表的，分支机构所在地主管税务机关还应提请总机构所在地主管税务机关对总机构按照《税收征收管理法》的有关规定予以处罚。

六、总分机构分摊税款的计算

总机构按以下公式计算分摊税款：

总机构分摊税款＝汇总纳税企业当期应纳所得税额×50%

分支机构按以下公式计算分摊税款：

所有分支机构分摊税款总额＝汇总纳税企业当期应纳所得税额×50%

某分支机构分摊税款＝所有分支机构分摊税款总额×该分支机构分摊比例

总机构应按照上年度分支机构的营业收入、职工薪酬和资产总额三个因素计算各分支机构分摊所得税款的比例；三级及以下分支机构，其营业收入、职工薪酬和资产总额统一计入二级分支机构；三因素的权重依次为 0.35、0.35、0.30。

计算公式如下：

某分支机构分摊比例＝（该分支机构营业收入÷各分支机构营业收入之和）×0.35＋（该分支机构职工薪酬÷各分支机构职工薪酬之和）×0.35＋（该分支机构资产总额÷各分支机构资产总额之和）×0.30

分支机构分摊比例按上述方法一经确定后，除出现《跨地区经营汇总纳税企业所得税征收管理办法》（以下简称"该办法"）第五条第（四）项和第十六条第二、三款情形外，当年不作调整。

总机构设立具有主体生产经营职能的部门（非该办法第四条规定的二级分支机构），且该部门的营业收入、职工薪酬和资产总额与管理职能部门分开核算的，可将该部门视同一个二级分支机构，按该办法规定计算分摊并就地缴纳企业所得税；该部门与管理职能部门的营业收入、职工薪酬和资产总额不能分开核算的，该部门不得视同一个二级分支机构，不得按该办法规定计算分摊并就地缴纳企业所得税。

汇总纳税企业当年由于重组等原因从其他企业取得重组当年之前已存在的二级分支机构，并作为本企业二级分支机构管理的，该二级分支机构不视同当年新设立的二级分支机构，按该办法规定计算分摊并就地缴纳企业所得税。

汇总纳税企业内就地分摊缴纳企业所得税的总机构、二级分支机构之间，发生合并、分立、管理层级变更等形成的新设或存续的二级分支机构，不视同当年新设立的二级分支机构，按该办法规定计算分摊并就地缴纳企业所得税。

该办法所称分支机构营业收入，是指分支机构销售商品、提供劳务、让渡资产使用权等日常经营活动实现的全部收入。其中，生产经营企业分支机构营业收入是指生产经营企业分支机构销售商品、提供劳务、让渡资产使用权等取得的全部收入。金融企业分支机构营业收入是指金融企业分支机构取得的利息、手续费、佣金等全部收入。保险企业分支机构营业收入是指保险企业分支机构取得的保费等全部收入。

该办法所称分支机构职工薪酬，是指分支机构为获得职工提供的服务而给予各种形式的报酬以及其他相关支出。

该办法所称分支机构资产总额，是指分支机构在经营活动中实际使用的应归属于该分支机构的资产合计额。

该办法所称上年度分支机构的营业收入、职工薪酬和资产总额，是指分支机构上年度全年的营业收入、职工薪酬数据和上年度12月31日的资产总额数据，是依照国家统一会计制度的规定核算的数据。

一个纳税年度内，总机构首次计算分摊税款时采用的分支机构营业收入、职工薪酬和资产总额数据，与此后经过中国注册会计师审计确认的数据不一致的，不作调整。

对于按照税收法律、法规和其他规定，总机构和分支机构处于不同税率地区的，先由总机构统一计算全部应纳税所得额，然后按该办法第六条规定的比例和按第十五条计算的分摊比例，计算划分不同税率地区机构的应纳税所得额，再分别按各自的适用税率计算应纳税额后加总计算出汇总纳税企业的应纳所得税总额，最后按该办法第六条规定的比例和按第十五条计算的分摊比例，向总机构和分支机构分摊就地缴纳的企业所得税款。

分支机构所在地主管税务机关应根据经总机构所在地主管税务机关受理的汇总纳税企业分支机构所得税分配表、分支机构的年度财务报表（或年度财务状况和营业收支情况）等，对其主管分支机构计算分摊税款比例的三个因素、计算的分摊税款比例和应分摊缴纳的所得税税款进行查验核对。对查验项目有异议的，应于收到汇总纳税企业分支机构所得税分配表后30日内向企业总机构所在地主管税务机关提出书面复核建议，并附送相关数据资料。

总机构所在地主管税务机关必须于收到复核建议后30日内，对分摊税款的比例进行复核，作出调整或维持原比例的决定，并将复核结果函复分支机构所在地主管税务机关。分支机构所在地主管税务机关应执行总机构所在地主管税务机关的复核决定。

总机构所在地主管税务机关未在规定时间内复核并函复复核结果的，上级税务机关应对总机构所在地主管税务机关按照有关规定进行处理。

复核期间，分支机构应先按总机构确定的分摊比例申报缴纳税款。

汇总纳税企业未按照规定准确计算分摊税款，造成总机构与分支机构之间同时存在一方（或几方）多缴另一方（或几方）少缴税款的，其总机构或分支机构分摊缴纳的企业所得税低于按该办法规定计算分摊的数额的，应在下一税款缴纳期内，由总机构将按该办法规定计算分摊的税款差额分摊到总机构或分支机构补缴；其总机构或分支机构就地缴纳的企业所得税高于按该办法规定计算分摊的数额的，应在下一税款缴纳期内，由总机构将按该办法规定计算分摊的税款差额从总机构或分支机构的分摊税款中扣减。

七、总分机构的日常管理

汇总纳税企业总机构和分支机构应依法办理税务登记，接受所在地主管税务机关的监督和管理。

总机构应将其所有二级及以下分支机构（包括该办法第五条规定

的分支机构）信息报其所在地主管税务机关备案，内容包括分支机构名称、层级、地址、邮编、纳税人识别号及企业所得税主管税务机关名称、地址和邮编。

分支机构（包括该办法第五条规定的分支机构）应将其总机构、上级分支机构和下属分支机构信息报其所在地主管税务机关备案，内容包括总机构、上级机构和下属分支机构名称、层级、地址、邮编、纳税人识别号及企业所得税主管税务机关名称、地址和邮编。

上述备案信息发生变化的，除另有规定外，应在内容变化后30日内报总机构和分支机构所在地主管税务机关备案，并办理变更税务登记。

分支机构注销税务登记后15日内，总机构应将分支机构注销情况报所在地主管税务机关备案，并办理变更税务登记。

以总机构名义进行生产经营的非法人分支机构，无法提供汇总纳税企业分支机构所得税分配表，应在预缴申报期内向其所在地主管税务机关报送非法人营业执照（或登记证书）的复印件、由总机构出具的二级及以下分支机构的有效证明和支持有效证明的相关材料（包括总机构拨款证明、总分机构协议或合同、公司章程、管理制度等），证明其二级及以下分支机构身份。

二级及以下分支机构所在地主管税务机关应对二级及以下分支机构进行审核鉴定，对应按该办法规定就地分摊缴纳企业所得税的二级分支机构，应督促其及时就地缴纳企业所得税。

以总机构名义进行生产经营的非法人分支机构，无法提供汇总纳税企业分支机构所得税分配表，也无法提供该办法第二十三条规定相关证据证明其二级及以下分支机构身份的，应视同独立纳税人计算并就地缴纳企业所得税，不执行该办法的相关规定。

按上款规定视同独立纳税人的分支机构，其独立纳税人身份一个年度内不得变更。

汇总纳税企业以后年度改变组织结构的，该分支机构应按该办法第二十三条规定报送相关证据，分支机构所在地主管税务机关重新进行审核鉴定。[本规定依据《国家税务总局关于3项企业所得税事项取消审批后加强后续管理的公告》(国家税务总局公告 2015 年第 6 号)第三条废止。改为"汇总纳税企业改变组织结构的,总机构和相关二级分支机构应于组织结构改变后 30 日内,将组织结构变更情况报告主管税务机关。总机构所在省税务局按照《国家税务总局关于印发〈跨地区经营汇总纳税企业所得税征收管理办法〉的公告》(国家税务总局公告 2012 年第 57 号)第二十九条规定,将汇总纳税企业组织结构变更情况上传至企业所得税汇总纳税信息管理系统"]

汇总纳税企业发生的资产损失,应按以下规定申报扣除:

(一)总机构及二级分支机构发生的资产损失,除应按专项申报和清单申报的有关规定各自向所在地主管税务机关申报外,二级分支机构还应同时上报总机构;三级及以下分支机构发生的资产损失不需向所在地主管税务机关申报,应并入二级分支机构,由二级分支机构统一申报。

(二)总机构对各分支机构上报的资产损失,除税务机关另有规定外,应以清单申报的形式向所在地主管税务机关申报。

(三)总机构将分支机构所属资产捆绑打包转让所发生的资产损失,由总机构向所在地主管税务机关专项申报。

这里提醒读者注意,57 号公告上述规定虽然依然有效,但是已经不符合《国家税务总局关于企业所得税资产损失资料留存备查有关事项的公告》(国家税务总局公告 2018 年第 15 号,以下简称 15 号公告)的规定,实务操作应以 15 号公告为准,不需要再报送资产损失相关资料,留存备查即可。

二级分支机构所在地主管税务机关应对二级分支机构申报扣除的资产损失强化后续管理。

对于按照税收法律、法规和其他规定,由分支机构所在地主管税务机关管理的企业所得税优惠事项,分支机构所在地主管税务机关应加强审批(核)、备案管理,并通过评估、检查和台账管理等手段,加强后续管理。

总机构所在地主管税务机关应加强对汇总纳税企业申报缴纳企业所得税的管理,可以对企业自行实施税务检查,也可以与二级分支机构所在地主管税务机关联合实施税务检查。

总机构所在地主管税务机关应对查实项目按照《企业所得税法》的规定统一计算查增的应纳税所得额和应纳税额。

总机构应将查补所得税款（包括滞纳金、罚款，下同）的50%按照该办法第十五条规定计算的分摊比例，分摊给各分支机构（不包括该办法第五条规定的分支机构）缴纳，各分支机构根据分摊查补税款就地办理缴库。50%分摊给总机构缴纳，其中25%就地办理缴库，25%就地全额缴入中央国库。具体的税款缴库程序按照财预〔2012〕40号文件第五条等相关规定执行。

汇总纳税企业缴纳查补所得税款时，总机构应向其所在地主管税务机关报送汇总纳税企业分支机构所得税分配表和总机构所在地主管税务机关出具的税务检查结论，各分支机构也应向其所在地主管税务机关报送经总机构所在地主管税务机关受理的汇总纳税企业分支机构所得税分配表和税务检查结论。

二级分支机构所在地主管税务机关应配合总机构所在地主管税务机关对其主管二级分支机构实施税务检查，也可以自行对该二级分支机构实施税务检查。

二级分支机构所在地主管税务机关自行对其主管二级分支机构实施税务检查，可对查实项目按照《企业所得税法》的规定自行计算查增的应纳税所得额和应纳税额。

计算查增的应纳税所得额时，应减除允许弥补的汇总纳税企业以前年度亏损；对于需由总机构统一计算的税前扣除项目，不得由分支机构自行计算调整。

二级分支机构应将查补所得税款的50%分摊给总机构缴纳，其中25%就地办理缴库，25%就地全额缴入中央国库；50%分摊给该二级分支机构就地办理缴库。具体的税款缴库程序按照财预〔2012〕40号文件第五条等相关规定执行。

汇总纳税企业缴纳查补所得税款时，总机构应向其所在地主管税务机关报送经二级分支机构所在地主管税务机关受理的汇总纳税企业分支机构所得税分配表和二级分支机构所在地主管税务机关出具的税务检查结论，二级分支机构也应向其所在地主管税务机关报送汇总纳税企业分支机构所得税分配表和税务检查结论。

税务机关应将汇总纳税企业总机构、分支机构的税务登记信息、备案信息、总机构出具的分支机构有效证明情况及分支机构审核鉴定情况、企业所得税月（季）度预缴纳税申报表和年度纳税申报表、汇总纳税企业分支机构所得税分配表、财务报表（或年度财务状况和营业收支情况）、企业所得税款入库情况、资产损失情况、税收优惠情况、各分支机构参与企业年度纳税调整情况的说明、税务检查及查补税款分摊和入库情况等信息，定期分省汇总上传至国家税务总局跨地区经营汇总纳税企业管理信息交换平台。

2008年底之前已成立的汇总纳税企业，2009年起新设立的分支机构，其企业所得税的征管部门应与总机构企业所得税征管部门一致；2009年起新增汇总纳税企业，其分支机构企业所得税的管理部门也应与总机构企业所得税管理部门一致。

汇总纳税企业不得核定征收企业所得税。

【案例 5-1】 某建筑业集团公司总部在北京，三个非法人分公司，其中 A 分公司在江苏、B 分公司在河南、C 分公司在新疆，适用税率 15%。假设 2020 年总机构应纳税所得额 800 万元，分公司三项权重如表 5-1 所示：

表 5-1　　　　　　　　分公司权重

公司名称	营业收入	职工薪酬	资产总额
A 分公司	400	80	1 000
B 分公司	500	80	1 500
C 分公司	100	40	500
合计	1 000	200	3 000

案例解析：

分摊税额计算：

①分支机构三因素权重计算税款分配比例。

A 分公司分配比例 =（400÷1 000×0.35）+（80÷200×0.35）+（1 000÷3 000×0.3）=0.14+0.14+0.10=0.3800000000

B 分公司分配比例 =（500÷1 000×0.35）+（80÷200×0.35）+（1 500÷3 000×0.3）=0.175+0.14+0.15=0.4650000000

C 分公司分配比例 =（100÷1 000×0.35）+（40÷200×0.35）+（500÷3 000×0.3）=0.035+0.07+0.05=0.1550000000

注：为了减少误差，分配比例应保留小数点后 10 位。

②计算总、分机构应分摊的所得额。

总机构应分摊的所得额 =800×50% =400（万元）

A 分公司应分摊的所得额 =800×50% ×0.38=152（万元）

B 分公司应分摊的所得额 =800×50% ×0.465=186（万元）

C 分公司应分摊的所得额 =800×50% ×0.155=62（万元）

③计算总分机构合计应纳所得税额。

总机构应纳所得税额 =400×25% =100（万元）

A 分公司应纳所得税额 =152×25% =38（万元）

B 分公司应纳所得税额 =186×25% =46.5（万元）

C 分公司应纳所得税额 =62×15% =9.3（万元）

应纳所得税额总计 =100+38+46.5+9.3=193.8（万元）

第二节　企业所得税汇算清缴难点解析

建筑业企业所得税汇算清缴难点主要有以下几个方面：

一、投标阶段收取的陪标费，收入确认问题

陪标是违反招标投标法律的，陪标收入当然是违法收入，建筑企业取得陪标收入如果如实进账处理担心被主管部门发现给予处罚，不进账处理又担心被税务机关发现被定性偷税。好在一点是税法对其他法律禁

止的行为所产生的纳税义务依然有征税权，并且税务机关仅仅关注纳税义务是否正确及时履行，因此，建筑企业取得陪标费的，建议及时申报纳税。

二、善意取得虚开发票，成本税前扣除问题

善意取得虚开发票，成本是否允许税前扣除，要具体分析和综合判断。依据国家税务总局公告2018年第28号规定，取得的虚开发票是不合规扣税凭证，不能以此为依据税前扣除，如果不能重新取得合规发票只能依据28号公告第十四条规定来处理。

28号公告第十四条规定：

> 企业在补开、换开发票、其他外部凭证过程中，因对方注销、撤销、依法被吊销营业执照、被税务机关认定为非正常户等特殊原因无法补开、换开发票、其他外部凭证的，可凭以下资料证实支出真实性后，其支出允许税前扣除：
>
> （一）无法补开、换开发票、其他外部凭证原因的证明资料（包括工商注销、机构撤销、列入非正常经营户、破产公告等证明资料）；
>
> （二）相关业务活动的合同或者协议；
>
> （三）采用非现金方式支付的付款凭证；
>
> （四）货物运输的证明资料；
>
> （五）货物入库、出库内部凭证；
>
> （六）企业会计核算记录以及其他资料。
>
> 前款第一项至第三项为必备资料。

从28号公告第十四条的规定看，善意取得虚开发票的建筑企业提供证明资料、相关业务活动的合同或者协议以及非现金方式支付的付款凭证是可以做到的，关键是建筑企业是否提供了这三项必备资料就能"证实支出真实性"，28号公告第十四条说的是"可凭以下资料证实支出真实性后，其支出允许税前扣除"，这句话的理解在实践中有

歧义，有的地方税务机关理解为只要提供了"以下资料"就能"证实支出真实性"，从而"其支出允许税前扣除"；有的地方税务机关理解为不仅要提供"以下资料"，还要"证实支出真实性后"方可"允许税前扣除"。后一种情况导致的结果可能是，纳税人提供了"以下资料"，但是税务机关认为不能"证实支出真实性"，因此，不能据此税前扣除。

鉴于此，建筑企业遇到此类问题时，要和当地税务机关充分沟通协商，争取善意取得的虚开发票的成本能够在税前扣除。

三、工程预估成本金额大于发票金额部分税前扣除问题

《国家税务总局关于确认企业所得税收入若干问题的通知》（国税函〔2008〕875号）第二条第（三）项规定，企业应按照从接受劳务方已收或应收的合同或协议价款确定劳务收入总额，根据纳税期末提供劳务收入总额乘以完工进度扣除以前纳税年度累计已确认提供劳务收入后的金额，确认为当期劳务收入；同时，按照提供劳务估计总成本乘以完工进度扣除以前纳税期间累计已确认劳务成本后的金额，结转为当期劳务成本。

国家税务总局公告2011年第34号《国家税务总局关于企业所得税若干问题的公告》第六项"关于企业提供有效凭证时间问题"：

> 企业当年度实际发生的相关成本、费用，由于各种原因未能及时取得该成本、费用的有效凭证，企业在预缴季度所得税时，可暂按账面发生金额进行核算；但在汇算清缴时，应补充提供该成本、费用的有效凭证。

关于成本发票不足这个问题，各地的税务机关处理方式并不统一，不过北京市税务局的解答很有代表性，也很受建筑企业欢迎，建议非北京地区的纳税人可以参考。

以下问答摘自【2015年度汇算清缴】北京市企业所得税汇算清缴政策辅导2016年1月：

问：按照《国家税务总局关于确认企业所得税收入若干问题的通

知》(国税函〔2008〕875 号) 第二条第 (三) 项的规定, 企业采用完工进度 (完工百分比) 法确认提供劳务收入的, 按照提供劳务估计总成本乘以完工进度扣除以前纳税期间累计已确认劳务成本后的金额, 结转为当期劳务成本。按照《国家税务总局关于印发〈进一步加强税收征管若干具体措施〉的通知》(国税发〔2009〕114 号) 第六条的规定 (已废止), 未按规定取得的合法有效凭据不得在税前扣除。对于施工企业未取得合法有效凭据的预估成本能否税前扣除?

答:考虑到企业在施工过程中一般不对发包工程等进行结算, 不能取得发票, 待完工结算时才能取得发票的行业特点, 如不允许未取得发票的预估施工成本税前扣除, 会造成完工取得发票后需追补扣除预估施工成本, 形成大量退税的问题。

为了便于征管, 企业未取得发票等税前扣除凭证的预估施工成本可按照国税函〔2008〕875 号第二条第 (三) 项的规定税前扣除; 工程完工年度, 企业应提供预估施工成本的税前扣除凭证, 对于未提供预估施工成本税前扣除凭证的, 应追溯调整其已扣除的预估施工成本, 计算补缴相应的企业所得税。

四、货到票未到的, 成本税前扣除问题

国家税务总局公告 2011 年第 34 号《国家税务总局关于企业所得税若干问题的公告》第六项"关于企业提供有效凭证时间问题":

企业当年度实际发生的相关成本、费用, 由于各种原因未能及时取得该成本、费用的有效凭证, 企业在预缴季度所得税时, 可暂按账面发生金额进行核算; 但在汇算清缴时, 应补充提供该成本、费用的有效凭证。

如果汇算清缴时, 不能补充提供该成本、费用的有效凭证, 对应成本是不能税前扣除的, 已经扣除的应调增处理。

如果汇算清缴时, 不能补充提供该成本、费用的有效凭证, 对应成本已经税前扣除并且没有调增处理, 以后被税务机关检查发现的, 按照国家税务总局公告 2018 年第 28 号规定, 给予 60 天的整改期间, 60 天内能重新取得合规凭证或提供相关资料证明支出真实性的, 可以税前扣

除。60天内不能取得合规凭证或不能提供相关资料证明支出真实性的，纳税调增处理，并且不再适用追补五年扣除的规定。也就是说，由于纳税人不诚信，未取得合规凭证税前扣除了成本，税务机关给予60天改正机会依然无法证明支出真实性的，税务机关将作出惩罚性处理，纳税调增并取消其5年追补扣除成本的权利。所以，诚信纳税很重要！

五、工程项目所在地成立的分公司企业所得税缴纳问题

跨地级以上行政区域的工程项目应在工程项目所在地预缴增值税，一般计税工程项目按照2%预缴，简易计税工程项目按照3%预缴。为了将外来建筑企业的税收留在工程项目所在地，工程项目所在地往往要求外来建筑企业在当地成立分公司独立申报纳税。

建筑企业通过授权分公司方式可以实现把增值税交在工程项目所在地，但是这种跨区域（跨省）的分公司该怎么缴纳企业所得税呢？有的说独立核算的分公司不需要按照57号公告汇总纳税实行"统一计算、分级管理、就地预缴、汇总清算、财政调库"的企业所得税征收管理办法。这种说法对不对呢？

57号公告第四条规定，总机构和具有主体生产经营职能的二级分支机构，就地分摊缴纳企业所得税。二级分支机构，是指汇总纳税企业依法设立并领取非法人营业执照（登记证书），且总机构对其财务、业务、人员等直接进行统一核算和管理的分支机构。

实践中，关于57号公告第四条规定的"统一核算"的理解有不同观点。一种观点认为，"统一核算"就是非独立核算，分公司与总结构统一核算的才符合汇总纳税政策中规定的二级分支机构，分公司独立核算的不需要和总机构汇总纳税，应在当地单独缴纳企业所得税；另一种观点认为，2008年新企业所得税法实施后，企业所得税实行法人所得税制，分公司无论是否独立核算都应汇总纳税。依据是《中华人民共和国企业所得税法》（中华人民共和国主席令第63号）："居民企业在中国境内设立不具有法人资格的营业机构的，应当汇总计算并缴纳企业所得税。"《中华人民共和国企业所得税法实施条例》（国务院令第512

号）："企业汇总计算并缴纳企业所得税时，应当统一核算应纳税所得额。"

笔者赞同第二种观点。

57号第五条的规定，也可以供大家判断分公司企业所得税如何缴纳，57号第五条规定，以下二级分支机构不就地分摊缴纳企业所得税：

（一）不具有主体生产经营职能，且在当地不缴纳增值税、营业税的产品售后服务、内部研发、仓储等汇总纳税企业内部辅助性的二级分支机构，不就地分摊缴纳企业所得税。

（二）上年度认定为小型微利企业的，其二级分支机构不就地分摊缴纳企业所得税。

（三）新设立的二级分支机构，设立当年不就地分摊缴纳企业所得税。

（四）当年撤销的二级分支机构，自办理注销税务登记之日所属企业所得税预缴期间起，不就地分摊缴纳企业所得税。

（五）汇总纳税企业在中国境外设立的不具有法人资格的二级分支机构，不就地分摊缴纳企业所得税。

从实践的角度看，跨省分公司是否汇总缴纳企业所得税的问题，在执行层面还是很灵活的，建议建筑企业咨询工程项目所在地税务机关和总机构所在地税务机关确认如何操作。

六、按工程项目核定征收的个税能否在企业所得税前扣除的问题

企业所得税税前扣除遵循的大原则是《企业所得税法》第八条和《企业所得税法实施条例》第二十条的规定。《企业所得税法》第八条规定，企业实际发生的与取得收入有关的、合理的支出，包括成本、费用、税金、损失和其他支出，准予在计算应纳税所得额时扣除。

《企业所得税法实施条例》第二十七条规定，《企业所得税法》第八条所称有关的支出，是指与取得收入直接相关的支出。《企业所得税

法》第八条所称合理的支出,是指符合生产经营活动常规,应当计入当期损益或者有关资产成本的必要和正常的支出。

按工程项目核定征收个税不属于雇员应承担的个税,不能计入应付职工薪酬,不能视同雇员承担的工资薪金个税在企业所得税前扣除,一些工程项目所在地的税务机关也明确表示按工程收入核定征收的个税不属于建筑企业与取得收入直接相关的支出,不符合《企业所得税法》及其实施条例税前扣除的原则。

笔者赞同税务机关的意见,按工程收入核定征收个税确实不属于建筑企业与收入直接相关的支出,建筑企业本可以避免这笔支出的发生,那就是采取预扣预缴集中申报个税的方式,只要建筑企业在工程项目所在地对雇佣的员工采取预扣预缴集中申报个税,工程项目所在地税务机关就没有法定理由按工程收入核定征收个税了。

七、发生共用成本企业所得税税前扣除问题

建筑企业承包工程项目以后施工过程中,经常发生与发包方共用水表、电表情况,发生的水电费的发票由供应单位向发包方开具,建筑企业如何在企业所得税前扣除实际发生的支出呢?我们先来看看《国家税务总局关于发布〈企业所得税税前扣除凭证管理办法〉的公告》(国家税务总局公告2018年第28号)第十八条规定:

企业与其他企业(包括关联企业)、个人在境内共同接受应纳增值税劳务(以下简称"应税劳务")发生的支出,采取分摊方式的,应当按照独立交易原则进行分摊,企业以发票和分割单作为税前扣除凭证,共同接受应税劳务的其他企业以企业开具的分割单作为税前扣除凭证。

我们分析一下28号公告第十八条说的"应税劳务"的内涵,企业所得税法实施条例第十五条规定,"企业所得税法第六条第(二)项所称提供劳务收入,是指企业从事建筑安装、修理修配、交通运输、仓储租赁、金融保险、邮电通信、咨询经纪、文化体育、科学研究、技术服务、教育培训、餐饮住宿、中介代理、卫生保健、社区服务、旅游、娱

乐、加工以及其他劳务服务活动取得的收入"。从上述规定可以看出，企业所得税口径的劳务就是增值税口径的加工修理修配和应税服务，不包括货物、无形资产和不动产的销售行为。

而电和水都是商品，不属于应税劳务范畴，也就是说28号公告第十八条并不适用。

那还有没有其他办法呢？笔者建议，可以由电表或水表的所有者即发包方按照等额开具发票给建筑企业，即由发包方转售给建筑企业。这样处理要注意几点，一是发包方超范围开具发票的问题，这个税务总局已经明确，零星偶发的事项可以超经营范围开具发票；二是发包方是否愿意这样做的问题，这个要靠建筑企业去沟通协调的，动之以情，晓之以理吧。

28号公告第十九条关于租用办公等资产发生的水、电等费用的所得税处理也作了规定：

企业租用（包括企业作为单一承租方租用）办公、生产用房等资产发生的水、电、燃气、冷气、暖气、通信线路、有线电视、网络等费用，出租方作为应税项目开具发票的，企业以发票作为税前扣除凭证；出租方采取分摊方式的，企业以出租方开具的其他外部凭证作为税前扣除凭证。

28号公告真的是一个很受纳税人喜欢的政策文件，解决了纳税人现实中遇到的很多困惑。

八、跨期票据可否入账和税前扣除问题

这个问题我们还是从税收政策规定中寻找答案。

企业所得税法实施条例第九条规定：

> 企业应纳税所得额的计算，以权责发生制为原则，属于当期的收入和费用，不论款项是否收付，均作为当期的收入和费用；不属于当期的收入和费用，即使款项已经在当期收付，均不作为当期的收入和费用。本条例和国务院财政、税务主管部

门另有规定的除外。

《国家税务总局关于企业所得税若干问题的公告》（国家税务总局公告 2011 年第 34 号）第六条关于企业提供有效凭证时间问题：

　　企业当年度实际发生的相关成本、费用，由于各种原因未能及时取得该成本、费用的有效凭证，企业在预缴季度所得税时，可暂按账面发生金额进行核算；但在汇算清缴时，应补充提供该成本、费用的有效凭证。

《国家税务总局关于企业所得税应纳税所得额若干税务处理问题的公告》（国家税务总局公告 2012 年第 15 号）第六条关于以前年度发生应扣未扣支出的税务处理问题：

　　根据《中华人民共和国税收征收管理法》的有关规定，对企业发现以前年度实际发生的、按照税收规定应在企业所得税前扣除而未扣除或者少扣除的支出，企业做出专项申报及说明后，准予追补至该项目发生年度计算扣除，但追补确认期限不得超过 5 年。

　　企业由于上述原因多缴的企业所得税税款，可以在追补确认年度企业所得税应纳税款中抵扣，不足抵扣的，可以向以后年度递延抵扣或申请退税。

　　亏损企业追补确认以前年度未在企业所得税前扣除的支出，或盈利企业经过追补确认后出现亏损的，应首先调整该项支出所属年度的亏损额，然后再按照弥补亏损的原则计算以后年度多缴的企业所得税款，并按前款规定处理。

《国家税务总局关于发布〈企业所得税税前扣除凭证管理办法〉的公告》（国家税务总局公告 2018 年第 28 号）第十五条规定：

　　汇算清缴期结束后，税务机关发现企业应当取得而未取得发票、其他外部凭证或者取得不合规发票、不合规其他外部凭证并且告知企业的，企业应当自被告知之日起 60 日内补开、换开符合规定的发票、其他外部凭证。其中，因对方特殊原因无法补开、换开发票、其他外部凭证的，企业应当按照本办法第十四条的规定，自被告知之日起 60 日内提供可以证实其支出真实性的相关资料。

《国家税务总局关于发布〈企业所得税税前扣除凭证管理办法〉的公告》（国家税务总局公告 2018 年第 28 号）第十七条规定：

除发生本办法第十五条规定的情形外，企业以前年度应当取得而未取得发票、其他外部凭证，且相应支出在该年度没有税前扣除的，在以后年度取得符合规定的发票、其他外部凭证或者按照本办法第十四条的规定提供可以证实其支出真实性的相关资料，相应支出可以追补至该支出发生年度税前扣除，但追补年限不得超过 5 年。

综合上述税收政策规定，可以得出以下几种理解，供大家参考：

（1）根据企业所得税实施条例的规定，企业应纳税所得额的计算，以权责发生制为原则，其实会计上也是这个原则。

（2）根据国家税务总局公告 2011 年第 34 号的规定，企业当年度实际发生的相关成本、费用，企业在预缴季度所得税时可暂按账面发生金额进行核算（强调依据财务账上记载数据，就是说要先记账，然后才可以预缴申报扣除），汇算清缴时，应补充提供合规凭证。

（3）根据国家税务总局公告 2012 年第 15 号的规定，对企业发现以前年度实际发生的、按照税收规定应在企业所得税前扣除而未扣除或者少扣除的支出（不再强调支出是否记账），企业做出专项申报及说明后，准予追补至该项目发生年度计算扣除，但追补确认期限不得超过 5 年。

（4）国家税务总局公告 2018 年第 28 号的规定，分两种情况对待：
①已经在当年税前扣除但未取得合规凭证且不能提供可以证实其支

出真实性的相关资料被税务机关发现的,给予 60 天的整改机会,能在限期内提供合规凭证或提供可以证实其支出真实性的相关资料的,允许税前扣除。否则,不但不允许税前扣除,还会取消 5 年追补扣除的权利。

②企业以前年度应当取得而未取得合规凭证,且相应支出在该年度没有税前扣除的,在以后年度取得合规凭证或者提供可以证实其支出真实性的相关资料的,相应支出可以追补至该支出发生年度税前扣除(未提企业做出专项申报及说明的事,实务中具体操作要咨询主管税务机关),但追补年限不得超过 5 年。

(5)会计审计的口径,一般不允许跨期票据入账。

第三节 研发费加计扣除优惠政策详解与实务应用

建筑行业不属于研发费加计扣除负面清单行业,也就是说,建筑企业发生研究开发活动,符合加计扣除政策规定的是可以加计扣除研究开发费用的,这是非常好的企业所得税税收优惠政策。纳税人享受企业所得税税收优惠政策遵循的大原则是"真实发生、自行判别、申报享受、相关资料留存备查",纳税人"自行判别"极大便利地享受了企业所得税的优惠,但同时也给广大财务人员提出了新的挑战,财务人员的担子更重了,责任更大了,因为一旦"判别"失误将可能面临补税、滞纳金和罚款的风险。吃透政策是"判别"正确的前提,是规避税务风险享受税收收益的保障。"真实发生"是《国家税务总局关于进一步落实研发费用加计扣除政策有关问题的公告》(国家税务总局公告 2021 年第 28 号)新增加的提法,笔者猜测,国家税务总局之所以以文件的形式增加这个提法,很大程度上是已经发现有的企业为了享受研发优惠造假而善意提醒。从这个角度分析,企业财务的压力也很大,业务是否真实以及如何证明业务真实是摆在企业财务面前的难题。一旦判断失误,风险极大!所以,本节内容重点介绍研发费加计扣除政策以及实务中的应用。

一、研发费用加计扣除政策概述

(一) 研发活动的概念

厘清研发活动的概念,有助于正确理解和把握研发费用加计扣除政策。

1. 科技方面对研发活动的界定

企业研发活动是指具有明确创新目标、系统组织形式和较强创造性的企业活动(见表 5-2)。

表 5-2　　　　　　　　研发活动要素及内涵

研发活动要素	内　　涵
1. 有明确创新目标	企业研发活动的目标包括知识创新、技术改进、产品开发和服务改进等,即通过研发活动形成前所未有且具有价值的客体
2. 有系统组织形式	企业研发活动以项目、课题等方式组织进行,活动围绕着具体的目标,有一定的期限,有较为确定的人、财、物等支持,因此是有边界的和可度量的
3. 有较强创造性	研发活动的结果是不能完全事先预期的,具有较大的不确定性,有一定的风险并存在失败的可能

经济合作与发展组织(OECD)《研究与开发调查手册》《弗拉斯卡蒂手册》从研发性质维度,将研发活动分为三类(见表 5-3)。

表 5-3　　　　　　　　三类研发活动及具体形式

类型	研发活动		非研发活动
	主要目的	具体形式	
应用性研究	主要是为解决实际应用中的问题,或寻找已有知识的实际应用途径,而开展的理论研究和实验探索。其目的是获取新知识,包括改良材料、产品、装置、工艺过程或服务	包括辨别基础性研究成果的可应用性,或者研究出一套使企业能够完成预先设定的发展目标的新方案等	纯粹以获取更多知识为目的,无明确应用目标的基础性、探索性研究和预研等

续表

类型	研发活动 主要目的	研发活动 具体形式	非研发活动
试验性开发	主要针对某一特定的实际应用目的，通常是为了生产新材料、新产品、新设备，开发新程序、新系统和新服务，而进行的试制、小试、中试等试验性探索	原型样机设计、制造、测试，设计新工艺所需要的专用设备和架构，对新产品和新工艺的构思、开发和制造等	常规测试、为生产工艺而进行的设计、试生产等
实质性改进	利用从研究或实际经验中获得的知识，对已产生或建立的新产品、新设备、新程序和新系统进行进一步研发、设计和工程化等改良活动，使其质量、水平或效率获得显著提升而进行的系统性的研发工作	生产机械和工具的改良、生产工艺和质量控制工艺的改变、新方法和标准的开发、新产品或新工艺转到生产部门后，仍存在需要解决的技术问题，其中有一些可能需要进行进一步的研发工作等	产品化后的相关技术支撑环节

2. 会计方面对研发活动的界定

《企业会计准则第6号——无形资产》及其应用指南（2006年版）规定：企业内部研究开发项目的支出，应当区分研究阶段支出与开发阶段支出，并应当于发生时计入当期损益。企业应当根据研究与开发的实际情况加以判断，将研究开发项目区分为研究阶段与开发阶段（见表5-4）。

表5-4　　　　　　研发活动分阶段定义及特征

研发阶段	定义	特征	相关活动例举
研究阶段	为获取新的科学或技术知识并理解它们而进行的独创性的有计划调查	研究阶段是探索性的，为进一步开发活动进行资料及相关方面的准备，已进行的研究活动将来是否会转入开发、开发后是否会形成无形资产等均具有较大的不确定性	意在获取知识而进行的活动，研究成果或其他知识的应用研究、评价和最终选择，材料、设备、产品、工序系统或服务替代品的研究，新的或经改进的材料、设备、产品、工序系统或服务的可能替代品的配置、设计、评价和最终选择等

续表

研发阶段	定义	特征	相关活动例举
开发阶段	在进行商业性生产或使用前，将研究成果或其他知识应用于某项计划或设计，以生产出新的或具有实质性改进的材料、装置、产品等	已完成研究阶段的工作，在很大程度上具备了形成一项新产品或新技术的基本条件	生产前或使用前的原型和模型的设计、建造和测试，不具有商业性生产经济规模的试生产设施的设计、建造和运营等

《小企业会计准则》未对研发活动进行专门定义。按照《小企业会计准则》第三条第一款，"执行《小企业会计准则》的小企业，发生的交易或者事项本准则未作规范的，可以参照《企业会计准则》中的相关规定进行处理"，故可参照《企业会计准则》的定义执行。

《企业会计制度》规定，研究与开发活动是指企业开发新产品、新技术所进行的活动。研究和开发活动的目的是为了实质性改进技术、产品和服务，将科研成果转化为质量可靠、成本可行、具有创新性的产品、材料、装置、工艺和服务。

3. 税收方面对研发活动的界定

财税〔2015〕119号文件对企业研发活动进行了界定。研发活动是指企业为获得科学与技术新知识，创造性运用科学技术新知识，或实质性改进技术、产品（服务）、工艺而持续进行的具有明确目标的系统性活动。

（二）研发费用加计扣除的概念

1. 加计扣除是企业所得税的一种税基式优惠方式，一般是指按照税法规定在实际发生支出数额的基础上，再加成一定比例，作为计算应纳税所得额时的扣除数额。如对企业的研发支出实施加计扣除，则称之为研发费用加计扣除。

研发费用加计扣除基本政策：

企业为了开发新技术、新产品、新工艺的研发费用未形成无形资产计入当期损益的，在按照规定据实扣除的基础上，按照研发费用的

75%加计扣除；形成无形资产的，按照无形资产成本的175%摊销。

研发费用加计扣除优惠政策：

(1) 制造业企业100%加计扣除或200%税前摊销。

依据《财政部 税务总局关于进一步完善研发费用税前加计扣除政策的公告》(财政部 税务总局公告2021年第13号)规定，制造业企业开展研发活动中实际发生的研发费用，未形成无形资产计入当期损益的，在按规定据实扣除的基础上，自2021年1月1日起，再按照实际发生额的100%在税前加计扣除；形成无形资产的，自2021年1月1日起，按照无形资产成本的200%在税前摊销。所称制造业企业，是指以制造业业务为主营业务，享受优惠当年主营业务收入占收入总额的比例达到50%以上的企业。制造业的范围按照《国民经济行业分类》(GB/T 4754-2017)确定，如国家有关部门更新《国民经济行业分类》，从其规定。收入总额按照企业所得税法第六条规定执行。

企业预缴申报当年第3季度(按季预缴)或9月份(按月预缴)企业所得税时，可以自行选择就当年上半年研发费用享受加计扣除优惠政策，采取"自行判别、申报享受、相关资料留存备查"办理方式。

符合条件的企业可以自行计算加计扣除金额，填报"中华人民共和国企业所得税月(季)度预缴纳税申报表(A类)"享受税收优惠，并根据享受加计扣除优惠的研发费用情况(上半年)填写"研发费用加计扣除优惠明细表"(A107012)。"研发费用加计扣除优惠明细表"(A107012)与相关政策规定的其他资料一并留存备查。

企业办理第3季度或9月份预缴申报时，未选择享受研发费用加计扣除优惠政策的，可在次年办理汇算清缴时统一享受。

(2) 科技型中小企业研发费用加计扣除政策(详见本节第五部分)。

(3) 现行适用研发费用税前加计扣除比例75%的企业提高到100%。

依据《财政部 税务总局 科技部关于加大支持科技创新税前扣除力度的公告》(财政部 税务总局 科技部公告2022年第28号)规定，现行适用研发费用税前加计扣除比例75%的企业（包括：除烟草制造业、住宿和餐饮业、批发和零售业、房地产业、租赁和商务服务业、娱乐业等负面清单行业，以及制造业、科技型中小企业以外的其他研发费用加计扣除比例仍为75%的企业），在2022年10月1日至2022年12月31日期间，税前加计扣除比例提高到100%。企业在2022年度企业所得税汇算清缴计算享受研发费用加计扣除优惠时，第四季度研发费用可由企业自行选择按实际发生数计算，或者按全年实际发生的研发费用乘以2022年10月1日后的经营月份数占其2022年度实际经营月份数的比例计算。

高新技术企业在2022年10月1日至2022年12月31日期间新购置的设备、器具，允许当年一次性全额在计算应纳税所得额时扣除，并允许在税前实行100%加计扣除。

凡在2022年第四季度内具有高新技术企业资格的企业，均可适用该项政策。企业选择适用该项政策当年不足扣除的，可结转至以后年度按现行有关规定执行。

上述所称设备、器具是指除房屋、建筑物以外的固定资产；所称高新技术企业的条件和管理办法按照《科技部 财政部 国家税务总局关于修订印发〈高新技术企业认定管理办法〉的通知》（国科发火〔2016〕32号）执行。

企业享受该项政策的税收征管事项按现行征管规定执行。

依据《财政部 税务总局关于进一步完善研发费用税前加计扣除政策的公告》（财政部 税务总局公告2023年第7号）规定，企业开展研发活动中实际发生的研发费用，未形成无形资产计入当期损益的，在按规定据实扣除的基础上，自2023年1月1日起，再按照实际发生额的100%在税前加计扣除；形成无形资产的，自2023年1月1日起，按照无形资产成本的200%在税前摊销。

2. 研发费用加计扣除与研发费用据实扣除两者既有相同点又有不同点。

其相同点主要体现在如下方面：

(1) 适用对象相同。适用于财务核算健全并能准确归集研发费用的企业。

(2) 研发活动特征相同。都是企业为获得科学与技术（不包括人文、社会科学）新知识，创造性运用科学技术新知识，或实质性改进技术、工艺、产品（服务）而持续进行的具有明确目标的研究开发活动。

(3) 研发费用处理方式相同。企业实际发生的研发支出费用化与资本化处理的原则，按照财务会计制度规定执行。

(4) 禁止税前扣除费用范围相同。行政法规和国家税务总局规定不允许企业所得税税前扣除的费用和支出项目，同样不可以加计扣除。

(5) 核算要求基本相同。企业未设立专门的研发机构或企业研发机构同时承担生产经营任务的，应对研发费用和生产经营费用分开进行核算，准确、合理地计算各项研发费用支出。

其不同点主要体现在如下方面：

(1) 行业限制不同。享受研发费用加计扣除的企业有行业负面清单的限制，而研发费用据实扣除的企业则没有行业负面清单的限制。

(2) 研发费用范围不同。享受加计扣除的企业研发费用范围限于财税〔2015〕119号和国家税务总局公告2017年第40号文件列举的6项费用及明细项，而实行税前据实扣除的企业研发费用范围按照财务会计制度的规定进行确定。需要解释一下，此处按照财务会计制度的规定进行确定的是税前据实扣除的企业研发费用范围，实际能否享受税前据实扣除依然要按照税法的口径。

二、研发费用加计扣除政策的主要内容

（一）研发费用的费用化和资本化处理方式

企业的研发费用以是否形成无形资产为标准，划分为费用化和资本化两种方式加计扣除。两种方式准予税前扣除的总额是一样的。

企业需要注意的是，研发费用的核算无论是计入当期损益还是形成

无形资产，可加计扣除的研发费用都应属于财税〔2015〕119号文件及97号公告、40号公告规定的范围，同时应符合法律、行政法规和财税部门税前扣除的相关规定，即不得税前扣除的项目也不得加计扣除。对于研发支出形成无形资产的，其摊销年限应符合企业所得税法实施条例规定，除法律法规另有规定或合同约定外，摊销年限不得低于10年。

（二）研发费用加计扣除可以与其他企业所得税优惠事项叠加享受

根据《国家税务总局关于发布修订后的〈企业所得税优惠政策事项办理办法〉的公告》（国家税务总局公告2018年第23号，以下简称"23号公告"）的规定，所称优惠事项是指企业所得税法规定的优惠事项，以及国务院和民族自治地方根据企业所得税法授权制定的企业所得税优惠事项。包括免税收入、减计收入、加计扣除、加速折旧、所得减免、抵扣应纳税所得额、减低税率、税额抵免等。

按照《财政部 国家税务总局关于执行企业所得税优惠政策若干问题的通知》（财税〔2009〕69号）的规定，企业所得税法及其实施条例中规定的各项税收优惠，凡企业符合规定条件的，可以同时享受。因此，企业既符合享受研发费用加计扣除政策条件，又符合享受其他优惠政策条件的，可以同时享受有关优惠政策。

（三）负面清单行业的企业不能享受研发费用加计扣除政策

财税〔2015〕119号文件第四条列举了6个不适用研发费用加计扣除政策的行业：烟草制造业、住宿和餐饮业、批发和零售业、房地产业、租赁和商务服务业、娱乐业。上述行业以《国民经济行业分类与代码》（GB/T 4754–2017）为准，并随之更新。

97号公告将6个行业企业的判断具体细化为：以6个行业业务为主营业务，其研发费用发生当年的主营业务收入占企业按企业所得税法第六条规定计算的收入总额减除不征税收入和投资收益的余额50%（不含）以上的企业。

在判定主营业务时,应将企业当年取得的各项不适用加计扣除行业业务收入汇总确定。

在计算收入总额时,应注意收入总额的完整性和准确性,税收上确认的收入总额不能简单等同于会计收入,重点关注税会收入确认差异及调整情况。

收入总额按企业所得税法第六条的规定计算。从收入总额中减除的投资收益包括税法规定的股息、红利等权益性投资收益以及股权转让所得。

(四) 七类一般的知识性、技术性活动不适用加计扣除政策

财税〔2015〕119号文件规定,研发活动是指企业为获得科学与技术新知识,创造性运用科学技术新知识,或实质性改进技术、产品(服务)、工艺而持续进行的具有明确目标的系统性活动。根据研发活动的定义,企业发生的以下一般的知识性、技术性活动不属于税收意义上的研发活动,其支出不适用研发费用加计扣除优惠政策:

1. 企业产品(服务)的常规性升级。
2. 对某项科研成果的直接应用,如直接采用公开的新工艺、材料、装置、产品、服务或知识等。
3. 企业在商品化后为顾客提供的技术支持活动。
4. 对现存产品、服务、技术、材料或工艺流程进行的重复或简单改变。
5. 市场调查研究、效率调查或管理研究。
6. 作为工业(服务)流程环节或常规的质量控制、测试分析、维修维护。
7. 社会科学、艺术或人文学方面的研究。

上述所列举的7类活动,仅是采取反列举的方法,对什么活动属于研发活动所做的有助于理解和把握的说明,并不意味着上述7类活动以外的活动都属于研发活动。企业开展的可适用研发费用加计扣除政策的活动,必须符合财税〔2015〕119号文件有关研发活动的基本定义等相关

条件。

（五）创意设计活动发生的相关费用可以享受加计扣除政策

为落实国发〔2014〕10号文件的规定精神，财税〔2015〕119号文件特别规定了企业为获得创新性、创意性、突破性的产品进行创意设计活动而发生的相关费用，可按照规定进行加计扣除。

创意设计活动是指多媒体软件、动漫游戏软件开发，数字动漫、游戏设计制作；房屋建筑工程设计（绿色建筑评价标准为三星）、风景园林工程专项设计；工业设计、多媒体设计、动漫及衍生产品设计、模型设计等。

值得一提的是，财税〔2015〕119号文件虽将"创意设计活动"纳入享受加计扣除优惠政策的范畴，但并不意味着此类"创意设计活动"就是研发活动。

（六）研发费用归集的会计核算、高新技术企业认定和加计扣除三个口径

目前研发费用归集有三个口径：一是会计核算口径，由《财政部关于企业加强研发费用财务管理的若干意见》（财企〔2007〕194号）进行规范；二是高新技术企业认定口径，由《科技部 财政部 国家税务总局关于修订印发〈高新技术企业认定管理工作指引〉的通知》（国科发火〔2016〕195号）进行规范；三是加计扣除税收规定口径，由财税〔2015〕119号文件和97号公告、40号公告进行规范。

三个研发费用归集口径相比较，存在一定差异（见表5-5）。形成差异的主要原因如下：

一是会计口径的研发费用，其主要目的是为了准确核算研发活动支出，而企业研发活动是企业根据自身生产经营情况自行判断的，除该项活动应属于研发活动外，并无过多限制条件。

二是高新技术企业认定口径的研发费用，其主要目的是为了判断企业研发投入强度、科技实力是否达到高新技术企业标准，因此对人员费

用、其他费用等方面有一定的限制。

三是研发费用加计扣除政策口径的研发费用，其主要目的是为了细化哪些研发费用可以享受加计扣除政策，引导企业加大核心研发投入，因此政策口径最小。可加计范围针对企业核心研发投入，主要包括研发直接投入和相关性较高的费用，对其他费用有一定的比例限制。应关注的是，允许扣除的研发费用范围采取的是正列举方式，即政策规定中没有列举的加计扣除项目，不可以享受加计扣除优惠。

表 5-5　　　　　　　　研发费用归集口径比较

费用项目	研发费用加计扣除	高新技术企业认定	会计规定	备注
人员人工费用	直接从事研发活动人员的工资薪金、基本养老保险费、基本医疗保险费、失业保险费、工伤保险费、生育保险费和住房公积金，以及外聘研发人员的劳务费用	企业科技人员的工资薪金、基本养老保险费、基本医疗保险费、失业保险费、工伤保险费、生育保险费和住房公积金，以及外聘科技人员的劳务费用	企业在职研发人员的工资、奖金、津贴、补贴、社会保险费、住房公积金等人工费用以及外聘研发人员的劳务费用	会计核算范围大于税收范围。高新技术企业人员人工费用归集对象是科技人员
直接投入费用	（1）研发活动直接消耗的材料、燃料和动力费用	（1）直接消耗的材料、燃料和动力费用	（1）研发活动直接消耗的材料、燃料和动力费用	
直接投入费用	（2）用于中间试验和产品试制的模具、工艺装备开发及制造费，不构成固定资产的样品、样机及一般测试手段购置费，试制产品的检验费	（2）用于中间试验和产品试制的模具、工艺装备开发及制造费，不构成固定资产的样品、样机及一般测试手段购置费，试制产品的检验费	（2）用于中间试验和产品试制的模具、工艺装备开发及制造费，样品、样机及一般测试手段购置费，试制产品的检验费等	
直接投入费用	（3）用于研发活动的仪器、设备的运行维护、调整、检验、维修等费用，以及通过经营租赁方式租入的用于研发活动的仪器、设备租赁费	（3）用于研究开发活动的仪器、设备的运行维护、调整、检测、维修等费用，以及通过经营租赁方式租入的用于研发活动的固定资产租赁费	（3）用于研发活动的仪器、设备、房屋等固定资产的租赁费，设备调整及检验费，以及相关固定资产的运行维护、维修等费用	房屋租赁费不计入加计扣除范围

续表

费用项目	研发费用加计扣除	高新技术企业认定	会计规定	备注
折旧费用与长期待摊费用	用于研发活动的仪器、设备的折旧费	用于研究开发活动的仪器、设备和在用建筑物的折旧费 研发设施的改建、改装、装修和修理过程中发生的长期待摊费用	用于研发活动的仪器、设备、房屋等固定资产的折旧费	房屋折旧费不计入加计扣除范围
无形资产摊销	用于研发活动的软件、专利权、非专利技术（包括许可证、专有技术、设计和计算方法等）的摊销费用	用于研究开发活动的软件、知识产权、非专利技术（专有技术、许可证、设计和计算方法等）的摊销费用	用于研发活动的软件、专利权、非专利技术等无形资产的摊销费用	
设计试验等费用	新产品设计费、新工艺规程制定费、新药研制的临床试验费、勘探开发技术的现场试验费	符合条件的设计费用、装备调试费用、试验费用（包括新药研制的临床试验费、勘探开发技术的现场试验费、田间试验费等）		
其他相关费用	与研发活动直接相关的其他费用，如技术图书资料费、资料翻译费、专家咨询费、高新科技研发保险费、研发成果的检索、分析、评议、论证、鉴定、评审、评估、验收费用，知识产权的申请费、注册费、代理费，差旅费、会议费，职工福利费、补充养老保险费、补充医疗保险费。此项费用总额不得超过可加计扣除研发费用总额的10%	与研究开发活动直接相关的其他费用，包括技术图书资料费、资料翻译费、专家咨询费、高新科技研发保险费，研发成果的检索、论证、评审、鉴定、验收费用，知识产权的申请费、注册费、代理费，会议费、差旅费、通讯费等。此项费用一般不得超过研究开发总费用的20%，另有规定的除外	与研发活动直接相关的其他费用，包括技术图书资料费、资料翻译费、会议费、差旅费、办公费、外事费、研发人员培训费、培养费、专家咨询费、高新科技研发保险费用等。研发成果的论证、评审、验收、评估以及知识产权的申请费、注册费、代理费等费用	加计扣除政策及高新研发费用范围中对其他相关费用总额有比例限制

(七)直接从事研发活动人员的范围

直接从事研发活动人员的工资薪金、基本养老保险费、基本医疗保险费、失业保险费、工伤保险费、生育保险费和住房公积金,以及外聘研发人员的劳务费用属于人员人工费用。

(1)直接从事研发活动人员包括研究人员、技术人员、辅助人员。研究人员是指主要从事研究开发项目的专业人员;技术人员是指具有工程技术、自然科学和生命科学中一个或一个以上领域的技术知识和经验,在研究人员指导下参与研发工作的人员;辅助人员是指参与研究开发活动的技工。外聘研发人员是指与本企业或劳务派遣企业签订劳务用工协议(合同)和临时聘用的研究人员、技术人员、辅助人员。

接受劳务派遣的企业按照协议(合同)约定支付给劳务派遣企业,且由劳务派遣企业实际支付给外聘研发人员的工资薪金等费用,属于外聘研发人员的劳务费用。

(2)工资薪金包括按规定可以在税前扣除的对研发人员股权激励的支出。

(3)直接从事研发活动的人员、外聘研发人员同时从事非研发活动的,企业应对其人员活动情况做必要记录,并将其实际发生的相关费用按实际工时占比等合理方法在研发费用和生产经营费用间分配,未分配的不得加计扣除。

(八)企业研发活动的形式

企业研发活动一般分为自主研发、委托研发、合作研发、集中研发以及以上方式的组合。

1. 自主研发。是指企业主要依靠自己的资源,独立进行研发,并在研发项目的主要方面拥有完全独立的知识产权。

2. 委托研发。是指被委托单位或机构基于企业委托而开发的项目。企业以支付报酬的形式获得被委托单位或机构的成果。

3. 合作研发。是指立项企业通过契约的形式与其他企业共同对同一项目的不同领域分别投入资金、技术、人力等，共同完成研发项目。

4. 集中研发。是指企业集团根据生产经营和科技开发的实际情况，对技术要求高、投资数额大、单个企业难以独立承担，或者研发力量集中在企业集团，由企业集团统筹管理研发的项目进行集中开发。

不同类型的研发活动对研发费用归集的要求不尽相同，企业在享受加计扣除优惠时要注意区分。

（九）委托研发与合作研发的区别

有些大型的研究开发项目，往往不是企业自身独立完成，需要与其他单位进行合作。由于委托研发和合作研发适用的加计扣除不一致，为了准确享受政策，财务人员需要明确研发项目是委托开发，还是合作开发。

委托研发指被委托人基于他人委托而开发的项目。委托人以支付报酬的形式获得被委托人的研发成果的所有权。委托项目的特点是研发经费受委托人支配，项目成果必须体现委托人的意志和实现委托人的使用目的。

合作研发是指研发立项企业通过契约的形式与其他企业共同对项目的某一个关键领域分别投入资金、技术、人力，共同参与产生智力成果的创作活动，共同完成研发项目。合作研发共同完成的知识产权，其归属由合同约定，如果合同没有约定的，由合作各方共同所有。可以享受研发费用加计扣除优惠政策的合作方应该拥有合作研发项目成果的所有权。合作各方应直接参与研发活动，而非仅提供咨询、物质条件或其他辅助性活动。

除了委托指向的具体技术指标、研发时间和合同的常规条款外，最后还有一条关于知识产权的归属问题，或规定双方共有，或规定一方拥有。只有委托方部分或全部拥有时，才可按照委托研发享受加计扣除政策。若知识产权最后属于受托方，则不能按照委托研发享受加计扣除政策。

合作开发在合同中应注明,双方分别投入、各自承担费用、知识产权双方共有或各自拥有自己的研究成果的知识产权。

(十)失败的研发活动所发生的研发费用也可加计扣除

失败的研发活动所发生的研发费用也可享受加计扣除。一是企业的研发活动具有一定的风险和不可预测性,既可能成功也可能失败,政策是对研发活动予以鼓励,并非单纯强调结果;二是失败的研发活动也并不是毫无价值的,在一般情况下的"失败"是指没有取得预期的结果,但可以取得其他有价值的成果;三是许多研发项目的执行是跨年度的,在研发项目执行当年,其发生的研发费用就可以享受加计扣除,不是在项目执行完成并取得最终结果以后才申请加计扣除,在享受加计扣除时实际无法预知研发成果,如强调研发成功才能加计扣除,将极大的增加企业享受优惠的成本,降低政策激励的有效性。

(十一)盈利企业和亏损企业都可以享受加计扣除政策

现行《企业所得税法》第五条明确企业每一纳税年度的收入总额,减除不征税收入、免税收入、各项扣除以及允许弥补的以前年度亏损后的余额,为应纳税所得额。因此,企业发生的研发费用,不论企业当年是盈利还是亏损,都可以加计扣除。

(十二)叠加享受加速折旧和加计扣除政策

97号公告明确加速折旧费用享受加计扣除政策的原则为会计、税收折旧孰小。该计算方法较为复杂,不易准确掌握。为提高政策的可操作性,40号公告将加速折旧费用的归集方法调整为就税前扣除的折旧部分计算加计扣除。

97号公告解读中曾举例说明计算方法:甲汽车制造企业2015年12月购入并投入使用一专门用于研发活动的设备,单位价值1 200万元,会计处理按8年折旧,税法上规定的最低折旧年限为10年,不考虑残值。甲企业对该项设备选择缩短折旧年限的加速折旧方式,折旧年限缩短为 6（10×60%）年。2016 年企业会计处理计提折旧额 150（1 200÷8）万元，税收上因享受加速折旧优惠可以扣除的折旧额是 200（1 200÷6）万元，申报研发费用加计扣除时，就其会计处理的"仪器、设备的折旧费"150 万元可以进行加计扣除 75（150×50%）万元。若该设备 8 年内用途未发生变化，每年均符合加计扣除政策规定，则企业 8 年内每年均可对其会计处理的"仪器、设备的折旧费"150 万元进行加计扣除 75 万元。如企业会计处理按 4 年进行折旧，其他情形不变。则 2016 年企业会计处理计提折旧额 300（1 200÷4）万元，税收上因享受加速折旧优惠可以扣除的折旧额是 200（1 200÷6）万元，申报享受研发费用加计扣除时，对其在实际会计处理上已确认的"仪器、设备的折旧费"，但未超过税法规定的税前扣除金额 200 万元可以进行加计扣除 100（200×50%）万元。若该设备 6 年内用途未发生变化，每年均符合加计扣除政策规定，则企业 6 年内每年均可对其会计处理的"仪器、设备的折旧费"200 万元进行加计扣除 100 万元。

结合上述例子，按 40 号公告口径申报研发费用加计扣除时，若该设备 6 年内用途未发生变化，每年均符合加计扣除政策规定，则企业在 6 年内每年直接就其税前扣除"仪器、设备折旧费"200 万元进行加计扣除 100（200×50%）万元，不需比较会计、税收折旧孰小，也不需要根据会计折旧年限的变化而调整享受加计扣除的金额，计算方法大为简化。

（十三）企业委托外部机构或个人进行研发活动所发生的费用加计扣除的规定

企业委托外部机构或个人开展研发活动发生的费用，可按规定税前扣除；加计扣除时按照研发活动发生费用的 80% 作为加计扣除基数。委托个人研发的，应凭个人出具的发票等合法有效凭证在税前加计扣除。其中"研发活动发生费用"是指委托方实际支付给受托方的费用。无论委托方是否享受研发费用税前加计扣除政策，受托方均不得加计扣除。

（十四）企业委托关联方和非关联方管理要求的区别

委托方委托关联方开展研发活动的，受托方须向委托方提供研发过程中实际发生的研发项目费用支出明细情况。比如，A 企业 2017 年委托其 B 关联企业研发，假设该研发符合研发费用加计扣除的相关条件。A 企业支付给 B 企业 100 万元。B 企业实际发生费用 90 万元（其中按可加计扣除口径归集的费用为 85 万元），利润 10 万元。2017 年，A 企业可加计扣除的金额为 100×80%×50% = 40 万元，B 企业应向 A 企业提供实际发生费用 90 万元的情况。

委托非关联方研发，考虑到涉及商业秘密等原因，财税〔2015〕119 号规定，委托方加计扣除时不再需要提供研发项目的费用支出明细情况。

（十五）企业委托境外机构或个人进行研发活动所发生的费用加计扣除的规定

《财政部 税务总局 科技部关于企业委托境外研究开发费用税前加计扣除有关政策问题的通知》（财税〔2018〕64 号）规定，自 2018 年 1 月 1 日起，对委托境外机构或个人进行研发活动所发生的费用加计扣除按以下规定执行：

1. 委托境外进行研发活动所发生的费用，按照费用实际发生额的 80% 计入委托方的委托境外研发费用。委托境外研发费用不超过境内符合条件的研发费用三分之二的部分，可以按规定在企业所得税前加计扣除。

上述费用实际发生额应按照独立交易原则确定。委托方与受托方存在关联关系的，受托方应向委托方提供研发项目费用支出明细情况。

2. 委托境外进行研发活动应签订技术开发合同，并由委托方到科技行政主管部门进行登记。相关事项按技术合同认定登记管理办法及技术合同认定规则执行。

3. 企业应在年度申报享受优惠时，按照《国家税务总局关于发布修订后的〈企业所得税优惠政策事项办理办法〉的公告》（国家税务总局公告2018年第23号）的规定办理有关手续，并留存备查以下资料：

（1）企业委托研发项目计划书和企业有权部门立项的决议文件；

（2）委托研究开发专门机构或项目组的编制情况和研发人员名单；

（3）经科技行政主管部门登记的委托境外研发合同；

（4）"研发支出"辅助账及汇总表；

（5）委托境外研发银行支付凭证和受托方开具的收款凭据；

（6）当年委托研发项目的进展情况等资料。

企业如果已取得地市级（含）以上科技行政主管部门出具的鉴定意见，应作为资料留存备查。

4. 企业对委托境外研发费用以及留存备查资料的真实性、合法性承担法律责任。

5. 委托境外研发费用加计扣除其他政策口径和管理要求按照《财政部 国家税务总局 科技部关于完善研究开发费用税前加计扣除政策的通知》（财税〔2015〕119号）、《财政部 税务总局 科技部关于提高科技型中小企业研究开发费用税前加计扣除比例的通知》（财税〔2017〕34号）、《国家税务总局关于企业研究开发费用税前加计扣除政策有关问题的公告》（国家税务总局公告2015年第97号）等文件规定执行。

6. 本通知所称委托境外进行研发活动不包括委托境外个人进行的研发活动。

（十六）委托研发与合作研发项目的合同需经科技主管部门登记

根据97号公告留存备查资料要求，委托研发、合作研发的合同需经科技主管部门登记。未申请认定登记和未予登记的技术合同，不得享受研发费用加计扣除优惠政策。

《国家税务总局 科技部关于加强企业研发费用加计扣除政策贯彻落实工作的通知》（税总发〔2017〕106号）规定：各级税务部门和科技部门要简化管理方式，优化操作流程，确保政策落地。优化委托研发与合作研发项目合同登记管理方式，坚持"实质重于形式"的原则。凡研发项目合同具备技术合同登记的实质性要素，仅在形式上与技术合同示范文本存在差异的，也应予以登记，不得要求企业重新按照技术合同示范文本进行修改报送。

（十七）允许加计扣除的其他费用的口径

与研发活动直接相关的其他费用，如技术图书资料费、资料翻译费、专家咨询费、高新科技研发保险费，研发成果的检索、分析、评议、论证、鉴定、评审、评估、验收费用，知识产权的申请费、注册费、代理费，差旅费、会议费，职工福利费、补充养老保险费、补充医疗保险费。此项费用总额不得超过可加计扣除研发费用总额的10%。

（十八）研发费用"其他相关费用"限额计算的简易方法

财税〔2015〕119号文件参照高新技术企业研发费用的相关规定，明确与研发活动直接相关的其它相关费用，不得超过可加计扣除研发费用总额的10%。97号公告进一步明确了该限额的计算：应按项目分别计算，每个项目可加计扣除的其他相关费用都不得超过该项目可加计扣除研发费用总额的10%。其简易计算方法如下：假设某一研发项目的其他相关费用的限额为X，财税〔2015〕119号文件第一条允许加计扣除的研发费用中的第1项至第5项费用之和为Y，那么 $X = (X + Y) \times 10\%$，即 $X = Y \times 10\% \div (1 - 10\%)$。

【案例5-2】某企业2020年进行了二项研发活动A和B，A项目共发生研发费用100万元，其中与研发活动直接相关的其他费用12万元，B共发生研发费用100万元，其中与研发活动直接相关的其他费用 8 万元，假设研发活动均符合加计扣除相关规定。

案例解析：

A 项目其他相关费用限额 =（100 − 12）× 10% ÷（1 − 10%）= 9.78 万元，小于实际发生数 12 万元，则 A 项目允许加计扣除的研发费用应为 97.78（100 − 12 + 9.78）万元。B 项目其他相关费用限额 =（100 − 8）× 10% ÷（1 − 10%）= 10.22 万元，大于实际发生数 8 万元，则 B 项目允许加计扣除的研发费用应为 100 万元。

该企业 2020 年度可以享受的研发费用加计扣除额为 148.34［(97.78 + 100) × 75%］万元。

《国家税务总局关于进一步落实研发费用加计扣除政策有关问题的公告》（国家税务总局公告 2021 年第 28 号）第三条"关于其他相关费用限额计算的问题（适用于 2021 年及以后年度）"规定如下。

（一）企业在一个纳税年度内同时开展多项研发活动的，由原来按照每一研发项目分别计算"其他相关费用"限额，改为统一计算全部研发项目"其他相关费用"限额。

企业按照以下公式计算《财政部 国家税务总局 科技部关于完善研究开发费用税前加计扣除政策的通知》（财税〔2015〕119 号）第一条第（一）项"允许加计扣除的研发费用"第 6 目规定的"其他相关费用"的限额，其中资本化项目发生的费用在形成无形资产的年度统一纳入计算：

全部研发项目的其他相关费用限额 = 全部研发项目的人员人工等五项费用之和 × 10% ÷（1 − 10%）

"人员人工等五项费用"是指财税〔2015〕119 号文件第一条第（一）项"允许加计扣除的研发费用"第 1 目至第 5 目费用，包括"人员人工费用""直接投入费用""折旧费用""无形资产摊销"和"新产品设计费、新工艺规程制定费、新药研制的临床试验费、勘探开发技术的现场试验费"。

（二）当"其他相关费用"实际发生数小于限额时，按实际发生数计算税前加计扣除额；当"其他相关费用"实际发生数大于限额时，按限额计算税前加计扣除额。

（十九）特殊收入应扣减可加计扣除的研发费用

企业开展研发活动中实际发生的研发费用可按规定享受加计扣除政策，实务中常有已归集计入研发费用、但在当期取得的研发过程中形成的下脚料、残次品、中间试制品等特殊收入，此类收入均为与研发活动直接相关的收入，应冲减对应的可加计扣除的研发费用。为简便操作，企业取得研发过程中形成的下脚料、残次品、中间试制品等特殊收入，在计算确认收入当年的加计扣除研发费用时，应从已归集研发费用中扣减该特殊收入，不足扣减的，加计扣除研发费用按零计算。

（二十）研发活动直接形成产品或作为组成部分形成的产品对外销售的特殊处理

生产单机、单品的企业，研发活动直接形成产品或作为组成部分形成的产品对外销售，产品所耗用的料、工、费全部计入研发费用加计扣除不符合政策鼓励本意。考虑到材料费用占比较大且易于计量，企业研发活动直接形成产品或作为组成部分形成的产品对外销售的，研发费用中对应的材料费用不得加计扣除。产品销售与对应的材料费用发生在不同纳税年度且材料费用已计入研发费用的，可在销售当年以对应的材料费用发生额直接冲减当年的研发费用，不足冲减的，结转以后年度继续冲减。

（二十一）财政性资金用于研发形成的研发费用应区别处理

企业取得的政府补助，会计处理时采用直接冲减研发费用方法且税务处理时未将其确认为应税收入的，应按冲减后的余额计算加计扣除金额。

财政部修订的《企业会计准则第 16 号——政府补助》与原准则相比，修订后的准则在总额法的基础上，新增了净额法，将政府补助作为相关成本费用扣减。按照企业所得税法的规定，企业取得的政府补助应确认为收入，计入收入总额。净额法产生了税会差异，企业在税收上将政府补助确认为应税收入，同时增加研发费用，加计扣除应以税前扣除的研发费用为基数。但企业未进行相应调整的，税前扣除的研发费用与会计的扣除金额相同，应以会计上冲减后的余额计算加计扣除金额。比如，某企业当年发生研发支出 200 万元，取得政府补助 50 万元，当年会计上的研发费用为 150 万元，未进行相应的纳税调整，则税前加计扣除金额为 $150 \times 75\% = 112.5$ 万元。

三、加计扣除研发费用核算要求

（一）享受研发费用加计扣除政策的会计核算要求

1. 企业需要关注的是，财税〔2015〕119 号文件对研发费用会计核算提出了若干要求：

（1）遵照国家统一会计制度。企业应按照国家财务会计制度要求，对研发支出进行会计处理。

（2）设置研发支出辅助账。对享受加计扣除的研发费用，按研发项目设置辅助账，准确归集核算当年可加计扣除的各项研发费用实际发生额。企业在一个纳税年度内进行多项研发活动的，应按照不同研发项目分别归集可加计扣除的研发费用。

（3）研发与生产分别核算。企业应对研发费用和生产经营费用分别核算，准确、合理归集各项费用支出，对划分不清的，不得实行加计扣除。

2. 97 号公告为指导企业设置研发支出辅助账作了细化规定，以帮助企业防范相关风险：

（1）研发项目立项时应设置研发支出辅助账。

（2）企业可参照 97 号公告所附样式，设置研发支出辅助账、编制研发支出辅助账汇总表。

(3) 年末汇总分析填报研发支出辅助账汇总表。

(4) 研发支出辅助账、研发支出辅助账汇总表由企业留存备查。

(二) 研发支出辅助账的样式

企业按照财税〔2015〕119号文件和97号公告要求设置研发支出辅助账时，应参照97号公告所附样式编制。企业也可以根据自己的实际情况建立辅助账，但应涵盖97号公告所附样式内容。也就是说辅助账样式可以在税务总局发布的辅助账框架内增加有关项目，但不得减少和合并有关项目。

《国家税务总局关于进一步落实研发费用加计扣除政策有关问题的公告》(国家税务总局公告2021年第28号) 第二条、关于研发支出辅助账样式的问题（适用于2021年及以后年度）规定如下。

(一)《国家税务总局关于企业研究开发费用税前加计扣除政策有关问题的公告》(2015年第97号，以下简称97号公告) 发布的研发支出辅助账和研发支出辅助账汇总表样式（以下简称2015版研发支出辅助账样式）继续有效。另增设简化版研发支出辅助账和研发支出辅助账汇总表样式（以下简称2021版研发支出辅助账样式），具体样式及填写说明见附件。

(二) 企业按照研发项目设置辅助账时，可以自主选择使用2015版研发支出辅助账样式，或者2021版研发支出辅助账样式，也可以参照上述样式自行设计研发支出辅助账样式。

企业自行设计的研发支出辅助账样式，应当包括2021版研发支出辅助账样式所列数据项，且逻辑关系一致，能准确归集允许加计扣除的研发费用。

(三) 研发支出辅助账基本核算流程

研发支出辅助账包括4种形式的研发支出辅助账、研发支出辅助账汇总表以及研发项目可加计扣除研究开发费用情况归集表["研发项目可加计扣除研究开发费用情况归集表"于2019年度起被《国家税务总局关于修订企业所得税年度纳税申报表有关问题的公告》(国家税务总局公告2019年第41号)废止]。4种形式的研发支出辅助账分别是:(1)自主研发"研发支出"辅助账;(2)委托研发"研发支出"辅助账;(3)合作研发"研发支出"辅助账;(4)集中研发"研发支出"辅助账。

企业应根据研发项目的形式,在立项后按照项目分别设置辅助账。从凭证级别记录各个项目的研发支出,并将每笔研发支出按照财税〔2015〕119号文件列明的可加计扣除的六大类研发费用类别进行归类。

企业应在年度终了之后,根据所有项目辅助账贷方发生余额汇总填制"研发支出辅助账汇总表"(如图5-1所示)。

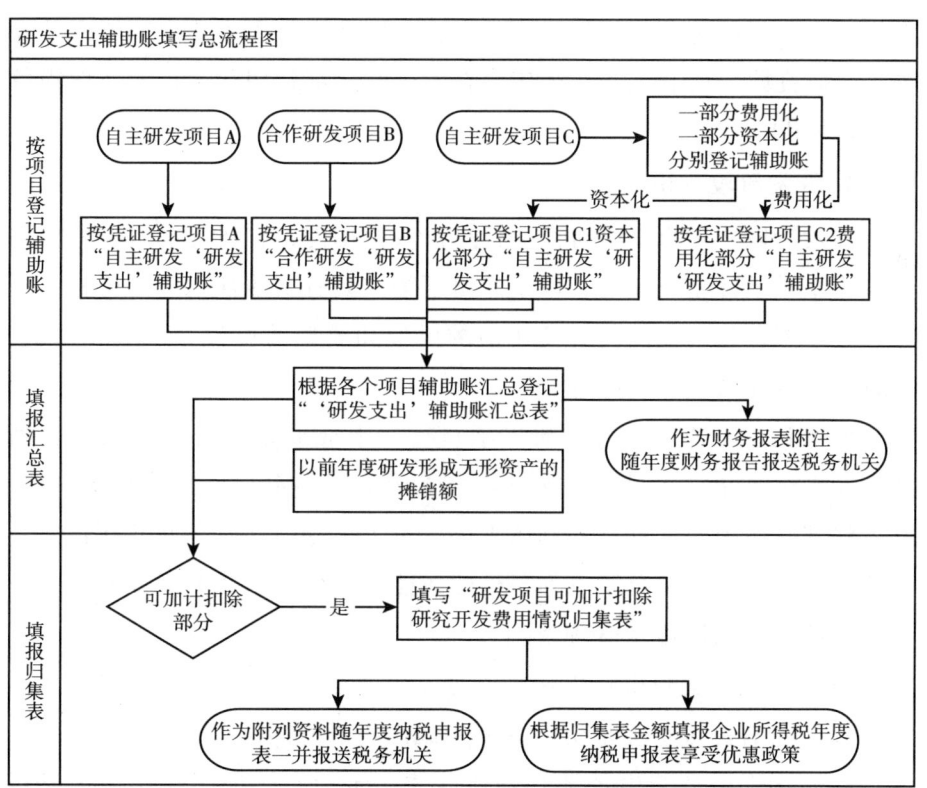

图5-1 研发支出辅助账填写总流程图

图 5-1 中，自 2019 年度起，填报汇总表不再报送税务机关，不再填报归集表。

(四) 研发费用的费用化或资本化处理方面的规定

企业开展研发活动中实际发生的研发费用形成无形资产的，其税收上资本化的时点应与会计处理保持一致。《企业会计准则第 6 号——无形资产》第 7 条规定，企业内部研究开发项目的支出，应当区分研究阶段支出与开发阶段支出。

1. 研究阶段支出

研究阶段，是指为获取新的科学或技术知识并理解它们而进行的独创性的有计划调查，主要是指为获取相关知识而进行的活动。

考虑到研究阶段的探索性及其成果的不确定性，企业无法证明其能够带来未来经济利益的无形资产的存在。因此，对于企业内部研究开发项目，研究阶段的有关支出，应当在发生时全部费用化，计入当期损益（管理费用）。

2. 开发阶段支出

开发阶段，是指在进行商业性生产或使用前，将研究成果或其他知识应用于某项计划或设计，以生产出新的或具有实质性改进的材料、装置、产品等，包括生产前或使用前的原型和模型的设计、建造和测试、小试、中试和试生产设施等。

考虑到进入开发阶段的研发项目往往形成成果的可能性较大，因此，如果企业能够证明开发支出符合无形资产的定义及相关确认条件，则可将其确认为无形资产。具体来讲，对于企业内部研究开发项目，开发阶段的支出同时满足了下列条件的才能资本化，确认为无形资产，否则应当计入当期损益（管理费用）。

(1) 完成该无形资产以使其能够使用或出售在技术上具有可行性。

(2) 具有完成该无形资产并使用或出售的意图。

(3) 无形资产产生经济利益的方式，包括能够证明运用该无形资产生产的产品存在市场或无形资产自身存在市场，无形资产将在内部使用的，应当证明其有用性。

（4）有足够的技术、财务资源和其他资源支持，以完成该无形资产的开发，并有能力使用或出售该无形资产。

（5）归属于该无形资产开发阶段的支出能够可靠地计量。

3. 无法区分研究阶段和开发阶段的支出

无法区分研究阶段和开发阶段的支出，应当在发生时费用化，计入当期损益（管理费用）。

（五）共用的人员及仪器、设备、无形资产会计核算要求

有的企业特别是中小企业，从事研发活动的人员同时也会承担生产经营管理等职能，用于研发活动的仪器、设备、无形资产同时也会用于非研发活动，财税〔2015〕119号文件对允许加计扣除的研发费用不再强调"专门用于"。为有效划分这类情形，企业应对此类人员活动情况及仪器、设备、无形资产的使用情况做必要记录，并将其实际发生的相关费用按实际工时占比等合理方法在研发费用和生产经营费用间分配，未分配的不得加计扣除。

（六）核定征收企业不能享受加计扣除政策

根据财税〔2015〕119号文件规定，研发费用加计扣除政策适用于会计核算健全、实行查账征收并能够准确归集研发费用的居民企业。按核定征收方式缴纳企业所得税的企业不能享受此项优惠政策。

（七）研发费用的核算须做好部门间协调配合

研发费用的核算需要做大量的准备工作，如研发费用加计扣除政策要求的留存备查资料，涉及公司决议、研发合同、会计账簿、相关科技成果资料等等，因此需要企业研发、财务等各职能部门密切配合。如果各部门不能有效配合，导致相关资料、会计凭证不全，记账不完整，会影响到研发费用的核算以及优惠政策的享受。

(八) 合作研发项目会计核算要求

财税〔2015〕119号文件规定，企业共同合作开发的项目，由合作各方就自身实际承担的研发费用分别计算加计扣除。企业共同合作研发的项目，由合作各方按照《企业（合作）研究开发项目计划书》和经登记的《技术开发（合作）合同》分项目设置"合作研发'研发支出'辅助账"，就自身实际承担的研发费用按照会计核算要求分项目核算，并按照研发费用归集范围分别计算加计扣除。

四、研发费用加计扣除备案和申报管理

(一) 享受研发费用加计扣除优惠政策基本流程

图5-2所示流程图中自2019年度起，年度终了填报"研发支出辅助账汇总表"不再报送税务机关，汇算清缴时不再填报"研发项目可加计扣除研究开发费用归集表"，不再向税务机关备案。

享受研发费用加计扣除优惠政策主要有以下关键资料和程序：

1. 年度纳税申报前准备好留存备查资料；
2. 填写"研发支出辅助账汇总表"；
3. 在年度纳税申报表中填报研发费用加计扣除优惠附表及栏次。

(二) 研发费用加计扣除优惠的要点

1. 自行判别。根据23号公告规定，企业应自行判别其是否符合研发费用加计扣除政策规定的条件。

2. 留存备查资料。企业对留存备查资料的真实性、合法性承担法律责任。企业应按照97号公告，将相关资料留存备查，保存期限为相关研发项目享受优惠结束后10年。

企业应当按照税务机关要求限期提供留存备查资料，以证明其符合税收优惠政策条件。企业不能提供留存备查资料，或者留存备查资料与实际生产经营情况、财务核算、相关技术领域、产业、目录、资格证书

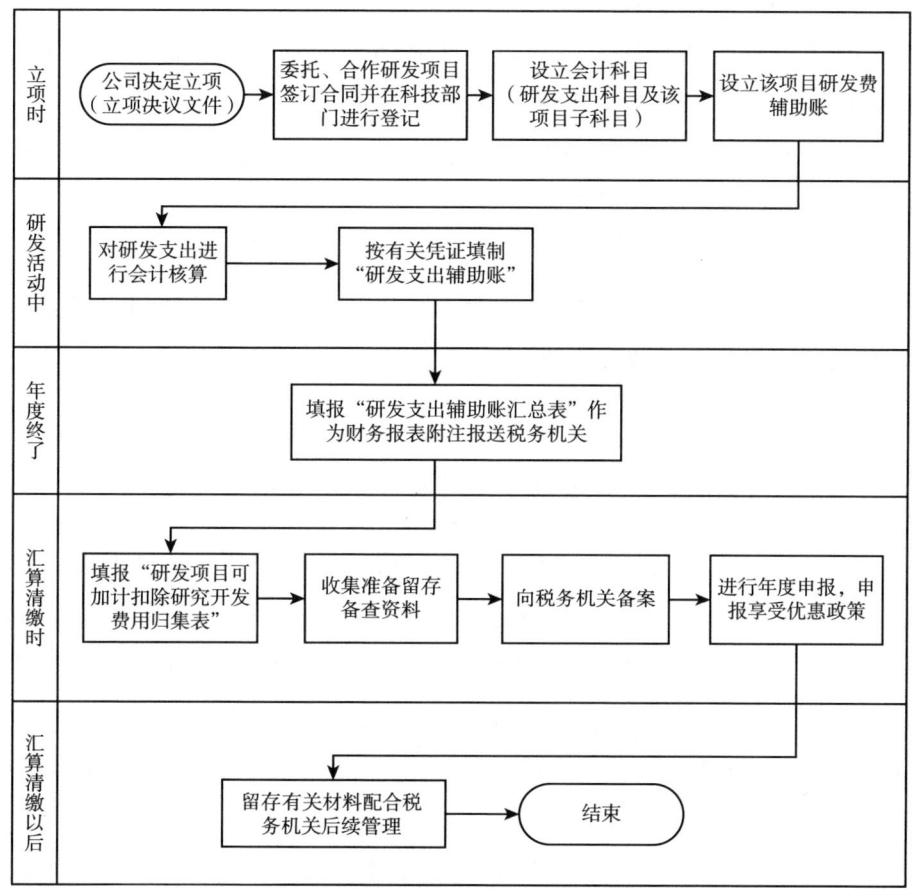

图 5-2 享受研发费用加计扣除优惠政策基本流程

等不符，不能证明企业符合税收优惠政策条件的，税务机关将追缴其已享受的减免税，并按照税收征管法规定处理。

（三）享受研发费用加计扣除优惠政策的留存备查资料

根据 97 号公告，企业应保留下列留存备查资料：

1. 自主、委托、合作研究开发项目计划书和企业有权部门关于自主、委托、合作研究开发项目立项的决议文件；

2. 自主、委托、合作研究开发专门机构或项目组的编制情况和研发人员名单；

3. 经科技行政主管部门登记的委托、合作研究开发项目的合同；

4. 从事研发活动的人员和用于研发活动的仪器、设备、无形资产的费用分配说明（包括工作使用情况记录）；

5. 集中研发项目研发费用决算表、集中研发项目费用分摊明细情况表和实际分享收益比例等资料；

6. "研发支出"辅助账；

7. 企业如果已取得地市级（含）以上科技行政主管部门出具的鉴定意见，应作为资料留存备查；

8. 省税务机关规定的其他资料。

（四）预缴所得税时可否享受研发费用加计扣除优惠

根据《国家税务总局关于发布修订后的〈企业所得税优惠政策事项办理办法〉的公告》（国家税务总局公告 2018 年第 23 号）的规定，研发费用税前加计扣除政策属于汇缴享受优惠项目，因此企业实际发生的研发费用，在年度中间预缴所得税时，允许据实计算扣除，在年度终了进行所得税年度汇算清缴纳税申报时，再依照规定享受加计扣除优惠政策。

《国家税务总局关于进一步落实研发费用加计扣除政策有关问题的公告》（国家税务总局公告 2021 年第 28 号）第一条"关于 2021 年度享受研发费用加计扣除政策问题（适用于 2021 年度）"规定如下。

（一）企业 10 月份预缴申报第 3 季度（按季预缴）或 9 月份（按月预缴）企业所得税时，可以自主选择就前三季度研发费用享受加计扣除优惠政策。

对 10 月份预缴申报期未选择享受优惠的，可以在 2022 年办理 2021 年度企业所得税汇算清缴时统一享受。

（二）企业享受研发费用加计扣除政策采取"真实发生、自行判别、申报享受、相关资料留存备查"的办理方式，由企业依据实际发生的研发费用支出，自行计算加计扣除金额，填报"中华人民共和国企业所得税月（季）度预缴纳税申报表（A类）"享受税收优惠，并根据享受加计扣除优惠的研发费用情况（前三季度）填写"研发费用加计扣除优惠明细表"（A107012）。"研发费用加计扣除优惠明细表"（A107012）与政策规定的其他资料一并留存备查。

（五）企业集团集中开发的研发费用分摊需要关注关联申报

企业集团根据生产经营和科技开发的实际情况，对集中研发项目按照财税〔2015〕119号文件规定归集的可加计扣除的研发费用，按照权利和义务相一致、费用支出和收益分享相配比的原则，合理确定研发费用的分摊方法，在受益成员企业间进行分摊，由相关成员企业分别计算加计扣除。

企业集团应将集中研发项目的协议或合同、集中研发项目研发费用决算表，集中研发项目费用分摊明细情况表和实际分享收益比例等资料提供给相关成员企业。协议或合同应明确参与各方在该研发项目中的权利和义务、费用分摊方法等内容。

根据《国家税务总局关于完善关联申报和同期资料管理有关事项的公告》（国家税务总局公告2016年第42号）的规定，企业集团开发、应用无形资产及确定无形资产所有权归属的整体战略，包括主要研发机构所在地和研发管理活动发生地及其主要功能、风险、资产和人员情况等应在主体文档中披露。

（六）享受研发费用加计扣除的研发项目无须事先通过科技部门鉴定或立项

自2016年1月1日起，企业申报享受研发费用加计扣除优惠，无须事前通过科技部门鉴定。

企业自主研发的项目，须经过企业有权部门审核立项。也就是说，不须经过科技部门和税务部门进行立项备案，只须企业内部有决策权的部门，如董事会等做出决议即可。政府及相关部门支持的重点项目，根据政府部门立项管理的相关要求，须科技部门备案的特殊情况除外，但税务部门对自主研发项目没有登记的硬性要求。

委托研发及合作研发的项目立项则需要科技部门登记。《技术合同认定管理办法》（国科发政字〔2000〕63号）第六条规定：未申请认定登记和未予登记的技术合同，不得享受国家对有关促进科技成果转化规定的税收、信贷和奖励等方面的优惠政策。97号公告规定，委托及合作研发的，须提供经科技行政主管部门登记的委托、合作研究开发项目的合同留存备查。因此，经科技行政主管部门登记的委托、合作研发项目合同是享受研发费用加计扣除的要件之一。

（七）税企双方对研发项目有异议的由税务机关转请科技部门鉴定

《科技部 财政部 国家税务总局关于进一步做好企业研发费用加计扣除政策落实工作的通知》（国科发政〔2017〕211号）规定，税务部门事中、事后对企业享受加计扣除优惠的研发项目有异议的，应及时通过县（区）级科技部门将项目资料送地市级（含）以上科技部门进行鉴定；由省直接管理的县/市，可直接由县级科技部门进行鉴定。鉴定部门在收到税务部门的鉴定需求后，应及时组织专家进行鉴定，并在规定时间内通过原渠道将鉴定意见反馈税务部门。鉴定时，应由3名以上相关领域的产业、技术、管理等专家参加。

企业承担省部级（含）以上科研项目的，以及以前年度已鉴定的跨年度研发项目，不再需要鉴定。

（八）当年符合条件未享受加计扣除优惠的可以追溯享受

企业符合财税〔2015〕119号文件规定的研发费用加计扣除条件而在2016年1月1日以后未及时享受该项税收优惠的，可以追溯享受并履行备案手续，追溯期限最长为3年。

五、科技型中小企业研发费用加计扣除政策

（一）科技型中小企业的标准

根据《科技部 财政部 国家税务总局关于印发〈科技型中小企业评价办法〉的通知》（国科发政〔2017〕115号）规定，科技型中小企业须同时满足以下条件：

1. 在中国境内（不包括港、澳、台地区）注册的居民企业。

2. 职工总数不超过500人、年销售收入不超过2亿元、资产总额不超过2亿元。

3. 企业提供的产品和服务不属于国家规定的禁止、限制和淘汰类。

4. 企业在填报上一年及当年内未发生重大安全、重大质量事故和严重环境违法、科研严重失信行为，且企业未列入经营异常名录和严重违法失信企业名单。

5. 企业根据科技型中小企业评价指标进行综合评价所得分值不低于60分，且科技人员指标得分不得为0分。

（二）科技型中小企业评价指标

根据国科发政〔2017〕115号文件规定，科技型中小企业评价指标具体包括科技人员、研发投入、科技成果三类，满分100分。其中，科技人员指标满分20分，研发投入指标满分50分，科技成果指标满分30分。

科技型中小企业评价指标体现了国家对科技型企业的评价导向，由企业填写"科技型中小企业信息表"，进行自我评价。

（三）科技型中小企业的认定方式

国科发政〔2017〕115号文件规定，科技型中小企业评价工作采取企业自主评价、省级科技管理部门组织实施、科技部服务监督的工作模式。

具体流程是：（1）企业自主评价，并在线填报"科技型中小企

信息表";（2）省级科技管理部门组织有关单位对企业填报的"科技型中小企业信息表"内容是否完整进行确认。内容不完整的，在服务平台上通知企业补正；（3）信息完整且符合条件的，由省级科技管理部门在服务平台公示10个工作日；（4）公示无异议的企业，纳入信息库并在服务平台公告，有异议的，由省级科技管理部门组织有关单位进行核实处理；（5）省级科技管理部门为入库企业赋予科技型中小企业入库登记编号。

（四）可以直接确认符合科技型中小企业的规定

根据国科发政〔2017〕115号文件规定，符合科技型中小企业条件第（一）项至第（四）项条件的企业，若同时符合下列条件中的一项，可直接确认符合科技型中小企业条件：（1）企业拥有有效期内高新技术企业资格证书；（2）企业近五年内获得过国家级科技奖励；（3）企业拥有经认定的省部级以上研发机构；（4）企业近五年内主导制定过国际标准、国家标准、行业标准。

（五）科技型中小企业研发费用税前加计扣除比例

1. 科技型中小企业开展研发活动中实际发生的研发费用，未形成无形资产计入当期损益的，在按规定据实扣除的基础上，在2017年1月1日至2019年12月31日期间，再按照实际发生额的75%在税前加计扣除；形成无形资产的，在上述期间按照无形资产成本的175%在税前摊销［《财政部 税务总局 科技部关于提高科技型中小企业研究开发费用税前加计扣除比例的通知》（财税〔2017〕34号）］。

2. 制造业企业开展研发活动中实际发生的研发费用，未形成无形资产计入当期损益的，在按规定据实扣除的基础上，自2021年1月1日起，再按照实际发生额的100%在税前加计扣除；形成无形资产的，自2021年1月1日起，按照无形资产成本的200%在税前摊销［《财政部 税务总局关于进一步完善研发费用税前加计扣除政策的公告》（财政部 税务总局公告2021年第13号）］。科技型中小企业如果属于制造业企业可以享受上述政策。

3. 科技型中小企业开展研发活动中实际发生的研发费用，未形成无形资产计入当期损益的，在按规定据实扣除的基础上，自 2022 年 1 月 1 日起，再按照实际发生额的 100% 在税前加计扣除；形成无形资产的，自 2022 年 1 月 1 日起，按照无形资产成本的 200% 在税前摊销 [《财政部 税务总局 科技部关于进一步提高科技型中小企业研发费用税前加计扣除比例的公告》（财政部 税务总局 科技部公告 2022 年第 16 号）]。

第六章　建筑安装企业个人所得税和社保的处理

建筑安装企业跨省的工程项目个人所得税处理，由于地域差异，各地税务机关在管理上和执法口径上略有差异，有的地方以工程收入为基数进行核定征收，有的地方不核定，由纳税人自行申报缴纳，按照工程收入核定征收个税给纳税人带来了很多困扰，本书将和大家一起探讨应对之策。

第一节　建筑安装企业个人所得税征管

一、建筑安装企业个人所得税的纳税人及征税项目

1. 承包建筑安装业各项工程作业的承包人取得的所得，应区别不同情况计征个人所得税：经营成果归承包人个人所有的所得，或按照承包合同（协议）规定，将一部分经营成果留归承包人个人的所得，按经营所得项目征税；以其他分配方式取得的所得，按工资、薪金所得项目征税。

2. 从事建筑安装业的个体工商户和未领取营业执照承揽建筑安装业工程作业的建筑安装队和个人，以及建筑安装企业实行个人承包后工商登记改变为个体经济性质的，其从事建筑安装业取得的收入应依照经营所得项目计征个人所得税。

3. 从事建筑安装业工程作业的其他人员取得的所得，分别按照工

资、薪金所得项目和劳务报酬所得项目计征个人所得税。

4. 从事建筑安装业的单位和个人，应依法办理税务登记。在异地从事建筑安装业的单位和个人，必须自工程开工之日前三日内，持营业执照、外出经营活动税收管理证明（跨区域涉税事项报告表）、城建部门批准开工的文件和工程承包合同（协议）、开户银行账号以及主管税务机关要求提供的其他资料向主管税务机关办理有关登记手续。

5. 对未领取营业执照承揽建筑安装业工程作业的单位和个人，主管税务机关可以根据其工程规模，责令其缴纳一定数额的纳税保证金。在规定的期限内结清税款后，退还纳税保证金；逾期未结清税款的，以纳税保证金抵缴应纳税款和滞纳金。

二、建筑安装企业作业人员个人所得税的缴纳方式

1. 总承包企业、分承包企业派驻跨省异地工程项目的管理人员、技术人员和其他工作人员在异地工作期间的工资、薪金所得个人所得税，由总承包企业、分承包企业依法代扣代缴并向工程作业所在地税务机关申报缴纳。

总承包企业和分承包企业通过劳务派遣公司聘用劳务人员跨省异地工作期间的工资、薪金所得个人所得税，由劳务派遣公司依法代扣代缴并向工程作业所在地税务机关申报缴纳。

2. 跨省异地施工单位应就其所支付的工程作业人员工资、薪金所得，向工程作业所在地税务机关办理全员全额扣缴明细申报。凡实行全员全额扣缴明细申报的，工程作业所在地税务机关不得核定征收个人所得税。

3. 总承包企业、分承包企业和劳务派遣公司机构所在地税务机关需要掌握异地工程作业人员工资、薪金所得个人所得税缴纳情况的，工程作业所在地税务机关应及时提供。总承包企业、分承包企业和劳务派遣公司机构所在地税务机关不得对异地工程作业人员已纳税工资、薪金所得重复征税。两地税务机关应加强沟通协调，切实维护纳税人权益。

4. 建筑安装业省内异地施工作业人员个人所得税征收管理参照跨

省异地施工人员执行。

三、核定征收

从事建筑安装业的单位和个人应设置会计账簿,健全财务制度,准确、完整地进行会计核算。对未设立会计账簿,或者不能准确、完整地进行会计核算的单位和个人,主管税务机关可根据其工程规模、工程承包合同(协议)价款和工程完工进度等情况,核定其应纳税所得额或应纳税额,据以征税。具体核定办法由县以上(含县级)税务机关制定。

跨省异地施工单位应就其所支付的工程作业人员工资、薪金所得,向工程作业所在地税务机关办理全员全额扣缴明细申报。凡实行全员全额扣缴明细申报的,工程作业所在地税务机关不得核定征收个人所得税。

从上述规定可知,凡是被核定征收个税的跨省工程项目,都应该是没有就其所支付的工程作业人员工资、薪金所得向工程作业所在地税务机关办理全员全额扣缴明细申报的。凡实行全员全额扣缴明细申报的,工程作业所在地税务机关不得再核定征收个人所得税。建筑安装企业财务人员可以按照上述规定与工程项目当地税务机关沟通,避免重复缴纳个税。

第二节 按工程收入核定征收个税对建筑企业的影响

建筑企业有跨省工程项目的,往往会派驻总部工作人员到工程项目所在地工作,一般情况,如果建筑企业总部机构所在地在一线城市的,总部工作人员往往不希望把个税和社保拿到跨省的工程项目所在地。

这样就面临一个问题,跨省异地施工单位应就其所支付的工程作业人员工资、薪金所得,向工程作业所在地税务机关办理全员全额扣缴明细申报。否则,工程作业所在地税务机关将核定征收个人所得税。核定征收个税一般按照工程收入的一定百分比征收,税负也是很高的,而且存在重复征税的问题,建筑企业应尽量避免。

怎么避免被核定征收个税呢？

一是向工程作业所在地税务机关办理全员全额扣缴明细申报。

二是就这个问题与工程所在地税务机关沟通确认解决办法。根据税务实践，有的地方税务机关执法比较灵活，只要能够提供证明已经在总部申报缴纳个税的资料就可以了，有的地方税务机关要求只要在工程项目所在地办理了全员全额扣缴明细申报的就不再核定征收个税了。

跨省工程项目被核定征收个税存在很多难题，主要表现为：

一是，如果个人同时申报缴纳个税，存在重复征税问题。

二是，如果个人不同时缴纳个税，存在个人权益无法保障的问题。员工个人享受社会福利往往被要求提供个税纳税记录，如果因为工程项目被核定征收个税而不给员工代扣代缴个税，可能会影响员工享受社会福利的权益。

三是，工程项目被核定征收个税的成本可能无法在企业所得税前扣除，多缴纳企业所得税，增加企业的负担。一般认为，核定征收的个税支出与收入无关，不符合企业所得税法的成本扣除原则，即"企业实际发生的与取得收入有关的、合理的支出，包括成本、费用、税金、损失和其他支出，准予在计算应纳税所得额时扣除"。企业所得税法实施条例第二十七条规定，企业所得税法第八条所称有关的支出，是指与取得收入直接相关的支出。企业所得税法第八条所称合理的支出，是指符合生产经营活动常规，应当计入当期损益或者有关资产成本的必要和正常的支出。《企业所得税法实施条例》第三十一条规定，企业所得税法第八条所称税金，是指企业发生的除企业所得税和允许抵扣的增值税以外的各项税金及其附加。这里的关键问题是是否"与取得收入直接相关"，有的说按预扣预缴申报的个税成本可以在企业所得税前扣除，而按照工程收入核定征收的个税不能在企业所得税前扣除。而有的认为核定征收的个税的基数是收入，这恰恰说明是和收入直接相关，应该允许在企业所得税前扣除，而税法对"与取得收入直接相关"没有进一步的解释，各地在对待此问题上可能存在争议。本书认为，对于存在争议的问题，本着有利于纳税人的原则处理为好。

第三节　个税征免规定

《中华人民共和国个人所得税法》（根据 2018 年 8 月 31 日第十三届全国人民代表大会常务委员会第五次会议《关于修改〈中华人民共和国个人所得税法〉的决定》第七次修正），以下简称新个税法。本书着重介绍新个税法的征免税规定，以便于读者能合规纳税并充分利用税收优惠政策。

一、征税范围

（一）工资、薪金所得

工资、薪金所得，是指个人因任职或者受雇取得的工资、薪金、奖金、年终加薪、劳动分红、津贴、补贴以及与任职或者受雇有关的其他所得。

（二）劳务报酬所得

劳务报酬所得，是指个人从事劳务取得的所得，包括从事设计、装潢、安装、制图、化验、测试、医疗、法律、会计、咨询、讲学、翻译、审稿、书画、雕刻、影视、录音、录像、演出、表演、广告、展览、技术服务、介绍服务、经纪服务、代办服务以及其他劳务取得的所得。

（三）稿酬所得

稿酬所得，是指个人因其作品以图书、报刊等形式出版、发表而取得的所得。

（四）特许权使用费所得

特许权使用费所得，是指个人提供专利权、商标权、著作权、非专利技术以及其他特许权的使用权取得的所得。提供著作权的使用权取得的所得，不包括稿酬所得。

（五）经营所得

经营所得，是指：

1. 个体工商户从事生产、经营活动取得的所得，个人独资企业投资人、合伙企业的个人合伙人来源于境内注册的个人独资企业、合伙企业生产、经营的所得；

2. 个人依法从事办学、医疗、咨询以及其他有偿服务活动取得的所得；

3. 个人对企业、事业单位承包经营、承租经营以及转包、转租取得的所得；

4. 个人从事其他生产、经营活动取得的所得。

（六）利息、股息、红利所得

利息、股息、红利所得，是指个人拥有债权、股权等而取得的利息、股息、红利所得。

（七）财产租赁所得

财产租赁所得，是指个人出租不动产、机器设备、车船以及其他财产取得的所得。

（八）财产转让所得

财产转让所得，是指个人转让有价证券、股权、合伙企业中的财产份额、不动产、机器设备、车船以及其他财产取得的所得。

（九）偶然所得

偶然所得，是指个人得奖、中奖、中彩以及其他偶然性质的所得。自 2019 年 1 月 1 日起，关于个人取得有关收入适用个人所得税应税所得项目按照以下规定执行。

1. 个人为单位或他人提供担保获得收入，按照"偶然所得"项目计算缴纳个人所得税。

2. 房屋产权所有人将房屋产权无偿赠与他人的，受赠人因无偿受赠房屋取得的受赠收入，按照"偶然所得"项目计算缴纳个人所得税。按照《财政部 国家税务总局关于个人无偿受赠房屋有关个人所得税问题的通知》（财税〔2009〕78号）第一条规定，符合以下情形的，对当事双方不征收个人所得税：

（1）房屋产权所有人将房屋产权无偿赠与配偶、父母、子女、祖父母、外祖父母、孙子女、外孙子女、兄弟姐妹；

（2）房屋产权所有人将房屋产权无偿赠与对其承担直接抚养或者赡养义务的抚养人或者赡养人；

（3）房屋产权所有人死亡，依法取得房屋产权的法定继承人、遗嘱继承人或者受遗赠人。

前款所称受赠收入的应纳税所得额按照《财政部 国家税务总局关于个人无偿受赠房屋有关个人所得税问题的通知》（财税〔2009〕78号）第四条规定计算。

3. 企业在业务宣传、广告等活动中，随机向本单位以外的个人赠送礼品（包括网络红包，下同），以及企业在年会、座谈会、庆典以及其他活动中向本单位以外的个人赠送礼品，个人取得的礼品收入，按照"偶然所得"项目计算缴纳个人所得税，但企业赠送的具有价格折扣或折让性质的消费券、代金券、抵用券、优惠券等礼品除外。

前款所称礼品收入的应纳税所得额按照《财政部 国家税务总局关于企业促销展业赠送礼品有关个人所得税问题的通知》（财税〔2011〕50号）第三条规定计算。

4. 个人按照《财政部 税务总局 人力资源社会保障部 中国银行保险监督管理委员会 证监会关于开展个人税收递延型商业养老保险试点的通知》（财税〔2018〕22号）的规定，领取的税收递延型商业养老保险的养老金收入，其中25%部分予以免税，其余75%部分按照10%的比例税率计算缴纳个人所得税，税款计入"工资、薪金所得"项目，由保险机构代扣代缴后，在个人购买税延养老保险的机构所在地办理全员全额扣缴申报。

个人取得的所得，难以界定应纳税所得项目的，由国务院税务主管部门确定。

居民个人取得第一项至第四项所得（以下称综合所得），按纳税年度合并计算个人所得税；非居民个人取得第一项至第四项所得，按月或者按次分项计算个人所得税。纳税人取得第五项至第九项所得，依照本法规定分别计算个人所得税。

二、个人所得税的税率

新个税法只给出了税率，我们可以按照以下公式计算速算扣除数：

本级速算扣除额 = 上一级最高应纳税所得额 ×（本级税率 – 上一级税率）+ 上一级速算扣除数

1. 综合所得，适用3%至45%的超额累进税率（见表6–1）。

表6–1 综合所得累进税率表

级数	全年应纳税所得额	税率（%）	速算扣除数
1	不超过36 000元的	3	0
2	超过36 000元至144 000元的部分	10	2 520
3	超过144 000元至300 000元的部分	20	16 920
4	超过300 000元至420 000元的部分	25	31 920
5	超过420 000元至660 000元的部分	30	52 920
6	超过660 000元至960 000元的部分	35	85 920
7	超过960 000元的部分	45	181 920

注1：本表所称全年应纳税所得额是指依照新个税法第六条的规定，居民个人取得综合所得以每一纳税年度收入额减除费用6万元及专项扣除、专项附加扣除和依法确定的其他扣除后的余额。

注2：非居民个人取得工资、薪金所得，劳务报酬所得，稿酬所得和特许权使用费所得，依照本表按月换算后计算应纳税额。

2. 经营所得,适用5%至35%的超额累进税率(见表6-2)。

表6-2　　　　　经营所得累进税率表

级数	全年应纳税所得额	税率(%)	速算扣除数
1	不超过30 000元的	5	0
2	超过30 000元至90 000元的部分	10	1 500
3	超过90 000元至300 000元的部分	20	10 500
4	超过300 000元至500 000元的部分	30	40 500
5	超过500 000元的部分	35	65 500

注:本表所称全年应纳税所得额是指依照新个税法第六条的规定,以每一纳税年度的收入总额减除成本、费用以及损失后的余额。

3. 利息、股息、红利所得,财产租赁所得,财产转让所得和偶然所得,适用比例税率,税率为20%。

三、个人所得税优惠

(一)下列各项个人所得,免征个人所得税

1. 省级人民政府、国务院部委和中国人民解放军军以上单位,以及外国组织、国际组织颁发的科学、教育、技术、文化、卫生、体育、环境保护等方面的奖金。

2. 国债和国家发行的金融债券利息。

所称国债利息,是指个人持有中华人民共和国财政部发行的债券而取得的利息;所称国家发行的金融债券利息,是指个人持有经国务院批准发行的金融债券而取得的利息。

3. 按照国家统一规定发给的补贴、津贴。

所称按照国家统一规定发给的补贴、津贴,是指按照国务院规定发给的政府特殊津贴、院士津贴,以及国务院规定免予缴纳个人所得税的其他补贴、津贴。

4. 福利费、抚恤金、救济金。

所称福利费,是指根据国家有关规定,从企业、事业单位、国家机关、社会组织提留的福利费或者工会经费中支付给个人的生活补助费;

所称生活补助费，是指由于某些特定事件或原因而给纳税人或其家庭的正常生活造成一定困难，其任职单位按国家规定从提留的福利费或者工会经费中向其支付的临时性生活困难补助。但不包括从福利费和工会经费中支付给单位职工的人人有份的补贴、补助。

所称救济金，是指各级人民政府民政部门支付给个人的生活困难补助费。

5. 保险赔款。

6. 军人的转业费、复员费、退役金。

7. 按照国家统一规定发给干部、职工的安家费、退职费、基本养老金或者退休费、离休费、离休生活补助费。

8. 依照有关法律规定应予免税的各国驻华使馆、领事馆的外交代表、领事官员和其他人员的所得。

9. 中国政府参加的国际公约、签订的协议中规定免税的所得。

10. 国务院规定的其他免税所得。

第十项免税规定，由国务院报全国人民代表大会常务委员会备案。

（二）有下列情形之一的，可以减征个人所得税，具体幅度和期限，由省、自治区、直辖市人民政府规定，并报同级人民代表大会常务委员会备案：

1. 残疾、孤老人员和烈属的所得；

2. 因自然灾害遭受重大损失的。

国务院可以规定其他减税情形，报全国人民代表大会常务委员会备案。

四、应纳税所得额的计算

（一）居民个人的综合所得，以每一纳税年度的收入额减除费用6万元以及专项扣除、专项附加扣除和依法确定的其他扣除后的余额，为应纳税所得额。

专项扣除，包括居民个人按照国家规定的范围和标准缴纳的基本养老保险、基本医疗保险、失业保险等社会保险费和住房公积金等；专项附加扣除，包括子女教育、继续教育、大病医疗、住房贷款利息或者住房租金、赡养老人等支出，具体范围、标准和实施步骤由国务院确定，并报全国人民代表大会常务委员会备案。依法确定的其他扣除，包括个人缴付符合国家规定的企业年金、职业年金，个人购买符合国家规定的商业健康保险、税收递延型商业养老保险的支出，以及国务院规定可以扣除的其他项目。

专项扣除、专项附加扣除和依法确定的其他扣除，以居民个人一个纳税年度的应纳税所得额为限额；一个纳税年度扣除不完的，不结转以后年度扣除。

专项附加扣除具体规定：

1. 子女教育

纳税人的子女接受全日制学历教育的相关支出，按照每个子女每月1 000元的标准定额扣除。

学历教育包括义务教育（小学、初中教育）、高中阶段教育（普通高中、中等职业、技工教育）、高等教育（大学专科、大学本科、硕士研究生、博士研究生教育）。

年满3岁至小学入学前处于学前教育阶段的子女，按上述规定执行。

父母可以选择由其中一方按扣除标准的100%扣除，也可以选择由双方分别按扣除标准的50%扣除，具体扣除方式在一个纳税年度内不能变更。

纳税人子女在中国境外接受教育的，纳税人应当留存境外学校录取通知书、留学签证等相关教育的证明资料备查。

2. 继续教育

纳税人在中国境内接受学历（学位）继续教育的支出，在学历（学位）教育期间按照每月400元定额扣除。同一学历（学位）继续教育的扣除期限不能超过48个月。纳税人接受技能人员职业资格继续教育、专业技术人员职业资格继续教育的支出，在取得相关证书的当年，按照3 600元定额扣除。

个人接受本科及以下学历（学位）继续教育，符合本办法规定扣除条件的，可以选择由其父母扣除，也可以选择由本人扣除。

纳税人接受技能人员职业资格继续教育、专业技术人员职业资格继续教育的，应当留存相关证书等资料备查。

3. 大病医疗

在一个纳税年度内，纳税人发生的与基本医保相关的医药费用支出，扣除医保报销后个人负担（指医保目录范围内的自付部分）累计超过15 000元的部分，由纳税人在办理年度汇算清缴时，在80 000元限额内据实扣除。（纳税人及其配偶、未成年子女发生的医药费用支出，按本办法规定分别计算扣除额）

纳税人发生的医药费用支出可以选择由本人或者其配偶扣除；未成年子女发生的医药费用支出可以选择由其父母一方扣除。

纳税人应当留存医药服务收费及医保报销相关票据原件（或者复印件）等资料备查。医疗保障部门应当向患者提供在医疗保障信息系统记录的本人年度医药费用信息查询服务。

4. 住房贷款利息

纳税人本人或者配偶单独或者共同使用商业银行或者住房公积金个人住房贷款为本人或者其配偶购买中国境内住房，发生的首套住房贷款利息支出，在实际发生贷款利息的年度，按照每月1 000元的标准定额扣除，扣除期限最长不超过240个月。纳税人只能享受一次首套住房贷款的利息扣除。

所称首套住房贷款是指购买住房享受首套住房贷款利率的住房贷款。

经夫妻双方约定，可以选择由其中一方扣除，具体扣除方式在一个纳税年度内不能变更。

夫妻双方婚前分别购买住房发生的首套住房贷款，其贷款利息支出，婚后可以选择其中一套购买的住房，由购买方按扣除标准的100%扣除，也可以由夫妻双方对各自购买的住房分别按扣除标准的50%扣除，具体扣除方式在一个纳税年度内不能变更。

纳税人应当留存住房贷款合同、贷款还款支出凭证备查。

5. 住房租金

纳税人在主要工作城市没有自有住房而发生的住房租金支出，可以按照以下标准定额扣除：

（1）直辖市、省会（首府）城市、计划单列市以及国务院确定的其他城市，扣除标准为每月1 500元；

（2）除第一项所列城市以外，市辖区户籍人口超过100万的城市，扣除标准为每月1 100元；市辖区户籍人口不超过100万的城市，扣除标准为每月800元。

纳税人的配偶在纳税人的主要工作城市有自有住房的，视同纳税人在主要工作城市有自有住房。

市辖区户籍人口，以国家统计局公布的数据为准。

所称主要工作城市是指纳税人任职受雇的直辖市、计划单列市、副省级城市、地级市（地区、州、盟）全部行政区域范围；纳税人无任职受雇单位的，为受理其综合所得汇算清缴的税务机关所在城市。

夫妻双方主要工作城市相同的，只能由一方扣除住房租金支出。

住房租金支出由签订租赁住房合同的承租人扣除。

纳税人及其配偶在一个纳税年度内不能同时分别享受住房贷款利息和住房租金专项附加扣除。

纳税人应当留存住房租赁合同、协议等有关资料备查。

6. 赡养老人

纳税人赡养一位及以上被赡养人的赡养支出，统一按照以下标准定额扣除：

（1）纳税人为独生子女的，按照每月2 000元的标准定额扣除；

（2）纳税人为非独生子女的，由其与兄弟姐妹分摊每月2 000元的扣除额度，每人分摊的额度不能超过每月1 000元。可以由赡养人均摊或者约定分摊，也可以由被赡养人指定分摊。约定或者指定分摊的须签订书面分摊协议，指定分摊优先于约定分摊。具体分摊方式和额度在一个纳税年度内不能变更。

所称被赡养人是指年满60岁的父母,以及子女均已去世的年满60岁的祖父母、外祖父母。

7. 婴幼儿照护

为贯彻落实《中共中央 国务院关于优化生育政策促进人口长期均衡发展的决定》,依据《中华人民共和国个人所得税法》有关规定,国务院决定,设立3岁以下婴幼儿照护个人所得税专项附加扣除。

(1)纳税人照护3岁以下婴幼儿子女的相关支出,按照每个婴幼儿每月1 000元的标准定额扣除。

(2)父母可以选择由其中一方按扣除标准的100%扣除,也可以选择由双方分别按扣除标准的50%扣除,具体扣除方式在一个纳税年度内不能变更。

(3)3岁以下婴幼儿照护个人所得税专项附加扣除涉及的保障措施和其他事项,参照《个人所得税专项附加扣除暂行办法》有关规定执行。

(4)3岁以下婴幼儿照护个人所得税专项附加扣除自2022年1月1日起实施。

(二)非居民个人的工资、薪金所得,以每月收入额减除费用五千元后的余额为应纳税所得额;劳务报酬所得、稿酬所得、特许权使用费所得,以每次收入额为应纳税所得额。

(三)经营所得,以每一纳税年度的收入总额减除成本、费用以及损失后的余额,为应纳税所得额。

所称成本、费用,是指生产、经营活动中发生的各项直接支出和分配计入成本的间接费用以及销售费用、管理费用、财务费用;所称损失,是指生产、经营活动中发生的固定资产和存货的盘亏、毁损、报废损失,转让财产损失,坏账损失,自然灾害等不可抗力因素造成的损失以及其他损失。

取得经营所得的个人,没有综合所得的,计算其每一纳税年度的应纳税所得额时,应当减除费用6万元、专项扣除、专项附加扣除以及依法确定的其他扣除。专项附加扣除在办理汇算清缴时减除。

从事生产、经营活动,未提供完整、准确的纳税资料,不能正确计算应纳税所得额的,由主管税务机关核定应纳税所得额或者应纳税额。

(四)财产租赁所得,每次收入不超过4 000元的,减除费用800元;4 000元以上的,减除20%的费用,其余额为应纳税所得额。财产租赁所得,以一个月内取得的收入为一次。

(五)财产转让所得,以转让财产的收入额减除财产原值和合理费用后的余额,为应纳税所得额。财产转让所得,按照一次转让财产的收入额减除财产原值和合理费用后的余额计算纳税。

所称财产原值,按照下列方法确定:

1. 有价证券,为买入价以及买入时按照规定交纳的有关费用;

2. 建筑物,为建造费或者购进价格以及其他有关费用;

3. 土地使用权,为取得土地使用权所支付的金额、开发土地的费用以及其他有关费用;

4. 机器设备、车船,为购进价格、运输费、安装费以及其他有关费用。

其他财产,参照前款规定的方法确定财产原值。

纳税人未提供完整、准确的财产原值凭证,不能按照上述规定的方法确定财产原值的,由主管税务机关核定财产原值。

所称合理费用,是指卖出财产时按照规定支付的有关税费。

(六)利息、股息、红利所得和偶然所得,以每次收入额为应纳税所得额。利息、股息、红利所得,以支付利息、股息、红利时取得的收入为一次。偶然所得,以每次取得该项收入为一次。

劳务报酬所得、稿酬所得、特许权使用费所得,属于一次性收入的,以取得该项收入为一次;属于同一项目连续性收入的,以一个月内取得的收入为一次。

劳务报酬所得、稿酬所得、特许权使用费所得以收入减除20%的费用后的余额为收入额。稿酬所得的收入额减按70%计算。

个人将其所得对教育、扶贫、济困等公益慈善事业进行捐赠,捐赠额未超过纳税人申报的应纳税所得额30%的部分,可以从其应纳税所得额中扣除；国务院规定对公益慈善事业捐赠实行全额税前扣除的，从其规定。

居民个人从中国境外取得的所得，可以从其应纳税额中抵免已在境外缴纳的个人所得税税额，但抵免额不得超过该纳税人境外所得依照本法规定计算的应纳税额。

两个以上的个人共同取得同一项目收入的，应当对每个人取得的收入分别按照个人所得税法的规定计算纳税。

居民个人从中国境内和境外取得的综合所得、经营所得，应当分别合并计算应纳税额；从中国境内和境外取得的其他所得，应当分别单独计算应纳税额。

五、应当办理纳税申报的情形

有下列情形之一的，纳税人应当依法办理纳税申报：

（一）取得综合所得需要办理汇算清缴；

（二）取得应税所得没有扣缴义务人；

（三）取得应税所得，扣缴义务人未扣缴税款；

（四）取得境外所得；

（五）因移居境外注销中国户籍；

（六）非居民个人在中国境内从两处以上取得工资、薪金所得；

（七）国务院规定的其他情形。

扣缴义务人应当按照国家规定办理全员全额扣缴申报，并向纳税人提供其个人所得和已扣缴税款等信息。

六、应办理汇算清缴的情形

（一）取得综合所得需要办理汇算清缴的情形

1. 从两处以上取得综合所得，且综合所得年收入额减除专项扣除的余额超过6万元；

2. 取得劳务报酬所得、稿酬所得、特许权使用费所得中一项或者

多项所得,且综合所得年收入额减除专项扣除的余额超过6万元;

3. 纳税年度内预缴税额低于应纳税额;

4. 纳税人申请退税。

纳税人申请退税,应当提供其在中国境内开设的银行账户,并在汇算清缴地就地办理税款退库。

居民个人取得综合所得,按年计算个人所得税;有扣缴义务人的,由扣缴义务人按月或者按次预扣预缴税款;需要办理汇算清缴的,应当在取得所得的次年3月1日至6月30日内办理汇算清缴。预扣预缴办法由国务院税务主管部门制定。

居民个人向扣缴义务人提供专项附加扣除信息的,扣缴义务人按月预扣预缴税款时应当按照规定予以扣除,不得拒绝。

非居民个人取得工资、薪金所得,劳务报酬所得,稿酬所得和特许权使用费所得,有扣缴义务人的,由扣缴义务人按月或者按次代扣代缴税款,不办理汇算清缴。

(二)取得经营所得汇算清缴

纳税人取得经营所得,按年计算个人所得税,由纳税人在月度或者季度终了后15日内向税务机关报送纳税申报表,并预缴税款;在取得所得的次年3月31日前办理汇算清缴。

(三)其他需要汇算清缴情形

纳税人因移居境外注销中国户籍的,应当在注销中国户籍前办理税款清算。

七、取得综合所得无须办理汇算的情形

(一)纳税人年度汇算需补税但年度综合所得收入不超过12万元的;

(二)纳税人年度汇算需补税金额不超过400元的;

(三)纳税人已预缴税额与年度应纳税额一致或者不申请年度汇算

退税的。

八、年度中间首次取得工资、薪金所得等人员有关个人所得税预扣预缴方法（自 2020 年 7 月 1 日起）

1. 对一个纳税年度内首次取得工资、薪金所得的居民个人，扣缴义务人在预扣预缴个人所得税时，可按照 5 000 元/月乘以纳税人当年截至本月月份数计算累计减除费用。

2. 正在接受全日制学历教育的学生因实习取得劳务报酬所得的，扣缴义务人预扣预缴个人所得税时，可按照《国家税务总局关于发布〈个人所得税扣缴申报管理办法（试行）〉的公告》（2018 年第 61 号）规定的累计预扣法计算并预扣预缴税款。

3. 符合上述规定并可按上述条款预扣预缴个人所得税的纳税人，应当及时向扣缴义务人申明并如实提供相关佐证资料或承诺书，并对相关资料及承诺书的真实性、准确性、完整性负责。相关资料或承诺书，纳税人及扣缴义务人需留存备查。

九、进一步简便优化部分纳税人个人所得税预扣预缴方法（自 2021 年 1 月 1 日起施行）

1. 主要优化了两类纳税人的预扣预缴方法：

一是上一完整纳税年度各月均在同一单位扣缴申报了工资薪金所得个人所得税且全年工资薪金收入不超过 6 万元的居民个人。具体来说需同时满足三个条件：（1）上一纳税年度 1—12 月均在同一单位任职且预扣预缴申报了工资薪金所得个人所得税；（2）上一纳税年度 1—12 月的累计工资薪金收入（包括全年一次性奖金等各类工资薪金所得，且不扣减任何费用及免税收入）不超过 6 万元；（3）本纳税年度自 1 月起，仍在该单位任职受雇并取得工资薪金所得。

二是按照累计预扣法预扣预缴劳务报酬所得个人所得税的居民个人，如保险营销员和证券经纪人。同样需同时满足以下三个条件：（1）上一纳税年度 1—12 月均在同一单位取酬且按照累计预扣法预扣预缴申报了劳务报酬所得个人所得税；（2）上一纳税年度1—12月的累计劳务报酬（不扣减任何费用及免税收入）不超过6万元；（3）本纳税年度自1月起，仍在该单位取得按照累计预扣法预扣预缴税款的劳务报酬所得。

【案例6-1】小李2020年至2021年都是A单位员工。A单位2020年1—12月每月均为小李办理了全员全额扣缴明细申报，假设小李2020年工薪收入合计54 000元，则小李2021年可适用该公告。

【案例6-2】小赵2020年3—12月在B单位工作且全年工薪收入54 000元。假设小赵2021年还在B单位工作，但因其上年并非都在B单位，则不适用该公告。

2. 优化后的预扣预缴方法是什么？

对符合规定的纳税人，扣缴义务人在预扣预缴本纳税年度个人所得税时，累计减除费用自1月份起直接按照全年6万元计算扣除。即，在纳税人累计收入不超过6万元的月份，不用预扣预缴个人所得税；在其累计收入超过6万元的当月及年内后续月份，再预扣预缴个人所得税。同时，依据税法规定，扣缴义务人仍应按税法规定办理全员全额扣缴申报。

【案例6-3】小张为A单位员工，2020年1—12月在A单位取得工资薪金50 000元，单位为其办理了2020年1—12月的工资薪金所得个人所得税全员全额明细申报。2021年，A单位1月给其发放10 000元工资，2—12月每月发放4 000元工资。在不考虑"三险一金"等各项扣除情况下，按照原预扣预缴方法，小张1月须预缴个税（10 000 - 5 000）×3% = 150元，其他月份无须预缴个税；全年算账，因其年收入不足6万元，故通过汇算清缴可退税150元。采用该公告规定的新预扣预缴方法后，小张自1月份起即可直接扣除全年累计减除费用6万元而无须预缴税款,年度终了也就不用办理汇算清缴。

【案例6-4】 小周为A单位员工,2020年1—12月在A单位取得工资薪金50 000元,单位为其办理了2020年1—12月的工资薪金所得个人所得税全员全额明细申报。2021年,A单位每月给其发放工资8 000元、个人按国家标准缴付"三险一金"2 000元。在不考虑其他扣除情况下,按照原预扣预缴方法,小周每月须预缴个税30元。采用该公告规定的新预扣预缴方法后,1—7月,小周因其累计收入(8 000×7个月=56 000元)不足6万元而无须缴税;从8月份起,小周累计收入超过6万元,每月需要预扣预缴的税款计算如下:

8月预扣预缴税款 = (8 000×8 - 2 000×8 - 60 000)×3% - 0
= 0(元)

9月预扣预缴税款 = (8 000×9 - 2 000×9 - 60 000)×3% - 0
= 0(元)

10月预扣预缴税款 = (8 000×10 - 2 000×10 - 60 000)×3% - 0
= 0(元)

11月预扣预缴税款 = (8 000×11 - 2 000×11 - 60 000)×3% - 0 = 180(元)

12月预扣预缴税款 = (8 000×12 - 2 000×12 - 60 000)×3% - 180 = 180(元)

需要说明的是,对符合条件的纳税人,如扣缴义务人预计本年度发放给其的收入将超过6万元,纳税人需要纳税记录或者本人有多处所得合并后全年收入预计超过6万元等原因,扣缴义务人与纳税人可在当年1月份税款扣缴申报前经双方确认后,按照原预扣预缴方法计算并预缴个人所得税。

【案例6-5】 案例6-4中,假设A单位预计2021年为小周全年发放工资96 000元,可在2021年1月工资发放前和小周确认后,按照原预扣预缴方法每月扣缴申报30元税款。

3. 扣缴义务人该如何操作?

采用自然人电子税务局扣缴客户端和自然人电子税务局WEB端扣缴功能申报的,扣缴义务人在计算并预扣本年度1月份个人所得税时,系统会根据上一年度扣缴申报情况,自动汇总并提示可能符合条件的员工名单,扣缴义务人根据实际情况核对、确认后,即可按《公告》规定的方法预扣预缴个人所得税。采用纸质申报的,扣缴义务人则需根据上一年度扣缴申报情况,判断符合《公告》规定的纳税人,再按本公告执行,并需从当年1月份税款扣缴申报起,在"个人所得税扣缴申报表"相应纳税人的备注栏填写"上年各月均有申报且全年收入不超过6万元"。

第四节 个人所得税综合所得年度汇算办税指引

一、我需要年度汇算吗?

(一)什么是年度汇算?

年度汇算指的是年度终了后,纳税人汇总工资薪金、劳务报酬、稿酬、特许权使用费等四项综合所得的全年收入额,减去全年的费用和扣除,得出应纳税所得额并按照综合所得年度税率表,计算全年应纳个人所得税,再减去年度内已经预缴的税款,向税务机关办理年度纳税申报并结清应退或应补税款的过程。简言之,就是在平时已预缴税款的基础上"查遗补漏,汇总收支,按年算账,多退少补",这是2019年以后我国建立综合与分类相结合的个人所得税制的内在要求,也是国际通行做法。

用公式表示某年度汇算即:

某年应退或应补税额 = [(综合所得收入额 - 60 000元 - "三险一

金"等专项扣除－子女教育等专项附加扣除－依法确定的其他扣除－捐赠）×适用税率－速算扣除数]－某年已预缴税额

依据税法规定，年度汇算不涉及财产租赁等分类所得，以及纳税人按规定选择不并入综合所得计算纳税的全年一次性奖金等所得。其中，综合所得收入额、"三险一金"等专项扣除、依法确定的其他扣除、公益慈善事业捐赠，均为当年度内发生的收入和支出。子女教育等专项附加扣除，为当年度内符合条件的扣除。

【小贴士：什么是综合所得？】

综合所得共包括四项：工资、薪金所得，劳务报酬所得，稿酬所得，特许权使用费所得。

【小贴士：综合所得年度汇算涉及其他所得吗？】

综合所得年度汇算，仅汇算纳入其范围的四项所得，不包括经营所得、利息股息红利所得、财产租赁所得、财产转让所得和偶然所得；也不包括纳税人选择不计入综合所得的全年一次性奖金等。

【小贴士：年度汇算的"年度"怎么算？】

年度汇算的"年度"即为纳税年度，也就是公历1月1日起至12月31日。年度汇算时的收入、扣除，均为该时间区间内实际取得的收入和实际发生的符合条件或规定标准的费用或支出。如，实际取得工资是在2019年的12月31日，那么它就属于2019年度；实际取得工资是在2020年的1月1日，那么它就属于2020年度。

（二）我需要办理年度汇算吗？

如果您是居民个人，在一个纳税年度内（公历1月1日至12月31日期间）取得工资薪金、劳务报酬、稿酬、特许权使用费所得时已预缴的个人所得税，与这四项所得全年加总后计算的个人所得税存在差异,您就需要关注综合所得年度汇算。如果预缴的税款高于全年应纳税款,您可以通过办理年度汇算申报以获得退税;如预缴的税款少于全年应纳税款,您应当办理年度汇算申报并补缴税款。

同时,为进一步减轻纳税人负担,经国务院批准,如果您的综合所得年收入不超过 12 万元但需要年度汇算补税或者年度汇算补税金额不超过 400 元,且在取得所得时扣缴义务人已依法预扣预缴了个人所得税,那么您无须办理综合所得年度汇算申报,也无须补缴税款。如果您多预缴了税款,申请退税是您的权利,无论多小的税款,您都可以办理年度汇算申报并申请退税;如果您放弃退税,那么也不用办理年度汇算申报。

1. 我是否不用办理纳税年度汇算?

如果您在纳税年度是非居民个人,无须办理年度汇算。如果您是居民个人,且纳税年度取得综合所得时您的扣缴义务人已依法预扣预缴了个人所得税,符合以下条件之一的,无须办理年度汇算:

(1) 年度汇算需补税但综合所得收入全年不超过 12 万元的;

(2) 年度汇算需补税金额不超过 400 元的;

(3) 已预缴税额与年度应纳税额一致或者不申请退税的。

【小贴士:什么是扣缴义务人?】

个人所得税以支付的单位或者个人为扣缴义务人。扣缴义务人在向您支付收入时,按照税法规定计算您应当缴纳的个人所得税,并向您支付扣减个人所得税后的金额。扣缴义务人向您支付收入时所扣的个人所得税,需按照税法规定及时向税务机关办理申报缴税。

如果您取得综合所得,那么向您支付工资薪金、劳务报酬、稿酬、特许权使用费所得的单位或个人就是您的扣缴义务人。

【小贴士:如何知道扣缴义务人是否扣缴了我的税款?】

扣缴义务人所代扣的您的税款,依据税法规定,应当在次月 15 日前向税务机关办理全员全额扣缴申报,报送其支付所得的所有个人的有关信息、支付所得数额、扣除事项和数额、扣缴税款的具体数额和总额以及其他相关涉税信息资料，并解缴代扣的税款。您可在每次领取收入时向支付单位了解扣缴税款情况，也可在年度终了后请扣缴单位提供支付所得和扣缴税款等信息。

此外，您也可以通过手机个人所得税 APP 或者自然人电子税务局查询了解相关单位扣缴申报您收入及税款等相关信息。

【小贴士：综合所得年收入不超过 12 万元的"收入"指什么？】

此处收入指"毛收入"，即为不减除任何费用、扣除、税款前的收入。对于工资薪金而言，通俗理解即为应发工资；对于劳务报酬、稿酬、特许权使用费所得而言，通俗理解即为税前收入，不是您实际拿到手的钱。

2. 我是否属于需要办理综合所得年度汇算的情形？

如果您同时符合以下条件，您就需要办理年度汇算。

（1）您属于税法规定的中国居民个人；

（2）在一个纳税年度内（公历 1 月 1 日至 12 月 31 日期间）取得了工资薪金、劳务报酬、稿酬或者特许权使用费所得中的一项或多项；

（3）按年综合计税后需要申请退税（自愿放弃退税除外），或者应当补税且存在以下情形之一：

①您的综合所得年收入高于 12 万元且应补税金额高于 400 元；

②取得收入时，您的扣缴义务人未依法预扣预缴个人所得税。

【小贴士：什么是居民个人？】

根据个人所得税法第一条规定，纳税人在中国境内有住所，或者无住所而在一个纳税年度内在中国境内居住累计满 183 天，即为居民个人。

如果您是中国公民，一般情况下，属于个人所得税法所述的居民个人。除非您因家庭、经济利益关系而不在中国境内习惯性居住。

如果您因工作、学习、探亲、旅游等原因而暂时离开中国，待这些原因消除后仍需回中国，您也为居民个人。

如果您为外籍个人，您在中国境内有住所，或者无住所而一个纳税年度内在中国境内居住累计满183天，也属于居民个人。

【小贴士：什么是中国境内有住所？】

在中国境内有住所，是指您因户籍、家庭、经济利益关系而在中国境内习惯性居住。

3. 哪些情形可以通过综合所得年度汇算申请退税？

退税是纳税人的权利。从充分保障纳税人权益的角度出发，只要纳税人纳税年度内已预缴税额高于年度应纳税额，无论收入高低，无论退税额多少，纳税人都可以申请退税。常见情形有：

（1）纳税年度综合所得年收入额不足6万元，但平时预缴过个人所得税的；

（2）纳税年度有符合条件的专项附加扣除，但预缴税款时没有申报扣除的；

（3）因年中就业、退职或者部分月份没有收入等原因，减除费用6万元、"三险一金"等专项扣除、子女教育等专项附加扣除、企业（职业）年金以及商业健康保险、税收递延型养老保险等扣除不充分的；

（4）没有任职受雇单位，仅取得劳务报酬、稿酬、特许权使用费所得，需要通过年度汇算办理各种税前扣除的；

（5）纳税人取得劳务报酬、稿酬、特许权使用费所得，年度中间适用的预扣率高于全年综合所得年适用税率的；

（6）预缴税款时，未申报享受或者未足额享受综合所得税收优惠的，如残疾人减征个人所得税优惠等；

（7）有符合条件的公益慈善捐赠支出，但预缴税款时未办理扣除的等。

4. 哪些情形应当办理综合所得年度汇算补税？

补税是纳税人的义务。如果纳税人年度预缴税额低于应纳税额的，且不符合国务院规定豁免汇算义务情形的（综合所得年度不超过 12 万元或者补税金额不超过 400 元的），均应当办理年度汇算补税。常见情形有：

（1）在两个以上单位任职受雇并领取工资薪金，预缴税款时重复扣除了基本减除费用（5 000 元/月）；

（2）除工资薪金外，还有劳务报酬、稿酬、特许权使用费，各项综合所得的收入加总后，导致适用综合所得年税率高于预扣率；

（3）预扣预缴时扣除了不该扣除的项目，或者扣除金额超过规定标准，年度合并计税时因调减扣除额导致应纳税所得额增加；

（4）纳税人取得综合所得，因扣缴义务人未依法申报收入并预扣预缴税款，需补充申报收入等。

5. 如何快速直观知道我是否需要办理年度汇算？

对绝大部分公历年 1 月至 12 月固定在一个单位上班、领工资的纳税人来说，如符合条件的专项附加扣除均已及时报送至单位，每月发工资时单位依法扣缴了个人所得税，年度内未发生大病医疗、捐赠支出的，纳税人年度预缴税额基本与年度应缴税额相同，这种常见的"工薪族"不需要办理年度汇算。

如果您不能确定自己全年预缴的税款与应纳税款是否一致，您可以登录税务总局官方发布的手机个人所得税 APP 或者自然人电子税务局网站，根据引导进行相关操作，查看、确认或补充完善本人综合所得相关收入、扣除等，系统可以自动计算出预缴税款与应纳税款二者差额。需要退税的，您可以自行决定是否申请退税；年收入 12 万元以上且补税金额大于 400 元的，则需办理年度汇算。您也可就相关问题咨询专业人士。

（三）办理年度汇算要哪些步骤？

年度汇算通常要经历前期信息或资料准备、填写申报表、提交申报、申请退税或补缴税款等步骤。您准备好信息和资料后，可以自己办理年度汇算，也可以选择由所在单位代为办理年度汇算，还可以请涉税专业服务机关、其他单位和个人代为办理年度汇算。

由单位代为办理的，纳税人应在次年 4 月 30 日前与单位以书面或者电子等方式进行确认，补充提供其上一年度在本单位以外取得的综合所得收入、相关扣除、享受税收优惠等信息资料，并对所提交信息的真实性、准确性、完整性负责。纳税人未与单位确认请其代为办理年度汇算的，单位不得代办。

（四）未按规定办理年度汇算，会有什么后果？

如果纳税人属于需要退税的情形，是否办理年度汇算申请退税是纳税人的权利，无须承担任何责任。如纳税人需要补税（符合规定的免予汇算情形除外），未依法办理综合所得年度汇算的，可能面临税务行政处罚，并记入个人纳税信用档案。根据税收征管法第六十二条，纳税人未按照规定期限办理纳税申报和报送纳税资料的，由税务机关责令限期改正，可以处 2 000 元以下的罚款；情节严重的，可以处 2 000 元以上 1 万元以下的罚款，并追缴税款、加征滞纳金。根据税收征管法第六十三条规定，如纳税人偷税的，由税务机关追缴其不缴或者少缴的税款、滞纳金，并处不缴或者少缴的税款 50% 以上 5 倍以下的罚款；构成犯罪的，依法追究刑事责任。根据税收征管法第六十四条，纳税人编造虚假计税依据的，由税务机关责令限期改正，并处 5 万元以下的罚款；纳税人不进行纳税申报，不缴或者少缴应纳税款的，由税务机关追缴其不缴或者少缴的税款、滞纳金，并处不缴或者少缴的税款 50% 以上 5 倍以下的罚款。

纳税人因申报信息填写错误造成年度汇算多退或少缴税款的，纳税人主动或经税务机关提醒后及时改正的，税务机关可以按照"首违不罚"原则免予处罚。

（五）常见问题

问题 1：年度汇算涉及以前年度吗？

不涉及。年度汇算之所以称为"年度",即仅限于计算并结清本纳税年度的应退或者应补税款,不涉及以前年度,也不涉及以后年度。因此,某一纳税年度汇算仅需汇总当年度内取得的综合所得。

问题 2:我全年只在一个单位拿工资,我需要办理年度汇算吗?

一般情况下,如果您自公历 1 月起至 12 月只在一个单位领取工资薪金,且没有或者已足额享受了专项附加扣除、依法确定的其他扣除及公益慈善性捐赠等各项扣除,单位通过累计预扣法预扣预缴个人所得税,与您全年应纳个人所得税一致。对此情形,您无须办理综合所得年度汇算。

如果您因填报专项附加扣除信息较晚,导致 12 月仍不能足额扣除、当月应预扣预缴税额为负值的,或者还有未能扣除的符合条件的捐赠支出等,需要通过综合所得年度汇算申报办理扣除并获得退税。

问题 3:年度汇算时,可减除的扣除项目有哪些?

依据税法第六条,居民个人的综合所得,以每一纳税年度的收入额减除费用 6 万元以及专项扣除、专项附加扣除和依法确定的其他扣除后的余额,为应纳税所得额。因此,年度汇算时四项综合所得收入加总后可减除的项目有:

(1) 基本减除费用 6 万元;

(2) 专项扣除,包括居民个人按照国家规定的范围和标准缴纳的基本养老保险、基本医疗保险、失业保险等社会保险费和住房公积金等;

(3) 专项附加扣除,包括子女教育、继续教育、大病医疗、住房贷款利息或者住房租金、赡养老人、婴幼儿照护等支出;

(4) 依法确定的其他扣除,包括个人缴付符合国家规定的企业年金、职业年金,个人购买符合国家规定的商业健康保险、税收递延型商业养老保险的支出,以及国务院规定可以扣除的其他项目;

(5) 个人对教育、扶贫、济困等公益慈善事业捐赠。

同时,专项扣除、专项附加扣除和依法确定的其他扣除,以纳税人一个纳税年度的应纳税所得额为限额;一个纳税年度扣除不完的,不结转以后年度扣除。

【小贴士：什么是专项扣除？】

专项扣除包括居民个人按照国家规定的范围和标准缴纳的基本养老保险、基本医疗保险、失业保险等社会保险费和住房公积金等。

【小贴士：专项附加扣除有哪些？】

专项附加扣除，包括子女教育、继续教育、大病医疗、住房贷款利息或者住房租金、赡养老人、3岁以下婴幼儿照护等支出。

【小贴士：依法确定的其他扣除有哪些？】

依法确定的其他扣除，包括个人缴付符合国家规定的企业年金、职业年金，个人购买符合国家规定的商业健康保险、税收递延型商业养老保险的支出，以及国务院规定可以扣除的其他项目。

【小贴士：哪些捐赠可以扣除？】

个人将其所得对教育、扶贫、济困等公益慈善事业进行捐赠，捐赠额未超过纳税人申报的应纳税所得额30%的部分，可以从其应纳税所得额中扣除；国务院规定对公益慈善事业捐赠实行全额税前扣除的，从其规定。

问题4：我不需要退税还要办理年度汇算吗？

不用。申请退税是您的权利，您如果放弃则无须办理年度汇算。

问题5：我是一个外国人，年初预计居住不足183天按非居民个人预缴了个人所得税。但后来情形发生变化居住时间延长满足了居民个人条件，我需要年度汇算吗？

一般情况下需要。这主要是非居民个人取得综合所得时按月或按次计征个人所得税，适用的税率和扣除项目与居民个人的预扣率和扣除项目不同，两者计算的税款不尽相同。因此，需要在次年3月1日至6月

30 日期间办理年度汇算，如果您当年离境且预计年度内不再入境，也可以选择在离境之前办理年度汇算。

问题6：非居民个人需要年度汇算吗？

不需要。依据税法，只有居民个人才需要办理综合所得年度汇算。

问题7：扣缴义务人可以为我做些什么？

扣缴义务人除在支付所得时扣缴税款外，还要为您办理以下事项：

（1）如果扣缴义务人为任职受雇单位，应当根据您提供的信息办理专项附加扣除；年度终了，根据您的需要，为您代办年度汇算或者培训辅导您自行办理年度汇算；

（2）为您提供支付所得或者扣缴税款信息；

（3）如果您发现扣缴义务人扣缴申报信息与本人情况不符，可向其核实并提请其办理更正申报等。

问题8：我需要配合扣缴义务人做些什么？

您需要配合扣缴义务人完成以下事项：

（1）向扣缴义务人如实提供纳税人识别号等基础信息、专项附加扣除信息等相关涉税信息和资料；

（2）相关基础信息、专项附加扣除信息有变化的，及时告知扣缴义务人修改；

（3）配合扣缴义务人依法扣缴个人所得税，不得拒绝；

（4）如果您选择由单位代办年度汇算，您需要：

①年度终了后的4月30日前与扣缴义务人进行书面确认；逾期未确认的，扣缴义务人不再为您集中办理。

②真实、完整、准确地向扣缴义务人提供综合所得相关收入、扣除、优惠等涉税信息。

③如申请退税，需准确提供本人有效且符合条件的银行账户；如需补缴税款，及时将税款交付扣缴义务人。

您不得同时选择多个扣缴义务人代您办理汇算清缴。

问题9：综合所得年收入不超过12万元的"收入"，包括全年一次性奖金吗？

如果您取得的全年一次性资金选择单独计算缴纳个人所得税,则不包括在"年收入"中。如果您选择将全年一次性资金并入综合所得一起计算缴纳个人所得税,则包括在"年收入"中。

二、我应该什么时候办理年度汇算?

(一)年度汇算应该什么时间办理?

您应当在取得综合所得的次年 3 月 1 日至 6 月 30 日内办理年度汇算。另外,您如果有下列情形,还需要注意以下三个时间点:

1. 如果您需要所在单位为您代办上年度的综合所得年度汇算,您需在次年 4 月 30 日前与单位进行书面确认;逾期未确认的,则您需在次年 6 月 30 日前自行办理年度汇算。

2. 如果您上年综合所得全年收入额在 6 万元以下但被预扣过税款,您可在次年 3 月 1 日至 5 月 31 日期间通过网络以简易方式申请退税;此时,您只需简单填写或确认您已预缴税额、本人银行账户信息,即可快捷申请退税。

3. 如果您是无住所居民个人,并在取得综合所得的次年 6 月 30 日之前离境的,您也可在离境前办理年度汇算。

(二)未按期办理年度汇算需要承担什么责任吗?

如果是您属于需要退税的,是否办理年度汇算申请退税是您的权利,无须承担任何责任。

如果您是属于应当补税的,办理年度汇算是您的义务。根据税收征管法第六十二条,纳税人未按照规定期限办理纳税申报和报送纳税资料的,由税务机关责令限期改正,可以处 2 000 元以下的罚款;情节严重的,可以处 2 000 元以上 1 万元以下的罚款,并追缴税款、加征滞纳金。滞纳金则从超过缴纳期限之日起,按日加收滞纳税款万分之五。

三、我该去哪儿办理年度汇算?

按照方便就近原则,如您选择自行办理年度汇算申报或者委托第三方（涉税专业服务机构或其他单位及个人）办理申报的，应当向您任职受雇单位所在地主管税务机关进行申报；如您有两处及以上任职受雇单位的，可选择其中一处进行申报。如您没有任职受雇单位，则向您户籍所在地、经常居住地或者主要收入来源地主管税务机关申报。主要收入来源地，是指纳税人纳税年度内取得的劳务报酬、稿酬及特许权使用费三项所得累计收入最大的扣缴义务人所在地。

单位为纳税人代办年度汇算的，向单位的主管税务机关申报。

（一）什么是我的主管税务机关？

您的年度汇算主管税务机关，指的是接受您提交的年度汇算申报、对您提交的申报信息进行必要审核，并办理退税或者补税等相关事宜的税务机关。

您需要向您的主管税务机关办理纳税申报，但这一地点不等同于您办理年度汇算时身处的"物理地点"。若您通过网络远程办理年度汇算，可在信息系统提示下，根据前述原则确定税务机关并提交申报即可，税务机关会为您提供服务并处理后续相关事宜。当然，在网络办理不方便的情况下，纳税人也可以前往前述规定的税务机关办理。

（二）什么是汇缴地？我选择汇算清缴地后可以变更吗？

接受年度汇算申报的主管税务机关所在地，即为您的汇缴地，该地点负责受理您的纳税申报以及后续事宜。您上年度汇算申报表提交后，一般情况下不可以变更汇算清缴地。

（三）我有任职受雇单位，该去哪里办理年度汇算？

如果您上一年有任职受雇单位并且取得了工资薪金，您需要向单位所在地主管税务机关申报。

【小贴士：我有多个任职单位，该向哪里办理年度汇算？】

如您一个纳税年度当中就职于多个单位，您可以在其中任意选择一个单位的主管税务机关作为您的年度汇算税务机关。

该税务机关将负责受理您的纳税申报、为您办理退（补）税，进行后续管理并为您提供相应的纳税服务。

如，您2020年在A单位上班，2021年1月跳槽至B单位，您年度汇算应当向A单位所在地税务机关申报。

如，您2020年1—8月在A单位上班，9—12月跳槽至B单位，您年度汇算可向A单位所在地税务机关申报，也可以向B单位所在地税务机关申报。

（四）我是个自由职业者，该去哪里办理汇算？

如果您上一年度没有取得过工资薪金，仅有劳务报酬（或者稿酬，或者特许权使用费），您可向您户籍地税务机关办理年度汇算，也可向您经常居住地税务机关或主要收入来源地税务机关办理。

（五）什么是经常居住地？

年度汇算中的经常居住地是指：如果有居住证，那么居住证上的地址为经常居住地住址；如果没有居住证，那就是您当前实际的居住地。

（六）由单位代办年度汇算的，需向哪个税务机关办理？

扣缴义务人为纳税人办理综合所得年度汇算的，向扣缴义务人的主管税务机关进行年度汇算申报。

（七）我是个外国人，但属于中国居民个人，年度汇算时我已离开中国，该向哪里办理？

如果您在次年3月1日前需要离境，可以在离境前办理年度汇算。或者您可在次年3月1日至6月30日之间向上一年支付或者负担您综合所得的单位所在地主管税务机关办理年度汇算。如果您从多处取得综合所得，可以选择其中一处单位所在地主管税务机关办理。如您在年度汇算时已离开中国，推荐您通过网络方式（手机个人所得税APP、自然人电子税务局）办理年度汇算。

(八) 超过汇算期我该向哪里办理申报？

如果您没在规定的年度汇算期间完成申报，税务机关将依次根据您的任职受雇单位所在地、最后所属期内金额最大的综合所得收入来源地确定您办理年度汇算的主管税务机关。届时，您需要向该税务机关办理年度汇算申报。您可以通过手机个人所得税 APP、自然人电子税务局、12366 咨询热线查询，也可至办税服务厅查询您的年度汇算税务机关。

四、我该为年度汇算做哪些准备？

办理年度汇算时，您除了向税务机关报送年度汇算申报表外，如须修改本人相关基础信息，新增享受扣除或者税收优惠的，还应按规定一并填报相关信息。填报的信息，需仔细核对，确保真实、准确、完整。同时，年度汇算申报表以及与您综合所得收入、扣除、已缴税额或税收优惠等相关资料，自年度汇算期结束之日起需留存 5 年。

(一) 我该为年度汇算准备哪些资料信息？

在办理年度汇算前，您需要准备好您的收入、三险一金、专项附加扣除、其他扣除（年金、符合条件的商业健康保险或税延养老保险）、捐赠、税收优惠、已纳税款等相关信息或资料，以备您填报申报信息时使用。

(二) 我的收入纳税信息可从哪里获得？

您可向支付您所得的单位或者个人（扣缴义务人）处了解，也可以通过手机个人所得税 APP、自然人电子税务局或到当地办税服务厅查询您相关的收入纳税申报信息。

需要说明的是，您通过税务机关查询的收入纳税信息，是您的扣缴义务人（支付所得单位）扣缴申报的信息。其中，显示的"收入"并非您实际到手收入，对工资薪金所得而言为没有减除"三险一金"等扣除和个税前的收入；劳务报酬所得、稿酬所得和特许权使用费所得，为没有扣减任何费用和个税前的收入。

【小贴士：我的"三险一金"信息可从哪里获取？】

如果您的基本养老保险、基本医疗保险、失业保险和住房公积金是通过单位缴付的（或委托单位代办的），可以查询工资条或者向单位咨询。如果您是自行缴纳的，您缴纳的票据上会注明您的缴纳金额。

您也可以到参保地的社保经办窗口、社保自助查询机查询，或者登录国家社会保险公共服务平台（http://si.12333.gov.cn，或者所在省社会保险网上服务平台）、拨打12333热线服务电话等方式查询。

【小贴士：我的其他扣除信息从哪里获取？】

如果是企业年金（职业年金），您可查询工资条或者咨询单位财务。如果是符合条件的商业健康险或税延养老保险，您可查询您购买或者缴纳保费时的相应单据，或者咨询您购买保险的保险公司。

【小贴士：我的捐赠凭证从哪里获取？】

捐赠凭证为公益性社会组织、县级以上人民政府及其部门等国家机关在接受捐赠时，向您开具的由财政部或者省、自治区、直辖市财政部门监（印）的公益事业捐赠票据。需要注意的是，该票据需接受捐赠单位加盖印章。

【小贴士：我从哪里可以查询本人相关的预扣预缴税款信息？】

获取您被预扣预缴税款的信息有以下途径：一是从扣缴义务人处获得。您可在每月（次）领取收入后向其问询或索要凭据（如工资条），或者在次年2月底前请其提供相关支付所得和已扣缴税款等信息；二是可以通过手机个人所得税APP或者自然人电子税务局查询。

【小贴士：发生的大病医疗支出有地方查询吗？】

为便于有需要的纳税人填报大病医疗支出，日常发生的医疗支出凭据需留存好以备申报时使用。同时，为方便公众，国家医疗保障局提供了互联网查询服务，您可手机下载官方"国家医保服务平台"，通过首页"个人所得税大病医疗专项附加扣除"模块查询。其中，查询信息中显示的"符合大病医疗个税抵扣政策金额"即为可扣除金额。

根据政策规定，与基本医保相关的医药费用支出扣除医保报销后个人负担金额超过 15 000 元的部分，在 80 000 元限额内可据实扣除。如，某纳税人查询本人"年度个人自付总金额"为 20 000 元，则"符合大病医疗个税抵扣政策金额"即为 5 000 元（20 000 - 15 000）。

（三）我对收入纳税信息有异议怎么办？

您在通过手机个人所得税 APP 或者自然人电子税务局查询本人的收入纳税记录时，如对相关数据有疑问，可就该笔收入纳税记录咨询支付单位。

如果您确定本人从未取得过记录中的某一项，您可直接通过手机个人所得税 APP 或者自然人电子税务局就该笔记录发起申诉并进行承诺，申诉后该笔收入将不纳入您年度汇算。需要特别说明的是，如果您取得了该笔收入，仅是对相关金额有异议，请不要通过上述渠道申诉，可联系支付单位请其更正。

（四）年度汇算结束后，我需要留存哪些资料备查？

汇算清缴结束后，您需要将与您的收入、专项扣除、专项附加扣除、其他扣除、捐赠、享受税收优惠、已预缴税款、补退税款等相关信息资料留存备查。

【小贴士：年度汇算结束后，资料需要我留存多久？】

您的汇算资料需要留存 5 年。

（五）不如实申报会有什么后果？

纳税人如未依法如实办理综合所得年度汇算的，可能面临税务行政处罚，并记入个人纳税信用档案。根据税收征管法第六十三条规定，纳税人采取隐瞒收入、编造虚假扣除等手段逃避缴税的，由税务机关追缴其不缴或者少缴的税款、滞纳金，并处不缴或者少缴的税款50%以上5倍以下的罚款；构成犯罪的，依法追究刑事责任。

1. 不如实报送专项附加扣除信息要承担什么法律责任？

除承担上述不如实申报的法律后果外，还可能对您享受专项附加扣除造成一定影响。如果纳税人填报的专项附加扣除信息存在明显错误，经税务机关通知，拒不更正也不说明情况，税务机关可暂停其享受专项附加扣除。待纳税人按规定更正相关信息或者说明情况后，可继续专项附加扣除，以前月份未享受扣除的，可按规定追补扣除。

2. 不如实申报，对个人纳税信用有什么影响？

纳税人的纳税申报情况将纳入个人信用管理。未按规定办理纳税申报、不缴或者少缴税款、提供虚假资料申报享受税收优惠、不配合税务检查、虚假承诺等行为，都会对个人信用产生影响。

（六）税务机关和扣缴义务人会为我的个人纳税信息保密吗？

税务机关、税务人员、扣缴义务人和受托人会为您的个人信息保密，否则他们将承担相应的法律责任。

五、我该如何办理年度汇算申报？

办理年度汇算主要有三种方式：自己办、单位办、请人办。

一是自己办，即纳税人自行办理。纳税人可以通过手机个人所得税APP、自然人电子税务局等渠道自行办理年度汇算。

二是单位办，即请任职受雇单位办理。您可以请单位帮助代办年度汇算，也可以请教单位如何通过手机或者自然人电子税务局自行办理。

需要注意的是，如您选择单位代办年度汇算，需在纳税年度的次年4月30日前与单位进行书面确认；同时，如您还有单位以外的收入，或者单位不掌握的扣除项目，需一并提交单位，并对其真实性、准确性、完整性负责。

三是请人办，即委托涉税专业服务机构或其他单位及个人办理。选择这种方式，您需要与受托人签订委托授权书。

（一）想自己办年度汇算，我该如何办？

办理年度汇算，您主要需要填写纳税申报表［个人所得税年度自行纳税申报表（A表）（仅取得境内综合所得年度汇算适用）］。如果有新增或者调整本人重要基础信息（如有效联系方式、银行卡）、专项附加扣除信息等扣除信息，需要对相应信息进行补充或更新。上述事项均可通过手机个人所得税APP、自然人电子税务局等渠道"随时随地"办理。如您不方便使用网络，也可以通过邮寄方式或者到办税服务厅办理。

【特别提醒】手机APP和自然人电子税务局申报，都是免费的。千万勿用非官方软件办理，以防上当受骗！

1. 有哪些申报渠道可供选择？

手机个人所得税APP、自然人电子税务局可以方便快捷地通过网络远程办理年度汇算，推荐您使用该方式，并根据软件提示和引导完成申报。网络方式办理年度汇算的，获得退税时间相对更快，缴税更加便捷，还可以随时关注本人的申报、退税（补税）进度。

如果您不方便网上办理，也可以至主管税务机关办税服务厅办理，或者将填写好的申报表及相关资料邮寄至指定的税务机关。

（1）手机个人所得税APP申报。手机申报，适合绝大部分收入、扣除事项相对简单且没有境外所得的纳税人。手机APP将为您提供以下服务：

①方便快捷办理年度汇算，并按一定规则预填部分申报信息，申报过程中给予相应提示提醒，根据申报情况自动计算应退（补）税款，

帮助您准确完成申报。

②查询退税进度；核验退税银行卡；获得退税时间较其他申报渠道更短（与自然人电子税务局一样）。

③提供多种缴税方式（网上银行、第三方支付等）。

④随时查询本人的收入纳税情况等信息。

⑤如您申报存在问题可获取税务机关点对点的提示等。

【小贴士：个人所得税 APP 下载】

您可在各大主流手机应用市场搜索国家税务总局发布的"个人所得税"APP 并下载安装（请认准正版图标）。您还可以登录国家税务总局、自然人电子税务局，扫码下载。

（2）自然人电子税务局申报。电脑屏幕较手机大、显示信息多，适合收入、扣除等事项较多、情况较复杂的纳税人。电子税务局将提供以下服务：

①方便快捷办理年度汇算，并按一定规则预填部分申报信息；申报过程中给予相应提示提醒，根据申报情况自动计算应退（补）税款，帮助您准确完成申报。

②查询退税进度；核验退税银行卡；获得退税时间较其他申报渠道更短（与手机 APP 一样）。

③提供多种缴税方式（网上银行、第三方支付等）。

④随时查询本人的收入纳税情况等信息。

⑤如您申报存在问题可获取税务机关点对点的提示等。

【小贴士：自然人电子税务局网址】

https：//etax.chinatax.gov.cn

（3）办税服务厅申报。建议您到主管税务机关办税服务专厅或者专区办理申报。采用该种方式申报的，需要您填写纳税申报表，并携带本人有效身份证件。为节约您的时间，建议您可咨询或者预约后上门办理。

【小贴士：办税服务厅或者年度汇算服务专区申报流程】

您可根据税法确定的年度汇算地，然后至该地主管税务机关提交申报资料。通常按照以下流程办理（各地略有不同）：

①自行或在专业人士辅导下填写纸质纳税申报表；

②由导税人员根据纳税人实际情况引导至网上办理区域或窗口区域。现场如有排队叫号机，可取号排队办理。

③在网上办理区域办理的，可向现场咨询辅导人员寻求帮助；在窗口办理的，如您填写的申报表有错误或者携带资料不全，窗口人员会告知您补正后办理。

④申报结束后申请退税，或者通过POS机刷卡等方式缴税。

（4）邮寄申报

请您填报申报表并准备好相应的资料信息，并根据自己实际情况，将申报表寄送至相应地址：

①有任职受雇单位的，需将申报表寄送至任职受雇单位所在省（自治区、直辖市、计划单列市）税务局公告指定的税务机关；

②没有任职受雇单位的，寄送至户籍或者经常居住地或者主要收入来源地所在省（自治区、直辖市、计划单列市）税务局公告指定的税务机关。

【特别提醒】为避免因信息填报有误或寄送地址不清而带来不必要的麻烦，请您注意以下事项：

（1）请务必清晰、准确、完整地在申报表填写相关信息，尤其是姓名、纳税人识别号、有效联系方式等关键信息；为提高辨识度，寄送的申报表，建议使用电脑填报并打印后签字。

（2）请您将申报表一式两份寄送至邮寄申报受理机关。

（3）请提供您真实的联系方式。否则有可能因您提供的联系方式不正确或缺失，致使税务机关无法联系到您，可能导致您无法收到退税或者及时补税，从而遭受不必要的税收损失。

【特别说明】因邮寄申报过程中，邮寄、拆封、核对和录入需要时间，通过该方式申报并申请退税的，退税周期比网络申报长。

【小贴士：邮寄申报流程】

（1）获取申报表；

（2）准备年度汇算需要报送的资料；

（3）填写申报表；

（4）将申报表等资料邮寄到指定的税务局；

（5）申请退税的，随申报表一并申请；应当补税的，寄送申报资料后，关注并及时查询受理情况，并根据受理情况办理补税。如果您填写的申报信息有误或者提供资料不全，税务局会联系您补正后重新邮寄。

【小贴士：邮寄申报如何确定申报日期？】

邮寄申报的具体日期，以邮政部门收寄日戳日期为准。如果因您的申报信息或者资料不全，税务局要求您重新补正资料的，以您重新补正后收寄时间为准。

【小贴士：我的申报表要邮寄到哪里？】

您需要将申报表邮寄至您主管税务局所在省（自治区、直辖市、计划单列市）税务局指定的邮寄地址。具体可登录各省税务局门户网站查询。

【小贴士：我如何知道自己的申报受理情况？】

如果您的邮寄申报已经被税务局受理，税务机关会通过个人所得税 APP、自然人电子税务局、短信、电话等方式中的一种或几种通知您，请您留意。

【小贴士：哪些情形下税务局可能不受理我的邮寄申报？】

如果您的邮寄申报存在以下情形的，税务机关不予受理：

（1）邮寄申报资料不齐全；

（2）申报信息填写不完整、不清晰、不准确或者字迹无法辨认；供理解和申报使用，相关内容以税收法律法规及相关文件规定为准。

如您仍有疑问，可咨询当地税务机关或拨打 12366 纳税服务热线。

（3）邮寄申报填写信息存在应纳税额计算适用公式、税率错误或者其他逻辑错误；

（4）填报的已缴税额与实际入库的已缴税额不一致；

（5）向不属于年度汇算地省税务局指定的邮寄申报受理机关邮寄申报资料。

【小贴士：我的邮寄申报不符合受理条件我该怎么办？】

您需要补正补齐申报资料或者选择正确邮寄对象后重新办理邮寄申报，也可以选择其他的方式办理申报。

2. 我应该填报哪类申报表？

（1）选择网络方式申报的，不需要再填写纸质申报表。可以通过手机个人所得税 APP、自然人电子税务局直接填报相关信息，生成申报数据。

（2）选择非网络申报方式的（办税服务厅、邮寄申报），需要填写"个人所得税年度自行纳税申报表"。该表分为 A 表、B 表、简易版和问答版三种，您可以根据您的实际情况选择其一填报即可。

①如您确定本人上年度综合所得全年收入额不超过 6 万元且需要申请退税，您可填报"个人所得税年度自行纳税申报表（简易版）"，只需确认已预缴税额、填写本人银行账户信息，即可快捷申请退税。

②如您不符合填报简易版申报表的条件，也不太了解个人所得税有关政策规定，建议您选用"个人所得税年度自行纳税申报表（问答版）"。

③如果您掌握一定的个人所得税知识，您可以选"个人所得税年度自行纳税申报表（A 表）"填报。

④如果您办理年度汇算时，还有需要申报的境外所得，您需填报"个人所得税年度自行纳税申报表（B 表）"，并至主管税务机关办理

申报。

【小贴士：如何计算收入额？】

"收入"和"收入额"，是综合所得个人所得税计算过程中的专业名词。

"收入"，通俗讲即毛收入，也就是常说的税前收入。

"收入额"，是计算税款过程中的一个名词。依据税法，工资薪金所得以全部收入为收入额，劳务报酬所得、稿酬所得、特许权使用费所得以收入减除20%的费用后的余额为收入额。稿酬所得的收入额再减按70%计算。具体来说：

工资薪金所得收入额＝全部工资薪金税前收入

劳务报酬所得收入额＝全部劳务报酬税前收入×(1－20%)

稿酬所得收入额＝全部稿酬税前收入×(1－20%)×70%

特许权使用费所得收入额＝全部特许权使用费税前收入×(1－20%)

【小贴士：从哪里获取年度汇算申报表？】

登录国家税务总局网站（http://www.chinatax.gov.cn/）下载或到办税服务厅领取。如果您采用网络申报方式，则您只需在线填写信息生成申报表，无须再填写纸质申报表。

3. 除申报表外，我还需要报送其他资料吗？

一般情况下不需要。但如您存在以下情形，需同时附报相关信息：

（1）自然人重要基础信息（手机等有效联系方式、银行卡）发生变化的。

（2）新增申报享受专项附加扣除或者相关信息发生变化的，需要补充或者更新相关信息。

（3）新增申报商业健康保险扣除的，需要报送"商业健康保险税前扣除情况明细表"，提供税优识别码、保单生效日期、保费、扣除金额等信息。

（4）新增申报税收递延型商业养老保险扣除的，需要报送"个人税收递延型商业养老保险税前扣除情况明细表"，提供税延养老账户编号、报税校验码、保费、扣除金额等信息。

（5）申报准予扣除的公益慈善捐赠的，需要报送"个人所得税公益慈善捐赠扣除明细表"，提供受赠单位名称、捐赠金额、凭证号等信息。

（6）申报减免个人所得税的，需要提供"个人所得税减免税事项报告表"，说明减免类型和金额等。

（7）如您还有境外所得，申报境外所得税收抵免的，除另有规定外，应当提供境外征税主体出具的税款所属年度的完税证明、税收缴款书或者纳税记录等纳税凭证。

4. 使用税务机关提供的预填申报数据办理年度汇算常见问题

【小贴士：哪个渠道可以享受税务机关提供的预填申报数据服务】

您可通过个人所得税 APP 和自然人电子税务局办理年度汇算申报体验该项服务。

【小贴士：税务机关预填了申报数据，是不是就不用申报了？】

不是。预填申报数据，只是税务机关提供的一项服务，不能替代您的申报义务。

【小贴士：是不是直接确认税务局预填的申报数据就可以了？错了也不用承担法律责任？】

不是。预填申报数据仅是税务机关提供的一项便民服务措施，是为了方便纳税人，事先根据扣缴单位申报数据等按一定规则填写的，纳税人依然需要对申报数据的真实性、准确性和完整性负责。因此，需要纳税人根据自身实际情况对预填数据进行确认、补充完善。

【小贴士：我用手机选择预填服务办申报时，为什么我有劳务报酬但相应栏次却显示"0"？】

大多数人的劳务报酬和稿酬收入比较零散，来源不固定。

为便于纳税人更好地理清并确认自己的收入，您需要点击劳务报酬（或稿酬等），通过【新增】查询导入并确认本人实际取得的相关收入。

【小贴士：我的全年一次性奖金，是怎么预填的？】

对综合所得（含一次性奖金）年收入额超过 6 万元的纳税人，税务机关预填的申报数据中，不包括单独计税的全年一次性奖金。如纳税人选择将其并入综合所得计税，需在工资薪金栏次通过"奖金计税方式选择"将其并入。

【小贴士：标准申报时，除了预填的收入以外，还有其他收入，是不是就不能使用预填功能了？】

可以使用。您只需在预填数据的基础上，将其他收入在对应的所得项目处，通过新增补充完整。

（二）想请单位代办年度汇算，我该怎么办？

如果您有任职受雇单位，或者您是保险营销员、证券经纪人，您可以选择您的受雇单位（或者支付报酬的保险公司、证券公司）为您办理年度汇算。

1. 请单位代办年度汇算需要注意什么？

（1）为给单位代办预留时间，您须在次年 4 月 30 日前与单位进行确认，否则，过期后单位将不再为您代为办理；

（2）如实向单位提供有关资料；

（3）因年度汇算最后截止日期为次年 6 月 30 日，为避免给您造成损失，请您及时向单位了解申报进度；

（4）及时关注单位代为申报情况，如果申报信息有误，及时更正（您可请单位更正，也可自行更正）；

（5）需要补税的请按期补缴税款（选择由单位代为补税的，及时与单位结算税款）；需要退税的及时查看退税进度。

2. 请单位代办流程是什么？

（1）如需单位代办年度汇算的，您须在次年 4 月 30 日前与单位进行书面确认（选择自行申报的无须与单位确认）。

（2）确认事项包括（参考表样如下）：

①是否有须补充的收入、扣除等信息并需补充完整；

②如您可以申请退税，须确认是否申请退税并提供退税银行卡账号；如您须补税，须确认税款支付方式。

③单位根据您提供的信息代您填写申报表、计算应退（补）税并办理申报。

④如果需要补税，由单位代缴税款的，须将税款交到单位由其代缴；自行缴纳税款的，可以在单位代为申报后自行通过手机个人所得税 APP 或者自然人电子税务局缴纳。

3. 单位为员工代办年度汇算，该怎么办？

（1）单位代办时需要职工提供和确认哪些信息？

①向职工确认是否需要单位代为办理年度汇算；

②核实个人的姓名、身份证件号码、手机号码，其中，手机号码缺失或不准确的，纳税人将无法收到税务机关的反馈信息，可能给纳税人退税或者补税产生影响，进而给纳税人带来损失；

③如职工告知有补充收入、扣除项目的，请其提供相关收入及纳税、扣除等明细信息；

④如果职工需要补税，应确认是需要单位统一缴纳还是个人自行缴纳；如选择自行缴纳的，须告知职工在单位代为申报后可通过手机个人所得税 APP 或者自然人电子税务局缴纳；

⑤如果职工需要申请退税，请协助核对退税银行账户是否为员工本人账户，推荐使用工资卡接收退税。

（2）如果员工提供的信息不准确、办错了，谁负责？

纳税人对其提供的综合所得收入、相关扣除、享受税收优惠等信息资料的真实性、准确性、完整性负责。如果因员工提供信息不准确、办错了，由其承担相应责任。

（三）我如何委托其他人办理年度汇算？

您如果委托涉税专业服务机构，或者其他单位和个人办理年度汇算，您需要与受托人签订委托协议，并提供与申报相关的收入、扣除、纳税信息资料。后续您可登录手机个人所得税 APP 或者自然人电子税务局查询受托人为您办理年度汇算情况。

1. 涉税专业服务机构办理申报的方式？

可通过自然人电子税务局（https：//etax.chinatax.gov.cn）"代理办税"功能办理申报。

2. 受托人协助纳税人虚假申报的需承担什么责任？

受托人协助纳税人虚假申报、骗取退税或者实施其他与汇算清缴相关的税收违法行为的，按照税收征管法等有关法律法规规定处理，并纳入纳税信用管理。

（四）年度汇算中税务局要我补充资料信息，我该怎么办？

年度汇算过程中，税务局可能会就相关事宜与您沟通确认，或请您补正相关资料信息。如果您确实存在填写不完整、不准确等情况，建议您及时补正相关资料信息；如您能够提供相关资料佐证您填写内容的真实性、准确性的，建议您及时与税务机关沟通提供。

（五）申报表填写时遇到问题怎么办？

如果您在年度汇算过程中遇到问题，建议您通过以下渠道解决：

1. 可以在本指引、税务部门发布的热点问答等资料中查找遇到的问题及解决方法；

2. 利用手机 APP 或者电子税务局办理汇算时遇到问题，您可以利用系统提供的帮助文档解决；

3. 咨询所在单位财务人员或相关专业人士；

4. 拨打 12366 纳税服务热线或者当地税务机关对外公布的其他咨询电话进行咨询。

（六）我发现扣缴申报数据与实际不符该怎么办？

1. 如果扣缴义务人申报的收入、扣除或者缴税信息与我实际情况有出入，我该怎么办？

您可以采取以下方式处理：

（1）与您的扣缴义务人联系核实相关情况，如果确实为扣缴义务人申报错误，由其办理更正申报后，您再办理年度汇算；

（2）如果您的扣缴义务人已经注销或者无法联系，您可以按照您的实际情况办理年度汇算，但请您务必保存好相关资料，后续税务机关可能会与您联系核实。您也可主动与主管税务机关联系，到相应办税服务厅提交相关资料。

2. 我取得的收入支付单位没有代扣代缴税款，我该怎么办？

如果扣缴义务人在向您支付综合所得时没有履行代扣代缴义务，您应当在年度汇算申报时自行补充申报。

3. 发现有单位冒用我身份申报收入该怎么办？

您通过网络方式办理年度汇算时，如果发现有单位冒用您的身份申报了收入，您可以在办理年度汇算时自行删除被冒用的整条预扣预缴记录。删除后，该项收入不纳入年度汇算。您也可以就冒用身份申报收入情况进行申诉，税务机关将对您的申诉情况进行核实，并及时向您反馈核实情况。

需要提醒的是，您在删除和申诉时，需要就有关情况进行承诺。如果进行虚假删除或申诉导致少缴税款，会影响您的纳税信用，情况严重的，将承担相应法律责任。

4. 离职后原公司仍申报我的个人所得税，我该如何处理？

如果您离职后，原单位仍为您申报个人所得税，您需要区分情况处理：如果是单位为您补发收入并申报个人所得税，则属于正常情况，无须处理。如果是您未取得收入，而原单位进行虚假申报的，您可以删除或申诉这笔申报信息。申诉或删除后，在网络申报时，这笔收入将不会纳入您年度汇算。

（七）我年度汇算申报结束后发现申报错误，该怎么办？

如果您已经申请退税并已进入国库办理环节，这时候要等国库办理结束之后再更正；如果您未申请退税或者已经申请但退税流程还在税务机关受理、审核等环节，您可以先取消退税申请之后更正申报。

（八）常见问题

问题1：可适用简易方式申报的，含不含全年一次性奖金？

如果您全年综合所得和日常单独计税的全年一次性奖金加总收入额不超过6万元，在适用简易方式申报时，建议您选择并入。通过网络方式申报的，税务机关为您提供的"使用已申报数据填写"的预填服务中，包括了全年一次性奖金缴纳的税款。

但如果您全年综合所得和日常单独计税的全年一次性奖金加总后收入额超过了6万元，则需由您根据自身情况选择全年一次性奖金是并入综合所得计税，还是维持单独计税。通过网络方式申报的，税务机关为您提供的申报数据预填服务中，暂不包括全年一次性奖金，请您根据自身情况选择是否并入综合所得。

问题2：我收入额低于6万元，但有境外所得，能不能使用简易方式申报？

不能。因境外所得需要填报您的境外收入及已缴税款等信息，简易申报表无法满足上述填写需要。

问题3：我收入额低于6万元，能不能进行标准申报？

可以。简易方式申报和标准申报的差别在于，标准申报需填报收入等信息。

六、我该如何办理退税或补税？

（一）我如何办理退税？

如果您通过手机个人所得税 APP 和自然人电子税务局网页端等网络方式进行年度汇算申报，在完成申报时系统会自动询问您是否申请退税，只要您提供中国境内开设的符合条件的银行账户即可直接申请退税。如果您是由扣缴义务人、其他单位或个人代为办理年度汇算的，可以由其在为您代为完成年度汇算申报后，一并为您申请退税。若采取邮寄或到办税服务厅申报的，在填报申报表时勾选"申请退税"，并填写您中国境内开设的符合条件的银行账户信息。

1. 我该如何申请退税？

（1）若您为自行办理年度汇算申报后，直接申请退税的情况。如果您通过手机个人所得税 APP 或自然人电子税务局等网络方式进行年度汇算申报，在完成申报时系统会自动询问您是否申请退税，只要您提供中国境内开设的符合条件的银行账户即可直接申请退税。为简化申报，只要您在申报表的相应栏次勾选"申请退税"，即完成了申请提交。

申请以前年度汇算退税的纳税人，如存在应当办理该年度上一年度汇算补税但未办理，或者经税务机关通知该年度上一年度汇算申报存在疑点但拒不更正或说明情况的，须在办理该年度上一年度汇算申报补税、更正申报或者说明有关情况后依法申请退税。

（2）如您由扣缴义务人或者其他单位和个人代为办理年度汇算的，可以由其在为您完成年度汇算申报后一并申请退税。

2. 我的税会退到哪里？

您的退税申请，税务机关审核通过后会将退税资料发送人民银行（国库），由其退还至您指定的本人在中国境内开设的符合条件的银行账户中。

【小贴士：可以将退税款退至他人账户吗？】

一般情况下不可以。为了保证您的资金安全，退税款只能退还至您本人的账户。

3. 什么是符合条件的银行账户？

符合条件的银行账户须具备以下条件：

（1）银行账户须为纳税人本人的银行开户；

（2）为了避免退税不成功，建议您填报Ⅰ类账户，具体可以通过网上银行或直接向开户银行查询；

（3）收到退税前，请保持银行账户状态正常。如果您的银行账户处于注销、挂失、未激活、收支有限额、冻结等状态，均会影响您收到退税。

为便于您更好地办理退税业务，税务部门与国库部门联合提供了核验服务，但一般需要您在申请退税前3天填报相关账户。填报后，您可及时通过填报渠道关注核验结果；如果核验未通过，请及时确认并重新填报银行账户。

4. 我可以放弃退税吗？

申请退税是您的权利，您可以放弃退税。如果放弃退税，您可以不用办理年度汇算。

【小贴士：选择放弃退税后，可以再次申请退税吗？】

可以。但您须在税收征管法规定的期限内重新申请退税。

5. 什么情况下会导致退税审核不通过或者退税失败？

如果存在以下情形之一，可能导致退税审核不通过或者退税失败：

（1）您的身份信息不正确；

（2）您提交的银行账户信息不正确或者无效；

（3）您填报的申报数据存在错误或者疑点；

（4）税务机关审核时发现有需要向您进一步核实了解的情况，但您未提供有效联系方式或者提供的有效联系方式不正确，无法与您联系；

（5）税务机关核实有关年度汇算申报信息时纳税人拒不配合。

6. 我可以查我的退税进度吗？

可以。您可通过手机个人所得税 APP、自然人电子税务局查询您的退税进度。邮寄申报、大厅申报的，也可通过上述渠道查询。

【小贴士：退税申请提交后能否看到业务办理状态？】

提交申请成功后，您可通过手机个人所得税 APP 或者自然人电子税务局查看您退税业务的办理状态。对审核不通过或者退库失败的，系统会提示您原因或解决方法。

【小贴士：退税成功后是否有提示？】

手机 APP 或自然人电子税务局有提示。最终提示状态为"×年×月×日国库处理完成，请关注退税到账情况"。

【小贴士：退税进度显示"提交申请成功"是什么意思？】

表示您的退税申请已经提交成功。

【小贴士：退税进度显示"税务审核中"是什么意思？】

此时，税务机关正在对您的退税申请进行审核，请您耐心等待。

【小贴士：退税进度显示"税务审核不通过"，我该怎么办？】

税务审核不通过的原因有多种，您需要对您的申报数据进行重新检查、确认。您可通过您原申报渠道查询不通过原因，特定情况下税务机关也会与您联系，请您补充提供相关收入或者扣除的佐证资料。

需要特别说明的是，税务机关不会在短信或者非官方软件中请您为了退税提供银行账户等信息，如有疑问及时与税务机关联系或者拨打12366纳税服务热线。

【小贴士：退税进度中显示"国库处理中"是什么意思？】

此时，税务机关已经将您的退税申请提交国库部门，国库部门正在按规定处理中。

【小贴士：退税进度显示"国库退库失败"，我该怎么办？】

一般情况下，国库退库失败多与您填报的银行账户有关。请关注您申请退税的银行账户是否为本人账户，该账户是否处于注销、挂失、冻结、未激活、收支有限额等状态。如果遇到该种情况，须重新填报您本人符合条件的银行账户并提交退税申请。

【小贴士：我申请退税失败了该怎么办？】

您修正相应信息后，可再次申请退税。

（二）我如何办理补税？

如果年度汇算需要补税且不符合可免于办理年度汇算补税情形的，应当在 6 月 30 日前完成年度汇算申报并及时补缴税款。具体可以通过网上银行、办税服务厅 POS 机刷卡、银行柜台、非银行支付机构（第三方支付）等方式补缴。

1. 年度汇算时需要补税的，应该在什么期限补缴完毕？

年度汇算申报后，如果您需要补税，请您在次年 6 月 30 日前补缴税款，否则将面临每日万分之五加收滞纳金。

2. 年度汇算补税的，有哪些缴税方式？

如果您需要办理年度汇算补税，可以通过网上银行、办税服务厅 POS 机刷卡、银行柜台、非银行支付机构（第三方支付）等方式缴纳税款。

3. 采用邮寄申报的如何补税？

如果您采取邮寄申报方式进行年度汇算申报并补缴税款的，可以通过手机个人所得税 APP、自然人电子税务局补税（支持网上银行和第三方支付等缴税方式），或者到主管税务机关办税服务厅 POS 机刷卡缴税。

4. 采用由扣缴义务人代为年度汇算的如何补税？

如果您选择由扣缴义务人代为办理年度汇算申报的，可以由扣缴义务人一并为您补缴税款，也可以由您通过个人所得税 APP、自然人电子税务局自行缴税。如果您选择由扣缴义务人代为补缴税款，您应当及时将补缴税款交付扣缴义务人。

5. 如何确定我补税成功？

系统会生成缴税凭证。您可以通过手机个人所得税 APP、自然人电子税务局网页端（https：//etax. chinatax. gov. cn）、办税服务厅查询您的缴税情况。

七、年度汇算申报后我还需要关注什么？

我如何查询办理进度？

您可以登录手机个人所得税 APP、自然人电子税务局，查询了解您的年度汇算办理进度。

【手机 APP 端】

首页【我要查询】——【申报信息查询】——【申报查询】进行查询，或者首页【服务】——【申报信息查询】——【申报查询】。

【WEB 端】

可通过首页——【常用业务】——【申报查询】；顶部菜单【我要查询】——【申报查询（更正/作废申报）】进行查询。

年度汇算结束后，税务机关要核实我的汇算信息，我该怎么办？

年度汇算结束后，税务机关如需要核实您的申报数据，请积极配合税务机关，以保证您的合法权益。如纳税人不配合税务检查的，将记入纳税信用记录。构成严重失信的，还可能按照有关规定实施联合惩戒。

第五节　社保基本政策规定和筹划

一、社会保险法关于用人单位和职工缴纳社保费的规定

国家建立基本养老保险、基本医疗保险、工伤保险、失业保险、生

育保险等社会保险制度，保障公民在年老、疾病、工伤、失业、生育等情况下依法从国家和社会获得物质帮助的权利。中华人民共和国境内的用人单位和个人应依法缴纳社会保险费，职工应当参加基本养老保险，由用人单位和职工共同缴纳基本养老保险费。

无雇工的个体工商户、未在用人单位参加基本养老保险的非全日制从业人员以及其他灵活就业人员可以参加基本养老保险，由个人缴纳基本养老保险费。

职工应当参加职工基本医疗保险，由用人单位和职工按照国家规定共同缴纳基本医疗保险费。

无雇工的个体工商户、未在用人单位参加职工基本医疗保险的非全日制从业人员以及其他灵活就业人员可以参加职工基本医疗保险，由个人按照国家规定缴纳基本医疗保险费。

职工应当参加工伤保险，由用人单位缴纳工伤保险费，职工不缴纳工伤保险费。

职工应当参加失业保险，由用人单位和职工按照国家规定共同缴纳失业保险费。

职工应当参加生育保险，由用人单位按照国家规定缴纳生育保险费，职工不缴纳生育保险费。

二、社会保险缴费基数的规定（劳社险中心函〔2006〕60号）

（一）关于缴费基数的核定依据

凡是国家统计局有关文件没有明确规定不作为工资收入统计的项目，均应作为社会保险缴费基数。

（二）关于工资总额的计算口径

依据国家统计局有关文件规定，工资总额是指各单位在一定时期内直接支付给本单位全部职工的劳动报酬总额，由计时工资、计件工资、奖金、加班加点工资、特殊情况下支付的工资、津贴和补贴等组成。劳动报酬总额包括：在岗职工工资总额；不在岗职工生活费；聘用、留用的离退休人员的劳动报酬；外籍及港澳台方人员劳动报酬以及聘用其他从业人员的劳动报酬。

国家统计局《关于认真贯彻执行〈关于工资总额组成的规定〉的通知》（统制字〔1990〕1号）中对工资总额的计算作了明确解释：各单位支付给职工的劳动报酬以及其他根据有关规定支付的工资，不论是计入成本的还是不计入成本的，不论是按国家规定列入计征奖金税项目的还是未列入计征奖金税项目的，均应列入工资总额的计算范围

（三）关于计算缴费基数的具体项目

根据国家统计局的规定，下列项目作为工资总额统计，在计算缴费基数时作为依据。

1. 计时工资，包括：

（1）对已完成工作按计时工资标准支付的工资，即基本工资部分；

（2）新参加工作职工的见习工资（学徒的生活费）；

（3）根据国家法律、法规和政策规定，因病、工伤、产假、计划生育假、婚丧假、事假、探亲假、定期休假、停工学习、执行国家或社会义务等原因按计时工资标准或计时工资标准的一定比例支付的工资；

（4）实行岗位技能工资制的单位支付给职工的技能工资及岗位（职务）工资；

（5）职工个人按规定比例缴纳的社会保险费、职工受处分期间的工资、浮动升级的工资等。

（6）机关工作人员的职务工资、级别工资、基础工资；工人的岗位工资、技术等级（职务）工资。

2. 计件工资，包括：

（1）实行超额累进计件、直接无限计件、限额计件、超定额计件等工资制，按劳动部门或主管部门批准的定额和计件单价支付给个人的工资；

（2）按工作任务包干方法支付给个人的工资；

（3）按营业额提成或利润提成办法支付给个人的工资。

3. 奖金，包括：

（1）生产（业务）奖包括超产奖、质量奖、安全（无事故）奖、考核各项经济指标的综合奖、提前竣工奖、外轮速遣奖、年终奖（劳动分红）等；

（2）节约奖包括各种动力、燃料、原材料等节约奖；

（3）劳动竞赛奖包括发给劳动模范、先进个人的各种奖金；

（4）机关、事业单位各类人员的年终一次性奖金、机关工人的奖金、体育运动员的平时训练奖；

（5）其他奖金包括从兼课酬金和业余医疗卫生服务收入提成中支付的奖金，运输系统的堵漏保收奖，学校教师的教学工作量超额酬金，从各项收入中以提成的名义发给职工的奖金等。

4. 津贴，包括：

（1）补偿职工特殊或额外劳动消耗的津贴及岗位性津贴。包括：高空津贴、井下津贴、流动施工津贴、高温作业临时补贴、艰苦气象台（站）津贴、微波站津贴、冷库低温津贴、邮电人员外勤津贴、夜班津贴、中班津贴、班（组）长津贴、环卫人员岗位津贴、广播电视天线工岗位津贴、盐业岗位津贴、废品回收人员岗位津贴、殡葬特殊行业津贴、城市社会福利事业岗位津贴、环境监测津贴、课时津贴、班主任津贴、科研辅助津贴、卫生临床津贴和防检津贴、农业技术推广服务津贴、护林津贴、林业技术推广服务津贴、野生动物保护工作津贴、水利防汛津贴、气象服务津贴、地震预测预防津贴、技术监督工作津贴、口岸鉴定检验津贴、环境污染监控津贴、社会服务津贴、特殊岗位津贴、会计岗位津贴、野外津贴、水上作业津贴、艺术表演档次津贴、演出场次津贴、艺术人员工种补贴、运动队班（队）干部驻队津贴、教练员培训津贴、运动员成绩津贴、运动员突出贡献津贴、责任目标津贴、领导职务津贴、岗位目标管理津贴、专业技术职务津贴、专业技术岗位津贴、技术等级岗位津贴、技术工人岗位津贴、普通工人作业津贴及其他为特殊行业和苦脏累险等特殊岗位设立的津贴。

机关工作人员岗位津贴。包括：公安干警值勤津贴，警衔津贴，交通民警保健津贴，海关工作人员岗位津贴，审计人员外勤工作补贴，税务人员的税务征收津贴（包括农业税收），工商行政管理人员外勤津贴，人民法院干警岗位津贴，人民检察院干警岗位津贴，司法助理员岗位津贴、监察、纪检部门办案人员补贴，人民武装部工作人员津贴，监狱劳教所干警健康补贴等。

（2）保健性津贴。包括：卫生防疫津贴、医疗卫生津贴、科技保健津贴、农业事业单位发放的有毒有害保健津贴以及其他行业职工的特殊保健津贴等。

（3）技术性津贴。包括：特级教师津贴、科研课题津贴、研究生导师津贴、工人技师津贴、中药老药工技术津贴、特殊教育津贴、高级知识分子特殊津贴（政府特殊津贴）等。

（4）年功性津贴。包括：工龄工资、工龄津贴、教龄津贴和护士护龄津贴等。

（5）地区津贴。包括艰苦边远地区津贴和地区附加津贴等。

（6）其他津贴。例如：支付给个人的伙食津贴（火车司机和乘务员的乘务津贴、航行和空勤人员伙食津贴、水产捕捞人员伙食津贴补贴、汽车司机行车津贴、体育运动员和教练员伙食补助费、少数民族伙食津贴、小伙食单位补贴、单位按月发放的伙食补贴、补助或提供的工作餐等）、上下班交通补贴、洗理卫生费、书报费、工种粮补贴、过节费、干部行车补贴、私车补贴等。

5. 补贴，包括：为保证职工工资水平不受物价上涨或变动影响而支付的各种补贴，如副食品价格补贴、粮、油、蔬菜等价格补贴，煤价补贴、水电补贴、住房补贴、房改补贴等。

6. 加班加点工资。

7. 其他工资，如附加工资、保留工资以及调整工资补发的上年工资等。

8. 特殊项目构成的工资：

(1) 发放给本单位职工的"技术交易奖酬金";

(2) 住房补贴或房改补贴。房改一次性补贴款,如补贴发放到个人,可自行支配的计入工资总额内;如补贴为专款专用存入专门的账户,不计入工资总额统计 [国家统计局《关于房改补贴统计方法的通知》(统制字〔1992〕80号文)];

(3) 单位发放的住房提租补贴、通信工具补助、住宅电话补助 [国家统计局《关于印发1998年年报劳动统计新增指标解释及问题解答的通知》(国统办字〔1998〕120号)];

(4) 单位给职工个人实报实销的职工个人家庭使用的固定电话话费、职工个人使用的手机费(不含因工作原因产生的通讯费,如不能明确区分公用、私用均计入工资总额)、职工个人购买的服装费(不包括工作服)等各种费用 [国家统计局《关于印发2002年劳动统计年报新增指标解释及问题解答的通知》(国统办字〔2002〕20号)];

(5) 为不休假的职工发放的现金或补贴 [国家统计局《关于印发2002年劳动统计年报新增指标解释及问题解答的通知》(国统办字〔2002〕20号)];

(6) 以下属单位的名义给本单位职工发放的现金或实物(无论是否计入本单位财务帐目)[国家统计局《关于印发2002年劳动统计年报新增指标解释及问题解答的通知》(国统办字〔2002〕20号)];

(7) 单位为职工缴纳的各种商业性保险 [国家统计局《关于印发2002年劳动统计年报新增指标解释及问题解答的通知》(国统办字〔2002〕20号)];

(8) 试行企业经营者年薪制的经营者,其工资正常发放部分和年终结算后补发的部分 [国家统计局《关于印发2002年劳动统计年报新增指标解释及问题解答的通知》(国统办字〔2002〕20号)];

(9) 商业部门实行的柜组承包,交通运输部门实行的车队承包、司机个人承包等,这部分人员一般只须定期上交一定的所得,其余部分归己。对这些人员的缴费基数原则上采取全部收入扣除各项(一定)费用支出后计算 [国家统计局《关于印发劳动统计问题解答的通知》

(制司字〔1992〕39号)〕；

（10）使用劳务输出机构提供的劳务工，其人数和工资按照"谁发工资谁统计"的原则，如果劳务工的使用方不直接支付劳务工的工资，而是向劳务输出方支付劳务费，再由劳务输出方向劳务工支付工资，应由劳务输出方统计工资和人数；如果劳务工的使用方直接向劳务工支付工资，则应由劳务使用方统计工资和人数。输出和使用劳务工单位的缴费基数以谁发工资谁计算缴费基数的原则执行〔国家统计局《关于印发2004年劳动统计年报新增指标解释及问题解答的通知》（国统办字〔2004〕48号）〕；

（11）企业销售人员、商业保险推销人员等实行特殊分配形式参保人员的缴费基数原则上由各地依据国家统计局有关规定根据实际情况确定。

（四）关于不列入缴费基数的项目

根据国家统计局的规定，下列项目不计入工资总额，在计算缴费基数时应予剔除：

1. 根据国务院发布的有关规定发放的创造发明奖、国家星火奖、自然科学奖、科学技术进步奖和支付的合理化建议，技术改进奖以及支付给运动员在重大体育比赛中的重奖，债券利息及职工个人技术投入后的税前收益分配。

2. 有关劳动保险和职工福利方面的费用。职工保险福利费用包括医疗卫生费、职工死亡丧葬费及抚恤费、职工生活困难补助、文体宣传费、集体福利事业设施费和集体福利事业补贴、探亲路费、计划生育补贴、冬季取暖补贴、防署降温费、婴幼儿补贴（即托儿补助）、独生子女牛奶补贴、独生子女费、"六一"儿童节给职工的独生子女补贴、工作服洗补费、献血员营养补助及其他保险福利费。

3. 劳动保护的各种支出。包括：工作服、手套等劳动保护用品，解毒剂、清凉饮料，以及按照国务院1963年7月19日劳动部等七单位规定的范围对接触有毒物质、矽尘作业、放射线作业和潜水、沉箱作业、高温作业等五类工种所享受的由劳动保护费开支的保健食品待遇。

4. 有关离休、退休、退职人员待遇的各项支出。

5. 支付给外单位人员的稿费、讲课费及其他专门工作报酬。

6. 出差补助、误餐补助。指职工出差应购卧铺票实际改乘座席的减价提成归己部分；因实行住宿费包干，实际支出费用低于标准的差价归己部分。

7. 对自带工具、牲畜来企业工作的从业人员所支付的工具、牲畜等的补偿费用。

8. 实行租赁经营单位的承租人的风险性补偿收入。

9. 职工集资入股或购买企业债券后发给职工的股息分红。

10. 劳动合同制职工解除劳动合同时由企业支付的医疗补助费、生活补助费以及一次性支付给职工的经济补偿金。

11. 劳务派遣单位收取用工单位支付的人员工资以外的手续费和管理费。

12. 支付给家庭工人的加工费和按加工订货办法支付给承包单位的发包费用。

13. 支付给参加企业劳动的在校学生的补贴。

14. 调动工作的旅费和安家费中净结余的现金。

15. 由单位缴纳的各项社会保险、住房公积金。

16. 支付给从保安公司招用的人员的补贴。

17. 按照国家政策为职工建立的企业年金和补充医疗保险，其中单位按政策规定比例缴纳部分。

三、关于非全日制用工的规定

1. 非全日制用工的概念

非全日制用工，是指以小时计酬为主，劳动者在同一用人单位一般平均每日工作时间不超过 4 小时，每周工作时间累计不超过 24 小时的用工形式。

2. 非全日制用工的劳动合同

非全日制用工双方当事人可以订立口头协议。

从事非全日制用工的劳动者可以与一个或者一个以上用人单位订立劳动合同；但是，后订立的劳动合同不得影响先订立的劳动合同的履行。

3. 非全日制用工不得约定试用期

非全日制用工双方当事人不得约定试用期。

4. 非全日制用工的终止用工

非全日制用工双方当事人任何一方都可以随时通知对方终止用工。终止用工，用人单位不向劳动者支付经济补偿。

5. 非全日制用工的劳动报酬

非全日制用工小时计酬标准不得低于用人单位所在地人民政府规定的最低小时工资标准。

非全日制用工劳动报酬结算支付周期最长不得超过 15 日。

6. 非全日制用工的社保

从事非全日制工作的劳动者应当参加基本养老保险，原则上参照个体工商户的参保办法执行。

从事非全日制工作的劳动者可以以个人身份参加基本医疗保险，原则上参照个体工商户的参保办法执行。

用人单位应当按照国家有关规定为建立劳动关系的非全日制劳动者缴纳工伤保险费。

个体工商户和灵活就业人员参加企业职工基本养老保险，按照调整计算口径后的本地全口径城镇单位就业人员平均工资，核定社保个人缴费基数上下限，允许缴费人在 60% 至 300% 之间选择适当的缴费基数，以减轻其缴费负担、促进参保缴费。

以个人身份参加企业职工基本养老保险的个体工商户和各类灵活就业人员，2020 年缴纳基本养老保险费确有困难的，可自愿暂缓缴费。

2021 年可继续缴费，缴费年限累计计算；对 2020 年未缴费月度，可于 2021 年底前进行补缴，缴费基数在 2021 年当地个人缴费基数上下限范围内自主选择。

四、多处取得工资社保缴纳的规定

多处取得工资的，工伤险可以重复缴纳，其他社会保险费不可以重复缴纳。

五、社保筹划节点分析

1. 不计入工资总额，在计算缴费基数时应予剔除的部分，企业在设计工资结构时可作为筹划参考。

2. 非全日制用工以个人身份缴纳社保的政策，企业在用工模式上可以参考。

3. 两处以上取得工资社保不重复缴纳（工伤险可以重复缴纳）的规定，对于集团内高管等高收入的群体可以考虑筹划。

4. 筹划方案设计的核心是把缴费基数降下来，但要基于事实，不要弄虚作假，避免过度筹划导致违法违规。

第七章 其他小税种的风险自查与税务建议

企业实践中，大家一般对增值税、企业所得税和个人所得税的管理比较重视，对于小税种往往不太注意，所以很容易发生税务风险，鉴于此，本章特结合建筑企业特点，以及工作中可能遇到的一些小税种的税务风险点作了梳理，希望能给读者以借鉴。

第一节 房产税

风险点1：出租房屋约定免租期的风险。

政策依据：

根据《财政部 国家税务总局关于安置残疾人就业单位城镇土地使用税等政策的通知》（财税〔2010〕121号）第二条规定，对出租房产，租赁双方签订的租赁合同约定有免收租金期限的，免收租金期间由产权所有人按照房产原值缴纳房产税。

税务建议：

签订出租合同时按实际收取的金额约定租金，不约定免收租金条款。如果价格偏低，要有合理的理由。

当然，疫情期间的免租期税务总局也有特别的规定，见《财产行为税司支持疫情防控和经济社会发展有关政策措施问答》（2020年4月

9日）。

问：我是商铺业主，和租户签订的租赁合同期限自2019年1月1日至2021年12月31日。考虑到疫情原因，今年2月为租户免了当月租金。请问2月份我的房产税如何缴纳？是否适用财税〔2010〕121号文件"免收租金期间由产权所有人按照房产原值缴纳房产税"规定？

答：《财政部 国家税务总局关于安置残疾人就业单位城镇土地使用税等政策的通知》（财税〔2010〕121号）规定，对于出租房产，租赁双方签订的租赁合同约定有免收租金期限的，免收租金期间由产权所有人按照房产原值缴纳房产税。

纳税人由于新冠肺炎疫情给予租户房租临时性减免，以共同承担疫情的影响，不属于事先租赁双方签订租赁合同约定的免收租金情形，不适用财税〔2010〕121号文件规定，即不用按照房产原值计算缴纳房产税，而是根据房产税暂行条例规定来处理。房产出租的，按租金收入的12%缴纳房产税。上述商铺业主纳税人2月份的房产税应按照实际租金收入乘以12%来计算申报缴纳，如果租金减为零，则房产税也为零。

风险点2：土地价值未计入房产原值缴纳房产税。

政策依据：

《财政部 国家税务总局关于安置残疾人就业单位城镇土地使用税等政策的通知》（财税〔2010〕121号）第三条规定，对按照房产原值计税的房产，无论会计上如何核算，房产原值均应包含地价，包括为取得土地使用权支付的价款、开发土地发生的成本费用等。宗地容积率低于0.5的，按房产建筑面积的2倍计算土地面积并据此确定计入房产原值的地价。

税务建议：

宗地容积率低于0.5的，应按房产建筑面积的2倍计算土地面积并据此确定计入房产原值的地价。如果地价没有包含在房产原值里应按规定补缴房产税。

风险点 3：房屋配套设施未计入房产原值存在少缴纳房产税风险。

政策依据：

《国家税务总局关于进一步明确房屋附属设备和配套设施计征房产税有关问题的通知》（国税发〔2005〕173号）第一条规定，为了维持和增加房屋的使用功能或使房屋满足设计要求，凡以房屋为载体，不可随意移动的附属设备和配套设施，如给排水、采暖、消防、中央空调、电气及智能化楼宇设备等，无论在会计核算中是否单独记账与核算，都应计入房产原值，计征房产税。第二条规定，对于更换房屋附属设备和配套设施的，在将其价值计入房产原值时，可扣减原来相应设备和设施的价值；对附属设备和配套设施中易损坏、需要经常更换的零配件，更新后不再计入房产原值。

税务建议：

自查房产原值的构成是否符合税法规定，无论在会计核算中是否单独记账与核算，都应计入房产原值缴纳房产税。

风险点 4：产权不清晰的房产存在不缴房产税的风险。

政策依据：

《中华人民共和国房产税暂行条例》（1986年9月15日国务院发布国发〔1986〕90号，2011年1月8日中华人民共和国国务院令第588号修订）第二条规定，房产税由产权所有人缴纳。产权属于全民所有的，由经营管理的单位缴纳。产权出典的，由承典人缴纳。产权所有人、承典人不在房产所在地的，或者产权未确定及租典纠纷未解决的，由房产代管人或者使用人缴纳。前款列举的产权所有人、经营管理单位、承典人、房产代管人或者使用人，统称为纳税义务人（以下简称纳税人）。

税务建议：

正确理解房产税的纳税义务人的概念，不少缴房产税。

风险点 5：在办理验收手续前已使用或出租、出借的新建房屋未缴纳房产税。

政策依据：

《财政部 税务总局关于房产税若干具体问题的解释和暂行规定》

(财税地字〔1986〕8号）第十九条规定，纳税人自建的房屋，自建成之次月起征收房产税。纳税人委托施工企业建设的房屋，从办理验收手续之次月起征收房产税。纳税人在办理验收手续前已使用或出租、出借的新建房屋，应按规定征收房产税。

税务建议：

梳理房产税纳税义务发生时间，及时足额缴纳房产税。

风险点6：基建工地临时性房屋施工期结束后未缴纳房产税风险。

政策依据：

《财政部 税务总局关于房产税若干具体问题的解释和暂行规定》（财税地字〔1986〕8号）第二十一条规定，凡是在基建工地为基建工地服务的各种工棚、材料棚、休息棚和办公室、食堂、茶炉房、汽车房等临时性房屋，不论是施工企业自行建造还是由基建单位出资建造交施工企业使用的，在施工期间，一律免征房产税。但是，如果在基建工程结束以后，施工企业将这种临时性房屋交还或者估价转让给基建单位的，应当从基建单位接收的次月起，依照规定征收房产税。

税务建议：

关注基建工程结束以后，临时性房屋的用途以及征免税规定。

风险点7：具备房屋功能的地下建筑未按规定缴纳房产税的风险。

政策依据：

《财政部 国家税务总局关于具备房屋功能的地下建筑征收房产税的通知》（财税〔2005〕181号）第一条规定，凡在房产税征收范围内的具备房屋功能的地下建筑，包括与地上房屋相连的地下建筑以及完全建在地面以下的建筑、地下人防设施等，均应当依照有关规定征收房产税。上述具备房屋功能的地下建筑是指有屋面和维护结构，能够遮风避雨，可供人们在其中生产、经营、工作、学习、娱乐、居住或储藏物资的场所。

税务建议：

结合财税〔2005〕181号关于具备房屋功能的地下建筑的范围的规定，自查企业是否存在未缴纳房产税情况，如果有要及时补缴。

风险点 8：房产原值计算不准确少缴房产税的风险。

政策依据：

根据《财政部 国家税务总局关于房产税城镇土地使用税有关问题的通知》（财税〔2008〕152 号）第一条规定，对依照房产原值计税的房产，不论是否记载在会计账簿固定资产科目中，均应按照房屋原价计算缴纳房产税。房屋原价应根据国家有关会计制度规定进行核算。对纳税人未按国家会计制度规定核算并记载的，应按规定予以调整或重新评估。

根据《财政部 国家税务总局关于安置残疾人就业单位城镇土地使用税等政策的通知》（财税〔2010〕121 号）第三条规定，对按照房产原值计税的房产，无论会计上如何核算，房产原值均应包含地价，包括为取得土地使用权支付的价款、开发土地发生的成本费用等。

根据《国家税务总局关于进一步明确房屋附属设备和配套设施计征房产税有关问题的通知》（国税发〔2005〕173 号）第一条规定，为了维持和增加房屋的使用功能或使房屋满足设计要求，凡以房屋为载体，不可随意移动的附属设备和配套设施，如给排水、采暖、消防、中央空调、电气及智能化楼宇设备等，无论在会计核算中是否单独记账与核算，都应计入房产原值，计征房产税。

税务建议：

按照相关规定，正确核算房产原值和缴纳房产税。

第二节　印花税法和配套政策及问答

鉴于《中华人民共和国印花税法》已于 2022 年 7 月 1 日起施行，国家税务总局针对印花税法配套出台了一系列新的税收政策，为了让读者更加全面了解印花税最新政策，本节将打破本章其他章节的书写结构，专门一节单独介绍印花税法及其配套政策（除非特别说明，本节所列印花税配套政策均自 2022 年 7 月 1 日起施行）。

一、印花税的纳税义务人

在中华人民共和国境内书立应税凭证、进行证券交易的单位和个人,为印花税的纳税人,应当依照《印花税法》规定缴纳印花税。

在中华人民共和国境外书立在境内使用的应税凭证的单位和个人,应当依照《印花税法》规定缴纳印花税。

所称证券交易,是指转让在依法设立的证券交易所、国务院批准的其他全国性证券交易场所交易的股票和以股票为基础的存托凭证。

证券交易印花税对证券交易的出让方征收,不对受让方征收。

所称应税凭证,是指《印花税法》所附《印花税税目税率表》列明的合同、产权转移书据和营业账簿。书立应税凭证的纳税人,为对应税凭证有直接权利义务关系的单位和个人。采用委托贷款方式书立的借款合同纳税人,为受托人和借款人,不包括委托人。按买卖合同或者产权转移书据税目缴纳印花税的拍卖成交确认书纳税人,为拍卖标的的产权人和买受人,不包括拍卖人。

关于应税凭证的具体情形:

(一)在中华人民共和国境外书立在境内使用的应税凭证,应当按规定缴纳印花税。包括以下几种情形:

1. 应税凭证的标的为不动产的,该不动产在境内;

2. 应税凭证的标的为股权的,该股权为中国居民企业的股权;

3. 应税凭证的标的为动产或者商标专用权、著作权、专利权、专有技术使用权的,其销售方或者购买方在境内,但不包括境外单位或者个人向境内单位或者个人销售完全在境外使用的动产或者商标专用权、著作权、专利权、专有技术使用权;

4. 应税凭证的标的为服务的,其提供方或者接受方在境内,但不包括境外单位或者个人向境内单位或者个人提供完全在境外发生的服务。

(二)企业之间书立的确定买卖关系、明确买卖双方权利义务的订单、要货单等单据,且未另外书立买卖合同的,应当按规定缴纳印花税。

（三）发电厂与电网之间、电网与电网之间书立的购售电合同，应当按买卖合同税目缴纳印花税。

（四）下列情形的凭证，不属于印花税征收范围：

1. 人民法院的生效法律文书，仲裁机构的仲裁文书，监察机关的监察文书。

2. 县级以上人民政府及其所属部门按照行政管理权限征收、收回或者补偿安置房地产书立的合同、协议或者行政类文书。

3. 总公司与分公司、分公司与分公司之间书立的作为执行计划使用的凭证。

二、印花税的税目、税率

为了便于读者进行对比，表 7-1 整理了印花税条例和印花税法的税目和税率。

表 7-1　　　　印花税条例和印花税法的异同

印花税条例			印花税法		
税目	范围	税率	税目	税率	备注
购销合同	包括供应、预购、采购、购销结合及协作、调剂、补偿、易货等合同	按购销金额万分之三贴花	买卖合同	价款的万分之三	指动产买卖合同（不包括个人书立的动产买卖合同）
加工承揽合同	包括加工、定作、修缮、修理、印刷、广告、测绘、测试等合同	按加工或承揽收入万分之五贴花	合同（指书面合同）承揽合同	报酬的万分之三	
建设工程勘察设计合同	包括勘察、设计合同	按收取费用万分之五贴花	建设工程合同	价款的万分之三	
建筑安装工程承包合同	包括建筑、安装工程承包合同	按承包金额万分之三贴花			

续表

印花税条例			印花税法		
税目	范围	税率	税目	税率	备注
财产租赁合同	包括租赁房屋、船舶、飞机、机动车辆、机械、器具、设备等	按租赁金额千分之一贴花	租赁合同	租金的千分之一	
货物运输合同	包括民用航空、铁路运输、海上运输、内河运输、公路运输和联运合同	按运输费用万分之五贴花	运输合同	运输费用的万分之三	指货运合同和多式联运合同(不包括管道运输合同)
仓储保管合同	包括仓储、保管合同	按仓储保管费用千分之一贴花	保管合同	保管费的千分之一	
			仓储合同	仓储费的千分之一	
借款合同	银行及其他金融组织和借款人(不包括银行同业拆借)所签订的借款合同	按借款金额万分之零点五贴花	借款合同	借款金额的万分之零点五	指银行业金融机构、经国务院银行业监督管理机构批准设立的其他金融机构与借款人(不包括同业拆借)的借款合同
			融资租赁合同	租金的万分之零点五	
财产保险合同	包括财产、责任、保证、信用等保险合同	按投保金额万分之零点三贴花	财产保险合同	保险费的千分之一	不包括再保险合同
技术合同	包括技术开发、转让、咨询、服务等合同	按所载金额万分之三贴花	技术合同	价款、报酬或者使用费的万分之三	不包括专利权、专有技术使用权转让书据

(注:印花税法"合同"指书面合同)

续表

印花税条例			印花税法		备注
税目	范围	税率	税目	税率	
产权转移数据	包括财产所有权和版权、商标专用权、专利权、专有技术使用权等转移书据	按所载金额万分之五贴花	产权转移书据		转让包括买卖（出售）、继承、赠与、互换、分割
			土地使用权出让书据	价款的万分之五	
			土地使用权、房屋等建筑物和构筑物所有权转让书据（不包括土地承包经营权和土地经营权转移）	价款的万分之五	
			股权转让书据（不包括应缴纳证券交易印花税的）	价款的万分之五	
			商标专用权、著作权、专利权、专有技术使用权转让书据	价款的万分之三	
营业账簿	生产经营用账册	记载资金的账簿，按固定资产原值与自有流动资金总额万分之五贴花。其他账簿按件贴花五元	营业账簿	实收资本（股本）、资本公积合计金额的万分之二点五	

续表

印花税条例			印花税法		
税目	范围	税率	税目	税率	备注
权利、许可证照	包括政府部门发给的房屋产权证、工商营业执照、商标注册证、专利证、土地使用证	按件贴花五元	证券交易	成交金额的千分之一	

说明：

1. 与《印花税暂行条例》相比，《印花税法》在税目税率方面的变化是：

（1）借款合同、买卖合同、技术合同、证券交易等税目维持现行税率不变；

（2）将加工承揽合同、建设工程勘察设计合同、货物运输合同的税率由万分之五降为万分之三；

（3）将营业账簿的税率由万分之五降为万分之二点五；

（4）取消对权利、许可证照每件征收五元印花税的规定。

2. 印花税条例中"财产保险合同"的税率自1990年7月1日起由万分之零点三改为千分之一，依据《国家税务局关于改变保险合同印花税计税办法的通知》（国税函发〔1990〕428号）第一条。

3. 自2018年5月1日起，对按万分之五税率贴花的资金账簿减半征收印花税，对按件贴花五元的其他账簿免征印花税。

三、印花税的计税依据

1. 应税合同的计税依据，为合同所列的金额，不包括列明的增值税税款。

2. 应税产权转移书据的计税依据，为产权转移书据所列的金额，不包括列明的增值税税款。

3. 应税营业账簿的计税依据，为账簿记载的实收资本（股本）、资本公积合计金额。

4. 证券交易的计税依据，为成交金额。

应税合同、产权转移书据未列明金额的，印花税的计税依据按照实际结算的金额确定。

计税依据按照上述方法仍不能确定的，按照书立合同、产权转移书据时的市场价格确定；依法应当执行政府定价或者政府指导价的，按照国家有关规定确定。

证券交易无转让价格的，按照办理过户登记手续时该证券前一个交易日收盘价计算确定计税依据；无收盘价的，按照证券面值计算确定计税依据。

5. 关于计税依据、补税和退税的具体情形：

（1）同一应税合同、应税产权转移书据中涉及两方以上纳税人，且未列明纳税人各自涉及金额的，以纳税人平均分摊的应税凭证所列金额（不包括列明的增值税税款）确定计税依据。

（2）应税合同、应税产权转移书据所列的金额与实际结算金额不一致，不变更应税凭证所列金额的，以所列金额为计税依据；变更应税凭证所列金额的，以变更后的所列金额为计税依据。已缴纳印花税的应税凭证，变更后所列金额增加的，纳税人应当就增加部分的金额补缴印花税；变更后所列金额减少的，纳税人可以就减少部分的金额向税务机关申请退还或者抵缴印花税。

（3）纳税人因应税凭证列明的增值税税款计算错误导致应税凭证的计税依据减少或者增加的，纳税人应当按规定调整应税凭证列明的增值税税款，重新确定应税凭证计税依据。已缴纳印花税的应税凭证，调整后计税依据增加的，纳税人应当就增加部分的金额补缴印花税；调整后计税依据减少的，纳税人可以就减少部分的金额向税务机关申请退还或者抵缴印花税。

（4）纳税人转让股权的印花税计税依据，按照产权转移书据所列的金额（不包括列明的认缴后尚未实际出资权益部分）确定。

（5）应税凭证金额为人民币以外的货币的，应当按照凭证书立当日的人民币汇率中间价折合人民币确定计税依据。

（6）境内的货物多式联运，采用在起运地统一结算全程运费的，以全程运费作为运输合同的计税依据，由起运地运费结算双方缴纳印花税；采用分程结算运费的，以分程的运费作为计税依据，分别由办理运费结算的各方缴纳印花税。

（7）未履行的应税合同、产权转移书据，已缴纳的印花税不予退还及抵缴税款。

（8）纳税人多贴的印花税票，不予退税及抵缴税款。

四、印花税应纳税额的计算

印花税的应纳税额按照计税依据乘以适用税率计算。

同一应税凭证载有两个以上税目事项并分别列明金额的，按照各自适用的税目税率分别计算应纳税额；未分别列明金额的，从高适用税率。

同一应税凭证由两方以上当事人书立的，按照各自涉及的金额分别计算应纳税额。

已缴纳印花税的营业账簿，以后年度记载的实收资本（股本）、资本公积合计金额比已缴纳印花税的实收资本（股本）、资本公积合计金额增加的，按照增加部分计算应纳税额。

五、印花税的优惠

（一）免征印花税的凭证

1. 应税凭证的副本或者抄本；

2. 依照法律规定应当予以免税的外国驻华使馆、领事馆和国际组织驻华代表机构为获得馆舍书立的应税凭证；

3. 中国人民解放军、中国人民武装警察部队书立的应税凭证；

4. 农民、家庭农场、农民专业合作社、农村集体经济组织、村民委员会购买农业生产资料或者销售农产品书立的买卖合同和农业保险合同；

5. 无息或者贴息借款合同、国际金融组织向中国提供优惠贷款书立的借款合同；

6. 财产所有权人将财产赠与政府、学校、社会福利机构、慈善组织书立的产权转移书据；

7. 非营利性医疗卫生机构采购药品或者卫生材料书立的买卖合同；

8. 个人与电子商务经营者订立的电子订单。

根据国民经济和社会发展的需要，国务院对居民住房需求保障、企业改制重组、破产、支持小型微型企业发展等情形可以规定减征或者免征印花税，报全国人民代表大会常务委员会备案。

（二）关于免税的具体情形

1. 对应税凭证适用印花税减免优惠的，书立该应税凭证的纳税人均可享受印花税减免政策，明确特定纳税人适用印花税减免优惠的除外。

2. 享受印花税免税优惠的家庭农场，具体范围为以家庭为基本经营单元，以农场生产经营为主业，以农场经营收入为家庭主要收入来源，从事农业规模化、标准化、集约化生产经营，纳入全国家庭农场名录系统的家庭农场。

3. 享受印花税免税优惠的学校，具体范围为经县级以上人民政府或者其教育行政部门批准成立的大学、中学、小学、幼儿园，实施学历教育的职业教育学校、特殊教育学校、专门学校，以及经省级人民政府或者其人力资源社会保障行政部门批准成立的技工院校。

4. 享受印花税免税优惠的社会福利机构，具体范围为依法登记的养老服务机构、残疾人服务机构、儿童福利机构、救助管理机构、未成年人救助保护机构。

5. 享受印花税免税优惠的慈善组织，具体范围为依法设立、符合《中华人民共和国慈善法》规定，以面向社会开展慈善活动为宗旨的非营利性组织。

6. 享受印花税免税优惠的非营利性医疗卫生机构，具体范围为经县级以上人民政府卫生健康行政部门批准或者备案设立的非营利性医疗卫生机构。

7. 享受印花税免税优惠的电子商务经营者，具体范围按《中华人民共和国电子商务法》有关规定执行。

（三）印花税法实施后有关优惠政策衔接问题

《财政部 税务总局关于印花税法实施后有关优惠政策衔接问题的公

告》(财政部 税务总局公告2022年第23号)以附件的形式发布了继续执行、废止、失效的印花税优惠政策文件及条款目录,读者在政策研究和实务工作中遇到印花税优惠问题一定要查找一下附件中的文件目录,避免用错政策。相关附件中的文件目录如下:

1. 继续执行的印花税优惠政策文件及条款目录(略);
2. 废止的印花税优惠政策文件及条款目录(略);
3. 失效的印花税优惠政策文件及条款目录(略)。

六、印花税的申报纳税地

纳税人为单位的,应当向其机构所在地的主管税务机关申报缴纳印花税;纳税人为个人的,应当向应税凭证书立地或者纳税人居住地的主管税务机关申报缴纳印花税。

不动产产权发生转移的,纳税人应当向不动产所在地的主管税务机关申报缴纳印花税。

七、印花税的扣缴义务人

纳税人为境外单位或者个人,在境内有代理人的,以其境内代理人为扣缴义务人;在境内没有代理人的,由纳税人自行申报缴纳印花税,具体办法由国务院税务主管部门规定。

证券登记结算机构为证券交易印花税的扣缴义务人,应当向其机构所在地的主管税务机关申报解缴税款以及银行结算的利息。

八、印花税的纳税义务发生时间

印花税的纳税义务发生时间为纳税人书立应税凭证或者完成证券交易的当日。

证券交易印花税扣缴义务发生时间为证券交易完成的当日。

九、印花税的计征频次及申报纳税期限

印花税按季、按年或者按次计征。实行按季、按年计征的,纳税人

应当自季度、年度终了之日起十五日内申报缴纳税款；实行按次计征的，纳税人应当自纳税义务发生之日起十五日内申报缴纳税款。

证券交易印花税按周解缴。证券交易印花税扣缴义务人应当自每周终了之日起五日内申报解缴税款以及银行结算的利息。

十、印花税征收管理和纳税服务有关事项 [《国家税务总局关于实施〈中华人民共和国印花税法〉等有关事项的公告》（国家税务总局公告2022年第14号）]

（一）纳税人应当根据书立印花税应税合同、产权转移书据和营业账簿情况，填写《印花税税源明细表》（附件1），进行财产行为税综合申报。

（二）应税合同、产权转移书据未列明金额，在后续实际结算时确定金额的，纳税人应当于书立应税合同、产权转移书据的首个纳税申报期申报应税合同、产权转移书据书立情况，在实际结算后下一个纳税申报期，以实际结算金额计算申报缴纳印花税。

（三）印花税按季、按年或者按次计征。应税合同、产权转移书据印花税可以按季或者按次申报缴纳，应税营业账簿印花税可以按年或者按次申报缴纳，具体纳税期限由各省、自治区、直辖市、计划单列市税务局结合征管实际确定。

境外单位或者个人的应税凭证印花税可以按季、按年或者按次申报缴纳，具体纳税期限由各省、自治区、直辖市、计划单列市税务局结合征管实际确定。

（四）纳税人为境外单位或者个人，在境内有代理人的，以其境内代理人为扣缴义务人。境外单位或者个人的境内代理人应当按规定扣缴印花税，向境内代理人机构所在地（居住地）主管税务机关申报解缴税款。

纳税人为境外单位或者个人，在境内没有代理人的，纳税人应当自行申报缴纳印花税。境外单位或者个人可以向资产交付地、境内服务提供方或者接受方所在地（居住地）、书立应税凭证境内书立人所在地

（居住地）主管税务机关申报缴纳；涉及不动产产权转移的，应当向不动产所在地主管税务机关申报缴纳。

（五）印花税法实施后，纳税人享受印花税优惠政策，继续实行"自行判别、申报享受、有关资料留存备查"的办理方式。纳税人对留存备查资料的真实性、完整性和合法性承担法律责任。

（六）税务机关要优化印花税纳税服务。加强培训辅导，重点抓好基层税务管理人员、一线窗口人员和12366话务人员的学习和培训，分类做好纳税人宣传辅导，促进纳税人规范印花税应税凭证管理。坚持问题导向，聚焦纳税人和基层税务人员在税法实施过程中反馈的意见建议，及时完善征管系统和办税流程，不断提升纳税人获得感。

附件：1. 印花税税源明细表（略）

2. 全文废止和部分条款废止的印花税文件目录（略）

十一、税务总局12366印花税法相关问题解答

为了方便读者更好地理解和消化印花税法及其配套政策，笔者将税务总局12366针对印花税法的问题解答节选如下：

1. 印花税法所称营业账簿税率是多少？

根据《中华人民共和国印花税法》附件《印花税税目税率表》规定，营业账簿，税率为实收资本（股本）、资本公积合计金额的万分之二点五。

2. 保管合同印花税的税率是多少？

根据《中华人民共和国印花税法》附件《印花税税目税率表》规定，保管合同，税率为保管费的千分之一。

3. 融资租赁合同的印花税税率是多少？

根据《中华人民共和国印花税法》附件《印花税税目税率表》规定，融资租赁合同，税率为租金的万分之零点五。

4. 证券交易的印花税税率是多少？

根据《中华人民共和国印花税法》附件《印花税税目税率表》规

定,证券交易,税率为成交金额的千分之一。

5. 租赁合同印花税的税率是多少?

根据《中华人民共和国印花税法》附件《印花税税目税率表》规定,租赁合同,税率为租金的千分之一。

6. 印花税所称财产保险合同税率是多少?

根据《中华人民共和国印花税法》附件《印花税税目税率表》规定,财产保险合同,不包括再保险合同,税率为保险费的千分之一。

7. 印花税的减免政策是如何规定的?

《中华人民共和国印花税法》(中华人民共和国主席令第八十九号)规定:

第十二条 下列凭证免征印花税:

(一)应税凭证的副本或者抄本;

(二)依照法律规定应当予以免税的外国驻华使馆、领事馆和国际组织驻华代表机构为获得馆舍书立的应税凭证;

(三)中国人民解放军、中国人民武装警察部队书立的应税凭证;

(四)农民、家庭农场、农民专业合作社、农村集体经济组织、村民委员会购买农业生产资料或者销售农产品书立的买卖合同和农业保险合同;

(五)无息或者贴息借款合同、国际金融组织向中国提供优惠贷款书立的借款合同;

(六)财产所有权人将财产赠与政府、学校、社会福利机构、慈善组织书立的产权转移书据;

(七)非营利性医疗卫生机构采购药品或者卫生材料书立的买卖合同;

(八)个人与电子商务经营者订立的电子订单。

根据国民经济和社会发展的需要,国务院对居民住房需求保障、企业改制重组、破产、支持小型微型企业发展等情形可以规定减征或者免征印花税，报全国人民代表大会常务委员会备案。

《财政部 税务总局关于印花税若干事项政策执行口径的公告》（财政部 税务总局公告2022年第22号）规定：

四、关于免税的具体情形

（一）对应税凭证适用印花税减免优惠的，书立该应税凭证的纳税人均可享受印花税减免政策，明确特定纳税人适用印花税减免优惠的除外。

（二）享受印花税免税优惠的家庭农场，具体范围为以家庭为基本经营单元，以农场生产经营为主业，以农场经营收入为家庭主要收入来源，从事农业规模化、标准化、集约化生产经营，纳入全国家庭农场名录系统的家庭农场。

（三）享受印花税免税优惠的学校，具体范围为经县级以上人民政府或者其教育行政部门批准成立的大学、中学、小学、幼儿园，实施学历教育的职业教育学校、特殊教育学校、专门学校，以及经省级人民政府或者其人力资源社会保障行政部门批准成立的技工院校。

（四）享受印花税免税优惠的社会福利机构，具体范围为依法登记的养老服务机构、残疾人服务机构、儿童福利机构、救助管理机构、未成年人救助保护机构。

（五）享受印花税免税优惠的慈善组织，具体范围为依法设立、符合《中华人民共和国慈善法》规定，以面向社会开展慈善活动为宗旨的非营利性组织。

（六）享受印花税免税优惠的非营利性医疗卫生机构，具体范围为经县级以上人民政府卫生健康行政部门批准或者备案设立的非营利性医疗卫生机构。

（七）享受印花税免税优惠的电子商务经营者，具体范围按《中华人民共和国电子商务法》有关规定执行。

8. 纳税人申报缴纳印花税时应填报什么报表？

根据《国家税务总局关于简并税费申报有关事项的公告》（国家税务总局公告2021年第9号）的规定："一、自2021年6月1日起，纳税人申报缴纳城镇土地使用税、房产税、车船税、印花税、耕地占用税、资源税、土地增值税、契税、环境保护税、烟叶税中一个或多个税种时，使用《财产和行为税纳税申报表》（附件1）。纳税人新增税源或税源变化时，须先填报《财产和行为税税源明细表》（附件2）。《废止文件及条款清单》（附件3）所列文件、条款同时废止。"

根据《国家税务总局关于实施〈中华人民共和国印花税法〉等有关事项的公告》（国家税务总局公告2022年第14号）规定："（一）纳税人应当根据书立印花税应税合同、产权转移书据和营业账簿情况，填写《印花税税源明细表》（附件1），进行财产行为税综合申报。"

9. 纳税人多贴的印花税票可以退吗？

根据《财政部 税务总局关于印花税若干事项政策执行口径的公告》（财政部 税务总局公告2022年第22号）第三条第八款规定，纳税人多贴的印花税票，不予退税及抵缴税款。

10. 应税凭证列明的增值税税款计算错误，印花税如何处理？

根据《财政部 税务总局关于印花税若干事项政策执行口径的公告》（财政部 税务总局公告2022年第22号）第三条第三款规定，纳税人因应税凭证列明的增值税税款计算错误导致应税凭证的计税依据减少或者增加的，纳税人应当按规定调整应税凭证列明的增值税税款，重新确定应税凭证计税依据。已缴纳印花税的应税凭证，调整后计税依据增加的，纳税人应当就增加部分的金额补缴印花税；调整后计税依据减少的，纳税人可以就减少部分的金额向税务机关申请退还或者抵缴印花税。

11. 印花税的减免优惠政策，书立双方都可以享受吗？

根据《财政部 税务总局关于印花税若干事项政策执行口径的公告》

(财政部 税务总局公告2022年第22号)第四条第一款规定,对应税凭证适用印花税减免优惠的,书立该应税凭证的纳税人均可享受印花税减免政策,明确特定纳税人适用印花税减免优惠的除外。

12. 纳税人享受印花税优惠,如何办理?

根据《国家税务总局关于实施〈中华人民共和国印花税法〉等有关事项的公告》(国家税务总局公告2022年第14号)第一条第五款规定,印花税法实施后,纳税人享受印花税优惠政策,继续实行"自行判别、申报享受、有关资料留存备查"的办理方式。纳税人对留存备查资料的真实性、完整性和合法性承担法律责任。

13. 境内的货物多式联运,如何确定印花税的计税依据?

根据《财政部 税务总局关于印花税若干事项政策执行口径的公告》(财政部 税务总局公告2022年第22号)第三条第六款规定,境内的货物多式联运,采用在起运地统一结算全程运费的,以全程运费作为运输合同的计税依据,由起运地运费结算双方缴纳印花税;采用分程结算运费的,以分程的运费作为计税依据,分别由办理运费结算的各方缴纳印花税。

14. 印花税的纳税期限是如何规定的?

根据《中华人民共和国印花税法》(中华人民共和国主席令第八十九号)第十六条规定,印花税按季、按年或者按次计征。实行按季、按年计征的,纳税人应当自季度、年度终了之日起十五日内申报缴纳税款;实行按次计征的,纳税人应当自纳税义务发生之日起十五日内申报缴纳税款。

证券交易印花税按周解缴。证券交易印花税扣缴义务人应当自每周终了之日起五日内申报解缴税款以及银行结算的利息。

根据《国家税务总局关于实施〈中华人民共和国印花税法〉等有关事项的公告》(国家税务总局公告2022年第14号)第一条第三款规定,印花税按季、按年或者按次计征。应税合同、产权转移书据印花税可以按季或者按次申报缴纳,应税营业账簿印花税可以按年或者按次申报缴纳，具体纳税期限由各省、自治区、直辖市、计划单列市税务局结合征管实际确定。

境外单位或者个人的应税凭证印花税可以按季、按年或者按次申报缴纳，具体纳税期限由各省、自治区、直辖市、计划单列市税务局结合征管实际确定。

15. 未列明金额的合同如何缴纳印花税？

根据《中华人民共和国印花税法》（中华人民共和国主席令第八十九号）第六条规定，应税合同、产权转移书据未列明金额的，印花税的计税依据按照实际结算的金额确定。

根据《国家税务总局关于实施〈中华人民共和国印花税法〉等有关事项的公告》（国家税务总局公告 2022 年第 14 号）第一条第二款规定，应税合同、产权转移书据未列明金额，在后续实际结算时确定金额的，纳税人应当于书立应税合同、产权转移书据的首个纳税申报期申报应税合同、产权转移书据书立情况，在实际结算后下一个纳税申报期，以实际结算金额计算申报缴纳印花税。

16. 企业之间的订单、要货单需要缴纳印花税吗？

根据《财政部 税务总局关于印花税若干事项政策执行口径的公告》（财政部 税务总局公告 2022 年第 22 号）第二条第二款规定，企业之间书立的确定买卖关系、明确买卖双方权利义务的订单、要货单等单据，且未另外书立买卖合同的，应当按规定缴纳印花税。

17. 在境外签订的合同需要交印花税吗？

根据《中华人民共和国印花税法》（中华人民共和国主席令第八十九号）第一条规定，在中华人民共和国境外书立在境内使用的应税凭证的单位和个人，应当依照该法规定缴纳印花税。

根据《财政部 税务总局关于印花税若干事项政策执行口径的公告》（财政部 税务总局公告 2022 年第 22 号）第二条第一款规定，在中华人民共和国境外书立在境内使用的应税凭证，应当按规定缴纳印花税。包括以下几种情形：

（1）应税凭证的标的为不动产的，该不动产在境内；

（2）应税凭证的标的为股权的，该股权为中国居民企业的股权；

（3）应税凭证的标的为动产或者商标专用权、著作权、专利权、专有技术使用权的，其销售方或者购买方在境内，但不包括境外单位或者个人向境内单位或者个人销售完全在境外使用的动产或者商标专用权、著作权、专利权、专有技术使用权；

（4）应税凭证的标的为服务的，其提供方或者接受方在境内，但不包括境外单位或者个人向境内单位或者个人提供完全在境外发生的服务。

18. 转让股权的印花税计税依据如何确定？

根据《财政部 税务总局关于印花税若干事项政策执行口径的公告》（财政部 税务总局公告2022年第22号）第三条第四款规定，纳税人转让股权的印花税计税依据，按照产权转移书据所列的金额（不包括列明的认缴后尚未实际出资权益部分）确定。

19. 哪些凭证不属于印花税的征税范围？

根据《财政部 税务总局关于印花税若干事项政策执行口径的公告》（财政部 税务总局公告2022年第22号）第二条第四款规定，下列情形的凭证，不属于印花税征收范围：

（1）人民法院的生效法律文书，仲裁机构的仲裁文书，监察机关的监察文书。

（2）县级以上人民政府及其所属部门按照行政管理权限征收、收回或者补偿安置房地产书立的合同、协议或者行政类文书。

（3）总公司与分公司、分公司与分公司之间书立的作为执行计划使用的凭证。

20. 未履行的合同能否退印花税？

根据《财政部 税务总局关于印花税若干事项政策执行口径的公告》（财政部 税务总局公告2022年第22号）第三条第七款规定，未履行的应税合同、产权转移书据，已缴纳的印花税不予退还及抵缴税款。

21. 实际结算金额与签订合同所载金额不一致的情况下如何缴纳印花税？

根据《财政部 税务总局关于印花税若干事项政策执行口径的公告》（财政部 税务总局公告 2022 年第 22 号）第三条第二款规定，应税合同、应税产权转移书据所列的金额与实际结算金额不一致，不变更应税凭证所列金额的，以所列金额为计税依据；变更应税凭证所列金额的，以变更后的所列金额为计税依据。已缴纳印花税的应税凭证，变更后所列金额增加的，纳税人应当就增加部分的金额补缴印花税；变更后所列金额减少的，纳税人可以就减少部分的金额向税务机关申请退还或者抵缴印花税。

22. 同一凭证上记载不同的税目事项应如何缴纳印花税？

根据《中华人民共和国印花税法》（中华人民共和国主席令第八十九号）第九条规定，同一应税凭证载有两个以上税目事项并分别列明金额的，按照各自适用的税目税率分别计算应纳税额；未分别列明金额的，从高适用税率。

23. 运输合同印花税的税率是多少？

根据《中华人民共和国印花税法》附件《印花税税目税率表》规定，运输合同，指货运合同和多式联运合同（不包括管道运输合同），税率为运输费用的万分之三。

24. 建设工程合同的印花税税率是多少？

根据《中华人民共和国印花税法》附件《印花税税目税率表》规定，建设工程合同，税率为价款的万分之三。

25. 对发电厂与电网之间、电网与电网之间签订的购售电合同按何税目征收印花税？

根据《财政部 税务总局关于印花税若干事项政策执行口径的公告》（财政部 税务总局公告 2022 年第 22 号）第二条第三款规定，发电厂与电网之间、电网与电网之间书立的购售电合同，应当按买卖合同税目缴纳印花税。

26. 多个当事人共同签订应税合同的，如何计算征收印花税？

根据《中华人民共和国印花税法》（中华人民共和国主席令第八十九号）第十条规定，同一应税凭证由两方以上当事人书立的，按照各自涉及的金额分别计算应纳税额。

根据《财政部 税务总局关于印花税若干事项政策执行口径的公告》（财政部 税务总局公告2022年第22号）第三条第一款规定，同一应税合同、应税产权转移书据中涉及两方以上纳税人，且未列明纳税人各自涉及金额的，以纳税人平均分摊的应税凭证所列金额（不包括列明的增值税税款）确定计税依据。

27. 印花税对技术咨询合同的征税范围如何规定的？

根据《国家税务局关于对技术合同征收印花税问题的通知》（国税地字〔1989〕34号）规定，关于技术咨询合同的征税范围问题：

技术咨询合同是当事人就有关项目的分析、论证、评价、预测和调查订立的技术合同。有关项目包括：1. 有关科学技术与经济、社会协调发展的软科学研究项目；2. 促进科技进步和管理现代化，提高经济效益和社会效益的技术项目；3. 其他专业项目。对属于这些内容的合同，均应按照"技术合同"税目的规定计税贴花。

至于一般的法律、法规、会计、审计等方面的咨询不属于技术咨询，其所立合同不贴印花。

28. 印花税法的技术合同税率是多少？

根据《中华人民共和国印花税法》附件《印花税税目税率表》规定，技术合同，不包括专利权、专有技术使用权转让书据，税率为价款、报酬或者使用费的万分之三。

29. 印花税应税凭证所载金额为人民币以外的货币的，如何计算应纳税额？

根据《财政部 税务总局关于印花税若干事项政策执行口径的公告》（财政部 税务总局公告2022年第22号）第三条第五款规定，应税凭证金额为人民币以外的货币的，应当按照凭证书立当日的人民币汇率中间价折合人民币确定计税依据。

30. 信贷资产证券化过程中的合同征收印花税有何具体规定？

根据《财政部 国家税务总局关于信贷资产证券化有关税收政策问题的通知》（财税〔2006〕5号）第一条规定：

一、关于印花税政策问题
......

（三）发起机构、受托机构在信贷资产证券化过程中，与资金保管机构（指接受受托机构委托，负责保管信托项目财产账户资金的机构，下同）、证券登记托管机构（指中央国债登记结算有限责任公司）以及其他为证券化交易提供服务的机构签订的其他应税合同，暂免征收发起机构、受托机构应缴纳的印花税。

（四）受托机构发售信贷资产支持证券以及投资者买卖信贷资产支持证券暂免征收印花税。

（五）发起机构、受托机构因开展信贷资产证券化业务而专门设立的资金账簿暂免征收印花税。

31. 印花税法仓储合同的税率是多少？

根据《中华人民共和国印花税法》附件《印花税税目税率表》规定，仓储合同，税率为仓储费的千分之一。

32. 印花税法规定的买卖合同指的是什么？税率是多少？

根据《中华人民共和国印花税法》附件《印花税税目税率表》规定，买卖合同，指动产买卖合同（不包括个人书立的动产买卖合同），税率为价款的万分之三。

33. 印花税的应纳税额如何计算？

根据《中华人民共和国印花税法》（中华人民共和国主席令第八十九号）第八条规定，印花税的应纳税额按照计税依据乘以适用税率计算。

34. 对印花税的纳税义务人是如何规定的？

《中华人民共和国印花税法》（中华人民共和国主席令第八十九号）规定：在中华人民共和国境内书立应税凭证、进行证券交易的单位和个人，为印花税的纳税人，应当依照本法规定缴纳印花税。

在中华人民共和国境外书立在境内使用的应税凭证的单位和个人，应当依照该法规定缴纳印花税。

《财政部 税务总局关于印花税若干事项政策执行口径的公告》（财政部 税务总局公告2022年第22号）规定：

一、关于纳税人的具体情形

（一）书立应税凭证的纳税人，为对应税凭证有直接权利义务关系的单位和个人。

（二）采用委托贷款方式书立的借款合同纳税人，为受托人和借款人，不包括委托人。

（三）按买卖合同或者产权转移书据税目缴纳印花税的拍卖成交确认书纳税人，为拍卖标的的产权人和买受人，不包括拍卖人。

35. 对财产所有人将财产赠给政府、社会福利单位、学校所立的书据是否征收印花税？

《中华人民共和国印花税法》（中华人民共和国主席令第八十九号）规定：

第十二条 下列凭证免征印花税：

……

（六）财产所有权人将财产赠与政府、学校、社会福利机构、慈善组织书立的产权转移书据。

36. 金融机构与小型、微型企业签订的借款合同是否需要征收印花税？

《财政部 税务总局关于支持小微企业融资有关税收政策的通知》

（财税〔2017〕77号）规定，自2018年1月1日至2020年12月31日，对金融机构与小型企业、微型企业签订的借款合同免征印花税。金融机构与小型、微型企业签订的借款合同免征印花税。

根据《财政部 税务总局关于延长部分税收优惠政策执行期限的公告》（财政部 税务总局公告2021年第6号）规定，该文规定的税收优惠政策凡已经到期的，执行期限延长至2023年12月31日。

37. 印花税的征税范围是如何规定的？

《中华人民共和国印花税法》（中华人民共和国主席令第八十九号）规定：在中华人民共和国境内书立应税凭证、进行证券交易的单位和个人，为印花税的纳税人，应当依照本法规定缴纳印花税。

在中华人民共和国境外书立在境内使用的应税凭证的单位和个人，应当依照该法规定缴纳印花税。

该法所称应税凭证，是指该法所附《印花税税目税率表》列明的合同、产权转移书据和营业账簿。

38. 公司跟境外企业签合同，要帮境外企业代扣代缴印花税吗？

根据《中华人民共和国印花税法》（中华人民共和国主席令第八十九号）第十四条规定，纳税人为境外单位或者个人，在境内有代理人的，以其境内代理人为扣缴义务人；在境内没有代理人的，由纳税人自行申报缴纳印花税，具体办法由国务院税务主管部门规定。

根据《国家税务总局关于实施〈中华人民共和国印花税法〉等有关事项的公告》（国家税务总局公告2022年第14号）第一条第四款规定，纳税人为境外单位或者个人，在境内有代理人的，以其境内代理人为扣缴义务人。境外单位或者个人的境内代理人应当按规定扣缴印花税，向境内代理人机构所在地（居住地）主管税务机关申报解缴税款。

纳税人为境外单位或者个人，在境内没有代理人的，纳税人应当自行申报缴纳印花税。境外单位或者个人可以向资产交付地、境内服务提供方或者接受方所在地（居住地）、书立应税凭证境内书立人所在地（居住地）主管税务机关申报缴纳；涉及不动产产权转移的，应当向不动产所在地主管税务机关申报缴纳。

39. 印花税的计税依据是什么？

《中华人民共和国印花税法》（中华人民共和国主席令第八十九号）规定：

> 第五条 印花税的计税依据如下：
> （一）应税合同的计税依据，为合同所列的金额，不包括列明的增值税税款；
> （二）应税产权转移书据的计税依据，为产权转移书据所列的金额，不包括列明的增值税税款；
> （三）应税营业账簿的计税依据，为账簿记载的实收资本（股本）、资本公积合计金额；
> （四）证券交易的计税依据，为成交金额。

40. 销售不动产印花税如何计算？

根据《中华人民共和国印花税法》附件《印花税税目税率表》规定，土地使用权、房屋等建筑物和构筑物所有权转让书据（不包括土地承包经营权和土地经营权转移），税率为价款的万分之五。

41. 购买新车除了缴纳车辆购置税还需缴纳印花税吗？

根据《中华人民共和国印花税法》附件《印花税税目税率表》规定，买卖合同，指动产买卖合同，不包括个人书立的动产买卖合同，税率为价款的万分之三。

42. 承揽合同印花税的税率是多少？

根据《中华人民共和国印花税法》附件《印花税税目税率表》规定，承揽合同，税率为报酬的万分之三。

43. 对印花税的缴纳方式有哪些规定？

根据《中华人民共和国印花税法》（中华人民共和国主席令第八十九号）第十七条规定，印花税可以采用粘贴印花税票或者由税务机关依法开具其他完税凭证的方式缴纳。

印花税票粘贴在应税凭证上的,由纳税人在每枚税票的骑缝处盖戳注销或者画销。

44. 印花税法规定的产权转移书据征收范围包括哪些,税率是多少?

根据《中华人民共和国印花税法》附件《印花税税目税率表》规定,产权转移书据,包括土地使用权出让书据,税率为价款的万分之五;土地使用权、房屋等建筑物和构筑物所有权转让书据(不包括土地承包经营权和土地经营权转移),税率为价款的万分之五;股权转让书据(不包括应缴纳证券交易印花税的),税率为价款的万分之五;商标专用权、著作权、专利权、专有技术使用权转让书据,税率为价款的万分之三。转让包括买卖(出售)、继承、赠与、互换、分割。

45. 印花税法规定的借款合同指的是什么?税率是多少?

根据《中华人民共和国印花税法》附件《印花税税目税率表》规定,借款合同,指银行业金融机构、经国务院银行业监督管理机构批准设立的其他金融机构与借款人(不包括同业拆借)的借款合同,税率为借款金额的万分之零点五。

46. 印花税应税凭证有哪些?

根据《中华人民共和国印花税法》(中华人民共和国主席令第八十九号)第二条规定,该法所称应税凭证,是指该法所附《印花税税目税率表》列明的合同、产权转移书据和营业账簿。

根据《印花税税目税率表》规定,合同(指书面合同),包括借款合同、融资租赁合同、买卖合同、承揽合同、建设工程合同、运输合同、技术合同、租赁合同、保管合同、仓储合同、财产保险合同;产权转移书据,包括土地使用权出让书据,土地使用权、房屋等建筑物和构筑物所有权转让书据(不包括土地承包经营权和土地经营权转移),股权转让书据(不包括应缴纳证券交易印花税的),商标专用权、著作权、专利权、专有技术使用权转让书据;营业账簿;证券交易。

第三节　城镇土地使用税

风险点 1：纳税义务提前发生的风险。

政策依据：

《财政部 国家税务总局关于房产税 城镇土地使用税有关政策的通知》（财税〔2006〕186 号）第二条规定，以出让或转让方式有偿取得土地使用权的，应由受让方从合同约定交付土地时间的次月起缴纳城镇土地使用税；合同未约定交付土地时间的，由受让方从合同签订的次月起缴纳城镇土地使用税。

税务建议：

合同中约定交付土地时间，从而将纳税义务发生时间明确。如果合同中不约定交付土地时间，纳税义务将从合同签订的次月起开始，显然是提前了，因为合同约定交付土地的时间往往滞后于合同签订时间。

风险点 2：纳税单位无偿使用免税单位土地未缴纳土地使用税。

政策依据：

《国家税务局关于印发〈关于土地使用税若干具体问题的补充规定〉的通知》（国税地字〔1989〕140 号）规定如下。

第一条，关于对免税单位与纳税单位之间无偿使用的土地应否征税问题。

对免税单位无偿使用纳税单位的土地（如公安、海关等单位使用铁路、民航等单位的土地），免征土地使用税；对纳税单位无偿使用免税单位的土地，纳税单位应照章缴纳土地使用税。

第二条，关于对纳税单位与免税单位共同使用多层建筑用地的征税问题。

纳税单位与免税单位共同使用共有使用权土地上的多层建筑，对纳税单位可按其占用的建筑面积占建筑总面积的比例计征土地使用税。

税务建议：

自查有无上述情况，避免征免界限混淆。

风险点3：地下建筑用地的城镇土地使用税未缴纳的风险。

政策依据：

《财政部 国家税务总局关于房产税 城镇土地使用税有关问题的通知》（财税〔2009〕128号）第四条规定，对在城镇土地使用税征税范围内单独建造的地下建筑用地，按规定征收城镇土地使用税。其中，已取得地下土地使用权证的，按土地使用权证确认的土地面积计算应征税款；未取得地下土地使用权证或地下土地使用权证上未标明土地面积的，按地下建筑垂直投影面积计算应征税款。对上述地下建筑用地暂按应征税款的50%征收城镇土地使用税。

税务建议：

自查有无上述情况，如果有按规定申报补缴税款。

风险点4：厂区内的绿化用地未缴纳城镇土地使用税。

政策依据：

《国家税务总局关于印发〈关于土地使用税若干具体问题的补充规定〉的通知》（国税地字〔1989〕140号）第十三条规定，对企业厂区（包括生产、办公及生活区）以内的绿化用地，应照章征收土地使用税，厂区以外的公共绿化用地和向社会开放的公园用地，暂免征收土地使用税。

税务建议：

对企业厂区（包括生产、办公及生活区）以内的绿化用地，按照纳税义务发生时间及时申报缴纳土地使用税。

风险点5：减免土地使用税，未留存备查资料或备查资料不完善的风险。

政策依据：

《财政部 税务总局关于实施小微企业普惠性税收减免政策的通知》（财税〔2019〕13号）第三条规定，由省、自治区、直辖市人民政府根据本地区实际情况，以及宏观调控需要确定，对增值税小规模纳税人可以在50%的税额幅度内减征资源税、城市维护建设税、房产税、城镇土地使用税、印花税（不含证券交易印花税）、耕地占用税和教育费附加、地方教育附加。

《国家税务总局关于城镇土地使用税等"六税一费"优惠事项资料留存备查的公告》（国家税务总局公告2019年第21号）对"六税一费"优惠事项资料留存备查做了如下规定。

第一条，纳税人享受"六税一费"优惠实行"自行判别、申报享受、有关资料留存备查"办理方式，申报时无须再向税务机关提供有关资料。纳税人根据具体政策规定自行判断是否符合优惠条件，符合条件的，纳税人申报享受税收优惠，并将有关资料留存备查。

第二条，纳税人对"六税一费"优惠事项留存备查资料的真实性、合法性承担法律责任。

第三条，各级税务机关根据国家税收法律、法规、规章、规范性文件等规定开展"六税一费"减免税后续管理。对不应当享受减免税的，依法追缴已享受的减免税款，并予以相应处理。

第四条，城镇土地使用税、房产税困难减免税不适用上述规定，仍按照现行规定办理。

税务建议：

纳税人享受"六税一费"优惠实行"自行判别、申报享受、有关资料留存备查"办理方式，并且对"六税一费"优惠事项留存备查资料的真实性、合法性承担法律责任。因此，准确判断是否享受，留存好备查资料才能降低风险。

第四节　耕地占用税

风险点：不缴少缴晚缴耕地占用税风险。

政策依据：

《中华人民共和国耕地占用税法》第二条规定：在中华人民共和国境内占用耕地建设建筑物、构筑物或者从事非农业建设的单位和个人，为耕地占用税的纳税人，应当依照本法规定缴纳耕地占用税。占用耕地建设农田水利设施的，不缴纳耕地占用税。该法所称耕地，是指用于种植农作物的土地。

《中华人民共和国耕地占用税法》第三条规定：耕地占用税以纳税人实际占用的耕地面积为计税依据，按照规定的适用税额一次性征收，应纳税额为纳税人实际占用的耕地面积（平方米）乘以适用税额。

《中华人民共和国耕地占用税法》第六条规定：占用基本农田的，应当按照本法第四条第二款或者第五条确定的当地适用税额，加按150%征收。

《中华人民共和国耕地占用税法》第七条规定：军事设施、学校、幼儿园、社会福利机构、医疗机构占用耕地，免征耕地占用税。

铁路线路、公路线路、飞机场跑道、停机坪、港口、航道、水利工程占用耕地，减按每平方米2元的税额征收耕地占用税。

《中华人民共和国耕地占用税法》第十条规定：耕地占用税的纳税义务发生时间为纳税人收到自然资源主管部门办理占用耕地手续的书面通知的当日。纳税人应当自纳税义务发生之日起30日内申报缴纳耕地占用税。

自然资源主管部门凭耕地占用税完税凭证或者免税凭证和其他有关文件发放建设用地批准书。

《中华人民共和国耕地占用税法》第十一条规定：纳税人因建设项目施工或者地质勘查临时占用耕地，应当依照本法的规定缴纳耕地占用税。纳税人在批准临时占用耕地期满之日起一年内依法复垦，恢复种植条件的，全额退还已经缴纳的耕地占用税。

《中华人民共和国耕地占用税法实施办法》第二条规定：经批准占用耕地的，纳税人为农用地转用审批文件中标明的建设用地人；农用地转用审批文件中未标明建设用地人的，纳税人为用地申请人，其中用地申请人为各级人民政府的，由同级土地储备中心、自然资源主管部门或政府委托的其他部门、单位履行耕地占用税申报纳税义务。未经批准占用耕地的，纳税人为实际用地人。

税务建议：

纳税人在占用耕地后要及时了解是否属于耕地占用税范围、纳税义务发生时间、计税依据、适用单位税额、有无减免规定等，避免出现不缴晚缴少缴耕地占用税的风险。

第五节 土地增值税

风险点1："营改增"后纳税人转让旧房扣除项目金额计算错误。

政策依据：

《国家税务总局关于营改增后土地增值税若干征管规定的公告》（国家税务总局公告2016年第70号）规定，营改增后，纳税人转让旧房及建筑物，凡不能取得评估价格，但能提供购房发票的，《中华人民共和国土地增值税暂行条例》第六条第（一）、（三）项规定的扣除项目的金额按照下列方法计算。

（1）提供的购房凭据为营改增前取得的营业税发票的，按照发票所载金额（不扣减营业税）并从购买年度起至转让年度止每年加计5%计算。

（2）提供的购房凭据为营改增后取得的增值税普通发票的，按照发票所载价税合计金额从购买年度起至转让年度止每年加计5%计算。

（3）提供的购房发票为营改增后取得的增值税专用发票的，按照发票所载不含增值税金额加上不允许抵扣的增值税进项税额之和，并从购买年度起至转让年度止每年加计5%计算。

《国家税务总局关于土地增值税清算有关问题的通知》（国税函〔2010〕220号）规定，计算扣除项目时"每年"按购房发票所载日期起至售房发票开具之日止，每满12个月计1年；超过1年，未满12个月但超过6个月的，可以视同为1年。

税务建议：

转让旧房按照国家税务总局公告2016年第70号公告和国税函〔2010〕220号文规定执行，避免出现政策运用错误和计算错误。

风险点 2：建筑服务发票不合规给房地产企业带去的风险。

政策依据：

《国家税务总局关于土地增值税清算有关问题的通知》（国税函〔2010〕220 号）规定：房地产开发企业在工程竣工验收后，根据合同约定，扣留建筑安装施工企业一定比例的工程款，作为开发项目的质量保证金。在计算土地增值税时，建筑安装施工企业就质量保证金对房地产开发企业开具发票的，按发票所载金额予以扣除；未开具发票的，扣留的质保金不得计算扣除。

根据《国家税务总局关于营改增后土地增值税若干征管规定的公告》（国家税务总局公告 2016 年第 70 号）第五条规定，营改增后，土地增值税纳税人接受建筑安装服务取得的增值税发票，应按照《国家税务总局关于全面推开营业税改征增值税试点有关税收征收管理事项的公告》（国家税务总局公告 2016 年第 23 号）规定，在发票的备注栏注明建筑服务发生地县（市、区）名称及项目名称，否则不得计入土地增值税扣除项目金额。

税务建议：

建筑服务发票的备注栏必须注明建筑服务发生地县（市、区）名称及项目名称，否则不属于合规发票。同时还要注意，按兼营处理的（比如销售自产的钢结构并提供建筑安装服务的钢结构部分）承包合同项下的非建筑服务发票备注栏也要注明建筑服务发生地县（市、区）名称及项目名称。

第六节　资源税

风险点 1：开采或者生产不同税目应税产品的，未分别核算。

政策依据：

《中华人民共和国资源税法》（自 2020 年 9 月 1 日起施行）第四条规定，纳税人开采或者生产不同税目应税产品的，应当分别核算不同税目应税产品的销售额或者销售数量；未分别核算或者不能准确提供不同税目应税产品的销售额或者销售数量的，从高适用税率。

税务建议：

按照《中华人民共和国资源税法》（自2020年9月1日起施行）规定的不同税目应税产品分别核算，分别计算缴纳资源税。

风险点2：施工过程中开采并使用的砂石未缴纳资源税。

政策依据：

《中华人民共和国资源税法》（自2020年9月1日起施行）规定如下。

第五条，纳税人开采或者生产应税产品自用的，应当依照本法规定缴纳资源税。但是，自用于连续生产应税产品的，不缴纳资源税。

按照资源税"税目税率表"，砂石的税率为1%~5%或每吨（每立方米）0.1元~5元。

税务建议：

结合建筑业企业工程量清单，以及结合用料来源判断是否缴纳资源税，结合资源税法等资源税相关规定，正确计算及时申报缴纳资源税。

第七节 车辆购置税

风险点1：不熟悉车辆购置税征税范围，未缴纳车辆购置税的风险。

政策依据：

《中华人民共和国车辆购置税法》（中华人民共和国主席令第十九号）规定如下。

第一条，在中华人民共和国境内购置汽车、有轨电车、汽车挂车、排气量超过150毫升的摩托车（以下统称应税车辆）的单位和个人，为车辆购置税的纳税人，应当依照本法规定缴纳车辆购置税。

第二条，本法所称购置，是指以购买、进口、自产、受赠、获奖或者其他方式取得并自用应税车辆的行为。

《财政部 税务总局关于车辆购置税有关具体政策的公告》（财政部税务总局公告2019年第71号）规定如下。

第一条，地铁、轻轨等城市轨道交通车辆，装载机、平地机、挖掘机、推土机等轮式专用机械车，以及起重机（吊车）、叉车、电动摩托车，不属于应税车辆。

税务建议：

熟悉车辆购置税的征税范围，避免少缴税。

风险点2：不熟悉车辆购置税纳税义务发生时间滞纳的风险。

政策依据：

《中华人民共和国车辆购置税法》（中华人民共和国主席令第十九号）规定如下。

第十二条，车辆购置税的纳税义务发生时间为纳税人购置应税车辆的当日。纳税人应当自纳税义务发生之日起60日内申报缴纳车辆购置税。

《财政部 税务总局关于车辆购置税有关具体政策的公告》（财政部税务总局公告2019年第71号）规定如下。

第六条，车辆购置税的纳税义务发生时间以纳税人购置应税车辆所取得的车辆相关凭证上注明的时间为准。

税务建议：

车辆购置税的纳税义务发生时间是申报缴纳车辆购置税的时点，应准确把握。

风险点3：车辆购置税的计税依据计算不准确少缴或多缴车辆购置税的风险。

政策依据：

《中华人民共和国车辆购置税法》（中华人民共和国主席令第十九号）规定如下。

第六条，应税车辆的计税价格，按照下列规定确定。

（一）纳税人购买自用应税车辆的计税价格，为纳税人实际支付给销售者的全部价款，不包括增值税税款；

（二）纳税人进口自用应税车辆的计税价格，为关税完税价格加上关税和消费税；

（三）纳税人自产自用应税车辆的计税价格，按照纳税人生产的同类应税车辆的销售价格确定，不包括增值税税款；

（四）纳税人以受赠、获奖或者其他方式取得自用应税车辆的计税价格，按照购置应税车辆时相关凭证载明的价格确定，不包括增值税税款。

税务建议：

购买、进口、自产自用以及受赠、获奖或其他方式取得自用应税车辆计税依据注意区分，不能混淆。

第八节 车船税

自2007年7月1日开始，保险公司开始代收车船税，因此，从车船税本身来说风险很小，因为保险公司会直接代收，不缴纳的风险几乎为零。

但是，从金税三期预警监控的角度看，纳税人的车船税信息和纳税人的车辆消耗数据可能会进行对比。比如，一个企业发生大量汽油费，但是根据车船税信息判断企业只有几辆车辆，显然数据不配比，容易引起税务异常预警甚至税务稽查。

第九节 契税

风险点1：合并、分立公司承受原公司土地房屋权属免征契税不符合条件的风险。

政策依据：

《财政部 税务总局关于继续执行企业 事业单位改制重组有关契税

政策的公告》（财政部 税务总局公告 2021 年第 17 号）规定如下。

第三条，公司合并。

两个或两个以上的公司，依照法律规定、合同约定，合并为一个公司，且原投资主体存续的，对合并后公司承受原合并各方土地、房屋权属，免征契税。

第四条，公司分立。

公司依照法律规定、合同约定分立为两个或两个以上与原公司投资主体相同的公司，对分立后公司承受原公司土地、房屋权属，免征契税。

第十条，有关用语含义。

该公告所称企业、公司，是指依照我国有关法律法规设立并在中国境内注册的企业、公司。

该公告所称投资主体存续，是指原改制重组企业、事业单位的出资人必须存在于改制重组后的企业，出资人的出资比例可以发生变动。

该公告所称投资主体相同，是指公司分立前后出资人不发生变动，出资人的出资比例可以发生变动。

从财政部 税务总局公告 2021 年第 17 号第三条、第四条和第十条的规定可以看出，公司合并后公司承受原合并各方土地、房屋权属或分立后公司承受原公司土地、房屋权属免征契税是有条件的，即合并后的公司原投资主体存续或分立后的公司与原公司投资主体相同，投资主体存续，是指原企业、事业单位的出资人必须存在于改制重组后的企业，出资人的出资比例可以发生变动；投资主体相同，是指公司分立前后出资人不发生变动，出资人的出资比例可以发生变动。

税务建议：

合并时关注合并后的公司投资主体是否存续，分立时关注分立后的公司的投资主体是否与原公司投资主体相同。

风险点 2：同一投资主体内部所属企业之间土地、房屋权属的划转缴纳了契税。

政策依据：

《财政部 税务总局关于继续执行企业 事业单位改制重组有关契税

政策的公告》（财政部 税务总局公告 2021 年第 17 号）规定如下。

第六条，资产划转。

对承受县级以上人民政府或国有资产管理部门按规定进行行政性调整、划转国有土地、房屋权属的单位，免征契税。

同一投资主体内部所属企业之间土地、房屋权属的划转，包括母公司与其全资子公司之间，同一公司所属全资子公司之间，同一自然人与其设立的个人独资企业、一人有限公司之间土地、房屋权属的划转，免征契税。

母公司以土地、房屋权属向其全资子公司增资，视同划转，免征契税。

税务建议：

了解同一投资主体内部所属企业之间土地、房屋权属划转的规定，避免操作失误。

第十节 城市维护建设税

风险点 1：异地预缴增值税时城市维护建设税适用税率与总机构所在地不一致是否有补税风险。

政策依据：

《财政部 国家税务总局关于异地预缴增值税有关城市维护建设税和教育费附加政策问题的通知》（财税〔2016〕74 号）规定如下。

第一条，纳税人跨地区提供建筑服务、销售和出租不动产的，应在建筑服务发生地、不动产所在地预缴增值税时，以预缴增值税税额为计税依据，并按预缴增值税所在地的城市维护建设税适用税率和教育费附加征收率就地计算缴纳城市维护建设税和教育费附加。

第二条，预缴增值税的纳税人在其机构所在地申报缴纳增值税时，以其实际缴纳的增值税税额为计税依据，并按机构所在地的城市维护建设税适用税率和教育费附加征收率就地计算缴纳城市维护建设税和教育费附加。

税务建议：

预缴地城市维护建设税税率低于总机构所在地的不补税，反之，不退税。

风险点2：退还增值税期末留抵税额未从计税（征）依据中扣除退还的增值税税额多缴纳城市维护建设税。

政策依据：

《关于增值税期末留抵退税有关城市维护建设税教育费附加和地方教育附加政策的通知》（财税〔2018〕80号）规定如下。

对实行增值税期末留抵退税的纳税人，允许其从城市维护建设税、教育费附加和地方教育附加的计税（征）依据中扣除退还的增值税税额。

税务建议：

申报城市维护建设税时，计税（征）依据中扣除退还的增值税税额。

第十一节　环境保护税

风险点：对建筑企业要不要缴纳环境保护税不清楚。

政策依据：

《环境保护税》第二条规定，在中华人民共和国领域和中华人民共和国管辖的其他海域，直接向环境排放应税污染物的企业事业单位和其他生产经营者为环境保护税的纳税人，应当依照本法规定缴纳环境保护税。

《环境保护税》第三条规定，该法所称应税污染物，是指该法所附"环境保护税税目税额表""应税污染物和当量值表"规定的大气污染物、水污染物、固体废物和噪声。

《环境保护税》第七条，应税污染物的计税依据，按照下列方法确定。

（一）应税大气污染物按照污染物排放量折合的污染当量数确定；

（二）应税水污染物按照污染物排放量折合的污染当量数确定；

（三）应税固体废物按照固体废物的排放量确定；

（四）应税噪声按照超过国家规定标准的分贝数确定。

《环境保护税》第十条，应税大气污染物、水污染物、固体废物的排放量和噪声的分贝数，按照下列方法和顺序计算。

（一）纳税人安装使用符合国家规定和监测规范的污染物自动监测设备的，按照污染物自动监测数据计算；

（二）纳税人未安装使用污染物自动监测设备的，按照监测机构出具的符合国家有关规定和监测规范的监测数据计算；

（三）因排放污染物种类多等原因不具备监测条件的，按照国务院环境保护主管部门规定的排污系数、物料衡算方法计算；

（四）不能按照本条第一项至第三项规定的方法计算的，按照省、自治区、直辖市人民政府环境保护主管部门规定的抽样测算的方法核定计算。

《环境保护税》第十一条，环境保护税应纳税额按照下列方法计算。

（一）应税大气污染物的应纳税额为污染当量数乘以具体适用税额；

（二）应税水污染物的应纳税额为污染当量数乘以具体适用税额；

（三）应税固体废物的应纳税额为固体废物排放量乘以具体适用税额；

（四）应税噪声的应纳税额为超过国家规定标准的分贝数对应的具体适用税额。

税务建议：

实践中，无论是笔者讲建筑业公开课的时候，还是到建筑企业做内部培训的时候，经常有建筑企业的财务朋友问起建筑业环保税的问题，下面，笔者结合国家税务总局和江苏省税务局的政策介绍一下。

国家层面的环境保护税政策主要有：2016年12月25日第十二届全国人民代表大会常务委员会第二十五次会议通过，自2018年1月1日起施行的《中华人民共和国环境保护税法》；2017年12月25日发布并自2018年1月1日起施行的《中华人民共和国环境保护税法实施条例》；2018年3月30日发布的《财政部 税务总局 生态环境部关于环境保护税有关问题的通知》（财税〔2018〕23号）；2018年10月25日发布的《财政部 税务总局 生态环境部关于明确环境保护税应税污染物适用等有关问题的通知》（财税〔2018〕117号）；2021年4月28日发布的《生态环境部 财政部 税务总局关于发布计算环境保护税应税污染物排放量的排污系数和物料衡算方法的公告》（生态环境部 财政部 税务总局公告2021年第16号）。

大家可以自行查阅上述环境保护税的政策进行学习，具体在实操层面，大家还要结合本地区税务机关出台的具体政策来应用，下面，笔者以江苏省税务局环境保护税政策规定为例进行介绍。

《国家税务总局 江苏省税务局 江苏省生态环境厅关于部分行业环境保护税应纳税额计算方法的公告》是江苏省建筑企业缴纳环境保护税的重要政策依据，笔者从中选取与建筑业相关的内容如下：

一、本公告适用于符合《环境保护税法》第十条第（四）项规定的，无法通过监测或无法按照排污系数、物料衡算方法计算大气污染物、水污染物应纳税额的纳税人。

二、本公告所称污染当量值按照《环境保护税法》附表、排污特征值系数按照原省环境保护厅制定的部分行业环境保护税应税污染物排放量抽样测算特征值系数（详见附件1、2、3）执行。

……

六、施工扬尘大气污染物应纳税额的计算方法

应纳税额＝大气污染物当量数×适用税额

大气污染物当量数＝排放量÷污染当量值

排放量＝（扬尘产生量系数－扬尘排放量削减系数）×施工工期系数×月建筑面积或施工面积

施工工期系数分别为 0、0.5、1。当月施工天数不足 5 天的建筑工程、市政工程为 0，不足 5 天的拆迁工程、公路施工工程和市政开挖工程为 0.5；当月施工天数大于 5 天（含 5 天），小于 15 天的为 0.5；当月施工天数大于 15 天（含 15 天）的为 1。

建筑面积或施工面积，根据不同施工类型对大气的污染程度分别确定：

（一）市政工程、拆迁工程、交通工程、绿化工程、水利工程按施工面积计算。市政工程的施工面积为建设道路红线宽度乘以施工长度，其他为三倍开挖宽度乘以施工长度，市政工地分段施工时按实际施工面积计算。

（二）建筑工地按土石方和桩基、结构和装修两个阶段分别计算建筑面积：

1. 土石方和桩基阶段的"建筑面积或施工面积"根据项目主管部门颁发的"建设工程规划许可证""建设用地规划许可证"等规划证明材料或施工合同上载明的底层面积或基底面积确定。

2. 结构和装修阶段的"建筑面积或施工面积"根据项目主管部门颁发的"建设工程规划许可证"上载明的地上总建筑面积结合工期进度确定。纳税人有多个"建设工程规划许可证"的，应分别计算。

地上建筑面积（月）＝地上总建筑面积×地上建筑已施工月数÷地上建筑总施工月数

……

八、兼营多种业务的纳税人应按照每一业务类型分别计算应纳税额。

九、适用本公告的纳税人，通过更新设备、技术改造等手段达到《环境保护税法》第十条前三项规定的应税污染物排放量计算条件的，应当变更《环境保护税纳税申报表》的附件 3《环境保护税基础信息采集表》，并自应税污染物排放量计算方法发生变更之次月起，按新方法计算应税污染物排放量和应纳税额。

十、本公告未尽事宜，按照现行法律法规等有关规定执行。国家及省相关政策调整的，按照调整后的规定执行。

十一、本公告自 2019 年 1 月 1 日起施行。

附件：1. 部分小型第三产业排污特征值系数
   2. 禽畜养殖业排污特征值系数
   3. 施工扬尘排污特征值系数

国家税务总局江苏省税务局

江苏省生态环境厅

2018 年 12 月 12 日

附件 3. 施工扬尘排污特征值系数表见表 7-2。

表 7-2 施工扬尘排污特征值系数

工地类型	扬尘产生量系数（千克/平方米·月）
建筑施工	1.01
市政（拆迁）施工	1.64

工地类型	扬尘类型	扬尘污染控制措施	扬尘排放量削减系数（千克/平方米·月）	
			措施达标	
			是	否
建筑施工	一次扬尘	道路硬化措施	0.071	0
		边界围挡	0.047	0
		裸露地面覆盖	0.047	0
		易扬尘物料覆盖	0.025	0
		定期喷洒抑制剂	0.03	0
	二次扬尘	运输车辆机械冲洗装置	0.31	0
		运输车辆简易冲洗装置	0.155	0

续表

工地类型	扬尘类型	扬尘污染控制措施	扬尘排放量削减系数（千克/平方米·月）	
			措施达标	
			是	否
市政（拆迁）施工	一次扬尘	道路硬化措施	0.102	0
		边界围挡	0.102	0
		易扬尘物料覆盖	0.066	0
		定期喷洒抑制剂	0.03	0
	二次扬尘	运输车辆机械冲洗装置	0.68	0
		运输车辆简易冲洗装置	0.034	0

备注：1. 施工扬尘是指本地区所有进行建筑工程、市政工程、拆迁工程、交通工程、绿化工程、水利工程等施工活动过程中产生的对大气造成污染的总悬浮颗粒物、可吸入颗粒物和细颗粒物等粉尘的总称。

交通工程、绿化工程、水利工程按本表中"市政（拆迁）施工"确定扬尘产生量系数和削减系数。一次扬尘削减系数按照达标控制措施累计扣减，二次扬尘削减系数按照达标控制措施扣减。若同时采用两种达标控制措施，按运输车辆机械冲洗装置削减系数扣减。

各类建设工程的建设方（含代建方）应当承担施工扬尘的污染防治责任，将扬尘污染防治费用纳入工程概算，对施工过程中无组织排放应税大气污染物的，应当计算应税污染物排放量，按照相关规定向施工工地所在地主管税务机关缴纳环境保护税。

2. 纳税人应按照建设行政主管部门核发的"建筑工程施工许可证"、施工合同等资料上载明的"合同开工日期""合同竣工日期"或"合同工期"天数确定施工工期。

如纳税人实际开工日期、实际竣工日期与"建筑工程施工许可证"、施工合同等资料上载明的"合同开工日期"和"合同竣工日期"不一致的，则以实际开工日期、实际竣工日期为准。实际开工日期依据监理单位出具的《开工报告》、施工周报、施工计划等证明资料上注明的开工日期确定；土石方和桩基阶段的实际竣工日期依据《地基与基础部分工程验收记录》《施工材料桩基验收评定表》、建设工程质量监督管理部门参与桩基验收的抽查记录等证明资料上注明的验收日期确定；结构和装修阶段的实际竣工日期依据《房屋建筑工程竣工验收备案申请书》回执等证明资料上载明的日期确定。

纳税人应当妥善保管上述相关证明资料备查。

【案例 7-1】A 建筑公司承建一房地产开发项目，2019 年 7 月的建筑面积为 2 000 平方米，8 月的建筑面积为 15 000 平方米，9月的建筑面积为18 000平方米，其施工现场采取了道路硬化、边界围挡、裸露地面覆盖、易扬尘物料覆盖、定期喷洒抑制剂和运输车辆机械冲洗等达标扬尘污染控制措施，A建筑公司2019年3季度应缴纳多少环保税？

案例解析：

应纳税额＝大气污染物当量数×适用税额

大气污染物当量数＝排放量÷污染当量值

排放量＝（扬尘产生量系数－扬尘排放量削减系数）×施工工期系数×月建筑面积或施工面积

施工扬尘的应税污染物为大气污染物，建筑施工的扬尘产生量系数为1.01，道路硬化、边界围挡、裸露地面覆盖、易扬尘物料覆盖、定期喷洒抑制剂和运输车辆机械冲洗等达标扬尘污染控制措施的扬尘排放量削减系数分别为0.071、0.047、0.047、0.025、0.03、0.31，所在地大气污染物的具体适用税额为每污染当量8.4元。同时，按照《中华人民共和国环境保护税法》的规定，大气污染物中一般性粉尘的污染物当量值为4。据此，A建筑公司2019年三季度应缴环保税的计算过程及结果如下：

（1）7月扬尘排放量＝（1.01－0.071－0.047－0.047－0.025－0.03－0.31）×20 000＝9 600（千克）

7月大气污染当量数＝9 600÷4＝2 400

（2）8月扬尘排放量＝（1.01－0.071－0.047－0.047－0.025－0.03－0.31）×15 000＝7 200（千克）

8月大气污染当量数＝7 200÷4＝1 800

（3）9月扬尘排放量＝（1.01－0.071－0.047－0.047－0.025－0.03－0.31）×18 000＝8 640（千克）

9月大气污染当量数＝8 640÷4＝2 160

（4）3季度应纳环保税税额＝（2 400＋1 800＋2 160）×8.4
＝53 424（元）

【案例 7-2】B 建筑公司承建一市政工程，2019 年 12 月已完工，施工许可证上记载的施工总面积为 50 000 平方米，其施工现场采取了道路硬化、边界围挡、裸露地面覆盖、易扬尘物料覆盖、定期喷洒抑制剂和运输车辆机械冲洗等达标扬尘污染控制措施，B 建筑公司在 2019 年该项目应缴纳多少环保税？

案例解析：

施工扬尘的应税污染物为大气污染物，市政工地的扬尘产生量系数为 1.64，道路硬化、边界围挡、易扬尘物料覆盖、定期喷洒抑制剂和运输车辆机械冲洗等达标扬尘污染控制措施的扬尘排放量削减系数分别为 0.102、0.102、0.066、0.03、0.68，所在地大气污染物的具体适用税额为每污染当量 8.4 元。同时，按照《中华人民共和国环境保护税法》的规定，大气污染物中一般性粉尘的污染物当量值为 4。据此，B 建筑公司在 2019 年该项目应缴环保税的计算过程及结果如下：

（1）该项目扬尘排放量 = (1.64 - 0.102 - 0.102 - 0.066 - 0.03 - 0.68) × 50 000 = 33 000（千克）

（2）该项目扬尘的污染当量数 = 33 000 ÷ 4 = 8 250

（3）该项目应缴纳的环保税 = 8 250 × 3.9 = 69 300（元）

第八章 建筑业企业税务疑难问题处理

建筑业企业疑难税务问题很多,本章主要介绍农民工工资支付问题、挂靠项目利润回流问题、EPC 工程税务问题、PPP 项目税务问题。

第一节 农民工工资支付问题

自 2020 年 5 月 1 日起施行的《保障农民工工资支付条例》(国务院令第 724 号)对保障农民工工资及时足额支付将起到非常重要的意义,实名制用工以及银行代发工资等规定对农民工个人的个税和社保问题也将变得公开和透明化,建筑企业应充分认识到代扣代缴农民工个税和缴纳社保与支付农民工工资一样都是法定义务。

《保障农民工工资支付条例》(国务院令第 724 号)第四章(第二十三条至第三十七条)对工程建设领域农民工工资支付作了特别规定:

一、资金来源有保障

建设单位应当有满足施工所需要的资金安排。没有满足施工所需要的资金安排的,工程建设项目不得开工建设;依法需要办理施工许可证的,相关行业工程建设主管部门不予颁发施工许可证。政府投资项目所需资金,应当按照国家有关规定落实到位,不得由施工单位垫资建设。

建设单位应当向施工单位提供工程款支付担保。建设单位与施工总承包单位依法订立书面工程施工合同，应当约定工程款计量周期、工程款进度结算办法以及人工费用拨付周期，并按照保障农民工工资按时足额支付的要求约定人工费用。人工费用拨付周期不得超过1个月。

施工总承包单位与分包单位依法订立书面分包合同，应当约定工程款计量周期、工程款进度结算办法。

二、推行施工总承包单位代发制度

施工总承包单位应当按照有关规定开设农民工工资专用账户，专项用于支付该工程建设项目农民工工资。开设、使用农民工工资专用账户有关资料应当由施工总承包单位妥善保存备查。

工程建设领域推行分包单位农民工工资委托施工总承包单位代发制度。

分包单位应当按月考核农民工工作量并编制工资支付表，经农民工本人签字确认后，与当月工程进度等情况一并交施工总承包单位。

施工总承包单位根据分包单位编制的工资支付表，通过农民工工资专用账户直接将工资支付到农民工本人的银行账户，并向分包单位提供代发工资凭证。

用于支付农民工工资的银行账户所绑定的农民工本人社会保障卡或者银行卡，用人单位或者其他人员不得以任何理由扣押或者变相扣押。

三、加强金融监管确保农民工工资及时支付

金融机构应当优化农民工工资专用账户开设服务流程，做好农民工工资专用账户的日常管理工作；发现资金未按约定拨付等情况的，及时通知施工总承包单位，由施工总承包单位报告人力资源社会保障行政部门和相关行业工程建设主管部门，并纳入欠薪预警系统。

四、强化合同管理与用工管理

施工总承包单位或者分包单位应当依法与所招用的农民工订立劳

动合同并进行用工实名登记，具备条件的行业应当通过相应的管理服务信息平台进行用工实名登记、管理。未与施工总承包单位或者分包单位订立劳动合同并进行用工实名登记的人员，不得进入项目现场施工。

施工总承包单位应当在工程项目部配备劳资专管员，对分包单位劳动用工实施监督管理，掌握施工现场用工、考勤、工资支付等情况，审核分包单位编制的农民工工资支付表，分包单位应当予以配合。

施工总承包单位、分包单位应当建立用工管理台账，并保存至工程完工且工资全部结清后至少3年。

五、推行建设单位和施工总承包单位先行支付制度

因建设单位未按照合同约定及时拨付工程款导致农民工工资拖欠的，建设单位应当以未结清的工程款为限先行垫付被拖欠的农民工工资。

分包单位拖欠农民工工资的，由施工总承包单位先行清偿，再依法进行追偿。

工程建设项目转包，拖欠农民工工资的，由施工总承包单位先行清偿，再依法进行追偿。

建设单位或者施工总承包单位将建设工程发包或者分包给个人，或者不具备合法经营资格的单位，导致拖欠农民工工资的，由建设单位或者施工总承包单位清偿。

施工单位允许其他单位和个人以施工单位的名义对外承揽建设工程，导致拖欠农民工工资的，由施工单位清偿。

工程建设项目违反国土空间规划、工程建设等法律法规，导致拖欠农民工工资的，由建设单位清偿。

六、推行工资保证金制度

施工总承包单位应当按照有关规定存储工资保证金，专项用于支付

为所承包工程提供劳动的农民工被拖欠的工资。

工资保证金实行差异化存储办法，对一定时期内未发生工资拖欠的单位实行减免措施，对发生工资拖欠的单位适当提高存储比例。工资保证金可以用金融机构保函替代。

工资保证金的存储比例、存储形式、减免措施等具体办法，由国务院人力资源社会保障行政部门会同有关部门制定。

除法律另有规定外，农民工工资专用账户资金和工资保证金不得因支付为本项目提供劳动的农民工工资之外的原因被查封、冻结或者划拨。

七、争议不影响农民工工资发放制度

建设单位与施工总承包单位或者承包单位与分包单位因工程数量、质量、造价等产生争议的，建设单位不得因争议不按照规定拨付工程款中的人工费用，施工总承包单位也不得因争议不按照规定代发工资。

结合上述工程建设领域特别规定，重点强调如下：

农民工工资支付问题国家一直很重视，2016年下发的《国务院办公厅关于全面治理拖欠农民工工资问题的意见》（国办发〔2016〕1号）规定，在工程建设领域，坚持施工企业与农民工先签订劳动合同后进场施工，全面实行农民工实名制管理制度，建立劳动计酬手册，记录施工现场作业农民工的身份信息、劳动考勤、工资结算等信息，逐步实现信息化实名制管理。

现在上升到法规层面对农民工工资支付问题进行立法，更进一步体现了国家解决欠薪问题的决心以及对农民工等弱势群体的呵护，建筑企业要讲大局识大体，努力践行，不要拖欠农民工的工资。

综上，不建议在农民工用工方面再做筹划，相关政策规定基本限定了筹划空间。反倒是在控制风险方面应该下些功夫。比如，建设方或总包方如何确保分包方不拖欠农民工工资，实施实名制管理，建立农民工专户，坚持总包代发，加强劳资管理，做好过程管控等。同时分包方发放农民工工资同时一定要预扣预缴个税，因为工资成本在企业所得税前扣除的前提条件之一是必须缴纳了个税。当然，由于社会保险费以前是社保局征收，从目前有效的税法文件看，社会保险费的缴纳并未作为工资成本在企业所得税前扣除的限制性条件，但也应该缴纳。

本书认为，严格执行《保障农民工工资支付条例》既能保护农民工及时获取劳动报酬，也能保护工程总包方和建设方权益不受侵害。因为，由总包方代发农民工工资可以避免分包方恶意欠薪导致总包方承担连带责任。

第二节　挂靠项目利润回流问题

施工企业挂靠项目的利润回流问题，有的说是利润提取问题，这个问题是挂靠项目无法回避的现实问题，也是施工企业可能存在重大税务风险的问题。

挂靠项目为什么会存在利润回流的问题，这个和交易模式有关，挂靠方以被挂靠方名义中标，以被挂靠方名义签订合同、提供建筑服务、开具发票和结算资金，必然以被挂靠方名义进行会计和税务处理。以被挂靠方名义进行会计处理的结果是挂靠方的利润最终要体现在被挂靠方的账面和报表上，从法律形式上看，这个是被挂靠方的利润，但实际是挂靠方的利润，怎么办？挂靠方一定会想方设法拿回属于自己的利润，被挂靠方当然也会同意挂靠方拿回属于他的利润，只不过被挂靠方在挂靠方拿走利润的时点和方式方法方面会强化风险管控，避免引起自身重大税务风险。

实践中有的挂靠方不太懂得如何拿回属于自己的利润，直到工程项目快结束了在被挂靠方账面上依然有大量的利润存在，工程快结束了你的利润还没有拿回来的话，如果没有后续合作业务，那通过交易拿回来的可能性就很低了。所以，建议要提早规划。

提早规划，就是在合作之初，挂靠方要测算好盈利水平，要规划好采取什么方式在什么时点回流利润，如何控制好税务风险尤其是控制好虚开发票的风险。

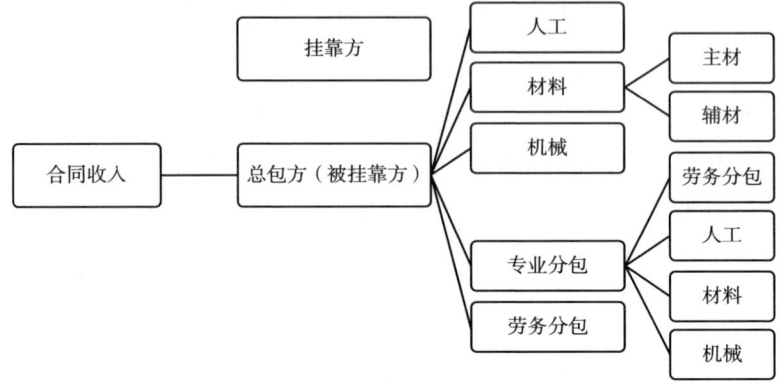

图8-1 挂靠方利润回流路径

我们结合图8-1，具体分析一下挂靠方可能通过哪些途径拿回自己的利润：

1. 人工成本

如果是挂靠工程，挂靠方往往将应当由自己承担人工成本的管理人员及工人等其他人员的劳动关系转到被挂靠方单位名下或者直接以被挂靠方名义招聘挂靠工程需要的人员，并由被挂靠方承担（实际是挂靠的工程项目承担）这些人员的人工成本，从而实现利润通过人工成本方式回流。

这种操作有几个重要的风险点需要提示一下：一是这些人员必须真实在挂靠工程项目上履行雇员职责，否则容易被认定套取工资；二是这些人员一旦发生用工风险从法律形式看应首先由被挂靠方承担法律责任，然后被挂靠方再向挂靠方追偿。实践中被挂靠方为了控制自己的风险往往私下与挂靠方签订"君子协定"，私下约定好责任权利关系，但这种"君子协定"有多大的法律效力只有当事人自己心里清楚，其实更多是靠彼此的信任与默契。

2. 材料

通过材料供应商拿回利润，这种方式要注意不要搞成虚开发票，因为按照税法规定，开具与实际经营业务情况不符的发票就是虚开。只要不构成虚开发票，即使关联方之间的交易价格不公允被调整，这个调整也仅仅是税法上的处理，并不改变会计处理以及资金的流动，回流利润的目标依然可以实现。规划利润回流最忌讳的方式是通过购买发票或其他虚开发票的形式，这明显是在作假，而且很容易被发现，防伪税控开票新系统的一个强大功能是必须联网开票，发票票面信息会实时上传税务机关金税三期后台，金税三期后台的发票电子底账库（数据库）会实时对纳税人的开票信息进行比对，虚开发票很容易被监控，操作层面一定要基于真实业务，不能签订虚假合同。

3. 机械等

通过机械等其他的方法回流利润的途径与材料类似，同样要注意的问题是一定要基于真实业务，不要虚开发票。

实务中，挂靠项目利润回流的方式很多，但鉴于挂靠项目本身的敏感性，本书不方便大篇幅展开讨论，只能提纲挈领抛砖引玉，欢迎大家关注作者公众号"桃子说税"和"老陶讲税法"交流探讨。也欢迎大家添加作者微信交流探讨，作者微信号：tgj20160307。

第三节 EPC 工程税务问题

本节重点介绍 EPC 工程总承包增值税处理。

EPC 工程总承包税务问题与施工总承包的税务问题主要不同在于增值税的处理上，因此，本节仅就 EPC 工程总承包的增值税处理进行论述。

EPC 工程总承包包括设计、采购和施工三个环节，从目前全国各地解答口径看，增值税的处理主要有两种口径，有的地方按混合销售行为缴纳增值税，有的地方按兼营行为缴纳增值税。比如，原江西国税营改增答疑口径：EPC 是指公司受业主委托，对一个工程项目负责进行"设计、采购、施工"，与通常所说的工程总承包含义相似。纳税人与业主签订工程总承包合同，从业主取得的全部收入按提供建筑服务缴纳增值税。

原河南国税营改增答疑口径：EPC业务不属于混合销售行为，属于兼营行为，纳税人需要针对EPC合同中不同的业务分别进行核算，即按各业务适用的不同税率分别计提销项税额。

原深圳国税营改增答疑口径：建筑企业受业主委托，按照合同约定承包工程建设项目的设计、采购、施工、试运行等全过程或若干阶段的EPC工程项目，应按建筑服务缴纳增值税。

原陕西国税营改增答疑口径：EPC工程项目既涉及货物又涉及服务，且两个应税项目有密切的从属或因果关系，属混合销售行为，应按纳税人经营类别不同分别按货物或服务缴纳增值税。

原广东国税营改增答疑口径：EPC工程项目应分别核算适用不同税率或征收率的销售额，未分别核算的应从高适用税率或征收率。

各地"营改增"解答口径法律层级较低，研究什么是混合销售以及混合销售按什么税目缴纳增值税，还需要看上位法是怎么规定。

1. 混合销售

按照《财政部 国家税务总局关于全面推开营业税改征增值税试点的通知》（财税〔2016〕36号）附件1《营业税改征增值税试点实施办法》第四十条规定，一项销售行为如果既涉及服务又涉及货物，为混合销售。从事货物的生产、批发或者零售的单位和个体工商户的混合销售行为，按照销售货物缴纳增值税；其他单位和个体工商户的混合销售行为，按照销售服务缴纳增值税。

按照混合销售来处理的，是按照主业（销售货物或销售服务）的税率缴纳增值税，从实践来看，按照建筑服务确认销项税额比较常见，但也有个别设计公司牵头的EPC工程总承包业务按照设计服务6%的税率给发包方开票并且发包方没有异议，但这并不代表设计公司的税务处理没有税务风险。因为从某一个EPC工程总承包业务的构成看，设计所占比重很小，按照设计服务6%的税率确认销项税额，按照建筑服务9%和货物13%的税率确认进项税额，会形成进销项税额倒挂，设计公司几乎不用缴纳增值税。这样处理要在合同签订环节做好规划，要符合税法规定的混合销售定义且符合设计服务为主业的行业属性确认。总之，要有充分的理由说服当地税务机关认同工程总承包方的税务处理，不然会存在补税和缴纳滞纳金甚至罚款的税务风险。

2. 兼营

EPC 工程承包业务按照兼营来处理的，设计、采购和施工三个环节分别核算，分别按照各自的税率计算缴纳增值税，设计的税率是 6%，货物的税率是 13%，施工的税率是 9%。

EPC 工程总承包业务的增值税处理，除了上述在确认销项税额环节按照混合销售或兼营的方式处理外，其他环节的增值税处理与施工总承包业务相同，比如计税方式的确认、发票开具、纳税义务发生时间、进项税额抵扣等。

第四节 PPP 项目税务问题

一、PPP 项目前期阶段税务问题

1. 组建项目公司（SPV 公司）税务问题

项目公司一般应登记为一般纳税人，按照销项税额减去进项税额的方式计算增值税额。项目公司组建后涉及实收资本缴纳印花税的问题，按照实收资本（股本）、资本公积合计金额的万分之二点五缴纳印花税。

2. 投资未到位而发生的利息支出税前扣除问题

《国家税务总局关于企业投资者投资未到位而发生的利息支出企业所得税前扣除问题的批复》（国税函〔2009〕312 号）规定，关于企业由于投资者投资未到位而发生的利息支出扣除问题，根据《中华人民共和国企业所得税法实施条例》第二十七条规定，凡企业投资者在规定期限内未缴足其应缴资本额的，该企业对外借款所发生的利息，相当

于投资者实缴资本额与在规定期限内应缴资本额的差额应计付的利息，其不属于企业合理的支出，应由企业投资者负担，不得在计算企业应纳税所得额时扣除。

根据 2013 年 12 月 28 日第十二届全国人民代表大会常务委员会第六次会议修正的《中华人民共和国公司法》的规定，注册资本（股本）由实缴改为了认缴，"股东应当按期足额缴纳公司章程中规定的各自所认缴的出资额"。该规定意味着，有限责任公司或股份有限公司的股东实缴注册资本（股本）的最晚时间由公司的章程规定。因此，《国家税务总局关于企业投资者投资未到位而发生的利息支出企业所得税前扣除问题的批复》（国税函〔2009〕312 号）所规定的"投资未到位"，按照新公司法的规定，应为公司章程规定的最晚实缴注册资本（股本）的时间，即在公司章程规定的最晚实缴注册资本（股本）时间以前"未缴足其应缴资本额"发生的利息支出应允许税前扣除（假定不违法其他资本弱化规定前提下）。

二、PPP 项目建设阶段税务问题

1. 征地拆迁税务问题

（1）增值税处理。施工环节的征地拆迁无法取得增值税专用发票，不能通过销项税额减进项税额方式计算增值税，无疑会加大施工方的税金成本。因此，征地拆迁支出最好不记入施工成本，可以按照代收转付进行处理，代收转付款项不属于增值税范围，按往来款项处理，开具收据。

征地拆迁支出，在增值税的处理上，由于不能取得发票，要对工程项目的计税方式进行测算对比分析，如果选择一般计税方式，要考虑无法取得增值税专用发票部分的影响，如果选择简易计税，要考虑与一般计税情况下的增值税税负差异，同时还要考虑工程项目不同计税方式下税负及净现金流量的影响。因此，事前要对征地拆迁等无法取得发票部分进行合理规划，以减少税金的损失。

（2）所得税处理。征地拆迁支出，如果合同约定计入施工成本，在企业所得税的处理上，要留存好拆迁协议、拆迁双方支付和取得拆迁补偿费用凭证等能够证明拆迁补偿费用真实性的材料。如果合同约定按照代收转付款项处理，属于往来款项，所得税上不作处理。

2. 占用耕地的税务问题

（1）纳税义务人。《中华人民共和国耕地占用税法》第二条规定，在中华人民共和国境内占用耕地建设建筑物、构筑物或者从事非农业建设的单位和个人，为耕地占用税的纳税人，应当依照本法规定缴纳耕地占用税。占用耕地建设农田水利设施的，不缴纳耕地占用税。

《中华人民共和国耕地占用税法实施办法》第二条规定，经批准占用耕地的，纳税人为农用地转用审批文件中标明的建设用地人；农用地转用审批文件中未标明建设用地人的，纳税人为用地申请人，其中用地申请人为各级人民政府的，由同级土地储备中心、自然资源主管部门或政府委托的其他部门、单位履行耕地占用税申报纳税义务。未经批准占用耕地的，纳税人为实际用地人。

（2）计税依据。《中华人民共和国耕地占用税法》第三条规定，耕地占用税以纳税人实际占用的耕地面积为计税依据，按照规定的适用税额一次性征收，应纳税额为纳税人实际占用的耕地面积（平方米）乘以适用税额。

（3）纳税义务发生时间。《中华人民共和国耕地占用税法》第十条规定，耕地占用税的纳税义务发生时间为纳税人收到自然资源主管部门办理占用耕地手续的书面通知的当日。纳税人应当自纳税义务发生之日起30日内申报缴纳耕地占用税。自然资源主管部门凭耕地占用税完税凭证或者免税凭证和其他有关文件发放建设用地批准书。

3. 城镇土地使用税

（1）纳税义务人。《中华人民共和国城镇土地使用税暂行条例》（国务院令第483号）第二条规定，在城市、县城、建制镇、工矿区范围内使用土地的单位和个人，为城镇土地使用税（以下简称土地使用税）的纳税人，应当依照该条例的规定缴纳土地使用税。

（2）计税依据。《中华人民共和国城镇土地使用税暂行条例》（国务院令第483号）第三条规定，土地使用税以纳税人实际占用的土地面积为计税依据，依照规定税额计算征收。

（3）纳税期限。《中华人民共和国城镇土地使用税暂行条例》（国务院令第483号）第八条规定，土地使用税按年计算、分期缴纳。缴纳期限由省、自治区、直辖市人民政府确定。

（4）纳税义务发生时间。《中华人民共和国城镇土地使用税暂行条例》（国务院令第483号）第九条，新征用的土地，依照下列规定缴纳土地使用税：

①征用的耕地，自批准征用之日起满1年时开始缴纳土地使用税；

②征用的非耕地，自批准征用次月起缴纳土地使用税。

4. PPP项目施工环节计税方式的选择

关于工程项目计税方式是选择一般计税有利还是选择简易计税有利，见本书第十三章第三节。

三、PPP项目运营阶段

PPP项目运营阶段，也是社会资本方产生收益的阶段（不考虑自己施工环节），社会资本方取得收益的税务处理主要在增值税和企业所得税方面。

PPP项目盈利模式一般分为政府付费、使用者付费和可行性缺口补助三种，我们以政府付费模式为例进行介绍。

（一）增值税

目前我国对PPP项目没有出台统一的税收政策，实践中大家都是结合合同形式、经济实质去套用现行的税收法律文件，因理解不同，各地执行口径也存在较大差异。针对政府付费的增值税处理，实践中主要有以下四种纳税口径。

1. 贷款服务口径

（1）税务处理。可用性付费中相当于社会资本垫资的本金部分不征税，仅就投资回报部分按贷款服务6%税率计算销项税，对投资成本的进项税额不允许抵扣。

（2）发票开具。社会资本方收回的投资本金，作为增值税不征税收入处理的，可以给政府方开具收款收据，或给政府方开具不征税或免税的增值税发票。本金部分具体如何开具要咨询主管税务机关。

社会资本方收回的投资回报，项目公司按照贷款服务给政府开具发票。

2. 企业管理服务口径

（1）税务处理。可用性付费全额按6%税率，税目按企业管理服务（现代服务/商务辅助服务/企业管理服务）计算销项税，项目投资成本的进项税额允许抵扣。（按照财税〔2016〕36号文规定，企业管理服务，是指提供总部管理、投资与资产管理、市场管理、物业管理、日常综合管理等服务的业务活动）

该纳税口径下，其建设期支出取得的进项税额可抵扣，如果工程项目选择一般计税（税率为9%），可能会形成倒挂，税负较低。这种增值税纳税口径，如果施工环节工程项目选择一般计税对企业有利，但对当地税收贡献可能不利，因此这种纳税口径与税务机关谈判有一定难度。

（2）发票开具。项目公司从政府方取得可用性付费可以按照"现代服务业/商务辅助服务/企业管理服务"依6%的税率全额开具增值税发票给政府或政府方代表。

3. 建筑服务口径

（1）税务处理。可用性付费全额按9%税率（税目按建筑服务）计算销项税额，项目投资成本的进项税额允许抵扣。

该纳税口径下，征地拆迁等无法抵扣进项税，设计、监理、审计等也只能按照6%税率抵扣，项目公司增值税税负高，对企业最为不利。

（2）发票开具。项目公司从政府方取得的可用性服务费，可以按照"建筑服务"依9%的税率，给政府或政府方代表开具增值税发票。

4. 建筑服务 + 贷款服务（或企业管理服务）口径

（1）税务处理。可用性付费中，所对应的项目投资成本按 9% 税率（税目按照建筑服务）计算销项税，投资回报部分按 6% 税率（税目贷款服务或企业管理服务）计算销项税，投资成本的进项税额允许抵扣。

这种纳税口径下，征地拆迁等无法抵扣进项税，可能造成项目公司税负增加。

（2）发票开具。项目公司取得的可用性付费，投资本金部分可按照"建筑服务"依 9% 税率给政府开具发票，投资回报部分可按照"企业管理服务"或"贷款服务"依 6% 税率给政府开具发票，具体要与当地主管税务机关确认。

（二）企业所得税

1. 公共基础设施项目投资经营所得企业所得税优惠。

依据《财政部 国家税务总局关于执行公共基础设施项目企业所得税优惠目录有关问题的通知》（财税〔2008〕46号）规定，企业从事《公共基础设施项目企业所得税优惠目录》（见表 8-1）内符合相关条件和技术标准及国家投资管理相关规定，于 2008 年 1 月 1 日后经批准的公共基础设施项目，其投资经营的所得，自该项目取得第一笔生产经营收入所属纳税年度起，第一年至第三年免征企业所得税，第四年至第六年减半征收企业所得税。

第一笔生产经营收入，是指公共基础设施项目已建成并投入运营后所取得的第一笔收入。

企业同时从事不在《目录》范围内的项目取得的所得，应与享受优惠的公共基础设施项目所得分开核算，并合理分摊期间费用，没有分开核算的，不得享受上述企业所得税优惠政策。

企业承包经营、承包建设和内部自建自用公共基础设施项目，不得享受上述企业所得税优惠。

公共基础设施项目企业所得税优惠目录（2008 年版）见表 8-1。

表8-1 公共基础设施项目企业所得税优惠目录（2008年版）

序号	类别	项目	范围、条件及技术标准
1	港口码头	码头、泊位、通航建筑物新建项目	由省级以上政府投资主管部门核准的沿海港口万吨级及以上泊位、内河千吨级及以上泊位、滚装泊位、内河航运枢纽新建项目
2	机场	民用机场新建项目	由国务院核准的民用机场新建项目，包括民用机场迁建、军航机场军民合用改造项目
3	铁路	铁路新线建设项目	由省级以上政府投资主管部门或国务院行业主管部门核准的客运专线、城际轨道交通和Ⅲ级及以上铁路建设项目
4		既有线路改造项目	由省级以上政府投资主管部门或国务院行业主管部门核准的铁路电气化改造、增建二线项目以及其他改造投入达到项目固定资产账面原值75%以上的改造项目
5	公路	公路新建项目	由省级以上政府投资主管部门核准的一级以上的公路建设项目
6	城市公共交通	城市快速轨道交通新建项目	由国务院核准的城市地铁、轻轨新建项目
7		水力发电新建项目（包括控制性水利枢纽工程）	由国务院投资主管部门核准的在主要河流上新建的水电项目，总装机容量在25万千瓦及以上的新建水电项目，以及抽水蓄能电站项目
8		核电站新建项目	由国务院核准的核电站新建项目
9	电力	电网（输变电设施）新建项目	由国务院投资主管部门核准的330kv及以上跨省及长度超过200km的交流输变电新建项目，500kv及以上直流输变电新建项目；由省级以上政府投资主管部门核准的革命老区、老少边穷地区电网新建工程项目；农网输变电新建项目
10		风力发电新建项目	由政府投资主管部门核准的风力发电新建项目
11		海洋能发电新建项目	由省级以上政府投资主管部门核准的海洋能发电新建项目
12		太阳能发电新建项目	由政府投资主管部门核准的太阳能发电新建项目
13		地热发电新建项目	由政府投资主管部门核准的地热发电新建项目
14	水利	灌区配套设施及农业节水灌溉工程新建项目	由政府投资主管部门核准的灌区水源工程、灌排系统工程、节水工程
15		地表水水源工程新建项目	由政府投资主管部门核准的水库、塘堰、水窖及配套工程
16		调水工程新建项目	由政府投资主管部门核准的取水、输水、配水工程
17		农村人畜饮水工程新建项目	由政府投资主管部门核准的农村人畜饮水工程中取水、输水、净化水、配水工程
18		牧区水利工程新建项目	由政府投资主管部门核准的牧区水利工程中的取水、输配水、节水灌溉及配套工程

依据《国家税务总局关于实施国家重点扶持的公共基础设施项目企业所得税优惠问题的通知》（国税发〔2009〕80号）规定，对居民企业（以下简称企业）经有关部门批准，从事符合《公共基础设施项目企业所得税优惠目录》（财税〔2008〕46号）（以下简称《目录》）规定范围、条件和标准的公共基础设施项目的投资经营所得，自该项目取得第一笔生产经营收入所属纳税年度起，第一年至第三年免征企业所得税，第四年至第六年减半征收企业所得税。

企业从事承包经营、承包建设和内部自建自用《目录》规定项目的所得，不得享受前款规定的企业所得税优惠。

第一笔生产经营收入，是指公共基础设施项目建成并投入运营（包括试运营）后所取得的第一笔主营业务收入。

所称承包经营，是指与从事该项目经营的法人主体相独立的另一法人经营主体，通过承包该项目的经营管理而取得劳务性收益的经营活动。

所称承包建设，是指与从事该项目经营的法人主体相独立的另一法人经营主体，通过承包该项目的工程建设而取得建筑劳务收益的经营活动。

所称内部自建自用，是指项目的建设仅作为本企业主体经营业务的设施，满足本企业自身的生产经营活动需要，而不属于向他人提供公共服务业务的公共基础设施建设项目。

企业同时从事不在《目录》范围的生产经营项目取得的所得，应与享受优惠的公共基础设施项目经营所得分开核算，并合理分摊企业的期间共同费用；没有单独核算的，不得享受上述企业所得税优惠。

期间共同费用的合理分摊比例可以按照投资额、销售收入、资产额、人员工资等参数确定。上述比例一经确定，不得随意变更。凡特殊情况需要改变的，须报主管税务机关核准。

企业因生产经营发生变化或因《目录》调整，不再符合该办法规定减免税条件的，企业应当自发生变化15日内向主管税务机关提交书面报告并停止享受优惠，依法缴纳企业所得税。

企业在减免税期限内转让所享受减免税优惠的项目，受让方承续经营该项目的，可自受让之日起，在剩余优惠期限内享受规定的减免税优惠；减免税期限届满后转让的，受让方不得就该项目重复享受减免税优惠。

依据《财政部 国家税务总局关于公共基础设施项目享受企业所得税优惠政策问题的补充通知》（财税〔2014〕55号）规定，企业投资经营符合《公共基础设施项目企业所得税优惠目录》规定条件和标准的公共基础设施项目，采用一次核准、分批次（如码头、泊位、航站楼、跑道、路段、发电机组等）建设的，凡同时符合以下条件的，可按每一批次为单位计算所得，并享受企业所得税"三免三减半"优惠：

①不同批次在空间上相互独立；

②每一批次自身具备取得收入的功能；

③以每一批次为单位进行会计核算，单独计算所得，并合理分摊期间费用。

公共基础设施项目企业所得税"三免三减半"优化的其他问题，继续按《财政部 国家税务总局关于执行公共基础设施企业所得税优惠目录有关问题的通知》（财税〔2008〕46号）、《国家税务总局关于实施国家重点扶持的公共基础设施项目企业所得税优惠问题的通知》（国税发〔2009〕80号）、《财政部 国家税务总局关于公共基础设施项目和环境保护、节能节水项目企业所得税优惠政策问题的通知》（财税〔2012〕10号）的规定执行。

结合上述政策规定并结合实务分析，本书认为，项目公司享受基础设施项目投资经营所得企业所得税优惠政策，需要把握这样几个问题：

（1）企业从事的是在《公共基础设施项目企业所得税优惠目录》内符合相关条件和技术标准及国家投资管理相关规定，于2008年1月1日后经批准的公共基础设施项目。

（2）企业享受所得税优惠的是投资经营的所得。

（3）企业自该项目取得第一笔生产经营收入所属纳税年度起享受"三免三减半"企业所得税优惠政策。

（4）第一笔生产经营收入，是指公共基础设施项目建成并投入运营（包括试运营）后所取得的第一笔主营业务收入。

（5）享受企业所得税"三免三减半"优惠政策的主体是居民企业。

（6）企业同时从事不在《目录》范围的生产经营项目取得的所得，应与享受优惠的公共基础设施项目经营所得分开核算，并合理分摊企业的期间共同费用；没有单独核算的，不得享受上述企业所得税优惠。

（7）企业从事承包经营、承包建设和内部自建自用《目录》规定项目的所得，不得享受企业所得税优惠。

2. 环境保护、节能节水项目企业所得税优惠。

企业从事符合条件的环境保护、节能节水项目的所得可以免征、减征企业所得税。

所称符合条件的环境保护、节能节水项目，包括公共污水处理、公共垃圾处理、沼气综合开发利用、节能减排技术改造、海水淡化等。项目的具体条件和范围由国务院财政、税务主管部门商国务院有关部门制定，报国务院批准后公布施行。

企业从事符合条件的环境保护、节能节水项目的所得，自项目取得第一笔生产经营收入所属纳税年度起，第一年至第三年免征企业所得税，第四年至第六年减半征收企业所得税。

依照上述规定享受减免税优惠的项目，在减免税期限内转让的，受让方自受让之日起，可以在剩余期限内享受规定的减免税优惠；减免税期限届满后转让的，受让方不得就该项目重复享受减免税优惠。

企业从事属于《财政部 国家税务总局 国家发展改革委关于公布环境保护节能节水项目企业所得税优惠目录（试行）的通知》（财税〔2009〕166号）和《财政部 国家税务总局 国家发展改革委关于垃圾填埋沼气发电列入〈环境保护、节能节水项目企业所得税优惠目录（试行）〉的通知》（财税〔2016〕131号）中目录规定范围的项目，2021年12月31日前已进入优惠期的，可按政策规定继续享受至期满为止；企业从事属于《环境保护、节能节水项目企业所得税优惠目录（2021年版）》规定范围的项目，若2020年12月31日前已取得第一笔生产经营收入，可在剩余期限享受政策优惠至期满为止。

税务机关在后续管理中，如不能准确判定企业从事的项目是否属于

《环境保护、节能节水项目企业所得税优惠目录（2021年版）》，可提请省级以上（含省级）发展改革和生态环境等部门出具意见。

3. 西部大开发企业所得税优惠政策。

依据《财政部 税务总局 国家发展改革委关于延续西部大开发企业所得税政策的公告》（财政部 税务总局 国家发展改革委公告2020年第23号）规定：

（1）自2021年1月1日至2030年12月31日，对设在西部地区的鼓励类产业企业减按15%的税率征收企业所得税。本条所称鼓励类产业企业是指以《西部地区鼓励类产业目录》中规定的产业项目为主营业务，且其主营业务收入占企业收入总额60%以上的企业。

（2）《西部地区鼓励类产业目录》由发展改革委牵头制定。该目录在本公告执行期限内修订的，自修订版实施之日起按新版本执行。

（3）税务机关在后续管理中，不能准确判定企业主营业务是否属于国家鼓励类产业项目时，可提请发展改革委等相关部门出具意见。对不符合税收优惠政策规定条件的，由税务机关按税收征收管理法及有关规定进行相应处理。具体办法由省级发展改革委、税务部门另行制定。

（4）本公告所称西部地区包括内蒙古自治区、广西壮族自治区、重庆市、四川省、贵州省、云南省、西藏自治区、陕西省、甘肃省、青海省、宁夏回族自治区、新疆维吾尔自治区和新疆生产建设兵团。湖南省湘西土家族苗族自治州、湖北省恩施土家族苗族自治州、吉林省延边朝鲜族自治州和江西省赣州市，可以比照西部地区的企业所得税政策执行。

4. 企业综合利用资源税收优惠。

企业综合利用资源，生产符合国家产业政策规定的产品所取得的收入，可以在计算应纳税所得额时减计收入。

所称减计收入，是指企业以《资源综合利用企业所得税优惠目录》规定的资源作为主要原材料，生产国家非限制和禁止并符合国家和行业相关标准的产品取得的收入，减按90%计入收入总额。

前款所称原材料占生产产品材料的比例不得低于《资源综合利用企业所得税优惠目录》规定的标准。

《资源综合利用企业所得税优惠目录（2021年版）》（财政部 税务总局 发展改革委 生态环境部公告2021年第36号附件2）自2021年1月1日起施行。

企业从事资源综合利用属于《财政部 国家税务总局 国家发展改革委关于公布资源综合利用企业所得税优惠目录（2008年版）的通知》（财税〔2008〕117号）中目录规定范围，但不属于《资源综合利用企业所得税优惠目录（2021年版）》规定范围的，可按政策规定继续享受优惠至2021年12月31日止。

5. 企业购置并实际使用《环境保护专用设备企业所得税优惠目录》《节能节水专用设备企业所得税优惠目录》和《安全生产专用设备企业所得税优惠目录》规定的环境保护、节能节水、安全生产等专用设备的，该专用设备的投资额的10%可以从企业当年的应纳税额中抵免；当年不足抵免的，可以在以后5个纳税年度结转抵免。

享受前款规定的企业所得税优惠的企业，应当实际购置并自身实际投入使用前款规定的专用设备；企业购置上述专用设备在5年内转让、出租的，应当停止享受企业所得税优惠，并补缴已经抵免的企业所得税税款。

纳税人购进并实际使用《环境保护专用设备企业所得税优惠目录》《节能节水专用设备企业所得税优惠目录》和《安全生产专用设备企业所得税优惠目录》范围内的专用设备并取得增值税专用发票的，进行税额抵免时，如增值税进项税额允许抵扣，其专用设备投资额不再包括增值税进项税额；如增值税进项税额不允许抵扣，其专用设备投资额应为增值税专用发票上注明的价税合计金额。企业购买专用设备取得普通发票的，其专用设备投资额为普通发票上注明的金额。

（1）节能节水和环境保护专用设备企业所得税优惠。

①对企业购置并实际使用节能节水和环境保护专用设备享受企业所得税抵免优惠政策的适用目录进行适当调整，统一按《节能节水专用设备企业所得税优惠目录（2017年版）》和《环境保护专用设备企业所得税优惠目录（2017年版）》执行。

②企业购置节能节水和环境保护专用设备，应自行判断是否符合税

收优惠政策规定条件，按规定向税务部门履行企业所得税优惠备案手续后直接享受税收优惠，税务部门采取税收风险管理、稽查、纳税评估等方式强化后续管理。

③所称税收优惠政策规定条件，是指《节能节水专用设备企业所得税优惠目录（2017年版）》和《环境保护专用设备企业所得税优惠目录（2017年版）》所规定的设备类别、设备名称、性能参数、应用领域和执行标准。

（2）安全生产专用设备企业所得税优惠。

①自2018年1月1日起，对企业购置并实际使用安全生产专用设备享受企业所得税抵免优惠政策的适用目录进行适当调整，统一按《安全生产专用设备企业所得税优惠目录（2018年版）》执行。

②企业购置安全生产专用设备，自行判断其是否符合税收优惠政策规定条件，自行申报享受税收优惠，相关资料留存备查，税务部门依法加强后续管理。

6. 企业享受企业所得税优惠事项采取"真实发生、自行判别、申报享受、相关资料留存备查"的办理方式。

企业享受优惠事项采取"真实发生、自行判别、申报享受、相关资料留存备查"的办理方式。企业应当根据经营情况以及相关税收规定自行判断是否符合优惠事项规定的条件，符合条件的可以按照《目录》列示的时间自行计算减免税额，并通过填报企业所得税纳税申报表享受税收优惠。同时，按照本办法的规定归集和留存相关资料备查。

上述所称留存备查资料是指与企业享受优惠事项有关的合同、协议、凭证、证书、文件、账册、说明等资料。留存备查资料分为主要留存备查资料和其他留存备查资料两类。主要留存备查资料由企业按照《目录》列示的资料清单准备，其他留存备查资料由企业根据享受优惠事项情况自行补充准备。

企业对优惠事项留存备查资料的真实性、合法性承担法律责任。

企业留存备查资料应从企业享受优惠事项当年的企业所得税汇算清缴期结束次日起保留10年。

企业未能按照税务机关要求提供留存备查资料，或者提供的留存备查资料与实际生产经营情况、财务核算情况、相关技术领域、产业、目录、资格证书等不符，无法证实符合优惠事项规定条件的，或者存在弄虚作假情况的，税务机关将依法追缴其已享受的企业所得税优惠，并按照税收征管法等相关规定处理。

企业享受所得税优惠通过"真实发生、自行判别、申报享受、相关资料留存备查"的方式办理，极大的方便了纳税人。但是，程序性的方便反倒意味着风险的增大。所以，本书认为，PPP项目运营期的所得税优惠事项是要与主管税务机关确认的，主要是为了规避未来不确定的风险。当然，一般情况主管税务机关也很难出具具有法律效力的批复或答复，往往口头居多，但至少能够给予纳税人心理上的安慰，税企达成一致的税务处理方式，一般也能经得起未来检查。如果能通过政府方牵头，政府方、社会资本方、税务机关一起来商讨PPP项目的税务处理并形成会议纪要，这对社会资本方来说税务风险将极大的降低，但前提是，社会资本方要事先与主管税务机关深入沟通并达成一致意见后，主管税务机关才会发表符合预期的税务处理意见。

四、PPP项目移交阶段

PPP项目运营期结束后，合同一般约定无偿移交给政府方，在移交的过程中，要不要缴增值税是社会资本方重点关注的问题。

按照《国家税务总局关于全面推开营业税改征增值税试点的通知》（财税〔2016〕36号）附件1《营业税改征增值税试点实施办法》第十四条第（一）项规定，单位或者个体工商户向其他单位或者个人无偿提供服务、转让不动产的要视同销售服务，但用于公益事业或者以社会公众为对象的除外。

社会资本方无偿向政府方移交不动产，是否可以理解为"用于公益事业或者以社会公众为对象"。本书认为可以这样理解，接触的一些税务机关的官员也支持这种观点，当然，在具体执行层面，还需要和当地税务机关进行确认。

第九章 建筑业企业涉税违法与涉税犯罪分析

按照刑法的规定，涉税犯罪行为即危害税收征收管理罪，包括逃税罪（刑法二百零一条）、抗税罪（刑法二百零二条）、逃避追缴欠税罪（刑法二百零三条）、骗取出口退税罪（刑法二百零四条第一款）、虚开增值税专用发票、用于骗取出口退税、抵扣税款发票罪（刑法二百零五条）、伪造、出售伪造的增值税专用发票罪（刑法二百零六条）、非法出售增值税专用发票罪（刑法二百零七条）、非法购买增值税专用发票、购买伪造的增值税专用发票罪（刑法二百零八条）、非法制造、出售非法制造的用于骗取出口退税、抵扣税款发票罪（刑法二百零九条第一款）、非法制造、出售非法制造的发票罪（刑法二百零九条第二款）、非法出售用于骗取出口退税、抵扣税款发票罪（刑法二百零九条第三款）。本书只介绍建筑业企业常见的偷税一般违法行为与逃避缴纳税款罪、虚开发票一般违法与犯罪以及案例解析，其他涉税犯罪行为大家可以自行学习。

第一节 偷税及逃避缴纳税款罪

一、偷税

根据《中华人民共和国税收征收管理法》第六十三条规定，纳税人伪造、变造、隐匿、擅自销毁账簿、记账凭证，或者在账簿上多列支出或者不列、少列收入，或者经税务机关通知申报而拒不申报或者进行虚假的纳税申报，不缴或者少缴应纳税款的，是偷税。对纳税人偷税的，由税务机关追缴其不缴或者少缴的税款、滞纳金，并处不缴或者少缴的税款50%以上5倍以下的罚款；构成犯罪的，依法追究刑事责任。

扣缴义务人采取前款所列手段，不缴或者少缴已扣、已收税款，由税务机关追缴其不缴或者少缴的税款、滞纳金，并处不缴或者少缴的税款50%以上5倍以下的罚款；构成犯罪的，依法追究刑事责任。

从征管法关于偷税的定义分析，采取了四种手段之一（伪造、变造、隐匿、擅自销毁账簿、记账凭证；在账簿上多列支出或者不列、少列收入；经税务机关通知申报而拒不申报；进行虚假的纳税申报）并实现了不缴或少缴税款（已扣、已收税款）的目的即构成偷税。

征管法第六十三条关于偷税的定义并没有强调主观故意性在偷税定性中的考量，但是国家税务总局相关文件中多有提及。

《国家税务总局办公厅关于呼和浩特市昌隆食品有限公司有关涉税行为定性问题的复函》（国税办函〔2007〕513号）认为：《税收征管法》未具体规定纳税人自我纠正少缴税行为的性质问题，在处理此类情况时，仍应按《税收征管法》关于偷税应当具备主观故意、客观手段和行为后果的规定进行是否偷税的定性。税务机关在实施检查前纳税人自我纠正属补报补缴少缴的税款，不能证明纳税人存在偷税的主观故意，不应定性为偷税。

《国家税务总局关于税务检查期间补正申报补缴税款是否影响偷税行为定性有关问题的批复》（税总函〔2013〕196号）认为：税务机关认定纳税人不缴或者少缴税款的行为是否属于偷税，应当严格遵循《中华人民共和国税收征收管理法》第六十三条的有关规定。纳税人未在法定的期限内缴纳税款，且其行为符合《中华人民共和国税收征收管理法》第六十三条规定的构成要件的，即构成偷税，逾期后补缴税款不影响行为的定性。纳税人在稽查局进行税务检查前主动补正申报补缴税款，并且税务机关没有证据证明纳税人具有偷税主观故意的，不按偷税处理。

《国家税务总局关于北京聚菱燕塑料有限公司偷税案件复核意见的批复》（税总函〔2016〕274号）认为：从证据角度不能认定该企业存在偷税的主观故意。综上，我局同意你局的第二种复核意见，即不认定为偷税。

从国家税务总局的批复和复函内容表述可以得出结论：没有证据证明纳税人具有偷税主观故意的，不按偷税处理。国家税务总局关于偷税要有主观故意性的考量观点为纳税人（扣缴义务人）提供了自辩和与税务机关争辩的机会。

那么，结合偷税的四个手段，我们分析一下哪种手段存在主观故意性特点，哪种手段可能没有主观故意性特点。

笔者认为，纳税人伪造、变造、隐匿、擅自销毁账簿、记账凭证，或者经税务机关通知申报而拒不申报或者进行虚假的纳税申报是具有主观故意性的，而在账簿上多列支出或者不列、少列收入可能具有主观故意性，也可能不具有主观故意性，如果在账簿上多列支出或者不列、少列收入是由于当事人业务不熟练或责任心不强所导致的就不能认为具有主观故意性。当然，这个在实践中不是特别好区分，一般来讲，没有证据证明具有主观故意性的应按无主观故意性对待。

二、"非偷税少缴税款"的处理

征管法第六十四条，纳税人、扣缴义务人编造虚假计税依据的，由税务机关责令限期改正，并处5万元以下的罚款。

纳税人不进行纳税申报，不缴或者少缴应纳税款的，由税务机关追缴其不缴或者少缴的税款、滞纳金，并处不缴或者少缴的税款50%以上5倍以下的罚款。

《国家税务总局办公厅关于税收征管法有关条款规定的复函》（国

税办函〔2007〕647号）规定，征管法六十四条第二款仅适用六十三条规定之外的未办理税务登记的纳税人在发生纳税义务以后不进行纳税申报，从而造成不缴或少缴税款结果的情形。

结合上述规定，"非偷税少缴税款"行为，如果纳税人未办理税务登记，适用征管法六十四条第二款处理；如果纳税人办理了税务登记，只补缴税款和滞纳金即可，无须罚款。因此，偷税的定性问题很重要，纳税人一旦被稽查补税，要利用好税收政策降低可能的损失，尽量不触犯刑法或尽量不被罚款。

三、逃避缴纳税款罪

（一）逃避缴纳税款罪量刑的规定

《中华人民共和国刑法修正案（七）》（中华人民共和国主席令第十号）第三条规定，将刑法第二百零一条修改为：

"纳税人采取欺骗、隐瞒手段进行虚假纳税申报或者不申报，逃避缴纳税款数额较大并且占应纳税额10%以上的，处3年以下有期徒刑或者拘役，并处罚金；数额巨大并且占应纳税额30%以上的，处3年以上7年以下有期徒刑，并处罚金。"

"扣缴义务人采取前款所列手段，不缴或者少缴已扣、已收税款，数额较大的，依照前款的规定处罚。"

"对多次实施前两款行为，未经处理的，按照累计数额计算。"

"有第一款行为，经税务机关依法下达追缴通知后，补缴应纳税款，缴纳滞纳金，已受行政处罚的，不予追究刑事责任；但是，5年内因逃避缴纳税款受过刑事处罚或者被税务机关给予2次以上行政处罚的除外。"

（二）逃避缴纳税款罪的立案标准

《最高人民检察院 公安部关于印发〈最高人民检察院公安部关于公安机关管辖的刑事案件立案追诉标准的规定（二）〉的通知》（公通字

〔2010〕23号）第五十七条规定，[逃税案（刑法第二百零一条）]逃避缴纳税款，涉嫌下列情形之一的，应予立案追诉：

1. 纳税人采取欺骗、隐瞒手段进行虚假纳税申报或者不申报，逃避缴纳税款，数额在 5 万元以上并且占各税种应纳税总额 10% 以上，经税务机关依法下达追缴通知后，不补缴应纳税款、不缴纳滞纳金或者不接受行政处罚的。

2. 纳税人 5 年内因逃避缴纳税款受过刑事处罚或者被税务机关给予 2 次以上行政处罚，又逃避缴纳税款，数额在 5 万元以上并且占各税种应纳税总额 10% 以上的。

3. 扣缴义务人采取欺骗、隐瞒手段，不缴或者少缴已扣、已收税款，数额在 5 万元以上的。

纳税人在公安机关立案后再补缴应纳税款、缴纳滞纳金或者接受行政处罚的，不影响刑事责任的追究。

最高人民检察院、公安部于 2022 年 4 月 29 日联合发布修订后的《关于公安机关管辖的刑事案件立案追诉标准的规定（二）》（自 2022 年 5 月 15 日施行）第五十二条规定，[逃税案（刑法第二百零一条）]逃避缴纳税款，涉嫌下列情形之一的，应予立案追诉：

1. 纳税人采取欺骗、隐瞒手段进行虚假纳税申报或者不申报，逃避缴纳税款，数额在十万元以上并且占各税种应纳税总额百分之十以上，经税务机关依法下达追缴通知后，不补缴应纳税款、不缴纳滞纳金或者不接受行政处罚的；

2. 纳税人五年内因逃避缴纳税款受过刑事处罚或者被税务机关给予二次以上行政处罚，又逃避缴纳税款，数额在十万元以上并且占各税种应纳税总额百分之十以上的；

3. 扣缴义务人采取欺骗、隐瞒手段，不缴或者少缴已扣、已收税款，数额在十万元以上的。

纳税人在公安机关立案后再补缴应纳税款、缴纳滞纳金或者接受行政处罚的，不影响刑事责任的追究。

【案例 9-1】 4家建筑企业虚开发票偷税，被追缴税款并处罚款及滞纳金超2亿元。

一、案件来源

上级稽查局税收违法案件举报中心的督办函，函件所附举报材料反映××市4家房地产企业通过虚开发票入账、做假账等手段偷逃国家税款上亿元。

二、疑点分析

结合当地国土资源网、住建局网站等互联网信息和相关部门提供的第三方信息，以及住建局相关数据进一步分析4家企业经营情况后，检查人员发现，4家企业实际企业所得税负担率仅为5%—8%，但当时本地区行业平均企业所得税负担率至少应在10%以上。企业开发的房产项目价格高，但税负率偏低，并且建安成本远高于行业平均值。根据这些疑点，检查人员认为，4家房企可能在成本费用核算方面存在问题。

三、检查及取证过程

1. 检查人员分析发现，上游4家建筑企业与4家涉案房企均有密切的业务往来，并且这8家企业均为当地企业，且开业时间相近。尤其是其中一家B建筑公司，该企业90%以上业务均与涉案房企相关。此外，检查人员还发现，4家房企的实际控制人陈某，还是4家建筑企业中一家企业的主要股东。综合前期4家房企疑点及上游4户建筑企业核查到的信息，检查人员认为，涉案企业具有上、下游"合作"虚开发票、冲抵成本并以此偷逃税款的重大嫌疑。

2. 办案人员首先对上游B建筑公司实施突击检查，顺利调取了B建筑公司包括合同、结算单、采购凭据等纸质涉税资料。调账过程中，检查人员按规定应用执法记录仪全程记录执法取证过程，以确保税企双方权益。

3. 进行电子调账时，为避免提取的数据信息缺失、不全，防范涉案企业事先删改或隐藏关键证据，检查人员使用了一款名为"取证魔方"的调账工具，该软件可全面提取涉案企业电脑硬盘数据，并同步还原和提取电脑中被删改、隐藏的历史涉税数据。

4. 经过大量信息数据核查工作，在调取的12箱B建筑公司纸质资料中，检查人员找到了该公司虚开发票并收取手续费的详细信息。10年间，B建筑公司共向4家涉案房地产企业虚开发票20份，涉及金额2.68亿元，共收取手续费2 939万元。

5. 在对A房地产公司调取的数据资料进行反删除恢复和筛查分析的过程中，检查人员发现了一张被企业删除的Excel表格，这份长达10多页的文档记载了企业未入账收入，以及从上游建筑公司购买发票的资金支付等信息。经过与A房地产公司大量账目数据核对，检查人员确认，这份被删除的Excel表格信息中显示，A房地产公司接受虚开的9份发票来自2家涉案建筑企业，其中8份来自B建筑公司，涉及金额1亿元。此外，表格上还记载了A房地产公司有1 600万元收入并未入账。

6. 掌握相关证据后，专案组迅速对B建筑公司相关人员展开询问，B建筑公司承认在承揽部分建筑工程时，作为条件，曾应4家房地产企业要求虚开了20份建筑发票，涉及金额2.68亿元。按双方约定，向受票房地产企业收取开票金额8%的手续费。

7. 专案组约谈了4家房地产公司的实际控制人陈某。面对证据，陈某承认了其控制的4家房地产企业接受上游企业虚开发票的违法事实，向办案人员表示愿积极配合调查，并主动向专案组提供了4家房地产企业的银行资金信息等资料。结合陈某提供的银行信息和其他几户房企的调账资料，检查人员调查发现，为伪造资金流，4家涉案房企与上游4家建筑企业的银行账户进行过上百笔资金回流，涉及金额达2.7亿元，涉及相关人员银行卡有数十张之多。陈某控制的4家房地产企业在10年间，通过伪造资金流、虚构业务，共接收4家上游建筑企业虚开发票23份，涉及金额2.75亿元。此外，4家房地产企业还从绿化、门窗、石材等相关行业企业，取得42份虚开发票，涉及金额5 300万元。

四、案件处理

经查，陈某控制的4家房地产企业共接受上游建筑企业及其他企业虚开发票65份，涉及金额3.28亿元，多结转销售成本2.62亿元。同时，通过少计房屋租金和车库销售收入的方式隐匿收入7 186万元。针对企业的违法行为，××市稽查局依法作出补缴增值税13.34万元、企业所得税1.12亿元、加收滞纳金并处罚款9 900万元的处理决定。

作者注：该案例根据真实稽查案件改编，并隐去了一些不必要的信息。建议读者要从这个案例中吸取教训，结合本案例，有几点教训需要总结：

1. 若要人不知，除非己莫为。条条大路通罗马，节税绝不能靠偷和骗，更不能去虚开！

2. 节税的主要思路是在合规纳税的基础上做好税务筹划，就是说一定要先合规，不能"带病"操作，不然后患无穷！

3. 本案中稽查局通过税负测算发现疑点，这个是很简单的计算，但是所得税税负计算不同于增值税税负计算，有的财务人员也常常出现错误。

所得税税收负担率（简称税负率）= 应纳所得税额÷利润总额×100%。

经常有财务人员对所得税税负率公式提出质疑，甚至有的直接把百度搜索的结果作为依据提出疑问。鉴于此，在此特别强调一下，笔者所有形成结论的表述都是有法律依据的，上述公式来自国家税务总

第九章 建筑业企业涉税违法与涉税犯罪分析

局的文件:《国家税务总局关于印发〈纳税评估管理办法(试行)〉的通知》(国税发〔2005〕43号)附件2《纳税评估分税种特定分析指标及其使用方法》,360 百科上的所得税税负率的公式是错的(见图 9-1)。

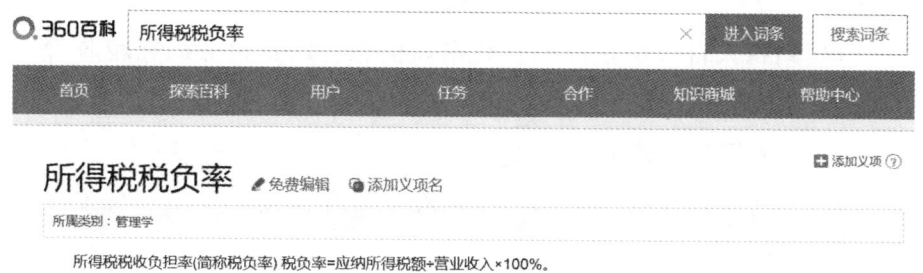

图 9-1　360 百科中所得税税负率的公式

虽然 360 百科也引用了《国家税务总局关于印发〈纳税评估管理办法(试行)〉的通知》(国税发〔2005〕43号)来证实自己的正确性(见图 9-2),但是却张冠李戴了。

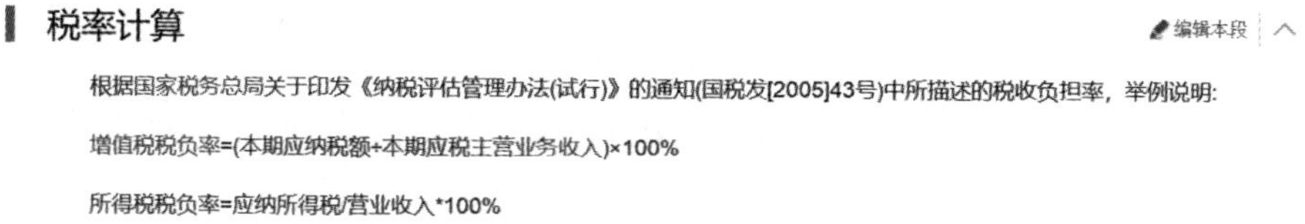

图 9-2　360 百科中对于公式引用的依据说明

《国家税务总局关于印发〈纳税评估管理办法(试行)〉的通知》(国税发〔2005〕43号)附件2《纳税评估分税种特定分析指标及其使用方法》所得税贡献率指标计算公式是这样的:

所得税贡献率 = 应纳所得税额 ÷ 主营业务收入 × 100%。

这个公式和 360 百科所得税税负率公式是不是有点像?分母都是收入,其实这个是所得税贡献率的公式,而不是税负率公式。

因此,对于财务人员、中介机构的服务人员以及税务机关的工作人员来说,打好基本功是多么的重要!

4. 任何筹划都要基于真实的业务，即使是创造的业务也一定是真实的，否则，容易落入恶意筹划的陷阱！

5. 本案例是举报案件，其实，稽查案件来源很多，根据《国家税务总局关于印发〈税务稽查案源管理办法（试行）〉的通知》（税总发〔2016〕71号）第十一条，案源信息的内容具体包括：

（1）纳税人自行申报的税收数据和信息，以及税务局在税收管理过程中形成的税务登记、发票使用、税收优惠、资格认定、出口退税、企业财务报表等涉税数据和信息；

（2）税务局风险管理等部门在风险分析和识别工作中发现并推送的高风险纳税人风险信息；

（3）上级党委、政府、纪检监察等单位和上级税务机关（以下统称上级机关）通过督办函、交办函等形式下发的督办、交办任务提供的税收违法线索；

（4）检举人提供的税收违法线索；

（5）受托协查事项形成的税收违法线索；

（6）公安、检察、审计、纪检监察等外部单位以及税务局督察内审、纪检监察等部门提供的税收违法线索；

（7）专项情报交换、自动情报交换和自发情报交换等过程中形成的国际税收情报信息；

（8）稽查局执法过程中形成的案件线索、处理处罚等税务稽查数据；

（9）政府部门和社会组织共享的涉税信息以及税务局收集的社会公共信息等第三方信息；

（10）其他涉税数据、信息和税收违法线索。

结合上述案源信息，建议建筑企业财务人员做好风险自查，对外输出的数据要尽量保持数据之间的逻辑合理性，避免成为稽查局选案来源。当然，业务真实是前提，伪造的数据再合理也是伪造的，笔者非常反对弄虚作假享受税收优惠，风险极大！

第二节　虚开发票一般违法与犯罪的边界分析及应对

一、虚开发票行政法律规定

（一）国务院关于修改《中华人民共和国发票管理办法》的决定

中华人民共和国国务院令第 587 号（国家税务总局令第 37 号）：

第二十九条，开具发票的单位和个人应当按照税务机关的规定存放和保管发票，不得擅自损毁。已经开具的发票存根联和发票登记簿，应当保存 5 年。保存期满，报经税务机关查验后销毁。

第三十七条，违反该办法第二十二条第二款的规定虚开发票的，由税务机关没收违法所得；虚开金额在 1 万元以下的，可以并处 5 万元以下的罚款；虚开金额超过 1 万元的，并处 5 万元以上 50 万元以下的罚款；构成犯罪的，依法追究刑事责任。

非法代开发票的，依照前款规定处罚。

（二）国家税务总局关于纳税人善意取得虚开的增值税专用发票处理问题的通知（国税发〔2000〕187 号）

善意取得认定应同时具备以下四个条件：
①存在真实的交易；
②销售方使用的是其所在省的专用发票；
③票实相符；
④且没有证据表明购货方知道销售方提供的专用发票是以非法手段获得的。

如果认定为善意取得虚开增值税专用发票，税务处理是：已经抵扣进项税额作进项税额转出，无滞纳金，无罚款，无刑事责任！

如果能重新取得合规发票依然可以抵扣进项税额。

二、虚开发票刑事法律规定

刑法第二百零五条，虚开增值税专用发票或者虚开用于骗取出口退税、抵扣税款的其他发票的，处3年以下有期徒刑或者拘役，并处2万元以上20万元以下罚金；虚开的税款数额较大或者有其他严重情节的，处3年以上10年以下有期徒刑，并处5万元以上50万元以下罚金；虚开的税款数额巨大或者有其他特别严重情节的，处10年以上有期徒刑或者无期徒刑，并处5万元以上50万元以下罚金或者没收财产。

单位犯本条规定之罪的，对单位判处罚金，并对其直接负责的主管人员和其他直接责任人员，处3年以下有期徒刑或者拘役；虚开的税款数额较大或者有其他严重情节的，处3年以上10年以下有期徒刑；虚开的税款数额巨大或者有其他特别严重情节的，处10年以上有期徒刑或者无期徒刑（刑法修正案八）。

在刑法第二百零五条后增加一条，作为第二百零五条之一："虚开本法第二百零五条规定以外的其他发票，情节严重的，处2年以下有期徒刑、拘役或者管制，并处罚金；情节特别严重的，处2年以上7年以下有期徒刑，并处罚金。"

"单位犯前款罪的，对单位判处罚金，并对其直接负责的主管人员和其他直接责任人员，依照前款的规定处罚。"

三、单位犯罪直接负责的主管人员和其他直接责任人员的认定

《最高人民法院关于印发〈全国法院审理金融犯罪案件工作座谈会纪要〉的通知》（法〔2001〕8号）规定：

直接负责的主管人员，是在单位实施的犯罪中起决定、批准、授意、纵容、指挥等作用的人员，一般是单位的主管负责人，包括法定代表人。其他直接责任人员，是在单位犯罪中具体实施犯罪并起较大作用的人员，既可以是单位的经营管理人员，也可以是单位的职工，包括聘

任、雇佣的人员。在单位犯罪中，对于受单位领导指派或奉命而参与实施了一定犯罪行为的人员，一般不宜作为直接责任人员追究刑事责任。对单位犯罪中的直接负责的主管人员和其他直接责任人员，应根据其在单位犯罪中的地位、作用和犯罪情节，分别处以相应的刑罚。

四、定罪量刑标准

（一）虚开增值税专用发票、用于骗取出口退税、抵扣税款发票

1. 2018年8月22日以前，虚开的税款数额在1万元以上的，应予立案追诉；

2. 2018年8月22日以后，虚开的税款数额在5万元以上的，应予立案追诉；

3. 2022年5月15日以后，虚开的税款数额在10万元以上或者造成国家税款损失数额在5万元以上的，应予立案追诉。

（二）虚开刑法第二百零五条规定以外的其他发票，涉嫌下列情形之一的，应予立案追诉

1. 虚开发票金额累计在50万元以上的；

2. 虚开发票100份以上且票面金额在30万元以上的；

3. 5年内因虚开发票受过刑事处罚或者2次以上行政处罚，又虚开发票，数额达到第一、二项标准60%以上的。

第三节　虚开犯罪免予刑事处罚案例解析

最高法公布的典型案例在税务机关查处虚开案件定性中的借鉴

【裁判结果】

某州市人民法院一审认定被告人张某强构成虚开增值税专用发票罪，在法定刑以下判处张某强有期徒刑3年，缓刑5年，

并处罚金人民币 5 万元。张某强在法定期限内没有上诉，检察院未抗诉。某州市人民法院依法逐级报请最高人民法院核准。

最高人民法院经复核认为，被告人张某强以其他单位名义对外签订销售合同，由该单位收取货款、开具增值税专用发票，不具有骗取国家税款的目的，未造成国家税款损失，其行为不构成虚开增值税专用发票罪，某州市人民法院认定张某强构成虚开增值税专用发票罪属适用法律错误。据此，最高人民法院裁定：不核准并撤销某州市人民法院一审刑事判决，将本案发回重审。该案经某州市人民法院重审后，依法宣告张某强无罪。

这里我们思考一下，无罪，是否就不违法？

最高人民检察院制定的《关于充分发挥检察职能服务保障"六稳""六保"的意见》（经 2020 年 7 月 21 日第十三届最高人民检察院党组第一百一十九次会议通过）第六条明确："依法慎重处理企业涉税案件。注意把握一般涉税违法行为与以骗取国家税款为目的的涉税犯罪的界限，对于有实际生产经营活动的企业为虚增业绩、融资、贷款等非骗税目的且没有造成税款损失的虚开增值税专用发票行为，不以虚开增值税专用发票罪定性处理，依法作出不起诉决定的，移送税务机关给予行政处罚。"

至此，关于虚开增值税专用发票在司法环节不定性为构成犯罪的是否还给予行政处罚，官方有了明确的规定，要移送税务机关给予行政处罚。

其实，即使官方没有进一步明确，发票管理办法第三十七条说得也很清楚："违反本办法第二十二条第二款的规定虚开发票的，由税务机关没收违法所得；虚开金额在 1 万元以下的，可以并处 5 万元以下的罚款；虚开金额超过 1 万元的，并处 5 万元以上 50 万元以下的罚款。"

第十章　纳税信用评级及修复

纳税信用评级分为 A、B、M、C、D 级，建筑企业在选择供应商或合作伙伴时，一般优先选择信用评级比较高的 A 级、B 级，特殊情况才会和 M 级纳税人合作。因此，建筑企业一方面要做好日常税务管理，及时准确申报缴纳各种税费，在信用评级方面争取不扣或少扣分，另一方面要熟悉纳税信用评级的扣分类别和扣分标准以及评分修复规则，以避免税务风险。

第一节　纳税信用评级

一、纳税信用评级概述

1. 纳税信用管理

纳税信用管理是指税务机关对纳税人的纳税信用信息开展的采集、评价、确定、发布和应用等活动。目的是规范纳税信用管理，促进纳税人诚信自律，提高税法遵从度，推进社会信用体系建设。

2. 纳税信用评价周期

纳税信用评价周期为一个纳税年度。参照企业所得税法、《最高人民法院关于审理偷税抗税刑事案件具体应用法律若干问题的解释》的相关规定，上述"纳税年度"为自然年，从 1 月 1 日到 12 月 31 日。

3. 参与纳税信用评价的企业范围

（1）从事生产、经营并适用查账征收的独立核算企业、个人独资企业和个人合伙企业。

（2）从首次在税务机关办理涉税事宜之日起时间不满一个评价年度的企业（简称"新设立企业"）。评价年度是指公历年度，即1月1日至12月31日。

（3）评价年度内无生产经营业务收入的企业。

（4）适用企业所得税核定征收办法的企业。

4. 不参加本期纳税信用评价的情形

纳税信用评价周期为一个纳税年度，有下列情形之一的纳税人，不参加本期的评价：

（1）因涉嫌税收违法被立案查处尚未结案的（因涉嫌税收违法被立案查处是指：因涉嫌税收违法被移送公安机关或被公安机关直接立案查处，根据税务管理系统中的移送记录或被立案记录确定。被税务稽查部门立案检查的，不属于该情形，应纳入本期评价范围。尚未结案是指：在评价年度12月31日前，税务管理系统中有移送记录或被立案记录而没有已结案的记录）；

（2）被审计、财政部门依法查出税收违法行为，税务机关正在依法处理，尚未办结的（如果所列情形解除，纳税人可以向税务机关申请补充纳税信用评价，税务机关应补录纳税人的信用评价结果。尚未办结是指：在评价年度12月31日前，税务管理系统中有在办、在流转处理的记录而没有办结的记录）；

（3）已申请税务行政复议、提起行政诉讼尚未结案的（如果所列情形解除，纳税人可以向税务机关申请补充纳税信用评价，税务机关应补录纳税人的信用评价结果。尚未结案是指：在评价年度12月31日前，税务管理系统中有受理复议、提起诉讼的记录而没有结案的记录）；

（4）其他不应参加本期评价的情形。

5. 本评价年度不能评为 A 级的情形

有下列情形之一的纳税人，本评价年度不能评为 A 级：

（1）实际生产经营期不满 3 年的（"实际生产经营期"自纳税人向税务机关申报主营业务收入和申报缴纳相关税款之日起计算）；

（2）上一评价年度纳税信用评价结果为 D 级的；

（3）非正常原因（是指排除纳税人正常经营，包括季节性生产经营、享受政策性减免税等情况之外的其他原因）一个评价年度内增值税连续 3 个月或者累计 6 个月零申报、负申报的；

（4）不能按照国家统一的会计制度规定设置账簿，并根据合法、有效凭证核算，向税务机关提供准确税务资料的。

6. 本评价年度直接判为 D 级的情形

有下列情形之一的纳税人，本评价年度直接判为 D 级：

（1）存在逃避缴纳税款、逃避追缴欠税、骗取出口退税、虚开增值税专用发票等行为，经判决构成涉税犯罪的（指纳税人行为被法院判决"构成涉税犯罪的"，以判决结果在税务管理系统中的记录日期确定判 D 级的年度，同时按照《信用管理办法》第二十五条规定调整其以前年度信用记录）；

（2）存在前项所列行为，未构成犯罪，但偷税（逃避缴纳税款）金额 10 万元以上且占各税种应纳税总额 10% 以上，或者存在逃避追缴欠税、骗取出口退税、虚开增值税专用发票等税收违法行为，已缴纳税款、滞纳金、罚款的［指纳税人行为虽未构成犯罪，但由于情节较为严重，被税务稽查部门作出"定性"处理，即使已按要求缴纳税款、滞纳金、罚款，也应该直接判为 D 级。以处理结果在税务管理系统中的记录日期确定判 D 级的年度，同时按照《信用管理办法》第二十五条规定调整其以前年度信用记录。偷税（逃避缴纳税款）金额占各税种应纳税总额比例＝一个纳税年度的各税种偷税（逃避缴纳税款）总额÷该纳税年度各税种应纳税总额］；

（3）在规定期限内未按税务机关处理结论缴纳或者足额缴纳税款、

滞纳金和罚款的［不论情节是否严重，不按税务机关（包括税务稽查、纳税评估、税务审计、反避税调查部门）处理结论缴纳或足额缴纳税款、滞纳金、罚款的，都直接判为 D 级。以该情形在税务管理系统中的记录日期确定判 D 级的年度］；

（4）以暴力、威胁方法拒不缴纳税款或者拒绝、阻挠税务机关依法实施税务稽查执法行为的（指抗税和拒绝税务稽查的行为，以该情形在税务管理系统中的记录日期确定判 D 级的年度，同时按照《信用管理办法》第二十五条规定调整其以前年度信用记录）；

（5）存在违反增值税发票管理规定或者违反其他发票管理规定的行为，导致其他单位或者个人未缴、少缴或者骗取税款的（以该情形在税务管理系统中的记录日期确定判 D 级的年度，同时按照《信用管理办法》第二十五条规定调整其以前年度信用记录）；

（6）提供虚假申报材料享受税收优惠政策的（以该情形在税务管理系统中的记录日期确定判 D 级的年度，同时按照《信用管理办法》第二十五条规定调整其以前年度信用记录）；

（7）骗取国家出口退税款，被停止出口退（免）税资格未到期的［在评价年度内，被停止出口退（免）税资格未到期。根据税务管理系统中的记录信息确定］；

（8）有非正常户记录或者由非正常户直接责任人员注册登记或者负责经营的（"非正常户"是指已办理税务登记，未按照规定的期限申报纳税，在税务机关责令其限期改正后，逾期不改正，并经税务机关派员实地检查，查无下落且无法强制其履行纳税义务的纳税人。本规定是为了防范非正常户以重新注册新企业的方式来逃避税务监管。有非正常户记录是指：在评价年度 12 月 31 日为非正常状态。有非正常户直接责任人员注册登记或者负责经营的是指：由非正常户直接责任人员在认定为非正常户之后注册登记或负责经营的企业。该类企业在纳入纳税信用管理的当年即纳入评价范围，且直接判为 D 级）；

（9）由 D 级纳税人的直接责任人员注册登记或者负责经营的（针对严重失信行为的一项管理措施，由 D 级纳税人的直接责任人员在被评价为 D 级之后注册登记或者负责经营的企业，在纳入纳税信用管理的当年即纳入评价范围，且直接判为 D 级）；

（10）存在税务机关依法认定的其他严重失信情形的［具体按照《重大税收违法失信主体信息公布管理办法》（国家税务总局令第 54 号）规定处理］。

7. 不影响纳税信用评价的情形

纳税人有下列情形的，不影响其纳税信用评价：

（1）由于税务机关原因或者不可抗力，造成纳税人未能及时履行纳税义务的；

（2）非主观故意的计算公式运用错误以及明显的笔误造成未缴或者少缴税款的（依据《税收征管法》第五十二条和《税收征管法实施细则》第八十一条的规定）；

（3）国家税务总局认定的其他不影响纳税信用评价的情形。

8. 纳税信用评价结果确定

税务机关每年 4 月确定上一年度纳税信用评价结果，并为纳税人提供自我查询服务。

9. 对纳税信用评价结果有异议的处理

纳税人对指标评价情况有异议的，可在评价年度次年 3 月份填写"纳税信用复评（核）申请表"，向主管税务机关提出复核，主管税务机关在开展年度评价时审核调整，并随评价结果向纳税人提供复核情况的自我查询服务。

10. 纳税信用级别实行动态调整

税务机关对纳税人的纳税信用级别实行动态调整。因税务检查等发现纳税人以前评价年度存在直接判为 D 级情形的，主管税务机关应调整其相应评价年度纳税信用级别为 D 级，并记录动态调整信息，该 D 级评价不保留至下一年度。对税务检查等发现纳税人以前评价年度存在需扣减纳税信用评价指标得分情形的，主管税务机关暂不调整其相应年度纳税信用评价结果和记录。

纳税人因无法参加本期纳税评价情形解除而向税务机关申请补充纳税信用评价的，税务机关应按规定处理。

纳税人信用评价状态变化时，税务机关可采取适当方式通知、提醒纳税人。

11. 税务机关对 A 级纳税人的管理

对纳税信用评价为 A 级的纳税人，税务机关予以下列激励措施：

（1）主动向社会公告年度 A 级纳税人名单；

（2）一般纳税人可单次领取 3 个月的增值税发票用量，需要调整增值税发票用量时即时办理；

（3）普通发票按需领用；

（4）连续 3 年被评为 A 级信用级别（简称"3 连 A"）的纳税人，除享受以上措施外，还可以由税务机关提供绿色通道或专门人员帮助办理涉税事项；

（5）税务机关与相关部门实施的联合激励措施，以及结合当地实际情况采取的其他激励措施。

12. 税务机关对 B 级纳税人的管理

对纳税信用评价为 B 级的纳税人，税务机关实施正常管理，适时进行税收政策和管理规定的辅导，并视信用评价状态变化趋势选择性地提供给予 A 级纳税人的激励措施。

13. 税务机关对 M 级纳税人的管理

自 2018 年 4 月 1 日起增设 M 级，对纳税信用评价为 M 级的企业，税务机关实行下列激励措施：

（1）取消增值税专用发票认证（即取消扫描认证，实行勾选认证）。

（2）税务机关适时进行税收政策和管理规定的辅导。

14. 税务机关对 C 级纳税人的管理

对纳税信用评价为 C 级的纳税人，税务机关应依法从严管理，并视信用评价状态变化趋势选择性地采取针对 D 级纳税人的管理措施。

15. 税务机关对 D 级纳税人的人管理

对纳税信用评价为 D 级的纳税人，税务机关应采取以下措施：

（1）公开 D 级纳税人及其直接责任人员名单，对直接责任人员注册登记或者负责经营的其他纳税人纳税信用直接判为 D 级；

（2）增值税专用发票领用按辅导期一般纳税人政策办理，普通发票的领用实行交（验）旧供新、严格限量供应；

（3）加强出口退税审核；

（4）加强纳税评估，严格审核其报送的各种资料；

（5）列入重点监控对象，提高监督检查频次，发现税收违法违规行为的，不得适用规定处罚幅度内的最低标准；

（6）将纳税信用评价结果通报相关部门，建议在经营、投融资、取得政府供应土地、进出口、出入境、注册新公司、工程招投标、政府采购、获得荣誉、安全许可、生产许可、从业任职资格、资质审核等方面予以限制或禁止；

（7）D 级评价保留 2 年，第 3 年纳税信用不得评价为 A 级；

（8）税务机关与相关部门实施的联合惩戒措施，以及结合实际情况依法采取的其他严格管理措施。

16. D 级评价的保留

（1）上一评价年度按照评价指标被评价为 D 级的企业，本评价年度保留 D 级评价，次年不得评为 A 级。（自开展 2019 年度评价时起，调整税务机关对 D 级纳税人采取的信用管理措施。对于因评价指标得分评为 D 级的纳税人，次年由直接保留 D 级评价调整为评价时加扣 11 分；税务机关应按照本条前述规定在 2020 年 11 月 30 日前调整其 2019 年度纳税信用级别，2019 年度以前的纳税信用级别不作追溯调整）

（2）D 级企业直接责任人在企业被评价为 D 级之后注册登记或者负责经营的企业评价为 D 级（简称关联 D）。关联 D 只保留 1 年，次年度重新评价但不得评为 A 级。（自开展 2019 年度评价时起，调整税务机关对 D 级纳税人采取的信用管理措施。对于因直接判级评为 D 级的

纳税人，维持 D 级评价保留 2 年，第三年纳税信用不得评价为 A 级）

（3）因 "6. 本评价年度直接判为 D 级的情形" 中第（1）项、第（2）项、第（4）项、第（5）项、第（6）项被直接判为 D 级的，主管税务机关应调整其以前年度纳税信用级别为 D 级，该 D 级评价（简称动态 D）不保留到下一年度。

二、纳税信用评价指标和评价方式

1. 评价指标内容

评价指标分为三部分内容：纳税人信用历史信息、税务内部信息、外部信息。

（1）纳税人信用历史信息。

纳税人信用历史信息包括基本信息和评价年度之前的纳税信用记录，以及相关部门评定的优良信用记录和不良信用记录。

基本信息中，除纳税人税务登记信息和经营信息之外，特别设置了人员信息一栏，将相关人员信息进行了专门的归纳和记录，企业的法定代表人、财务负责人、出纳和办税员都是企业涉税行为的参与者或知情人，与纳税信用的关系密切。提高纳税人的税法遵从度，应该将企业信用与个人诚信紧密联系。其中，法定代表人、财务负责人和办税人信息从税务管理信息系统中采集，出纳个人信息记录可由税务机关通过纳税人申报采集。评价年度之前的纳税信用记录以及相关部门评定的优良信用记录和不良信用记录，可以从税收管理记录、国家统一信用信息平台等渠道中采集。

（2）税务内部信息。

税务内部信息包括经常性指标信息和非经常性指标信息。经常性指标信息包括涉税申报信息、税（费）款缴纳信息、发票与税控器具信息、登记与账簿信息等 4 个一级指标，非经常性指标信息包括纳税评估、税务审计、反避税调查信息和税务稽查信息 2 个一级指标。结合税务管理实际，最终细化为 6 个一级指标，20 个二级指标，95 个三级指标，指标信息主要从税务管理系统中采集。

（3）外部信息

外部信息包括外部参考信息和外部评价信息。外部参考信息主要是指评价年度相关部门评定的优良信用记录和不良信用记录，目前仅在纳税人信用信息中记录，不影响年度纳税信用评价结果；外部评价信息主要指从相关部门取得的影响纳税人纳税信用评价的指标信息，当前主要有 4 个指标，评价方式为扣 11 分，即如果发现纳税人在不同部门之间存在提供信息不对称的情形，则纳税人不可以评价为 A 级纳税信用。此类信息主要通过税务管理系统、国家统一信用信息平台、相关部门官方网站、新闻媒体或者媒介等渠道采集。通过新闻媒体或媒介采集的信息应核实后使用。

2. 评价方式

评价指标中纳税人信用历史信息和外部参考信息仅记录，不扣分，不影响年度纳税信用评价结果。影响纳税信用评价的主要是税务内部信息和外部评价信息，采取年度评价指标得分和直接判级方式确定。

（1）年度评价指标得分。

年度评价指标得分采取扣分方式，依据法律法规的相关规定，针对纳税人涉税行为是否诚信、发生失信行为的态度和程度，设置不同的扣分标准。涉及处罚金额的，采取按百分比数值递进方式计算扣分值。对纳税人涉税行为是否为失信行为的评价主要参照了《税收征管法》及其实施细则、《欠税公告办法》《发票管理办法》《增值税专用发票使用规定》《国家税务总局国家工商行政管理总局关于加强税务工商合作实现股权转让信息共享的通知》（国税发〔2011〕126 号）等法律法规和文件规定。

纳税人评价年度内经常性指标和非经常性指标信息齐全的，从 100 分起评；非经常性指标缺失的，从 90 分起评（自开展 2020 年度评价时起，调整纳税信用评价计分方法中的起评分规则。近三个评价年度内存在非经常性指标信息的，从 100 分起评；近三个评价年度内没有非经常性指标信息的，从 90 分起评）。非经常性指标缺失是指：在评价年度内，税务管理系统中没有纳税评估、大企业税务审计、反避税调查或税务稽查出具的决定（结论）文书的记录。

纳税信用级别设 A、B、M、C、D 五级。A 级纳税信用为年度评价指标得分 90 分以上的；B 级纳税信用为年度评价指标得分 70 分以上不满 90 分的；M 级纳税信用为未发生直接判为 D 级的新设立企业或评价年度内无生产经营业务收入且年度评价指标得分 70 分以上的企业、C 级纳税信用为年度评价指标得分 40 分以上不满 70 分的；D 级纳税信用为年度评价指标得分不满 40 分的。

（2）直接判级

直接判级，即直接判为 D 级的行为，参照《重大税收违法案件信息公布办法（试行）》和税收管理中常见的严重失信行为确定。

3. 分值设计

（1）分值设计基本原则

设计指标扣分分值时，主要考量纳税人主观态度、遵从能力、实际结果和失信程度四个方面。根据纳税人涉税行为记录，区别行为中体现出的诚信态度（如按期申报、按期缴纳、银行账户设置数量大于向税务机关提供数量等指标）、遵从能力（如纳税人向税务机关办理纳税申报之后的存续时间、账簿与凭证的管理等指标）、实际结果（主要体现在非经常性指标等税务检查指标中）和影响程度（如非正常户的指标），设计了纳税信用评价第三级指标对应的扣分分值和直接判级方式。

（2）关于部分评价指标扣分标准的优化调整

《指标和评价》经过一年的施行，各地反馈，纳税评估、大企业审计、税务稽查等非经常性指标的扣分分值较低，与 10 分的起评分级差（纳税人评价年度内经常性指标和非经常性指标信息齐全的，从 100 分起评，非经常性指标缺失的，从 90 分起评）存在不均衡的情况，建议提高此类指标扣分分值。比如，050104、060304 等指标，纳税评估或税务稽查补税金额 1 万元以上且占当年应纳税额 1% 以上，已补缴税款、加收滞纳金、缴纳罚款的，按照 3 分 +（应补税款÷评价期应纳税款×100%）公式计算，最高扣 4 分，以 100 分的起评分计算，仍可以评为 A 级，指标扣分与失信程度及后果不相当。经过多次征求基层意见和数据测试，为提高 A 级纳税人的"含金量"，自 2016 年 3 月 1 日起，提高纳税评估、税务审计、反避税调查、税务稽查发现补税行为的扣分分值：

①补税金额不满 1 万元且占当年应纳税额 1% 以上，已补缴税款、加收滞纳金、缴纳罚款的（指标 050102、050202、060302），原扣分标准为：1 分 +（应补税款÷评价期应纳税款×100%），最少扣 1 分，最多扣 2 分。调整后扣分标准为：1 分 +（评价期应补税款÷评价期应纳税款）×10，最低扣 1 分，最高扣 11 分。

②补税金额 1 万元以上且占当年应纳税额 1% 以上，已补缴税款、加收滞纳金、缴纳罚款的（指标 050104、050204、060304），原扣分标准为：3 分 +（应补税款÷评价期应纳税款×100%），最少扣 3 分，最多扣 4 分。调整后扣分标准为：3 分 +（评价期应补税款÷评价期应纳税款）×10，最低扣 3 分，最高扣 13 分。

第二节　纳税信用修复

一、可申请纳税信用修复的情形

信用修复是自 2020 年 1 月 1 日起施行的《国家税务总局关于纳税信用修复有关事项的公告》（国家税务总局公告 2019 年第 37 号）规定的内容。

纳入纳税信用管理的企业纳税人，符合下列条件之一的，可在规定期限内向主管税务机关申请纳税信用修复。

1. 纳税人发生未按法定期限办理纳税申报、税款缴纳、资料备案等事项且已补办的。

2. 未按税务机关处理结论缴纳或者足额缴纳税款、滞纳金和罚款，未构成犯罪，纳税信用级别被直接判为 D 级的纳税人，在税务机关处理结论明确的期限期满后 60 日内足额缴纳、补缴的。

3. 纳税人履行相应法律义务并由税务机关依法解除非正常户状态的。

信用修复不是简单的"洗白记录",也不是简单的"退出惩戒"。按照有限度修复的原则,《国家税务总局关于纳税信用修复有关事项的公告》(国家税务总局公告2019年第37号)第一条规定了三大类19种情节轻微或未造成严重社会影响的纳税信用失信行为,及相应的修复条件,共包括15项未按规定期限办理纳税申报、税款缴纳、资料备案等事项和4项直接判D级情形,符合条件的纳税人可向税务机关申请纳税信用修复。

《纳税信用修复范围及标准》见表10-1。

表10-1 纳税信用修复范围及标准

序号	指标名称	指标代码	失信扣分分值	修复加分分值和修复标准		
				30日内纠正	30日后本年纠正	30日后次年纠正
1	未按规定期限纳税申报	010101	5分	涉及税款1 000元以下的加5分,其他加4分	2分	1分
2	未按规定期限代扣代缴	010102	5分	涉及税款1 000元以下的加5分,其他加4分	2分	1分
3	未按规定期限填报财务报表	010103	3分	2.4分	1.2分	0.6分
4	从事进料加工业务的生产企业,未按规定期限办理进料加工登记、申报、核销手续的	010304	3分	2.4分	1.2分	0.6分
5	未按规定时限报送财务会计制度或财务处理办法	010501	3分	2.4分	1.2分	0.6分
6	使用计算机记账,未在使用前将会计电算化系统的会计核算软件、使用说明书及有关资料报送主管税务机关备案的	010502	3分	2.4分	1.2分	0.6分
7	纳税人与其关联企业之间的业务往来应向税务机关提供有关价格、费用标准信息而未提供的	010503	3分	2.4分	1.2分	0.6分

续表

序号	指标名称	指标代码	失信扣分分值	修复加分分值和修复标准		
				30日内纠正	30日后本年纠正	30日后次年纠正
8	未按规定（期限）提供其他涉税资料的	010504	3分	2.4分	1.2分	0.6分
9	未在规定时限内向主管税务机关报告开立（变更）账号的	010505	5分	4分	2分	1分
10	未按规定期限缴纳已申报或批准延期申报的应纳税（费）款	020101	5分	涉及税款1 000元以下的加5分，其他的加4分	2分	1分
11	至评定期末，已办理纳税申报后纳税人未在税款缴纳期限内缴纳税款或经批准延期缴纳的税款期限已满，纳税人未在税款缴纳期限内缴纳的税款在5万元以上（含5万元）的	020201	11分	8.8分	4.4分	2.2分
12	至评定期末，已办理纳税申报后纳税人未在税款缴纳期限内缴纳税款或经批准延期缴纳的税款期限已满，纳税人未在税款缴纳期限内缴纳的税款在5万元以下的	020202	3分	涉及税款1 000元以下的加3分，其他的加2.4分	1.2分	0.6分
13	已代扣代收税款，未按规定解缴的	020301	11分	涉及税款1 000元以下的加11分，其他的加8.8分	4.4分	2.2分
14	未履行扣缴义务，应扣未扣，应收不收税款	020302	3分	涉及税款1 000元以下的加3分，其他的加2.4分	1.2分	0.6分
15	银行账户设置数大于纳税人向税务机关提供数	—	11分	8.8分	4.4分	2.2分
16	有非正常户记录的纳税人	040103	直接判D	履行相应法律义务并由税务机关依法解除非正常户状态的，税务机关依据纳税人申请重新评价纳税信用级别，但不得评价为A级		

续表

序号	指标名称	指标代码	失信扣分分值	修复加分分值和修复标准		
				30日内纠正	30日后本年纠正	30日后次年纠正
17	在规定期限内未补交或足额补缴税款、滞纳金和罚款	050107	直接判D	在税务机关处理结论明确的期限期满后60日内足额补缴的（构成犯罪的除外），税务机关依据纳税人申请重新评价纳税信用级别，但不得评价为A级		
18	非正常户直接责任人员注册登记或负责经营的其他纳税户	040104	直接判D	非正常户纳税人纳税信用修复后纳税信用级别不为D级的，税务机关依据纳税人申请重新评价纳税信用级别		
19	D级纳税人的直接责任人员注册登记或负责经营的其他纳税户	040105	直接判D	D级纳税人纳税信用修复后纳税信用级别不为D级的，税务机关依据纳税人申请重新评价纳税信用级别		

备注：（1）30日内纠正，即在失信行为被税务机关列入失信记录后30日内（含30日）纠正失信行为。

（2）30日后本年纠正，即在失信行为被税务机关列入失信记录后超过30日且在当年年底前纠正失信行为。

（3）30日后次年纠正，即在失信行为被税务机关列入失信记录后超过30日且在次年年底前纠正失信行为。

二、关于纳税信用修复的条件和标准

开展纳税信用修复以纠正失信行为为前提。纳税人应在规定期限内纠正失信行为方可申请纳税信用修复，具体情形对应的修复标准详见表10-1《纳税信用修复范围及标准》。

1. 纳税人发生未按法定期限办理纳税申报、税款缴纳、资料备案等事项且已补办的，加分分值根据补办时间与失信行为被税务机关列入失信记录的时间间隔确定。在30日内、本年内、次年内纠正的，分别能挽回80%、40%、20%的扣分损失。对于未按规定期限申报或缴纳已申报的税款等事项，若涉及税款金额不超过1 000元且纳税人能在失信行为被记录的30日内及时补办的，则补回100%的扣分分值。

2. 未按税务机关处理结论缴纳或者足额缴纳税款、滞纳金和罚款，未构成犯罪，纳税信用级别被直接判为D级的纳税人，应在税务机关处理结论明确的期限期满后60日内足额缴纳、补缴税款、滞纳金和罚款，方能申请纳税信用修复。

3. 非正常户纳税人应履行相应法律义务，经税务机关依法解除非正常状态，方能申请纳税信用修复。非正常户失信行为纳税信用修复一个纳税年度内只能申请一次。纳税年度自公历1月1日起至12月31日止。

三、纳税信用修复的时限和程序

1. 纳税人发生未按法定期限办理纳税申报、税款缴纳、资料备案等事项且已补办的，且失信行为已纳入纳税信用评价的，纳税人可在失信行为被税务机关列入失信记录的次年年底前向主管税务机关提出信用修复申请。失信行为尚未纳入纳税信用评价的，纳税人无须提出申请，由税务机关按照《纳税信用修复范围及修复标准》对纳税人该项纳税信用评价指标分值进行调整，并按照规定做好后续的纳税信用评价。上述"纳入纳税信用评价"是指税务机关已启动相应年度的纳税信用评价工作，相关失信行为的扣分情况已记入年度纳税信用评价指标得分。

2. 未按税务机关处理结论缴纳或者足额缴纳税款、滞纳金和罚款，未构成犯罪，纳税信用级别被直接判为D级的纳税人，在税务机关处理结论明确的期限期满后60日内足额缴纳、补缴的，或者纳税人履行相应法律义务并由税务机关依法解除非正常户状态的，纳税人可在纳税信用被直接判为 D 级的次年年底前向主管税务机关提出申请。税务机关根据纳税人失信行为纠正情况对该项纳税信用评价指标的状态进行调整，并重新评价纳税人纳税信用级别，但不得评价为 A 级。

3. 纳税信用修复后纳税信用不再为 D 级的纳税人，其直接责任人注册登记或负责经营的其他纳税人被关联为 D 级的，可向主管税务机关申请解除纳税信用 D 级关联。

4. 申请纳税信用修复的纳税人向主管税务机关提交《纳税信用修复申请表》（见表 10-2），并对纠正失信行为的真实性作出承诺。主管税务机关自受理纳税信用修复申请之日起 15 个工作日内完成审核，并向纳税人反馈信用修复结果。

表 10-2　　　　　　　　　纳税信用修复申请表

纳税人识别号（统一社会信用代码）			
纳税人名称			
经办人		联系电话	
评价年度		评价结果	
具体原因			

□1. 未按法定期限办理纳税申报、税款缴纳、资料备案等事项且已补办

其中，涉及以下指标的，请填写纠正日期及说明：

□010304. 从事进料加工业务的生产企业，未按规定期限办理进料加工登记、申报、核销手续的

□010502. 使用计算机记账，未在使用前将会计电算化系统的会计核算软件、使用说明书及有关资料报送主管税务机关备案的

□010503. 纳税人与其关联企业之间的业务往来应向税务机关提供有关价格、费用标准信息而未提供的

□010504. 未按规定（期限）提供其他涉税资料的

□020302. 未履行扣缴义务，应扣未扣，应收不收税款

纠正日期：_____

纠正情况说明：

_____

□2. 未按税务机关处理结论缴纳或者足额缴纳税款、滞纳金和罚款，纳税信用级别被直接判为 D 级，已在税务机关处理结论明确的期限期满后 60 天内足额补缴

□3. 履行相应法律义务由税务机关依法解除非正常状态

□4. 解除纳税信用 D 级关联

续表

谨承诺：
1. 对申请修复年度纳税信用评价结果无异议，且已对失信行为进行纠正
2. 所填写的内容和提交的相关材料真实、有效
3. 违背承诺自愿接受惩戒，并承担相应责任

经办人签章： 法定代表人签字： 纳税人公章：	受理人： 受理日期：　　　　年　月　日 主管税务机关（章）

备注：（1）主管税务机关自受理纳税信用修复申请之日起15个工作日内完成审核，并向纳税人反馈信用修复结果。
　　　（2）本表一式两份，主管税务机关和纳税人各留存一份。

四、纳税信用修复结果

修复指标调整将与相应扣分及直接判级指标一一对应。对于修复后涉及纳税信用级别调整的，税务机关也将记录评价结果调整情况。纳税信用修复完成后，纳税人按照修复后的纳税信用级别适用相应的税收政策和管理服务措施，之前已适用的税收政策和管理服务措施不作追溯调整。税务机关发现纳税人未履行信用修复承诺，通过提交虚假材料申请纳税信用修复的，在核实后撤销已完成的纳税信用修复，并按照"纳税信用评价指标和评价方式（试行）调整表"（见表10-3）予以扣分。

表10-3　纳税信用评价指标和评价方式（试行）调整表

税务内部信息	经常性指标信息	一级指标	二级指标	三级指标	扣分标准	备注
		01. 涉税申报信息	0101. 按照规定申报纳税	010106. 故意隐瞒真实情况、提供虚假承诺办理有关事项的（按次计算）	5分	新增需要指标

五、纳税信用修复和纳税信用复评的关系

纳税信用修复适用于纳税人发生了失信行为并且主动纠正、消除不良影响后向税务机关申请恢复其纳税信用的情形。纳税信用复评适用于

纳税人对纳税信用评价结果有异议,认为部分纳税信用指标扣分或直接判级有误或属于非自身原因导致,而采取的一种维护自身权益的行为。纳税信用修复的前提是纳税人对税务机关作出的年度评价结果无异议,如有异议,应先进行纳税信用复评后再申请纳税信用修复(见表10-4)。

表10-4　　　　　　　　纳税信用复评(核)申请表

纳税人识别号			
纳税人名称			
主管税务机关			
经办人		经办人联系电话	
申请复评(核)年度		年度评价结果	(申请复核的不填)
申请原因			

□1. 对纳税信用评价得分计算有疑问
□2. 对直接判为 D 级有疑问
□3. 对涉税申报信息评价指标扣分有疑问
□4. 对税(费)缴纳信息评价指标扣分有疑问
□5. 对发票与税控器具信息评价指标扣分有疑问
□6. 对登记与账簿信息评价指标扣分有疑问
□7. 对纳税评估、税务审计、反避税调查信息评价指标扣分有疑问
□8. 对税务稽查信息评价指标扣分有疑问
□9. 对外部评价信息指标扣分有疑问
□10. 其他:

经办人签章: 年　月　日	纳税人公章: 年　月　日
以下由税务机关填写	

受理人:

受理日期:　　　年　月　日　　　　　　　　　主管税务机关(章)

备注:(1)税务机关在受理复评申请后15个工作日内完成纳税信用复评,并向纳税人提供复评情况的自我查询服务。
(2)税务机关在3月集中受理复核申请,在开展年度评价时审核调整,并随评价结果向纳税人提供复核情况的自我查询服务。
(3)本表一式两份,主管税务机关留存一份,返纳税人一份。
(4)主管税务机关(章)指办税服务厅业务专用章。

第十一章 建筑业企业新收入准则下的会计处理

财政部关于修订印发《企业会计准则第 14 号——收入》的通知（财会〔2017〕22 号）（以下简称新收入准则）关于新收入准则的施行起始时间是这样规定的："在境内外同时上市的企业以及在境外上市并采用国际财务报告准则或企业会计准则编制财务报表的企业，自 2018 年 1 月 1 日起施行；其他境内上市企业，自 2020 年 1 月 1 日起施行；执行企业会计准则的非上市企业，自 2021 年 1 月 1 日起施行。"

也就是说，自 2021 年 1 月 1 日起，所有原适用企业会计准则的企业，都开始使用新收入准则进行确认、计量。

新收入准则施行后，原收入准则（或旧收入准则）和建造合同准则即停止执行。

第一节 新收入准则概述

建筑业企业执行新收入准则前，是应用《企业会计准则第 15 号——建造合同》对收入进行确认、计量和相关信息的披露。为了让建筑业企业的从业人员更好地掌握新收入准则的应用，很有必要介绍一下旧收入准则和建造合同准则与新收入准则的区别以及建筑业企业新收入准则下的会计处理。

新收入准则收入确认时点强调"取得相关商品控制权"，有别于旧收入准则的"风险报酬转移"，这里的"商品"包含服务。

新收入准则第四条对收入确认做了规定：

第四条，企业应当在履行了合同中的履约义务，即在客户取得相关商品控制权时确认收入。

取得相关商品控制权，是指能够主导该商品的使用并从中获得几乎全部的经济利益。

根据新收入准则应用指南的解释，取得相关商品控制权，是指能够主导该商品的使用并从中获得全部的经济利益，也包括有能力阻止其他方主导该商品的使用并从中获得经济利益。企业在判断商品的控制权是否发生转移时，应当从客户的角度进行分析，即客户是否取得了相关商品的控制权以及何时取得该控制权，取得商品控制权同时包括下列三项因素：

一是能力。企业只有在客户拥有现实权利，能够主导该商品的使用并从中获得几乎全部经济利益时，才能确认收入。如果客户只能在未来的某一期间主导该商品的使用并从中获益，则表明其尚未取得该商品的控制权。

二是主导该商品的使用。客户有能力主导该商品的使用，是指客户在其活动中有权使用该商品，或者能够允许或阻止其他方使用该商品。

三是能够获得几乎全部的经济利益。客户必须拥有获得商品几乎全部经济利益的能力，才能被视为获得了对该商品的控制。商品的经济利益，是指该商品的潜在现金流量，既包括现金流入的增加，也包括现金流出的减少。客户可以通过使用、消耗、出售、处置、交换、抵押或持有等多种方式直接或间接地获得商品的经济利益。

第二节 收入确认和计量五步法及其理解

根据新收入准则应用指南解释，收入确认和计量大致分为五步：

第一步，识别与客户订立的合同；

第二步，识别合同中的单项履约义务；

第三步，确定交易价格；

第四步，将交易价格分摊至各单项履约义务；

第五步，履行各单项履约义务时确认收入。

其中，第一步、第二步和第五步主要与收入的确认有关，第三步和第四步主要与收入的计量有关。

一、"识别与客户订立的合同"的理解

新收入准则所称合同，是指双方或多方之间订立有法律约束力的权利义务的协议。合同包括书面形式、口头形式以及其他形式。企业与客户之间的合同同时满足下列条件时，企业应当在客户取得相关商品控制权时确认收入：一是合同各方已批准该合同并承诺将履行各自义务；二是该合同明确了合同各方与所转让商品或提供劳务（以下简称"转让商品"）相关的权利和义务；三是该合同有明确的与所转让商品相关的支付条款；四是该合同具有商业实质，即履行该合同将改变企业未来现金流量的风险、时间分布或金额；五是企业因向客户转让商品而有权取得的对价很可能收回。企业在进行上述判断时，需要注意以下三点：

1. 合同约定的权利和义务是否具有法律约束力，需要根据企业所处的法律环境和实务操作进行判断。合同各方均有权单方面终止完全未执行的合同，且无须对合同其他方作出补偿的，该合同应当被视为不存在。

2. 合同具有商业实质，是指履行该合同将改变企业未来现金流量的风险、时间分布或金额。

3. 企业在评估其因向客户转让商品而有权取得的对价是否很有可能收回时，仅应考虑客户到期时支付对价的能力和意图（即客户的信用风险）。

二、"识别合同中的单项履约义务"的理解

合同开始日，企业应当对合同进行评估，识别该合同所包含的各单

项履约义务,并确定各单项履约义务是在某一时段内履行,还是在某一时点履行,然后,在履行了各单项履约义务时分别确认收入。履约义务,是指合同中企业向客户转让可明确区分商品的承诺。下列情况,企业应当将向客户转让商品的承诺作为单项履约义务:一是企业向客户转让可明确区分商品(或者商品的组合)的承诺;二是企业向客户转让一系列实质相同且转让模式相同的、可明确区分商品的承诺。

一般认为,就一个施工合同而言,施工企业为发包方提供的建筑服务属于在某一时段内履行的单项履约义务。

三、"确定交易价格"的理解

确定交易价格,是指企业因向客户转让商品而预期有权收取的对价金额。企业代第三方收取的款项(例如增值税)以及企业预期将退还给客户的款项,应当作为负债进行会计处理,不计入交易价格。合同标价并不一定代表交易价格,企业应当根据合同条款,并结合以往的习惯做法确定交易价格。在确定交易价格时,企业应当考虑可变对价、合同中存在的重大融资成分、非现金对价以及应付客户对价等因素的影响,并应当假定将按照现有合同的约定向客户转移商品,且该合同不会被取消、续约或变更。

1. 可变对价

企业与客户的合同中约定的对价金额可能是固定的,也可能会因折扣、价格折让、返利、退款、奖励积分、激励措施、业绩奖金、索赔等因素而变化。此外,企业有权收取的对价金额,将根据一项或多项或有事项的发生有所不同的情况,也属于可变对价的情形。例如,企业售出商品但允许客户退货时,由于企业有权收取的对价金额将取决于客户是否退货,因此该合同的交易价格是可变的。企业在判断交易价格是否为可变对价时,应当考虑各种相关因素(如企业已公开宣布的政策、特定声明、以往的习惯做法、销售战略以及客户所处的环境等),以确定其是否会接受一个低于合同标价的金额,即企业向客户提供一定的价格折让。

【案例 11-1】 甲公司为其客户建造一栋厂房，合同约定的价款为 100 万元。但是，如果甲公司不能在合同签订之日起的 120 天内竣工，则须支付 10 万元罚款，该罚款从合同价款中扣除。上述金额均不含增值税。

本例中，该合同的对价金额实际由两部分组成，即 90 万元的固定价格以及 10 万元的可变对价。

企业在判断合同中是否存在可变对价时，不仅应当考虑合同条款的约定，在下列情况下，即使合同中没有明确约定，合同的对价金额也是可变的：一是根据企业已公开宣布的政策、特定声明或者以往的习惯做法等，客户能够合理预期企业将会接受低于合同约定的对价金额，即企业会以折扣、返利等形式提供价格折让。二是其他相关事实和情况表明，企业在与客户签订合同时即打算向客户提供价格折让。例如，企业与一新客户签订合同，虽然企业没有对该客户销售给予折扣的历史经验，但是，根据企业拓展客户关系的战略安排，企业愿意接受低于合同约定的价格。合同中存在可变对价的，企业应当对计入交易价格的可变对价进行估计。

2. 合同中存在重大融资成分

当企业将商品的控制权转移给客户的时间与客户实际付款的时间不一致时，如企业以赊销的方式销售商品，或者要求客户支付预付款等，如果各方以在合同中明确（或者以隐含的方式）约定的付款时间为客户或企业就转让商品的交易提供了重大融资利益，则合同中即包含了重大融资成分，企业在确定交易价格时，应当对已承诺的对价金额作出调整，以剔除货币时间价值的影响。合同中存在重大融资成分的，企业应当按照假定客户在取得商品控制权时即以现金支付的应付金额（即现销价格）确定交易价格。在评估合同中是否存在融资成分以及该融资成分对于该合同而言是否重大时，企业应当考虑所有相关的事实和情况，包括：一是已承诺的对价金额与已承诺商品的现销价格之间的差额，如果企业（或其他企业）在销售相同商品时，不同的付款时间会导致销售价格有所差别，则通常表明各方知晓合同中包含了融资成分。二是企业将承诺的商品转让给客户与客户支付相关款项之间的预计时间间隔和相应的市场现行利率的共同影响，尽管向客户转让商品与客户支付相关款项之间的时间间隔并非决定性因素，但是，该时间间隔与现行利率两者的共同影响可能提供了是否存在重大融资利益的明显迹象。企业向客户转让商品与客户支付相关款项之间存在时间间隔并不足以表明合同包含重大融资成分。企业向客户转让商品与客户支付相关款项之间虽然存在时间间隔，但两者之间的合同没有包含重大融资成分的情形有：一是客户就商品支付了预付款，且可以自行决定这些商品的转让时间。例如，企业向客户出售其发行的储值卡，客户可随时到该企业持卡购物；再如，企业向客户授予奖励积分，客户可随时到该企业兑换这些积分等。二是客户承诺支付的对价中有相当大的部分是可变的，该对价金额或付款时间取决于某一未来事项是否发生，且该事项实质上不受客户或企业控制。例如，按照实际销售量收取的特许权使用费。三是合同承诺的对价金额与现销价格之间的差额是由于向客户或企业提供融资利益以外的其他原因所导致的，且这一差额与产生该差额的原因是相称的。例如，合同约定的支付条款是为了向企业或客户提供保护，以防止另一方未能依照合同充分履行其部分或全部义务。

【案例11-2】2×18年1月，甲公司与乙公司签订了一项施工总承包合同。合同约定的工期为30个月，工程造价为8亿元（不含税价）。甲乙双方每季度进行一次工程结算，并于完工时进行竣工结算，每次工程结算额（除质保金及相应的增值税外）由客户于工程结算后5个工作日内支付；除质保金外的工程尾款于竣工结算后10个工作日内支付；合同金额的3%作为质保金，用以保证项目在竣工后2年内正常运行，在质保期满后5个工作日内支付。

本例中，乙公司保留了3%的质保金直到项目竣工2年后支付。虽然服务完成时间与乙公司付款的时间间隔较长，但是，该质保金旨在为乙公司提供工程质量保证，以防甲公司未能完成其合同义务，而并非向乙公司提供融资。因此，甲公司认为该合同中不包含重大融资成分，无须就延期支付质保金的影响调整交易价格。

需要说明的是，企业应当在单个合同层面考虑融资成分是否重大，而不应在合同组合层面，考虑这些合同中的融资成分的汇总影响对企业整体而言是否重大。

合同中存在重大融资成分的，企业在确定该重大融资成分的金额时，应使用将合同对价的名义金额折现为商品现销价格的折现率。该折现率一经确定，不得因后续市场利率或客户信用风险等情况的变化而变更。企业确定的交易价格与合同承诺的对价金额之间的差额，应当在合同期间内采用实际利率法摊销。

为简化实务操作，如果在合同开始日，企业预计客户取得商品控制权与客户支付价款间隔不超过 1 年的，可以不考虑合同中存在的重大融资成分。企业应当对类似情形下的类似合同一致地应用这一简化处理方法。

企业在编制利润表时，应当将合同中存在的重大融资成分的影响（即利息收入和利息支出）与按照本准则确认的收入区分开来，分别列示。企业在按照本准则对与客户的合同进行会计处理时，只有在确认了合同资产（或应收款项）和合同负债时，才应当分别确认相应的利息收入和利息支出。

3. 非现金对价

当企业因转让商品而有权向客户收取的对价是非现金形式时，如实物资产、无形资产、股权、客户提供的广告服务等。企业通常应当按照非现金对价在合同开始日的公允价值确定交易价格。非现金对价公允价值不能合理估计的，企业应当参照其承诺向客户转让商品的单独售价间接确定交易价格。

非现金对价的公允价值可能会因对价的形式而发生变动（例如，企业有权向客户收取的对价是股票，股票本身的价格会发生变动），也可能会因为其形式以外的原因而发生变动（例如，企业有权收取非现金对价的公允价值因企业的履约情况而发生变动）。合同开始日后，非现金对价的公允价值因对价形式以外的原因而发生变动的，应当作为可变对价，按照与计入交易价格的可变对价金额的限制条件相关的规定进行处理；合同开始日后，非现金对价的公允价值因对价形式而发生变动的，该变动金额不应计入交易价格。

企业在向客户转让商品的同时，如果客户向企业投入材料、设备或人工等商品，以协助企业履行合同，企业应当评估其是否取得了对这些商品的控制权，取得这些商品控制权的，企业应当将这些商品作为从客户处收取的非现金对价进行会计处理。

4. 应付客户对价

企业在向客户转让商品的同时，需要向客户或第三方支付对价的，应当将该应付对价冲减交易价格，但应付客户对价是为了自客户取得其他可明确区分商品的除外。这里的应付客户对价还包括可以抵减应付企业金额的相关项目金额，如优惠券、兑换券等。这里的第三方通常指向企业的客户购买本企业商品的一方，即处于企业分销链上的"客户的客户"。例如，企业将其生产的产品销售给经销商，经销商再将这些产品销售给最终用户，最终用户即是第三方。有时，企业要求向其支付款项的第三方是本企业客户的客户，但处于企业分销链之外，如果企业认为该第三方也是本企业的客户，或者根据企业与其客户的合同约定，企业有义务向该第三方支付款项，则企业向该第三方支付的款项也应被视为应付客户对价进行会计处理。应付客户对价中包含可变金额的，企业应当根据本准则有关可变对价的相关规定对其进行估计。

企业应付客户对价是为了自客户取得其他可明确区分商品的，应当采用与企业其他采购相一致的方式确认所购买的商品。企业应付客户对价超过自客户取得的可明确区分商品公允价值的，超过金额应当作为应付客户对价冲减交易价格。自客户取得的可明确区分商品公允价值不能合理估计的，企业应当将应付客户对价全额冲减交易价格。

在对应付客户对价冲减交易价格进行会计处理时，企业应当在确认相关收入与支付（或承诺支付）客户对价二者孰晚的时点冲减当期收入。

四、"将交易价格分摊至各单项履约义务"的理解

当合同中包含两项或多项履约义务时,需要将交易价格分摊至各单项履约义务,以使企业分摊至各单项履约义务(或可明确区分的商品)的交易价格能够反映其因向客户转让已承诺的相关商品而预期有权收取的对价金额。

分摊的一般原则。合同中包含两项或多项履约义务的,企业应当在合同开始日,按照各单项履约义务所承诺商品的单独售价的相对比例,将交易价格分摊至各单项履约义务。

【案例 11-3】 甲公司与客户签订合同,向其销售 A、B、C 三件产品,合同价款为 10 000 元。A、B、C 产品的单独售价分别为 5 000 元、2 500 元和 7 500 元,合计 15 000 元。上述价格均不包含增值税。

案例解析:

本例中,根据上述交易价格分摊原则,A 产品应当分摊的交易价格为 3 333 元(5 000÷15 000×10 000),B 产品应当分摊的交易价格为 1 667 元(2 500÷15 000×10 000),C 产品应当分摊的交易价格为 5 000 元(7 500÷15 000×10 000)。

单独售价,是指企业向客户单独销售商品的价格。企业在类似环境下向类似客户单独销售某商品的价格,应作为确定该商品单独售价的最佳证据。合同或价目表上的标价可能是商品的单独售价,但不能默认其一定是该商品的单独售价。例如,企业为其销售的产品制定了标准价格,但是,在实务中经常以低于该标准价格的折扣价格对外销售。此时,企业在估计该产品的单独售价时,应当考虑这一因素。

单独售价无法直接观察的,企业应当综合考虑其能够合理取得的全部相关信息,采用市场调整法、成本加成法、余值法等方法合理估计单独售价,应考虑的信息包括市场情况(如商品的市场供求状况、竞争、

限制和趋势等)、企业特定因素(如企业的定价策略和实务操作安排等)以及与客户有关的信息(如客户类型、所在地区和分销渠道等)等。企业应当最大限度地采用可观察的输入值,并对类似的情况采用一致的估计方法。

五、"履行各单项履约义务时确认收入"的理解

企业应当在履行了合同中的履约义务,即客户取得相关商品控制权时确认收入。企业将商品的控制权转移给客户,该转移可能在某一时段内(即履行履约义务的过程中)发生,也可能在某一时点(即履约义务完成时)发生。

1. 在某一时段内履行的履约义务

(1) 在某一时段内履行履约义务的条件。满足下列条件之一的,属于在某一时段内履行履约义务,相关收入应当在履约义务履行的期间内确认:

①客户在企业履约的同时即取得并消耗企业履约所带来的经济利益。企业在履约过程中是持续地向客户转移企业履约所带来的经济利益的,该履约义务属于在某一时段内履行的履约义务,企业应当在履行履约义务的期间确认收入。

②客户能够控制企业履约过程中在建的商品。企业履约过程中在建的商品包括在产品、在建工程、尚未完成的研发项目、正在进行的服务等,由于客户控制了在建的商品,客户在企业提供商品的过程中获得其利益。因此,该履约义务属于在某一时段内履行的履约义务,应当在该履约义务履行的期间内确认收入。

【案例11-4】甲企业与客户签订合同,在客户拥有的土地上按照客户的设计要求为其建造厂房。在建造过程中客户有权修改厂房设计,并与甲企业重新协商设计变更后的合同价款。客户每月末按当月工程进度向甲企业支付工程款。如果客户终止合同,已完成建造部分的厂房归客户所有。

案例解析：

本例中，甲企业为客户建造厂房，该厂房位于客户的土地上，客户终止合同时，已建造的厂房归客户，所有这些均表明在该厂房建造的过程中就能够控制该在建的厂房。因此，甲企业提供的建造服务属于在某一时段内履行的履约义务，企业应当在提供该服务的期间内确认收入。

③企业履约过程中所产出的商品具有不可替代用途，且该企业在整个合同期间内有权就累计至今已完成的履约部分收取款项。

一是，商品具有不可替代用途。具有不可替代用途，是指因合同限制或实际可行性限制，企业不能轻易地将商品用于其他用途。当企业产出的商品只能提供给某特定客户，而不能被轻易地用于其他用途（例如销售给其他客户）时，该商品就具有不可替代用途。在判断商品是否具有不可替代用途时，企业应当既考虑合同限制，也考虑实际可行性限制，但无须考虑合同被终止的可能性。

二是，企业在整个合同期间内有权就累计至今已完成的履约部分收取款项。有权就累计至今已完成的履约部分收取款项，是指在由于客户或其他方原因终止合同的情况下，企业有权就累计至今已完成的履约部分收取能够补偿其已发生成本和合理利润的款项，并且该权利具有法律约束力。需要强调的是，合同终止必须是由于客户或其他方而非企业自身的原因所致，在整个合同期间内的任一时点，企业均应当拥有此项权利。

综上所述，商品具有不可替代用途和企业在整个合同期间内有权就累计至今已完成的履约部分收取款项这两个要素，在判断是否满足在某一时段履行的履约义务的第③条中情况时缺一不可，且均与控制权的判断有关联。这是因为，当企业无法轻易地将产出的商品用于其他用途时，企业实际是按照客户的要求生产商品，在这种情况下，如果合同约定，由于客户或其他方面的原因导致合同被终止时，客户必须就企业累计至今已完成的履约部分支付款项，且该款项能够补偿企业已经发生的成本和合理利润,那么企业将因此而防止终止合同时企业未保留该商品或只保留几乎无价值的商品的风险。这与商品购销交易中,客户通常只有在取得对商品的控制权时才有义务支付相应的合同价款是一致的。因此,客户有义务(或无法避免)就企业已经完成的履约部分支付相应款项的情况表明,客户已获得企业履约所带来的经济利益。

(2)在某一时段内履行的履约义务的收入确认。对于在某一时段内履行的履约义务,企业应当在该段时间内按照履约进度确认收入,但是,履约进度不能合理确定的除外。企业应当考虑商品的性质,采用产出法或投入法确定恰当的履约进度,并且在确定履约进度时,应当扣除那些控制权尚未转移给客户的商品和服务。企业按照履约进度确认收入时,通常应当在资产负债表日按照合同的交易价格乘以履约进度扣除以前会计期间累计已确认的收入后的金额,确认为当期收入。

①产出法。产出法是根据已转移给客户的商品对于客户的价值确定履约进度的方法,通常可采用实际测量的完工进度、评估已实现的结果、已达到的里程碑、时间进度、已完工或交付的产品等产出指标确定履约进度。企业在评估是否采用产出法确定履约进度时,应当考虑具体的事实和情况,并选择能够如实反映企业履约进度和向客户转移商品控制权的产出指标。当选择的产出指标无法计量控制权已转移给客户的商品时,不应采用产出法。实务中,为便于操作,当企业向客户开具发票的对价金额与向客户转让增量商品价值直接相一致时,如企业按照固定的费率以及发生的工时向客户开具账单,企业直接按照发票对价金额确认收入也是一种恰当的产出法。

产出法是根据能够代表向客户转移商品控制权的产出指标直接计算履约进度的,因此通常能够客观地反映履约进度。但是,产出法下有关产出指标的信息有时可能无法直接观察获得,企业为获得这些信息需要花费很高的成本,这就可能需要采用投入法来确定履约进度。

②投入法。投入法是根据企业履行履约义务的投入确定履约进度的方法,通常可采用投入的材料数量、花费的人工工时或机器工时、发生的成本和时间进度等投入指标确定履约进度。当企业从事的工作或发生

的投入是在整个履约期间内平均发生时，企业也可以按照直线法确认收入。

实务中，通常按照累计实际发生的成本占预计总成本的比例（即成本法）确定履约进度，累计实际发生的成本包括企业向客户转移商品过程中所发生的直接成本和间接成本，如直接人工、直接材料、分包成本以及其他与合同相关的成本。

2. 在某一时点履行的履约义务

对于不属于在某一时段内履行的履约义务，应当属于在某一时点履行的履约义务，企业应当在客户取得相关商品控制权时点确认收入。在判断客户是否已取得商品控制权（即客户是否能够主导该商品的使用并从中获得几乎全部的经济利益）时，企业应当考虑下列五个迹象：

（1）企业就该商品享有现时收款权利，即客户就该商品负有现时付款义务。当企业就该商品享有现时收款权利时，可能表明客户已经有能力主导该商品的使用并从中获得几乎全部的经济利益。

（2）企业已将该商品的法定所有权转移给客户，即客户已拥有该商品的法定所有权。当客户取得了商品的法定所有权时，可能表明其已经有能力主导该商品的使用并从中获得几乎全部的经济利益，或者能够阻止其他企业获得这些经济利益，即客户已取得对该商品的控制权。如果企业仅仅是为了确保到期收回货款而保留商品的法定所有权，那么该权利通常不会对客户取得对该商品的控制权构成障碍。

（3）企业已将该商品实物转移给客户，即客户已占有该商品实物。客户如果已经占有商品实物，则可能表明其有能力主导该商品的使用并从中获得其几乎全部的经济利益，或者使其他企业无法获得这些利益。需要说明的是，客户占有了某项商品实物并不意味着其就一定取得了该商品的控制权，反之亦然。

（4）企业已将该商品所有权上的主要风险和报酬转移给客户，即客户已取得该商品所有权上的主要风险和报酬。企业向客户转移了商品所有权上的主要风险和报酬，可能表明客户已经取得了主导该商品的使用并从中获得其几乎全部经济利益的能力。但是，在评估商品所有权上的主要风险和报酬是否转移时，不应考虑导致企业在除所转让商品之外产生其他单项履约义务的风险。

（5）客户已接受该商品。如果客户已经接受了企业提供的商品，例如，企业销售给客户的商品通过了客户的验收，可能表明客户已经取得了该商品的控制权。合同中有关客户验收的条款，可能允许客户在商品不符合约定规格的情况下解除合同或要求企业采取补救措施。因此，企业在评估是否已经将商品的控制权转移给客户时，应当考虑此类条款。当企业能够客观地确定其已经按照合同约定的标准和条件将商品的控制权转移给客户时，客户验收只是一项例行程序，并不影响企业判断客户取得该商品控制权的时点。

需要强调的是，在上述五个迹象中，并没有哪一个或哪几个迹象是决定性的，企业应当根据合同条款和交易实质进行分析，综合判断其是否将商品的控制权转移给客户以及何时转移的，从而确定收入确认的时点。此外，企业应当从客户的角度进行评估，而不应当仅考虑企业自身的看法。

第三节　新收入准则会计科目和主要账务处理

企业应当正确记录和反映与客户之间的合同产生的收入及相关成本费用。本部分仅涉及适用于本准则进行会计处理时需要设置的主要会计科目、相关会计科目的主要核算内容以及通常情况下的账务处理，企业在核算适用于其他企业会计准则的交易和事项时也需要使用本部分涉及的会计科目的，应遵循其他相关企业会计准则的规定。收入的会计处理，一般需要设置下列会计科目。

一、"主营业务收入"

1. 本科目核算企业确认的销售商品、提供服务等主营业务的收入。
2. 本科目可按主营业务的种类进行明细核算。

3. 主营业务收入的主要账务处理

（1）企业在履行了合同中的单项履约义务时，应按照已收或应收的合同价款，加上应收取的增值税额，借记"银行存款""应收账款""应收票据""合同资产"等科目，按应确认的收入金额，贷记本科目，按应收取的增值税额，贷记"应交税费——应交增值税（销项税额）""应交税费——待转销项税额"等科目。

（2）合同中存在企业为客户提供重大融资利益的，企业应按照应收合同价款，借记"长期应收款"等科目，按照假定客户在取得商品控制权时立即以现金支付而须支付的金额（即现销价格）确定的交易价格，贷记本科目，按其差额，贷记"未实现融资收益"科目；合同中存在客户为企业提供重大融资利益的，企业应按照已收合同价款，借记"银行存款"等科目，按照假定客户在取得商品控制权时即以现金支付的应付金额（即现销价格）确定的交易价格，贷记"合同负债"等科目，按其差额，借记"未确认融资费用"科目。涉及增值税的，还应进行相应的处理。

（3）企业收到的对价为非现金资产时，应按该非现金资产在合同开始日的公允价值，借记"存货""固定资产""无形资产"等有关科目，贷记本科目。涉及增值税的，还应进行相应的处理。

4. 期末，应将本科目的余额转入"本年利润"科目，结转后本科目应无余额。

二、"其他业务收入"

1. 本科目核算企业确认的除主营业务活动以外的其他经营活动实现的收入，包括出租固定资产、出租无形资产、出租包装物和商品、销售材料、用材料进行非货币性交换（非货币性资产交换具有商业实质且公允价值能够可靠计量）或债务重组等实现的收入。企业（保险）经营受托管理业务收取的管理费收入，也通过本科目核算。

2. 本科目可按其他业务的种类进行明细核算。

3. 其他业务收入的主要账务处理。企业确认其他业务收入的主要账务处理参见"主营业务收入"科目。

4. 期末，应将本科目的余额转入"本年利润"科目，结转后本科目应无余额。

三、"主营业务成本"

1. 本科目核算企业确认销售商品、提供服务等主营业务收入时应结转的成本。

2. 本科目可按主营业务的种类进行明细核算。

3. 主营业务成本的主要账务处理。期末，企业应根据本期销售各种商品、提供各种服务等实际成本，计算应结转的主营业务成本，借记本科目，贷记"库存商品""合同履约成本"等科目。采用计划成本或售价核算库存商品的，平时的营业成本按计划成本或售价结转，月末，还应结转本月销售商品应分摊的产品成本差异或商品进销差价。

4. 期末，应将本科目的余额转入"本年利润"科目，结转后本科目无余额。

四、"其他业务成本"

1. 本科目核算企业确认的除主营业务活动以外的其他经营活动所发生的支出，包括销售材料的成本、出租固定资产的折旧额、出租无形资产的摊销额、出租包装物的成本或摊销额等。除主营业务活动以外的其他经营活动发生的相关税费，在"税金及附加"科目核算。采用成本模式计量投资性房地产的，其投资性房地产计提的折旧额或摊销额，也通过本科目核算。

2. 本科目可按其他业务成本的种类进行明细核算。

3. 其他业务成本的主要账务处理。企业发生的其他业务成本，借记本科目，贷记"原材料""周转材料"等科目。

4. 期末，应将本科目的余额转入"本年利润"科目，结转后本科目无余额。

五、"合同履约成本"

1. 本科目核算企业为履行当前或预期取得的合同所发生的、不属于其他企业会计准则规范范围且按照本准则应当确认为一项资产的成本。企业因履行合同而产生的毛利不在本科目核算。

2. 本科目可按合同，分别以"服务成本""工程施工"等进行明细核算。

3. 合同履约成本的主要账务处理。企业发生上述合同履约成本时，借记本科目，贷记"银行存款""应付职工薪酬""原材料"等科目；对合同履约成本进行摊销时，借记"主营业务成本""其他业务成本"等科目，贷记本科目。涉及增值税的，还应进行相应的处理。

4. 本科目期末借方余额，反映企业尚未结转的合同履约成本。

企业为履行合同可能会发生各种成本，企业应当对这些成本进行分析，属于其他企业会计准则（例如，《企业会计准则第1号——存货》《企业会计准则第4号——固定资产》以及《企业会计准则第6号——无形资产》等）规范范围的，应当按照相关企业会计准则进行会计处理；不属于其他企业会计准则规范范围且同时满足下列条件的，应当作为合同履约成本确认为一项资产。

（1）该成本与一份当前或预期取得的合同直接相关。预期取得的合同应当是企业能够明确识别的合同，例如，现有合同续约后的合同、尚未获得批准的特定合同等。与合同直接相关的成本包括直接人工（例如，支付给直接为客户提供所承诺服务的人员的工资、奖金等）、直接材料（例如，为履行合同耗用的原材料、辅助材料、构配件、零件、半成品的成本和周转材料的摊销及租赁费用等）、制造费用（或类似费用，例如，组织和管理相关生产、施工、服务等活动发生的费用，包括管理人员的职工薪酬、劳动保护费、固定资产折旧费及修理费、物料消耗、取暖费、水电费、办公费、差旅费、财产保险费、工程保修费、排污费、临时设施摊销费等）、明确由客户承担的成本以及仅因该合同而发生的其他成本（例如，支付给分包商的成本、机械使用费、设计和技术援助费用、施工现场二次搬运费、生产工具和用具使用费、检验试验费、工程定位复测费、工程点交费用、场地清理费等)。

(2) 该成本增加了企业未来用于履行(包括持续履行)履约义务的资源。

(3) 该成本预期能够收回。企业应当在下列支出发生时,将其计入当期损益:一是管理费用,除非这些费用明确由客户承担。二是非正常消耗的直接材料、直接人工和制造费用(或类似费用),这些支出为履行合同发生,但未反映在合同价格中。三是与履约义务中已履行(包括已全部履行或部分履行)部分相关的支出,即该支出与企业过去的履约活动相关。四是无法在尚未履行的与已履行(或已部分履行)的履约义务之间区分的相关支出。

【案例11-5】甲公司与乙公司签订合同,为乙公司信息中心提供管理服务,合同期限为5年。在向乙公司提供服务之前,甲公司设计并搭建了一个信息技术平台供其内部使用,该信息技术平台由相关的硬件和软件组成。甲公司需要提供设计方案,将该信息技术平台与乙公司现有的信息系统对接,并进行相关测试。该平台并不会转让给乙公司,但是将用于向乙公司提供服务。甲公司为该平台的设计、购买硬件和软件以及信息中心的测试发生了成本。除此之外,甲公司专门指派两名员工,负责向乙公司提供服务。

案例解析:

本例中,甲公司为履行合同发生的上述成本中,购买硬件和软件的成本应当分别按照固定资产和无形资产准则进行会计处理;设计服务成本和信息中心的测试成本不属于其他企业会计准则的规范范围,但是这些成本与履行该合同直接相关,并且增加了甲公司未来用于履行履约义务(即提供管理服务)的资源,如果甲公司预期该成本可通过未来提供服务收取的对价收回,则甲公司应当将这些成本确认为一项资产。甲公司向两名负责该项目的员工支付的工资费用,虽然与向乙公司提供服务有关,但是由于其并未增加企业未来用于履行履约义务的资源,因此,应当于发生时计入当期损益。

六、"合同履约成本减值准备"

1. 本科目核算与合同履约成本有关的资产的减值准备。

2. 本科目可按合同进行明细核算。

3. 合同履约成本减值准备的主要账务处理。与合同履约成本有关的资产发生减值的,按应减记的金额,借记"资产减值损失"科目,贷记本科目;转回已计提的资产减值准备时,编制相反的会计分录。

4. 本科目期末贷方余额,反映企业已计提但尚未转销的合同履约成本减值准备。

七、"合同取得成本"

1. 本科目核算企业取得合同发生的、预计能够收回的增量成本。

2. 本科目可按合同进行明细核算。

3. 合同取得成本的主要账务处理。企业发生上述合同取得成本时,借记本科目,贷记"银行存款""其他应付款"等科目;对合同取得成本进行摊销时,按照其相关性借记"销售费用"等科目,贷记本科目。涉及增值税的,还应进行相应的处理。

4. 本科目期末借方余额,反映企业尚未结转的合同取得成本。

企业为取得合同发生的增量成本预期能够收回的,应当作为合同取得成本确认为一项资产。

增量成本,是指企业不取得合同就不会发生的成本,如销售佣金等。为简化实务操作,该资产摊销期限不超过 1 年的,可以在发生时计入当期损益。企业采用该简化处理方法的,应当对所有类似合同一致采用。

企业为取得合同发生的、除预期能够收回的增量成本之外的其他支出，例如，无论是否取得合同均会发生的差旅费、投标费、为准备投标资料发生的相关费用等，应当在发生时计入当期损益，除非这些支出明确由客户承担。

【案例11-6】甲公司是一家咨询公司，其通过竞标赢得一个新客户，为取得与该客户的合同，甲公司聘请外部律师进行尽职调查支付相关费用为15 000元，为投标而发生的差旅费为10 000元，支付销售人员佣金5 000元。甲公司预期这些支出未来均能够收回。此外，甲公司根据其年度销售目标、整体盈利情况及个人业绩等，向销售部门经理支付年度奖金10 000元。本例中，甲公司因签订该客户合同而向销售人员支付的佣金属于为取得合同发生的增量成本，应当将其作为合同取得成本确认为一项资产。甲公司聘请外部律师进行尽职调查发生的支出、为投标发生的差旅费，无论是否取得合同都会发生，不属于增量成本，因此，应当于发生时直接计入当期损益。甲公司向销售部门经理支付的年度奖金也不是为取得合同发生的增量成本，这是因为该奖金发放与否以及发放金额还取决于其他因素（包括公司的盈利情况和个人业绩），并不能直接归属于可识别的合同。

企业因现有合同续约或发生合同变更需要支付的额外佣金，也属于为取得合同发生的增量成本。实务中，当涉及合同取得成本的安排比较复杂时，企业需要运用判断，对发生的合同取得成本进行恰当的会计处理。例如，合同续约或合同变更时需要支付额外的佣金、企业支付的佣金金额取决于客户未来的履约情况或者取决于累计取得的合同数量或金额等。

【案例11-7】根据甲公司的相关政策，销售部门的员工每取得一份新的合同，可以获得提成 100 元，现有合同每续约一次，员工可以获得提成 60 元，甲公司预期上述提成均能够收回。

案例解析：

本例中，甲公司为取得新合同支付给员工的提成 100 元，属于为取得合同发生的增量成本，且预期能够收回，因此，应当确认为一项资产。同样地，甲公司为现有合同续约支付给员工的提成 60 元，也属于为取得合同发生的增量成本，这是因为如果不发生合同续约，就不会支付相应的提成，由于该提成预期能够收回，甲公司应当在每次续约时将应支付的相关提成确认为一项资产。

假定：除上述规定外，甲公司相关政策规定，当合同变更时，如果客户在原合同的基础上，向甲公司支付额外的对价以购买额外的商品，则甲公司须根据该新增的合同金额向销售人员支付一定的提成。在这种情况下，无论相关合同变更属于本文所述准则第八条规定的哪一种情形，甲公司均应当将应支付的提成视同为取得合同（变更后的合同）发生的增量成本进行会计处理。

为取得合同需要支付的佣金在履行合同的过程中分期支付，且客户违约时企业无须支付剩余佣金的，如果该合同在合同开始日即满足本文所述准则第五条规定的五项条件，该佣金预期能够从客户支付的对价中获得补偿，且取得合同后，收取佣金的一方不再为企业提供任何相关服务，则企业应当将应支付的佣金全额作为合同取得成本确认为一项资产。后续期间，如果客户的履约情况发生变化，企业应当评估该合同是否仍然满足准则第五条规定的五项条件以及确认为资产的合同取得成本是否发生减值，并进行相应的会计处理。这一处理也同样适用于客户违约可能导致企业收回已经支付的佣金的情况。当企业发生的合同取得成本与多份合同相关（例如，企业支付的佣金取决于累计取得的合同数量或金额）时，情况可能更为复杂，企业应当根据实际情况进行判断，并进行相应的会计处理。

八、"合同取得成本减值准备"

1. 本科目核算与合同取得成本有关的资产的减值准备。

2. 本科目可按合同进行明细核算。

3. 合同取得成本减值准备的主要账务处理。与合同取得成本有关的资产发生减值的，按应减记的金额，借记"资产减值损失"科目，贷记本科目；转回已计提的资产减值准备时，做相反的会计分录。

4. 本科目期末贷方余额，反映企业已计提但尚未转销的合同取得成本减值准备。

根据上述五和七确认的与合同履约成本和合同取得成本有关的企业资产（以下简称"与合同成本有关的资产"），应当采用与该资产相关的商品收入确认相同的基础（即在履约义务履行的时点或按照履约义务的履约进度）进行摊销，计入当期损益。

在确定与合同成本有关的资产的摊销期限和方式时，如果该资产与一份预期将要取得的合同（如续约后的合同）相关，则在确定相关摊销期限和方式时，应当考虑该将要取得的合同的影响。但是，对于合同取得成本而言，如果合同续约时，企业仍需要支付与取得原合同相当的佣金，这表明取得原合同时支付的佣金与未来预期取得的合同无关，该佣金只能在原合同的期限内进行摊销。企业为合同续约仍须支付的佣金是否与原合同相当，需要根据具体情况进行判断。例如，如果两份合同的佣金按照各自合同金额的相同比例计算，通常表明这两份合同的佣金水平是相当的，但是，实务中，与取得原合同相比，现有合同续约的难度可能较低，因此，即使合同续约时应支付的佣金低于取得原合同的佣金，也可能表明这两份合同的佣金水平是相当的。

某些情况下，企业将为取得某份合同发生的增量成本确认为一项资产，但是该合同中包含多项履约义务，且这些履约义务在不同的时点或时段内履行。在确定该项资产的摊销方式时，企业可以基于各项履约义务分摊的交易价格的相对比例，将该项资产分摊至各项履约义务，再以与该履约义务（可明确区分的商品）的收入确认相同的基础进行摊销。或者，企业可以考虑合同中包含的所有履约义务，采用恰当的方法确定合同的完成情况，即，应当最能反映该资产随相关商品的转移而被"耗用"的情况，并以此为基础对该资产进行摊销。通常情况下，上述两种方法的结果可能是近似的，但是，后者无须将合同取得成本特别分摊至合同中的各项履约义务。

企业应当根据向客户转让与上述资产相关的商品的预期时间变化，对资产的摊销情况进行复核并更新，以反映该预期时间的重大变化。此类变化应当作为会计估计变更，按照《企业会计准则第28号——会计政策、会计估计变更和差错更正》进行会计处理。

减值。与合同成本有关的资产，其账面价值高于下列第一项减去第二项的差额的，超出部分应当计提减值准备，并确认为资产减值损失：一是企业因转让与该资产相关的商品预期能够取得的剩余对价；二是为转让该相关商品估计将要发生的成本。这里，企业应当按照确定交易价格的原则（关于可变对价估计的限制要求除外）预计其能够取得的剩余对价。估计将要发生的成本主要包括直接人工、直接材料、制造费用（或类似费用）、明确由客户承担的成本以及仅因该合同而发生的其他成本等。以前期间减值的因素之后发生变化，使得企业上述第一项减去第二项后的差额高于该资产账面价值的，应当转回原已计提的资产减值准备，并计入当期损益，但转回后的资产账面价值不应超过假定不计提减值准备情况下该资产在转回日的账面价值。

在确定与合同成本有关的资产的减值损失时，企业应当首先对按照其他相关企业会计准则确认的、与合同有关的其他资产确定减值损失；然后，按照上一段的要求确定与合同成本有关的资产的减值损失。企业按照《企业会计准则第8号——资产减值》测试相关资产组的减值情况时，应当将按照上述要求确定上述资产减值后的新账面价值计入相关资产组的账面价值。

九、"应收退货成本"

1. 本科目核算销售商品时预期将退回商品的账面价值，扣除收回该商品预计发生的成本（包括退回商品的价值减损）后的余额。

2. 本科目可按合同进行明细核算。

3. 应收退货成本的主要账务处理。

企业发生附有销售退回条款的销售的，应在客户取得相关商品控制权时，按照已收或应收合同价款，借记"银行存款""应收账款""应收票据""合同资产"等科目，按照因向客户转让商品而预期有权收取的对价金额（即不包含预期因销售退回将退还的金额），贷记"主营业务收入""其他业务收入"等科目，按照预期因销售退回将退还的金额，贷记"预计负债——应付退货款"等科目；结转相关成本时，按照预期将退回商品转让时的账面价值，扣除收回该商品预计发生的成本（包括退回商品的价值减损）后的余额，借记本科目，按照已转让商品转让时的账面价值，贷记"库存商品"等科目，按其差额，借记"主营业务成本""其他业务成本"等科目。涉及增值税的，还应进行相应处理。

4. 本科目期末借方余额，反映企业预期将退回商品转让时的账面价值，扣除收回该商品预计发生的成本（包括退回商品的价值减损）后的余额，在资产负债表中按其流动性计入"其他流动资产"或"其他非流动资产"项目。

十、"合同资产"

1. 本科目核算企业已向客户转让商品而有权收取对价的权利。仅取决于时间流逝因素的权利不在本科目核算。

2. 本科目应按合同进行明细核算。

3. 合同资产的主要账务处理。企业在客户实际支付合同对价或在该对价到期应付之前，已经向客户转让了商品的，应当按因已转让商品而有权收取的对价金额，借记本科目或"应收账款"科目，贷记"主营业务收入""其他业务收入"等科目；企业取得无条件收款权时，借记"应收账款"等科目，贷记本科目。涉及增值税的，还应进行相应的处理。

十一、"合同资产减值准备"

1. 本科目核算合同资产的减值准备。

2. 本科目应按合同进行明细核算。

3. 合同资产减值准备的主要账务处理。合同资产发生减值的，按应减记的金额，借记"资产减值损失"科目，贷记本科目；转回已计提的资产减值准备时，编制相反的会计分录。

4. 本科目期末贷方余额，反映企业已计提但尚未转销的合同资产减值准备。

十二、"合同负债"

1. 本科目核算企业已收或应收客户对价而应向客户转让商品的义务。

2. 本科目应按合同进行明细核算。

3. 合同负债的主要账务处理。企业在向客户转让商品之前，客户已经支付了合同对价或企业已经取得了无条件收取合同对价权利的，企业应当在客户实际支付款项与到期应支付款项孰早时点，按照该已收或应收的金额，借记"银行存款""应收账款""应收票据"等科目，贷记本科目；企业向客户转让相关商品时，借记本科目，贷记"主营业务收入""其他业务收入"等科目。涉及增值税的，还应进行相应的处理。

企业因转让商品收到的预收款适用本准则进行会计处理时，不再使用"预收账款"科目及"递延收益"科目。

4. 本科目期末贷方余额，反映企业在向客户转让商品之前，已经收到的合同对价或已经取得的无条件收取合同对价权利的金额。

第四节 案例解析关于列报和披露

一、列报

1. 合同资产和合同负债

合同一方已经履约的，即企业依据合同履行履约义务或客户依据合同支付合同对价，企业应当根据其履行履约义务与客户付款之间的关系，在资产负债表中列示合同资产或合同负债。企业拥有的、无条件（即仅取决于时间流逝）向客户收取对价的权利应当作为应收款项单独列示。

企业在向客户转让商品之前，如果客户已经支付了合同对价或企业已经取得了无条件收取合同对价的权利，则企业应当在客户实际支付款项与到期应支付款项孰早时点，将该已收或应收的款项列示为合同负债。合同负债，是指企业已收或应收客户对价而应向客户转让商品的义务。例如，企业与客户签订不可撤销的合同，向客户销售其生产的产品，合同开始日，企业收到客户支付的合同价款1 000元，相关产品将在2个月之后交付给客户，这种情况下，企业应当将该1 000元作为合同负债进行处理。

相反，在客户实际支付合同对价或在该对价到期应付之前，企业如果已经向客户转让了商品，则应当将因已转让商品而有权收取对价的权利列示为合同资产，但不包括应收款项。合同资产，是指企业已向客户转让商品而有权收取对价的权利，且该权利取决于时间流逝之外的其他因素。企业应当按照《企业会计准则第22号——金融工具确认和计量》评估合同资产的减值，该减值的计量、列报和披露应当按照《企业会计准则第22号——金融工具确认和计量》和《企业会计准则第37号——金融工具列报》的规定进行会计处理。应收款项是企业无条件收取合同对价的权利。只有在合同对价到期支付之前仅仅随着时间的流逝即可收款的权利,才是无条件的收款权。有时,企业有可能需要在未来返还全部或部分的合同对价(例如,企业在附有销售退回条款的合同下收取的合同对价),但是,企业仍然拥有无条件收取合同对价的权利,未来返还合同对价的潜在义务并不会影响企业收取对价总额的现时权利。因此,企业仍应当确认一项应收款项,同时将预计未来需要返还的部分确认为一项负债。需要说明的是,合同资产和应收款项都是企业拥有的有权收取对价的合同权利,二者的区别在于,应收款项代表的是无条件收取合同对价的权利,即企业仅仅随着时间的流逝即可收款,而合同资产并不是一项无条件收款权,该权利除了时间流逝之外,还取决于其他条件(例如履行合同中的其他履约义务)才能收取相应的合同对价。因此,与合同资产和应收款项相关的风险是不同的,应收款项仅承担信用风险,而合同资产除信用风险之外,还可能承担其他风险,如履约风险等。

【案例11-8】2×18年3月1日,甲公司与客户签订合同,向其销售A、B两项商品,合同价款为2 000元。合同约定,A商品于合同开始日交付,B商品在一个月之后交付,只有当A、B两项商品全部交付之后,甲公司才有权收取2 000元的合同对价。假定A商品和B商品构成两项履约义务,其控制权在交付时转移给客户,分摊至A商品和B商品的交易价格分别为400元和1 600元。上述价格均不包含增值税,且假定不考虑相关税费影响。

案例解析:

本例中,甲公司将A商品交付给客户之后,与该商品相关的履约义务已经履行,但是需要等到后续交付B商品时,企业才具有无条件收取合同对价的权利。因此,甲公司应当将因交付A商品而有权收取的对价400元确认为合同资产,而不是应收账款,相应的账务处理如下:

(1) 交付A商品时:

借：合同资产　　　　　　　　　　　　　　400
　　贷：主营业务收入　　　　　　　　　　　400

（2）交付B商品时：

借：应收账款　　　　　　　　　　　　　2 000
　　贷：合同资产　　　　　　　　　　　　　400
　　　　主营业务收入　　　　　　　　　　1 600

【案例11-9】 2×18年1月1日，乙公司与客户签订合同，以每件产品150元的价格向其销售产品。如果客户在2×18年全年的采购量超过100万件，该产品的销售价格将追溯下调至每件125元。该产品的控制权在交付时转移给客户。在合同开始日，乙公司估计该客户全年的采购量能够超过100万件。2×18年1月31日，乙公司交付了第一批产品共10万件。上述价格均不包含增值税，且假定不考虑相关税费影响。

案例解析：

本例中，乙公司将产品交付给客户时取得了无条件的收款权，即乙公司有权按照每件产品150元的价格向客户收取款项，直到客户的采购量达到100万件为止。由于乙公司估计客户的采购量能够达到100万件，因此，根据将可变对价计入交易价格的限制要求，乙公司确定每件产品的交易价格为125元。2×18年1月31日，乙公司交付产品时的账务处理为：

借：应收账款　　　　　　　　　　　150 000 000
　　贷：主营业务收入　　　　　　　　125 000 000
　　　　预计负债——应付退货款　　　 25 000 000

合同资产和合同负债应当在资产负债表中单独列示。同一合同下的合同资产和合同负债应当以净额列示，不同合同下的合同资产和合同负债不能互相抵销。

通常情况下，企业对其已向客户转让商品而有权收取的对价金额应当确认为合同资产或应收账款;对于其已收或应收客户对价而应向客户转让商品的义务,应当按照已收或应收的金额确认合同负债。由于同一合同下的合同资产和合同负债应当以净额列示,企业也可以设置"合同结算"科目(或其他类似科目),以核算同一合同下属于在某一时段内履行履约义务涉及与客户结算对价的合同资产或合同负债,并在此科目下设置"合同结算——价款结算"科目反映定期与客户进行结算的金额,设置"合同结算——收入结转"科目反映按履约进度结转的收入金额。资产负债表日,"合同结算"科目的期末余额在借方的,根据其流动性,在资产负债表中分别列示为"合同资产"或"其他非流动资产"项目;期末余额在贷方的,根据其流动性,在资产负债表中分别列示为"合同负债"或"其他非流动负债"项目。

【案例11-10】 2×18年1月1日,甲建筑公司与乙公司签订一项大型设备建造工程合同,根据双方合同,该工程的造价为6 300万元,工程期限为1年半,甲公司负责工程的施工及全面管理,乙公司按照第三方工程监理公司确认的工程完工量,每半年与甲公司结算一次;预计2×19年6月30日竣工;预计可能发生的总成本为4 000万元。假定该建造工程整体构成单项履约义务,并属于在某一时段履行的履约义务,甲公司采用成本法确定履约进度,增值税税率为10%,不考虑其他相关因素。

2×18年6月30日,工程累计实际发生成本1 500万元,甲公司与乙公司结算合同价款2 500万元,甲公司实际收到价款2 000万元;2×18年12月31日,工程累计实际发生成本3 000万元,甲公司与乙公司结算合同价款1 100万元,甲公司实际收到价款1 000万元;2×19年6月30日,工程累计实际发生成本4 100万元,乙公司与甲公司结算了合同竣工价款2 700万元,并支付剩余工程款3 300万元。上述价款均不含增值税额。假定甲公司与乙公司结算时即发生增值税纳税义务,乙公司在实际支付工程价款的同时支付其对应的增值税款。

案例解析:

甲公司的账务处理为:

(1) 2×18年1月1日至6月30日实际发生工程成本时。

借: 合同履约成本　　　　　　　　　15 000 000
　　贷: 原材料、应付职工薪酬等　　　　15 000 000

(2) 2×18年6月30日

履约进度 = 15 000 000 ÷ 40 000 000 × 100% = 37.5%

合同收入 = 63 000 000 × 37.5% = 23 625 000(元)

借: 合同结算——收入结转　　　　　23 625 000
　　贷: 主营业务收入　　　　　　　　　23 650 000

借: 主营业务成本　　　　　　　　　15 000 000
　　贷: 合同履约成本　　　　　　　　　15 000 000

借: 应收账款　　　　　　　　　　　27 500 000
　　贷: 合同结算——价款结算　　　　　25 000 000
　　　　应交税费——应交增值税(销项税额)
　　　　　　　　　　　　　　　　　　　2 500 000

借: 银行存款　　　　　　　　　　　22 000 000
　　贷: 应收账款　　　　　　　　　　　22 000 000

当日,"合同结算"科目的余额为贷方137.5(2 500 - 2 362.5)万元,表明甲公司已经与客户结算但尚未履行履约义务的金额为137.5万元,由于甲公司预计该部分履约义务将在2×18年内完成,因此,应在资产负债表中作为合同负债列示。

(3) 2×18年7月1日至12月31日实际发生工程成本时。

借: 合同履约成本　　　　　　　　　15 000 000
　　贷: 原材料、应付职工薪酬等　　　　15 000 000

(4) 2×18年12月31日

履约进度 = 30 000 000 ÷ 40 000 000 × 100% = 75%

合同收入 = 63 000 000 × 75% − 23 625 000

= 23 625 000（元）

借：合同结算——收入结转　　　　　23 625 000
　　贷：主营业务收入　　　　　　　　　　23 650 000
借：主营业务成本　　　　　　　　　15 000 000
　　贷：合同履约成本　　　　　　　　　　15 000 000
借：应收账款　　　　　　　　　　　12 100 000
　　贷：合同结算——价款结算　　　　　　11 000 000
　　　　应交税费——应交增值税（销项税额）
　　　　　　　　　　　　　　　　　　　　 1 100 000
借：银行存款　　　　　　　　　　　11 000 000
　　贷：应收账款　　　　　　　　　　　　11 000 000

当日，"合同结算"科目的余额为借方 1 125（2 362.5 − 1 100 − 137.5）万元，表明甲公司已经履行履约义务但尚未与客户结算的金额为 1 125 万元，由于该部分金额将在 2×19 年内结算，因此，应在资产负债表中作为合同资产列示。

(5) 2×19 年 1 月 1 日至 6 月 30 日实际发生工程成本时。

借：合同履约成本　　　　　　　　　11 000 000
　　贷：原材料、应付职工薪酬等　　　　　11 000 000

(6) 2×19 年 6 月 30 日，由于当日该工程已竣工决算，其履约进度为 100%。

合同收入 = 63 000 000 − 23 625 000 − 23 625 000

= 15 750 000（元）

借：合同结算——收入结转　　　　　15 750 000
　　贷：主营业务收入　　　　　　　　　　15 750 000
借：主营业务成本　　　　　　　　　10 000 000
　　贷：合同履约成本　　　　　　　　　　10 000 000
借：应收账款　　　　　　　　　　　29 700 000
　　贷：合同结算——价款结算　　　　　　27 000 000

应交税费——应交增值税（销项税额）
                                          2 700 000
借：银行存款   36 300 000
　　贷：应收账款   36 300 000

当日，"合同结算"科目的余额为 0（1 125 + 1 575 - 2 700）。

2. 合同履约成本和合同取得成本

根据本准则规定确认为资产的合同履约成本，初始确认时摊销期限不超过一年或一个正常营业周期的，在资产负债表中计入"存货"项目；初始确认时摊销期限在一年或一个正常营业周期以上的，在资产负债表中计入"其他非流动资产"项目。

根据本准则规定确认为资产的合同取得成本，初始确认时摊销期限不超过一年或一个正常营业周期的，在资产负债表中计入"其他流动资产"项目；初始确认时摊销期限在一年或一个正常营业周期以上的，在资产负债表中计入"其他非流动资产"项目。

二、披露

披露企业应当在财务报表附注中充分披露与收入有关的下列定性和定量信息，以使财务报表使用者能够了解与客户之间的合同产生的收入及现金流量的性质、金额、时间分布和不确定性等相关信息。

1. 收入确认和计量所采用的会计政策，对于确定收入确认的时点和金额具有重大影响的判断以及这些判断的变更。在披露这些判断及其变更时，企业应当披露下列信息：

（1）履约义务履行的时点。对于在某一时段内履行的履约义务，企业应当披露确认收入所采用的方法（例如，企业是按照产出法还是投入法确认收入，企业如何运用该方法确认收入等），以及该方法为何能够如实地反映商品的转让的说明性信息。对于在某一时点履行的履约义务，企业应当披露在评估客户取得所承诺商品控制权时点时所作出的重大判断。

（2）交易价格以及分摊至各单项履约义务的金额。企业应当披露在确定交易价格（包括但不限于估计可变对价、调整货币时间价值的影响以及计量非现金对价等）、估计计入交易价格的可变对价、分摊交易价格（包括估计所承诺商品的单独售价、将合同折扣以及可变对价分摊至合同中的某一特定部分等）以及计量预期将退还给客户的款项等类似义务时所采用的方法、输入值以及各项假设等信息。

2. 与合同相关的信息。企业应当单独披露与客户的合同相关的下列信息，除非这些信息已经在利润表中单独列报：

一是按照本准则确认的收入，且该收入应当区别于企业其他的收入来源而单独披露。二是企业已经就与客户之间的合同相关的任何应收款项或合同资产确认的减值损失，且该减值损失也应当区别于针对其他合同确认的减值损失而单独披露。

（1）本期确认的收入。企业应当将本期确认的收入按照不同的类别进行分解，这些类别应当反映经济因素如何影响收入及现金流量的性质、金额、时间分布和不确定性。此外，企业应当充分披露上述信息，以便财务报表使用者能够理解上述将收入按不同类别进行分解的信息与企业在分部信息中披露的每一报告分部的收入之间的关系。

在确定对收入进行分解的类别时，企业应当考虑其在下列情况下是如何列报和披露与收入有关的信息的：①在财务报表之外披露的信息，例如，在企业的业绩公告、年报或向投资者报送的相关资料中披露的收入信息；②管理层为评价经营分部的财务业绩所定期复核的信息；以及③企业或企业的财务报表使用者在评价企业的财务业绩或作出资源分配决策时，所使用的类似于上述①和②的信息类型的其他信息。

企业在对收入信息进行分解时，可以采用的类别包括但不限于：商品类型、经营地区、市场或客户类型、合同类型（例如固定造价合同、成本加成合同等）、商品转让的时间（例如在某一时点转让或在某一时段内转让）、合同期限（例如长期合同、短期合同等）、销售渠道（例如直接销售或通过经销商销售等）等。

(2) 应收款项、合同资产和合同负债的账面价值。企业应当披露与应收款项、合同资产和合同负债的账面价值有关的下列信息：①应收款项、合同资产和合同负债的期初和期末账面价值；②对上述应收款项和合同资产确认的减值损失；③在本期确认的包括在合同负债期初账面价值中的收入；以及④前期已经履行（或部分履行）的履约义务在本期确认的收入（例如，交易价格的变动）。

企业应当说明其履行履约义务的时间与通常的付款时间之间的关系，以及此类因素对合同资产和合同负债账面价值的影响的定量或定性信息。企业还应当以定性和定量信息的形式说明合同资产和合同负债的账面价值在本期内发生的重大变动。合同资产和合同负债的账面价值发生变动的情形包括：①企业合并导致的变动；②对收入进行累积追加调整导致的相关合同资产和合同负债的变动，此类调整可能源于估计履约进度的变化、估计交易价格的变化（包括对于可变对价是否受到限制的评估发生变化）或者合同变更；③合同资产发生减值；④对合同对价的权利成为无条件权利（即，合同资产重分类为应收款项）的时间安排发生变化；以及⑤履行履约义务（即从合同负债转为收入）的时间安排发生变化。

(3) 履约义务。企业应当披露与履约义务相关的信息包括：①企业通常在何时履行履约义务，包括在售后代管商品的安排中履行履约义务的时间，例如，发货时、交付时、服务提供时或服务完成时等；②重要的支付条款，例如，合同价款通常何时到期、合同是否存在重大融资成分、合同对价是否为可变金额以及对可变对价的估计是否通常受到限制等；③企业承诺转让的商品的性质，如有企业为代理人的情形，需要着重说明；④企业承担的预期将退还给客户的款项等类似义务；以及⑤质量保证的类型及相关义务。

(4) 分摊至剩余履约义务的交易价格。企业应当披露与剩余履约义务有关的下列信息：①分摊至本期末尚未履行（或部分未履行）履约义务的交易价格总额；②上述金额确认为收入的预计时间，企业可以按照对于剩余履约义务的期间而言最恰当的时间段为基础提供有关预计时间的定量信息，或者使用定性信息进行说明。

为简化实务操作，当满足下列条件之一时，企业无须针对某项履约义务披露上述信息：一是该项履约义务是原预计合同期限不超过一年的合同中的一部分。二是企业有权对该履约义务下已转让的商品向客户发出账单，且账单金额能够代表企业累计至今已履约部分转移给客户的价值。

企业应当提供定性信息以说明其是否采用了上述简化操作方法，以及是否存在任何对价金额未纳入交易价格，从而未纳入对于分摊至剩余履约义务的交易价格所需披露的信息之中，例如，由于将可变对价计入交易价格的限制要求而未计入交易价格的可变对价。

3. 与合同成本有关的资产相关的信息。企业应当披露与合同成本有关的资产相关的下列信息：（1）在确定该资产的金额时所运用的判断；（2）该资产的摊销方法；（3）按该资产的主要类别（如为取得合同发生的成本、为履行合同开展的初始活动发生的成本等）披露合同取得成本或合同履约成本的期末账面价值以及（4）本期确认的摊销以及减值损失的金额等。

4. 有关简化处理方法的披露。如果企业选择对于合同中存在的重大融资成分或为取得合同发生的增量成本采取简化的处理方法，即企业根据本准则第十七条规定因预计客户取得商品控制权与客户支付价款间隔未超过一年而未考虑合同中存在的重大融资成分，或者根据本准则第二十八条规定因与合同取得成本有关的资产的摊销期限未超过一年而将其在发生时计入当期损益的，企业应当对这一事实进行披露。

第五节 案例解析建造合同准则与新收入准则会计科目使用变化

（一）"合同履约成本"替代"工程施工"

建造合同准则设置"工程施工"科目（建筑安装企业使用）或

"生产成本"科目（船舶等制造企业使用），核算实际发生的合同成本和合同毛利。实际发生的合同成本和确认的合同毛利记入本科目的借方，确认的合同亏损记入本科目的贷方，合同完成后，本科目与"工程结算"科目对冲后结平。

对比可知，建造合同准则中的"工程施工"被新收入准则中的"合同履约成本"替代，并且"工程施工"仅作为"合同履约成本"的明细科目使用。建造合同准则中"工程施工"下核算"合同成本"和"合同毛利"，但是新收入准则明确要求"企业因履行合同而产生的毛利不在'合同履约成本'科目核算"。

（二）"合同结算"替代"工程结算"

建造合同准则设置"工程结算"科目，核算根据合同完工进度已向客户开出工程价款结算帐单办理结算的价款。本科目是"工程施工"或"生产成本"科目的备抵科目，已向客户开出工程价款结算帐单办理结算的款项记入本科目的贷方，合同完成后，本科目与"工程施工"或"生产成本"科目对冲后结平。

对比可知，新收入准则以"合同结算"替代了建造合同准则的"工程结算"，新收入准则设置"合同结算"科目（或其他类似科目），以核算同一合同下属于在某一时段内履行履约义务涉及与客户结算对价的合同资产或合同负债，并在此科目下设置"合同结算——价款结算"科目反映定期与客户进行结算的金额，设置"合同结算——收入结转"科目反映按履约进度结转的收入金额。资产负债表日，"合同结算"科目的期末余额在借方的，根据其流动性，在资产负债表中分别列示为"合同资产"或"其他非流动资产"项目；期末余额在贷方的，根据其流动性，在资产负债表中分别列示为"合同负债"或"其他非流动负债"项目。

（三）新增"合同负债"，不再使用"预收账款"

新收入准则增设"合同负债"科目，本科目核算企业已收或应收客户对价而应向客户转让商品的义务。企业因转让商品收到的预收款适用本准则进行会计处理时，不再使用"预收账款"科目及"递延收益"科目。

【案例 11-11】 建筑企业收到发包方预收款 1 000 万元，会计处理为：

  借：银行存款   10 000 000
    贷：合同负债   10 000 000

（四）新增"合同资产"科目

"合同资产"科目核算企业已向客户转让商品而有权收取对价的权利，仅取决于时间流逝因素的权利不在本科目核算。仅取决于时间流逝因素的权利是无条件收款权，企业取得无条件收款权时，借记"应收账款"等科目，贷记本科目。

（五）新增"合同取得成本"科目

"合同取得成本"科目的使用，参见本章第三节"七、合同取得成本"。

（六）建造合同准则和新收入准则收入确认方法对比

建造合同准则主要应用完工百分比法确认收入和费用。

完工百分比法是指根据合同完工进度确认收入和费用的方法。根据这种方法，合同收入应与为达到完工进度而发生的合同成本相配比，以反映当期已完工部分的合同收入、费用和利润。这种方法能为报表使用者提供有关合同进度及本期业绩的有用信息。

采用完工百分比法确认合同收入和费用的前提是，该项建造合同的结果能够可靠地估计。只有在建造合同的结果能够可靠地估计时，才能采用完工百分比法确认合同收入和费用，反之，则不能采用完工百分比法确认合同收入和费用。采用完工百分比法确认合同收入和费用的关键是，确定合同完工进度。建造合同准则规定了确定合同完工进度的三种方法。

确定合同完工进度有以下三种方法：

(1) 根据累计实际发生的合同成本占合同预计总成本的比例确定。该方法是确定合同完工进度较常用的方法。用计算公式表示如下：

合同完工进度 = 累计实际发生的合同成本 ÷ 合同预计总成本 × 100%

【案例 11 - 12】某建筑公司签订了一项合同总金额为 1 000 万元的建造合同，合同规定的建设期为 3 年。第 1 年，实际发生合同成本 300 万元，年末预计为完成合同尚需发生成本 520 万元；第 2 年，实际发生合同成本为 400 万元，年末预计为完成合同尚需发生成本 150 万元。根据上述资料，计算合同完工进度如下：

第 1 年合同完工进度 = 300 ÷ (300 + 520) × 100% = 37%

第 2 年合同完工进度 = (300 + 400) ÷ (300 + 400 + 150) × 100% = 82%

(2) 根据已经完成的合同工作量占合同预计总工作量的比例确定。该方法适用于合同工作量容易确定的建造合同，如道路工程、土石方挖掘、砌筑工程等。用计算公式表示如下：

合同完工进度 = 已经完成的合同工作量 ÷ 合同预计总工作量 × 100%

【案例 11 - 13】某路桥工程公司签订了修建一条 100 公里公路的一项建造合同，合同规定的总金额为 8 000 万元，工期为 3 年。该公司第 1 年修建了 30 公里，第 2 年修建了 40 公里。根据上述资料，计算合同完工进度如下：

第 1 年合同完工进度 = 30 ÷ 100 × 100% = 30%

第 2 年合同完工进度 = (30 + 40) ÷ 100 × 100% = 70%

(3) 已完工合同工作的测量。该方法是在无法根据上述两种方法确定合同完工进度时所采用的一种特殊的技术测量方法。适用于一些特殊的建造合同，如水下施工工程等。需要指出的是，这种技术测量并不是由建造承包商自行随意测定,而应由专业人员现场进行科学测定。

例如,某建筑公司承建一项水下作业工程,在资产负债表日,经专业人员现场测定,已完工作量达合同总工作量的80%。则该合同的完工进度为80%。

建造合同准则根据累计实际发生的合同成本占合同预计总成本的比例确定完工进度的方法与新收入准则在某一时段内履行的履约义务的收入确认方法之一"投入法"非常相似。

投入法是根据企业履行履约义务的投入确定履约进度的方法,通常可采用投入的材料数量、花费的人工工时或机器工时、发生的成本和时间进度等投入指标确定履约进度。实务中,通常按照累计实际发生的成本占预计总成本的比例确定履约进度,累计实际发生的成本包括企业向客户转移商品过程中所发生的直接成本和间接成本,如直接人工、直接材料、分包成本以及其他与合同相关的成本。

通常认为,建造服务属于在某一时段内履行的履约义务,并且实务中,通常按照累计实际发生的成本占预计总成本的比例(即成本法)确定履约进度,也就是说,从收入确认的方法看,建造合同准则与新收入准则的"投入法"基本相同。

【案例 11-14】甲建筑公司与其客户签订一项总金额为 580 万元的固定造价合同,该合同不可撤销。甲公司负责工程的施工及全面管理,客户按照第三方监理公司确认的工程完工量,每年与甲公司结算一次;该工程已于 2×18 年 2 月开工,预计 2×21 年 6 月完工;预计可能发生的工程总成本为 550 万元。到 2×19 年底,由于材料价格上涨等因素,甲公司将预计工程总成本调整为 600 万元。2×19 年末根据最新情况,甲公司将预计工程总成本调整为 610 万元。假定该建造工程整体构成单项履约义务,并属于在某一时段内履行的履约义务,该公司采用成本法确定履约进度,不考虑其他相关因素。

该合同的其他有关资料如表 11-1 所示。

表 11-1　　　　　　　　合同相关资料　　　　　　　单位：万元

项　　目	2×18 年	2×19 年	2×20 年	2×21 年	2×22 年
年末累计实际发生成本	154	300	488	610	—
年末预计完成合同尚需发生成本	396	300	122	—	—
本期结算合同价款	174	196	180	30	—
本期实际收到价款	170	190	190	—	30

按照合同约定，工程质保金 30 万元须等到客户于 2×22 年底保证期结束未发生重大质量问题方能收款。上述价款均为不含税价款，不考虑相关税费的影响。

案例解析：

会计处理如下。

1. 2×18 年账务处理

（1）实际发生合同成本。

借：合同履约成本　　　　　　　　　　1 540 000
　　贷：原材料、应付职工薪酬等　　　　　　1 540 000

（2）确认计量当年的收入并结转成本。

履约进度 = 1 540 000 ÷ (1 540 000 + 3 960 000) = 28%

合同收入 = 5 800 000 × 28% = 1 624 000（元）

借：合同结算——收入结转　　　　　　1 624 000
　　贷：主营业务收入　　　　　　　　　　　1 624 000

借：主营业务成本　　　　　　　　　　1 540 000
　　贷：合同履约成本　　　　　　　　　　　1 540 000

（3）结算合同价款。

借：应收账款　　　　　　　　　　　　1 740 000
　　贷：合同结算——价款结算　　　　　　　1 740 000

（4）实际收到合同价款。

借：银行存款　　　　　　　　　　　　　1 700 000
　　贷：应收账款　　　　　　　　　　　　　　1 700 000

2×18 年 12 月 31 日，"合同结算"科目的余额为贷方 11.6（174-162.4）万元，表明甲公司已经与客户结算但尚未履行履约义务的金额为 11.6 万元，由于甲公司预计该部分履约义务将在 2×19 年内完成，因此，应在资产负债表中作为合同负债列示。

2. 2×19 年的账务处理

（1）实际发生合同成本。

借：合同履约成本　　　　　　　　　　　1 460 000
　　贷：原材料、应付职工薪酬　　　　　　　　1 460 000

（2）确认计量当年的收入并结转成本，同时，确认合同预计损失。

履约进度 = 3 000 000 ÷（3 000 000 + 3 000 000）= 50%

合同收入 = 5 800 000 × 50% - 1 624 000 = 1 276 000（元）

借：合同结算——收入结转　　　　　　　1 276 000
　　贷：主营业务收入　　　　　　　　　　　　1 276 000
借：主营业务成本　　　　　　　　　　　1 460 000
　　贷：合同履约成本　　　　　　　　　　　　1 460 000
借：主营业务成本　　　　　　　　　　　　100 000
　　贷：预计负债　　　　　　　　　　　　　　　100 000

合同预计损失 =（3 000 000 + 3 000 000 - 5 800 000）×（1 - 50%）= 100 000（元）

在 2×19 年底，由于该合同预计总成本（600 万元）大于合同总收入（580 万元），预计发生损失总额为 20 万元，由于其中 20 万元 × 50% = 10 万元已经反映在损益中，因此应将剩余的、为完成工程即将发生的预计损失 10 万元确认为当期损失。根据《企业会计准则第 13 号——或有事项》的相关规定，待执行合同变成亏损合同的，该亏损合同产生的义务满足相关条件的，则应当对亏损合同确认预计负债。因此，为完成工程即将发生的预计损失10万元应当确认为预计负债。

（3）结算合同价款

借：应收账款　　　　　　　　　　　1 960 000
　　贷：合同结算——价款结算　　　　　　　1 960 000

（4）实际收到合同价款

借：银行存款　　　　　　　　　　　1 900 000
　　贷：应收账款　　　　　　　　　　　　　1 900 000

2×19年12月31日，"合同结算"科目的余额为贷方80（11.6+196-127.6）万元，表明甲公司已经与与客户结算但尚未履行履约义务的金额为80万元，由于甲公司预计该部分履约义务将在2×20年内完成，因此，应在资产负债表中作为合同负债列示。

3. 2×20年的账务处理

（1）实际发生的合同成本。

借：合同履约成本　　　　　　　　　1 880 000
　　贷：原材料、应付职工薪酬等　　　　　 18 800 000

（2）确认计量当年的合同收入并结转成本，同时调整合同预计损失。

履约进度 = 4 880 000 ÷ (4 880 000 + 1 220 000) = 80%

合同收入 = 5 800 000 × 80% - 1 624 000 - 1 276 000
　　　　 = 1 740 000（元）

合同预计损失 = (4 880 000 + 1 220 000 - 5 800 000) × (1 - 80%) - 100 000 = -40 000（元）

借：合同结算——收入结转　　　　　 1 740 000
　　贷：主营业务收入　　　　　　　　　　　1 740 000

借：主营业务成本　　　　　　　　　1 880 000
　　贷：合同履约成本　　　　　　　　　　　1 880 000

借：预计负债　　　　　　　　　　　　　40 000

贷：主营业务成本　　　　　　　　　　　　　40 000

　　在 2×20 年底，由于该合同预计总成本（610 万元）大于合同总收入（580 万元），预计发生损失总额为 30 万元，由于其中 30 万元 ×80% =24 万元已经反映在损益中，因此预计负债的余额为 30 万元 -24 万元 =6 万元，反映剩余的、为完成工程将发生的预计损失，因此，本期应转回合同预计损失 4 万元。

　　（3）结算合同价款。

　　借：应收账款　　　　　　　　　　　　　1 800 000

　　　贷：合同结算——价款结算　　　　　　　1 800 000

　　（4）实际收到合同价款。

　　借：银行存款　　　　　　　　　　　　　1 900 000

　　　贷：应收账款　　　　　　　　　　　　　1 900 000

　　2×20 年 12 月 31 日，"合同结算"科目的余额为贷方 86（80 +180 -174）万元，表明甲公司已经与客户结算但尚未履行履约义务的金额为 86 万元，由于该部分履约义务将在 2×21 年 6 月底前完成，因此，应在资产负债表中作为合同负债列示。

　　4. 2×21 年 1—6 月的账务处理

　　（1）实际发生合同成本。

　　借：合同履约成本　　　　　　　　　　　1 220 000

　　　贷：原材料、应付职工薪酬　　　　　　　1 220 000

　　（2）确认计量当期的合同收入并结转成本及已经计提的合同损失。

　　2×21 年 1—6 月确认的合同收入 = 合同总金额 - 截至目前累计已经确认的收入 = 5 800 000 - 1 624 000 - 1 276 000 - 1 740 000 = 1 160 000（元）

　　借：合同结算——收入结转　　　　　　　1 160 000

　　　贷：主营业务收入　　　　　　　　　　　1 160 000

借：主营业务成本　　　　　　　　　　　　1 220 000
　　贷：合同履约成本　　　　　　　　　　　1 220 000
借：预计负债　　　　　　　　　　　　　　　　60 000
　　贷：主营业务成本　　　　　　　　　　　　　60 000

2×21年6月30日，"合同结算"科目的余额为借方30 (86-116) 万元，是工程质保金，需要等到客户于2×22年底保质期结束且未发生重大质量问题后方能收款，应当资产负债表中作为合同资产列示。

5. 2×22年的账务处理

（1）保质期结束且未发生重大质量问题

借：应收账款　　　　　　　　　　　　　　　300 000
　　贷：合同结算　　　　　　　　　　　　　　300 000

（2）实际收到合同价款

借：银行存款　　　　　　　　　　　　　　　300 000
　　贷：应收账款　　　　　　　　　　　　　　300 000

分析依据：《企业会计准则第14号——收入》第二十六条、第二十九条、《企业会计准则第13号——或有负债》第八条等相关规定，《〈企业会计准则第14号——收入〉应用指南2018》第75—78页、《企业会计准则讲解（2010）》第209页等相关内容。

第六节　社会资本方对政府和社会资本合作（PPP）项目合同的会计处理

《企业会计准则解释第14号》（财会〔2021〕1号）是关于社会资本方对政府和社会资本合作（PPP）项目合同的会计处理的重要依据，2021年8月10日，财政部会计司发布了PPP会计处理实施问答及PPP

项目合同社会资本方会计处理应用案例,对建筑业朋友做好政府和社会资本合作(PPP)项目合同的会计处理非常有帮助。

一、关于社会资本方对政府和社会资本合作(PPP)项目合同的会计处理

该解释所称 PPP 项目合同,是指社会资本方与政府方依法依规就 PPP 项目合作所订立的合同,该合同应当同时符合下列特征(以下简称"双特征"):(1)社会资本方在合同约定的运营期间内代表政府方使用 PPP 项目资产提供公共产品和服务;(2)社会资本方在合同约定的期间内就其提供的公共产品和服务获得补偿。

该解释所称社会资本方,是指与政府方签署 PPP 项目合同的社会资本或项目公司;政府方,是指政府授权或指定的 PPP 项目实施机构;PPP 项目资产,是指 PPP 项目合同中确定的用来提供公共产品和服务的资产。

该解释规范的 PPP 项目合同应当同时符合下列条件(以下简称"双控制"):(1)政府方控制或管制社会资本方使用 PPP 项目资产必须提供的公共产品和服务的类型、对象和价格;(2)PPP 项目合同终止时,政府方通过所有权、收益权或其他形式控制 PPP 项目资产的重大剩余权益。

对于运营期占项目资产全部使用寿命的 PPP 项目合同,即使项目合同结束时项目资产不存在重大剩余权益,如果该项目合同符合前述"双控制"条件中的第(1)项,则仍然适用该解释。除上述情况外,不同时符合该解释"双特征"和"双控制"的 PPP 项目合同,社会资本方应当根据其业务性质按照相关企业会计准则进行会计处理。

(一)相关会计处理

1. 社会资本方提供建造服务(含建设和改扩建,下同)或发包给其他方等,应当按照《企业会计准则第 14 号——收入》确定其身份是主要责任人还是代理人,并进行会计处理,确认合同资产。

2. 社会资本方根据 PPP 项目合同约定，提供多项服务（如既提供 PPP 项目资产建造服务又提供建成后的运营服务、维护服务）的，应当按照《企业会计准则第 14 号——收入》的规定，识别合同中的单项履约义务，将交易价格按照各项履约义务的单独售价的相对比例分摊至各项履约义务。

3. 在 PPP 项目资产的建造过程中发生的借款费用，社会资本方应当按照《企业会计准则第 17 号——借款费用》的规定进行会计处理。对于本部分第 4 项和第 5 项中确认为无形资产的部分，社会资本方在相关借款费用满足资本化条件时，应当将其予以资本化，并在 PPP 项目资产达到预定可使用状态时，结转至无形资产。除上述情形以外的其他借款费用，社会资本方均应予以费用化。

4. 社会资本方根据 PPP 项目合同约定，在项目运营期间，有权向获取公共产品和服务的对象收取费用，但收费金额不确定的，该权利不构成一项无条件收取现金的权利，应当在 PPP 项目资产达到预定可使用状态时，将相关 PPP 项目资产的对价金额或确认的建造收入金额确认为无形资产，并按照《企业会计准则第 6 号——无形资产》的规定进行会计处理。

5. 社会资本方根据 PPP 项目合同约定，在项目运营期间，满足有权收取可确定金额的现金（或其他金融资产）条件的，应当在社会资本方拥有收取该对价的权利（该权利仅取决于时间流逝的因素）时确认为应收款项，并按照《企业会计准则第 22 号——金融工具确认和计量》的规定进行会计处理。社会资本方应当在 PPP 项目资产达到预定可使用状态时，将相关 PPP 项目资产的对价金额或确认的建造收入金额，超过有权收取可确定金额的现金（或其他金融资产）的差额，确认为无形资产。

6. 社会资本方不得将该解释规定的 PPP 项目资产确认为其固定资产。

7. 社会资本方根据 PPP 项目合同，自政府方取得其他资产，该资产构成政府方应付合同对价的一部分的，社会资本方应当按照《企业会计准则第 14 号——收入》的规定进行会计处理，不作为政府补助。

8. PPP 项目资产达到预定可使用状态后，社会资本方应当按照《企业会计准则第 14 号——收入》确认与运营服务相关的收入。

9. 为使 PPP 项目资产保持一定的服务能力或在移交给政府方之前保持一定的使用状态，社会资本方根据 PPP 项目合同而提供的服务不构成单项履约义务的，应当将预计发生的支出，按照《企业会计准则第 13 号——或有事项》的规定进行会计处理。

（二）附注披露

社会资本方应当按照重要性原则，在附注中披露各项 PPP 项目合同的下列信息，或者将一组具有类似性质的 PPP 项目合同合并披露下列信息：

1. PPP 项目合同的相关信息，包括 PPP 项目合同的概括性介绍；PPP 项目合同中可能影响未来现金流量金额、时间和风险的相关重要条款；社会资本方对 PPP 项目资产享有的相关权利（包括使用、收益、续约或终止选择权等）和承担的相关义务（包括投融资、购买或建造、运营、移交等）；本期 PPP 项目合同的变更情况；PPP 项目合同的分类方式等。

2. 社会资本方除应当按照相关企业会计准则对 PPP 项目合同进行披露外，还应当披露相关收入、资产等确认和计量方法；相关合同资产、应收款项、无形资产的金额等会计信息。

（三）新旧衔接

2020 年 12 月 31 日前开始实施且至该解释施行日尚未完成的有关 PPP 项目合同，未按照以上规定进行会计处理的，应当进行追溯调整；追溯调整不切实可行的，应当从可追溯调整的最早期间的期初开始应用本解释。社会资本方应当将执行本解释的累计影响数，调整该解释施行日当年年初留存收益及财务报表其他相关项目金额，对可比期间信息不予调整。

符合该解释"双特征"和"双控制"但未纳入全国 PPP 综合信息平台项目库的特许经营项目协议，应当按照本解释进行会计处理和追溯调整。

该解释自公布之日起施行。2021 年 1 月 1 日至该解释施行日新增的本解释规定的业务，企业应当根据该解释进行调整。

《企业会计准则解释第 2 号》（财会〔2008〕11 号）中关于"五、企业采用建设经营移交方式（BOT）参与公共基础设施建设业务应当如何处理"的内容同时废止。

二、财政部会计司关于 PPP 会计处理实施问答

问 1：社会资本方执行《企业会计准则解释第 14 号》时，应当如何应用"双特征"？

答：《企业会计准则解释第 14 号》（财会〔2021〕1 号）规范的 PPP 项目合同应当同时符合下列特征（以下简称"双特征"）：（1）社会资本方在合同约定的运营期间内代表政府方使用 PPP 项目资产提供公共产品和服务；（2）社会资本方在合同约定的期间内就其提供的公共产品和服务获得补偿。

"合同约定的运营期间"，指的是社会资本方对 PPP 项目资产的使用期或运营期，通常在 PPP 项目合同中有明确约定。"社会资本方代表政府方使用 PPP 项目资产提供公共产品和服务"，指的是根据合同约定或政府方授权，社会资本方享有建设、运营、管理、维护本项目设施等权利，同时承担代表政府方提供公共产品和服务的义务。社会资本方至少需要负责基础设施管理和相关服务中的一部分工作，而不能仅为政府方的代理人。"社会资本方就其提供的公共产品和服务获得补偿"，指的是社会资本方就其在运营期内运营或维护项目资产等按照合同约定获得回报。

问 2：社会资本方执行《企业会计准则解释第 14 号》时，应当如何应用"双控制"条件（1）"政府方控制或管制社会资本方使用 PPP

项目资产必须提供的公共产品和服务的类型、对象和价格"?

答:"控制",指的是政府方通过具有法律效力的合同条款等方式,有权决定社会资本方提供的公共产品和服务的类型、对象和价格。通常情况下,政府方和社会资本方在 PPP 项目合同中应当明确规定社会资本方提供的公共产品和服务的类型、对象和价格。"管制",指的是社会资本方提供的公共产品和服务的类型、对象和价格,虽未在 PPP 项目合同中进行明确规定,但受有关法律法规或监管部门规章制度的约束。如果某 PPP 项目合同涉及政府方及与政府方相关联的代表公共利益的监管方,则在应用"双控制"条件(1)时应当将这些主体一起考虑。

"政府方控制或管制社会资本方使用 PPP 项目资产必须提供的公共产品和服务的类型、对象和价格"的情形,既包括由政府方购买项目资产的全部产出,也包括由其他使用者购买项目资产的全部或部分产出。

如果定价的基础或框架受到监管约束,政府方对价格的"控制或管制"不需要完全控制价格,这种情况下仍然符合控制或管制标准。如设定政府调价机制,社会资本方进行调价前应当经过政府方审核同意,或者设定有实质性的价格上限机制,即满足"双控制"条件(1)中的价格控制或管制要求。如果项目合同条款给予社会资本方自主定价权,但约定超额收益全部归政府方所有,社会资本方的收益被限定,则仍然满足"双控制"条件(1)中的价格控制或管制要求。

问 3:社会资本方执行《企业会计准则解释第 14 号》时,应当如何应用"双控制"条件(2)"PPP 项目合同终止时,政府方通过所有权、收益权或其他形式控制 PPP 项目资产的重大剩余权益"?

答:"重大剩余权益",指的是 PPP 项目合同终止时,在项目资产剩余使用寿命内使用、处置该项目资产所能获得的权益。社会资本方应当按照假定 PPP 项目资产已经处在 PPP 项目合同期末时预期的寿命和状况,对其现值进行估计,以确定项目资产的剩余权益。

政府方对"重大剩余权益"的控制具体表现为以下两种情形：一是 PPP 项目合同终止时，社会资本方应当将项目资产移交给政府方或者政府指定的第三方，且移交的项目资产预期仍能为政府方带来经济利益流入或者产生服务潜力。二是政府方能够通过合同条款限制社会资本方处置或抵押项目资产，并拥有在合同期内持续控制项目资产使用的权利，保障重大剩余权益不受损害。

对于运营期占项目资产全部使用寿命的 PPP 项目合同，即使项目合同结束时项目资产不存在重大剩余权益，如果项目合同符合"双控制"条件（1）的，也仍符合"双控制"条件。

当政府方满足了"双控制"条件（1）规定的控制条件，并保留了 PPP 项目资产的重大剩余权益时，表明社会资本方只是代表政府方管理 PPP 项目资产，尽管很多情况下社会资本方有一定管理自主权，但是此时社会资本方的"管理"不应视为"双控制"条件中的"控制"。

在合同约定的运营期间，社会资本方对不可分离的 PPP 项目资产进行更新改造的（包括更换部分设施设备等），应当将更新改造前后的项目资产视为一个整体来考虑。如果政府方控制了更新改造后项目资产的重大剩余权益，则该项目合同整体满足"双控制"条件（2）。

问 4：社会资本方执行《企业会计准则解释第 14 号》时，当 PPP 项目资产部分受到政府方控制时，应当如何应用"双控制"条件？

答：PPP 项目资产部分受政府方控制的，分为以下两种情形：

一是项目资产在功能设置和空间分布上可分割且能独立运营，并且满足《企业会计准则第 8 号——资产减值》（财会〔2006〕3 号）中资产组的定义，应当单独进行分析。如果政府方不能控制该部分资产，则该部分资产不适用《企业会计准则解释第 14 号》（财会〔2021〕1 号）。

二是社会资本方使用 PPP 项目资产提供不受政府方控制的辅助性服务，并不减损政府方对 PPP 项目资产的控制，在应用"双控制"条件时不应当考虑该项服务。

社会资本方如果有权使用上述情形一中不受政府控制的项目资产组

成部分，或者有权使用情形二中用于提供不受政府方控制的辅助性服务的项目资产时，应当根据其业务性质判断适用的企业会计准则，例如对于实质上构成政府方对社会资本方的租赁，则应按照《企业会计准则第21号——租赁》（财会〔2018〕35号）进行会计处理。

问5：社会资本方执行《企业会计准则解释第14号》时，社会资本方在PPP项目建造期间形成的合同资产应当如何列报？

答：根据《企业会计准则第14号——收入》（财会〔2017〕22号）和《关于修订印发2019年度一般企业财务报表格式的通知》（财会〔2019〕6号）的相关规定，对于社会资本方将相关PPP项目资产的对价金额或确认的建造收入金额确认为无形资产的部分，在相关建造期间确认的合同资产应当在资产负债表"无形资产"项目中列报；对于其他在建造期间确认的合同资产，应当根据其预计是否自资产负债表日起一年内变现，在资产负债表"合同资产"或"其他非流动资产"项目中列报。

问6：社会资本方执行《企业会计准则解释第14号》时，社会资本方在PPP项目建造期间发生的借款费用，应当如何进行会计处理和列报？

答：根据《企业会计准则第17号——借款费用》（财会〔2006〕3号）和《企业会计准则解释第14号》（财会〔2021〕1号）的相关规定，对于社会资本方将相关PPP项目资产的对价金额或确认的建造收入金额确认为无形资产的部分，相关借款费用满足资本化条件的，社会资本方应当将其予以资本化，计入"PPP借款支出"科目，期末，"PPP借款支出"科目的借方余额应在资产负债表"无形资产"项目中列报；待PPP项目资产达到预定可使用状态时，将计入"PPP借款支出"科目的金额结转至"无形资产"科目。除上述情形以外的其他借款费用，社会资本方应将其予以费用化，计入财务费用。

问7：社会资本方执行《企业会计准则解释第14号》时，社会资本方在 PPP 项目建造期间发生的建造支出在现金流量表中应如何列示？

答： 根据《企业会计准则第 31 号——现金流量表》（财会〔2006〕3 号）的相关规定，对于社会资本方将相关 PPP 项目资产的对价金额或确认的建造收入金额确认为无形资产的部分，相关建造期间发生的建造支出应当作为投资活动现金流量进行列示。除上述情形以外的社会资本方在 PPP 项目建造期间发生的建造支出，应当作为经营活动现金流量进行列示。社会资本方应当将 PPP 项目建造期间发生的重大建造支出的现金流量信息在财务报表附注中披露。

问 8： 社会资本方执行《企业会计准则解释第 14 号》时，集团合并范围内甲公司（发包方）承接 PPP 项目，但将实质性建造服务发包给集团合并范围内乙公司（承包方）的，在编制集团合并财务报表时，是否应抵销承包方的建造服务收入及发包方对应的成本？

答： 根据《企业会计准则第 33 号——合并财务报表》（财会〔2014〕10 号）的相关规定，合并财务报表是站在企业集团的角度，以纳入合并范围的企业的个别财务报表为基础，根据其他有关资料，抵销集团合并范围内公司相互之间发生的内部交易，考虑了特殊交易事项对合并财务报表的影响后编制的，旨在反映企业集团作为一个整体的财务状况、经营成果和现金流量。因此，集团合并范围内甲公司（发包方）自政府方承接 PPP 项目，并发包给集团合并范围内的乙公司（承包方），企业集团编制合并报表时应当按照《企业会计准则第 33 号——合并财务报表》有关规定对内部交易进行抵销，以体现企业集团整体对外提供的建造服务收入和成本。如甲公司作为主要责任人的，从企业集团角度看，在会计处理上需要抵销发包方成本和承包方收入等；如甲公司作为代理人的，从企业集团角度看，在会计处理上不存在需要抵销的发包方成本和承包方收入等。

问 9： 社会资本方执行《企业会计准则解释第 14 号》时，如何确定履约义务的单独售价？

答：社会资本方应当根据《企业会计准则第 14 号——收入》（财会〔2017〕22 号）的相关规定，识别合同中的单项履约义务，将交易价格按照各项履约义务的单独售价的相对比例分摊至各项履约义务。如果单独售价无法直接观察的，或者缺少类似的市场价格的，企业可以考虑市场情况、企业特定因素以及与客户有关的信息等相关信息，采用市场调整法、成本加成法、余值法等方法合理估计单独售价。

问 10：社会资本方执行《企业会计准则解释第 14 号》时，社会资本方应当如何对 PPP 项目合同进行合并披露？

答：根据《企业会计准则解释第 14 号》（财会〔2021〕1 号）的相关规定，社会资本方应当按照重要性原则，在附注中披露各项 PPP 项目合同的相关信息，或者将一组具有类似性质的 PPP 项目合同合并披露。一组具有类似性质的 PPP 项目是指一组包含类似性质服务的 PPP 项目合同（如高速公路收费、污水处理服务、垃圾处理项目等）。例如，社会资本方同时承接多项高速公路收费的 PPP 项目合同，则社会资本方可以将该类合同的会计信息和合同信息分别进行合并披露。

问 11：社会资本方执行《企业会计准则解释第 14 号》时，如何对 2020 年 12 月 31 日前开始实施且至解释施行日尚未完成的 PPP 项目合同进行衔接处理？

答：根据《企业会计准则解释第 14 号》（财会〔2021〕1 号，以下简称《解释第 14 号》）的相关规定，2020 年 12 月 31 日前开始实施且至《解释第 14 号》施行日尚未完成的有关 PPP 项目合同，未按照《解释第 14 号》及 PPP 项目合同社会资本方会计处理实施问答和应用案例等相关规定进行会计处理的，应当进行追溯调整，追溯调整时社会资本方需要合理估计 PPP 项目合同历史期间的折现率、单独售价等信息；追溯调整不切实可行的，社会资本方应当从可追溯调整的最早期间的期初开始应用《解释第 14 号》的相关规定。社会资本方应当将执行《解释第 14 号》形成的累计影响数，调整 2021 年年初留存收益及财务报表其他相关项目金额,对可比期间信息不予调整。

社会资本方为了向财务报表使用者提供与理解当期财务报表有关的信息,可以披露与追溯调整有关的信息,如假设调整可比期间信息,对财务报表相关项目的影响等。

根据《企业会计准则第 30 号——财务报表列报》的相关规定,不切实可行,指的是企业在采取所有合理的方法后,仍然不能获得 PPP 项目合同追溯调整所必需的相关信息,从而导致对追溯调整无法应用《解释第 14 号》的相关规定。

PPP 项目合同尚未完成,指的是 PPP 项目合同的建造、运营和移交等一项或多项义务在《解释第 14 号》施行日之前尚未全部完成。

三、PPP 项目合同社会资本方会计处理应用案例

(一) PPP 项目合同社会资本方会计处理应用案例——金融资产模式

【案例 11-15】甲公司在境外某地从事各类公路的投资建设和运营业务。2×21 年 1 月,甲公司与当地政府签订 PPP 项目合同,甲公司作为社会资本方负责当地高速公路的建设、运营和维护。根据 PPP 项目合同约定,PPP 项目合同期间为 10 年,其中项目建设期为 2 年、运营期为 8 年。根据 PPP 项目合同约定,合同期间的第 8 年末(即 2×28 年末),甲公司需要对路面进行翻修,以使该道路保持一定的使用状态。运营期满后,甲公司将 PPP 项目资产无偿移交给政府方。甲公司的履约义务包括提供道路建造、运营和路面翻修的服务,假设上述服务均构成单项履约义务,且均满足在某一时段确认收入的条件,同时甲公司从事 PPP 项目的身份是主要责任人。假设该合同满足《企业会计准则解释第 14 号》(财会〔2021〕1 号)的"双特征"和"双控制"条件。

按照 PPP 项目合同约定,政府方需要对甲公司提供的 PPP

项目资产进行验收，包括满足道路如期完工通车、符合当地环保要求，并在运营期间持续保持道路的使用状态和正常通行等要求。如果未满足验收条件，政府方则有权要求甲公司进行整改，直至验收合格。政府方验收合格后，在运营期间每年末向甲公司支付 1 600 万元。甲公司合理估计其能够达到验收条件。甲公司采用成本加成法确定各单项履约义务的单独售价，考虑市场情况、行业平均毛利水平等因素之后，估计建造、运营以及路面翻修服务的合理毛利率分别为 5%、20% 和 10%。

甲公司预计其提供建造、运营和路面翻修服务的成本和收入如表 11-2 所示。

表 11-2　　预计提供建造、运营和路面翻修服务的成本和收入　　单位：万元

项目	年份	成本	收入
建造服务（每年）	2×21—2×22 年	4 000	4 200 [4 000×（1+5%）]
运营服务（每年）	2×23—2×30 年	80	96 [80×（1+20%）]
路面翻修服务（每年）	2×28 年	800	880 [800×（1+10%）]

假设合同期间各年的现金流均在年末发生，通过插值法（使在合同开始日各项履约义务确认的收入现值等于各期现金流量现值的折现率）计算出该 PPP 项目的实际利率为 6.18%（假设该实际利率体现了合同开始时甲公司与政府方进行单独融资交易所反映的利率）。

假定不考虑其他因素和相关税费。

案例解析：

本例中，根据 PPP 项目合同约定，在项目运营期间，甲公司每年自政府方取得 1 600 万元的对价，即甲公司在项目运营期间有权收取可确定金额的现金，应当适用《企业会计准则解释第 14 号》（财会〔2021〕1 号）第一部分相关会计处理第 5 条中的金融资产模式进行会计处理。甲公司在建造期间每年确认建造服务收入 4 200 万元，同时确认合同资产，并在

以后年度甲公司拥有收取对价的权利（该权利仅取决于时间流逝的因素）时，将合同资产转为应收款项。甲公司在运营期间每年确认的运营服务收入为96万元，在2×28年确认的路面翻修服务收入为880万元。

甲公司在合同期间各年的账务处理如下。

1. 2×21年的账务处理

确认建造服务收入和成本。

借：合同资产　　　　　　　　　42 000 000
　　贷：主营业务收入　　　　　　　　42 000 000

借：合同履约成本　　　　　　　40 000 000
　　贷：原材料、应付职工薪酬等　　　40 000 000

借：主营业务成本　　　　　　　40 000 000
　　贷：合同履约成本　　　　　　　　40 000 000

注：由于现金流在年末发生，因此第一年没有融资成分的影响。

2. 2×22年的账务处理

（1）确认建造服务收入和成本（与2×21年相同）。

（2）确认融资成分的影响。

借：合同资产　　　2 600 000（4 200×6.18%）
　　贷：财务费用、利息收入等　　　　2 600 000

3. 2×23年的账务处理

（1）确认运营服务收入和成本。

借：合同资产　　　　　　　　　960 000
　　贷：主营业务收入　　　　　　　　960 000

借：合同履约成本　　　　　　　800 000
　　贷：应付职工薪酬等　　　　　　　800 000

借：主营业务成本　　　　　　　800 000
　　贷：合同履约成本　　　　　　　　800 000

（2）确认融资成分的影响。

借：合同资产 5 350 000
　　贷：财务费用、利息收入等 5 350 000

注：535 万元 = [4 200 万元 × (1 + 6.18%) + 4 200 万元] × 6.18%。

（3）甲公司在拥有收取对价的权利（该权利仅取决于时间流逝的因素）时，本例为政府方承担向甲公司支付款项的义务时，将合同资产转为应收款项。

借：应收账款 16 000 000
　　贷：合同资产 16 000 000

（4）从政府方收到款项。

借：银行存款 16 000 000
　　贷：应收账款 16 000 000

4. 2×24 年至 2×27 年比照 2×23 年的会计分录进行账务处理，此处略。

5. 2×28 年的账务处理

（1）确认路面翻修服务收入和成本。

借：合同资产 8 800 000
　　贷：主营业务收入 8 800 000
借：合同履约成本 8 000 000
　　贷：原材料、应付职工薪酬等 8 000 000
借：主营业务成本 8 000 000
　　贷：合同履约成本 8 000 000

（2）其余账务处理比照 2×23 年的会计分录进行，此处略。

6. 2×29 年及以后账务处理略。

（二）PPP 项目合同社会资本方会计处理应用案例——无形资产模式

【案例 11-16】甲公司在境内从事各类公路的投资建设和运营业务。2×21 年 1 月，甲公司与当地政府签订 PPP 项目合同，甲公司作为社会资本方负责当地高速公路的建设、运营和维护。根据PPP项目合同约定，PPP项目合同期间为10年，其中项目建设期为2年、运营期为8年。甲公司有权在运营期内向通行车辆收取高速公路通行费，政府不对未来能够收取的车辆通行费或者通过的车流量提供保证。运营期间，该高速公路需要保持一定的使用状态，假定运营期间对道路的磨损是平均发生的，当路面磨损程度低于特定标准时，甲公司需要对路面进行翻修。甲公司预计其将在 2×28 年末进行路面翻修的支出为1 000万元。运营期满后，甲公司将PPP项目资产无偿移交给政府方。假设甲公司的建造服务和运营服务均构成单项履约义务，均满足在某一时段确认收入的条件，且甲公司从事PPP项目的身份为主要责任人；甲公司对路面翻修不构成单项履约义务。假设该合同满足《企业会计准则解释第14号》（财会〔2021〕1号）的"双特征"和"双控制"条件。甲公司预计其提供建造和运营服务的成本如表11-3所示。

表11-3　甲公司预计其提供建造和运营服务的成本　　单位：万元

项目	年份	成本
建造服务（每年）	2×21—2×22 年	4 000
运营服务（每年）	2×23—2×30 年	80

甲公司从事该PPP项目的资金全部来源于银行借款，借款年利率为6.7%。假设市场类似建造服务的合理毛利率为5%；甲公司 2×23 年和 2×24 年根据实际车流量收取的通行费用均为1 600万元（以后年度略）；合同期间各年的现金流均在年末发生。

假定不考虑其他因素和相关税费。

案例解析：

本例中，甲公司向政府方提供建造高速公路的服务，并获得在合同约定的运营期内运营该高速公路的权利。虽然甲公司在运营期间有权向通行车辆收取高速公路通行费，但是其金额不确定，取决于通行车辆的类型、数量以及通行距离等，因此该权利不构成一项无条件收取现金的权利，应当适用《企业会计准则解释第14号》（财会〔2021〕1号）第一部分相关会计处理第4条的无形资产模式进行会计处理。

甲公司通过向政府方提供建造服务取得高速公路运营权，属于非现金对价安排，甲公司应当按照《企业会计准则第14号——收入》（财会〔2017〕22号）的相关规定，通常按照非现金对价在合同开始日的公允价值确定交易价格，确认建造服务的收入。由于该无形资产的公允价值不能合理估计，甲公司采用成本加成法确定建造服务的单独售价，从而确定交易价格。考虑市场情况、行业平均毛利水平等因素之后，估计建造服务的合理毛利率为5%。甲公司预计其提供建造服务的成本和收入如表11-4所示。

表11-4 单位：万元

项目	年份	成本	收入
建造服务（每年）	2×21—2×22年	4 000	4 200 [4 000×（1+5%）]

甲公司在建造期间每年确认建造服务收入4 200万元，同时确认合同资产，在项目资产达到预定可使用状态时，将合同资产结转为无形资产，并按照《企业会计准则第6号——无形资产》（财会〔2006〕3号）的规定进行会计处理。在运营期间，甲公司将收到的通行费确认为运营服务收入。

甲公司承担的路面翻修义务，是由于在运营期对高速公路的使用和磨损导致的，不构成单项履约义务，应当按照《企业会计准则第13号——或有事项》（财会〔2006〕3号）的相关规定，按照履行相关现时义务所需支出的最佳估计数确认一项预计负债，并考虑货币时间价值（本例假定折现率为6%）。因为甲公司预计在运营期间对道路的磨损是平均发生的，则在进行道路翻修前的6年运营期间内平均每年的金额约为167万元（即1 000÷6，考虑折现影响前），路面翻修义务预计负债按表11-5计算确定。

表11-5　　　　　路面翻修义务预计负债确定　　　　　单位：万元

年份＼项目	当期确认的预计负债 ①	当期确认的利息费用 ②=期初③×6%	预计负债余额 ③=期初③+①+②
2×23年	125*	—	125
2×24年	132	8	265
2×25年	140	16	421
2×26年	149	25	595
2×27年	158	36	789
2×28年	167	44**	1 000
合计	871	129	

* $125 = 167 \div (1 + 6\%)^5$，以此类推。

** 做尾数调整：44 = 1 000 - 789 - 167。

甲公司在合同期间各年的账务处理如下。

1. 2×21年的账务处理

确认建造服务收入和成本。

借：合同资产　　　　　　　　　　　　42 000 000
　　贷：主营业务收入　　　　　　　　　　　42 000 000
借：合同履约成本　　　　　　　　　　40 000 000
　　贷：原材料、应付职工薪酬等　　　　　　40 000 000
借：主营业务成本　　　　　　　　　　40 000 000
　　贷：合同履约成本　　　　　　　　　　　40 000 000

注：由于现金流在年末发生，因此第一年没有借款费用资本化的影响。

2. 2×22年的账务处理

（1）确认建造服务收入和成本（与2×21年相同）。

（2）确认资本化的借款费用。

借：PPP 借款支出　　　2 680 000（4 000×6.7%）
　　　贷：短期借款/长期借款　　　　　　2 680 000

（3）在 PPP 项目资产达到预定可使用状态时，将合同资产及 PPP 借款支出结转为无形资产。

借：无形资产　　　　86 680 000（8 400+268）
　　　贷：合同资产　　　　　　　　　　84 000 000
　　　　　PPP 借款支出　　　　　　　　2 680 000

3. 2×23 年的账务处理

（1）确认运营服务收入和成本。

借：银行存款　　　　　　　　　16 000 000
　　　贷：主营业务收入　　　　　　　　16 000 000

借：合同履约成本　　　　　　　　800 000
　　　贷：原材料、应付职工薪酬等　　　800 000

借：主营业务成本　　　　　　　　800 000
　　　贷：合同履约成本　　　　　　　　800 000

（2）对无形资产进行摊销。

借：主营业务成本　　　10 840 000（8 668÷8）
　　　贷：无形资产——累计摊销　　　10 840 000

（3）确认路面翻修义务预计负债。

借：主营业务成本　　　　　　　1 250 000
　　　贷：预计负债　　　　　　　　　　1 250 000

4. 2×24 年的账务处理

（1）确认运营服务收入和成本（与 2×23 年相同）。

（2）对无形资产进行摊销（与 2×23 年相同）。

（3）确认路面翻修义务预计负债。

借：主营业务成本　　　　　　　1 320 000
　　财务费用　　　　　　　　　　80 000
　　　贷：预计负债　　　　　　　　　　1 400 000

5. 2×25 年及以后账务处理（略）

(三) PPP 项目合同社会资本方会计处理应用案例——混合模式

【案例 11-17】甲公司在境外某地从事各类公路的投资建设和运营业务。2×21 年 1 月，甲公司与当地政府签订 PPP 项目合同，甲公司作为社会资本方负责当地某段高速公路的建设、运营和维护。根据 PPP 项目合同约定，PPP 项目合同期间为 10 年，其中项目建设期为 2 年、运营期为 8 年。运营期满后，甲公司将 PPP 项目资产无偿移交给政府方。甲公司的履约义务包括提供道路建造、运营服务，假设上述服务均构成单项履约义务，均满足在某一时段确认收入的条件，且甲公司从事 PPP 项目的身份为主要责任人。假设该合同满足《企业会计准则解释第 14 号》（财会〔2021〕1 号）的"双特征"和"双控制"条件。

按照 PPP 项目合同约定，运营期间甲公司有权向通行车辆收取通行费。由于该条高速公路尚未全线贯通，对车流量可能有一定的不利影响，为保证甲公司的投资回报，政府方向甲公司保证甲公司在运营期间收到的金额不少于 5 600 万元，以及按 6% 年利率确定的利息金额以补偿甲公司取得收益的货币时间价值。甲公司预计运营期间每年收取的通行费用是 1 600 万元。甲公司采用成本加成法确定各单项履约义务的单独售价，考虑市场情况、行业平均毛利水平等因素之后，估计建造的合理毛利率为 5%。

甲公司预计其提供建造和运营服务的成本如表 11-6 所示。

表 11-6 甲公司预计其提供建造和运营服务的成本　　单位：万元

项目	年份	成本
建造服务（每年）	2×21—2×22 年	4 000
运营服务（每年）	2×23—2×30 年	80

甲公司从事该 PPP 项目的资金全部来源于银行借款，借款

年利率为 6.7%。假设合同期间各年的现金流均在年末发生。

假定不考虑其他因素和相关税费。

案例分析：

本例中，甲公司为政府方提供建造高速公路的服务，其有权收取的对价包括两部分：一是自政府方收取 5 600 万元现金的收款权利；二是在运营期间向通行车辆收取通行费的权利。由于确认的建造收入金额超过有权收取可确定金额的现金，因此应当适用《企业会计准则解释第 14 号》（财会〔2021〕1 号）第一部分相关会计处理第 5 条中的混合模式进行会计处理。

甲公司建造期间每年确认收入金额为 4 200 [4 000×(1+5%)] 万元，两年合计金额为 8 400 万元，甲公司在确认建造收入的同时确认合同资产，其中未来将分别确认为应收款项和无形资产的部分分摊如表 11-7 所示。

表 11-7　　　未来分别确认为应收款项和
无形资产的分摊情况　　　　单位：万元

年份	履约义务	收入	合同资产分摊	
			应收款项	无形资产
2×21 年	建造服务	4 200	2 800	1 400
2×22 年	建造服务	4 200	2 800	1 400
合计		8 400	5 600	2 800
分摊比例			67%	33%

甲公司提供建造服务取得对价中对应应收款项的部分包含重大融资成分，应当考虑货币时间价值的影响，在建造期间应确认的利息收入为 168（2 800×6%）万元。因此，在建造期结束时，甲公司未来应确认为应收款项的合同资产金额为 5 768（5 600+168）万元。

运营期间，甲公司收到的通行费需要在应收款项和无形资产之间进行分摊，其中分摊至应收款项的部分，视为应收款项的收回；分摊至无形资产的部分，确认为运营服务收入。

分摊计算如表 11-8 所示。

表 11-8　　　　通行费分摊情况　　　　单位：万元

运营期初合同资产余额	5 768
实际利率	6%
运营期年数	8
每年分摊至应收款项的部分	929 *
每年分摊至无形资产的部分	671（1 600 - 929）

*注：通过年金方法计算，929 万元 = 5 768 万元 ÷（P/A，6%，8）。

甲公司在合同期间各年的账务处理如下。

1. 2×21 年的账务处理

确认建造服务收入和成本。

借：合同资产　　　　　　　　　　42 000 000
　　贷：主营业务收入　　　　　　　　　42 000 000
借：合同履约成本　　　　　　　　40 000 000
　　贷：原材料、应付职工薪酬等　　　　40 000 000
借：主营业务成本　　　　　　　　40 000 000
　　贷：合同履约成本　　　　　　　　　40 000 000

2. 2×22 年的账务处理

（1）确认建造服务收入和成本（与 2×21 年相同）。

（2）确认融资成分的影响。

借：合同资产　　　1 680 000（2 800×6%）
　　贷：财务费用、利息收入等　　　　1 680 000

（3）确认资本化的借款费用。

借：PPP 借款支出
　　　　　　　880 000（4 000×6.7%×33%）
　　贷：短期借款/长期借款　　　　　880 000

注：2×22 年的其余借款费用 180（4 000×6.7%×67%）万元。

按照《企业会计准则第 17 号——借款费用》的相关规定

计入财务费用。

（4）在 PPP 项目资产达到预定可使用状态时，将合同资产及 PPP 借款支出结转为无形资产。

借：无形资产　　　　　　　　　　28 880 000
　　贷：合同资产　　　　　　　　　　28 000 000
　　　　PPP 借款支出　　　　　　　　　880 000

建造期结束后，"合同资产"科目的余额为 5 768（4 200×2+168-2 800）万元。该部分合同资产属于在未来收取可确定金额的部分（即 5 600 万元），并按照实际利率法确认融资成分的影响，在甲公司拥有收取对价的权利（该权利仅取决于时间流逝的因素）时确认为应收款项；"无形资产"科目余额为 2 888 万元，该部分无形资产在运营期间按照直线法进行摊销。

3. 2×23 年的账务处理

（1）当甲公司拥有收取对价的权利（该权利仅取决于时间流逝的因素）时，将取得无条件收款权的对价转为应收款项。当甲公司收到款项时，确认应收款项的收回。

借：应收账款　　　　　　　　　　9 290 000
　　贷：合同资产　　　　　　　　　　9 290 000
借：银行存款　　　　　　　　　　9 290 000
　　贷：应收账款　　　　　　　　　　9 290 000

（2）确认融资成分的影响。

借：合同资产　　3 460 000（5 768×6%）
　　贷：财务费用、利息收入等　　　　3 460 000

（3）确认运营服务收入和成本。

借：银行存款　　　　　　　　　　6 710 000
　　贷：主营业务收入　　　　　　　　6 710 000
借：合同履约成本　　　　　　　　　800 000
　　贷：原材料、应付职工薪酬等　　　800 000

借：主营业务成本　　　　　　　　　　　　800 000
　　贷：合同履约成本　　　　　　　　　　800 000

（4）对无形资产进行摊销。

借：主营业务成本　　　3 610 000（2 888÷8）
　　贷：无形资产——累计摊销　　　　3 610 000

4. 2×24年及以后账务处理（略）

作者注：鉴于PPP项目的增值税处理口径（税目和税率）各地不统一，因此，上述关于PPP项目的会计处理中未体现增值税会计处理部分，实务中要结合与当地税务机关沟通确认的增值税口径进行会计和税务处理。具体税务处理口径请参阅第八章第四节"PPP项目税务问题"。

第十二章　建筑业企业增值税的会计处理

增值税会计处理比较复杂，本书不是一本专门写会计处理的书籍，因此，只针对建筑业特有的增值税会计处理进行阐述。建筑业一般纳税人的工程项目的计税方式包括一般计税和简易计税，小规模纳税人的工程项目的计税方式为简易计税，所以，本书中的增值税会计处理只介绍建筑企业增值税一般纳税人的一般计税工程项目的会计处理和简易计税工程项目的会计处理。

第一节　建筑业一般计税工程项目增值税的会计处理

建筑业一般计税工程项目增值税的会计处理，包括增值税预缴的会计处理、增值税进项税额的会计处理、增值税销项税额的会计处理、增值税应纳税额的会计处理。

一、增值税会计科目的设置

增值税一般纳税人应当在"应交税费"科目下设置"应交增值税""未交增值税""预交增值税""待抵扣进项税额""待认证进项税额""待转销项税额""增值税留抵税额""简易计税""转让金融商品应交增值税""代扣代交增值税""增值税检查调整"等明细科目。

"增值税检查调整"科目的规定源自国税发〔1998〕44号附件2，增值税检查调账方法中"增值税检查后的账务调整，应设立'应交税金——增值税检查调整'专门账户"的规定，为了叙述方便，本书采用"应交税费——增值税检查调整"口径表述。

（一）增值税一般纳税人应在"应交增值税"明细账内设置"进项税额""销项税额抵减""已交税金""转出未交增值税""减免税款""出口抵减内销产品应纳税额""销项税额""出口退税""进项税额转出""转出多交增值税"等专栏。

本书只针对建筑业常用的"进项税额""已交税金""转出未交增值税""减免税款""销项税额""进项税额转出""转出多交增值税"科目做介绍。

1."进项税额"专栏，记录一般纳税人购进货物、加工修理修配劳务、服务、无形资产或不动产而支付或负担的、准予从当期销项税额中抵扣的增值税额。

2."已交税金"专栏，记录一般纳税人当月已交纳的应交增值税额。

3."转出未交增值税"和"转出多交增值税"专栏，分别记录一般纳税人月度终了转出当月应交未交或多交的增值税额。

4."减免税款"专栏，记录一般纳税人按现行增值税制度规定准予减免的增值税额。

5."销项税额"专栏，记录一般纳税人销售货物、加工修理修配劳务、服务、无形资产或不动产应收取的增值税额。

6."进项税额转出"专栏，记录一般纳税人购进货物、加工修理修配劳务、服务、无形资产或不动产等发生非正常损失以及其他原因而不应从销项税额中抵扣、按规定转出的进项税额。

（二）"未交增值税"明细科目，核算一般纳税人月度终了从"应交增值税"或"预交增值税"明细科目转入当月应缴未缴、多缴或预缴的增值税额，以及当月缴纳以前期间未缴的增值税额。

（三）"预交增值税"明细科目，核算一般纳税人转让不动产、提供不动产经营租赁服务、提供建筑服务、采用预收款方式销售自行开发的房地产项目等，以及其他按现行增值税制度规定应预缴的增值税额。

（四）"待抵扣进项税额"明细科目，核算一般纳税人已取得增值税扣税凭证并经税务机关认证，按照现行增值税制度规定准予以后期间从销项税额中抵扣的进项税额。

（五）"待认证进项税额"明细科目，核算一般纳税人由于未经税务机关认证而不得从当期销项税额中抵扣的进项税额。包括：一般纳税人已取得增值税扣税凭证、按照现行增值税制度规定准予从销项税额中抵扣，但尚未经税务机关认证的进项税额；一般纳税人已申请稽核但尚未取得稽核相符结果的海关缴款书进项税额。

（六）"待转销项税额"明细科目，核算一般纳税人销售货物、加工修理修配劳务、服务、无形资产或不动产，已确认相关收入（或利得）但尚未发生增值税纳税义务而须于以后期间确认为销项税额的增值税额。

（七）"增值税留抵税额"明细科目，核算兼有销售服务、无形资产或者不动产的原增值税一般纳税人，截止到纳入营改增试点之日前的增值税期末留抵税额按照现行增值税制度规定不得从销售服务、无形资产或不动产的销项税额中抵扣的增值税留抵税额。

作者注：依据国家税务总局公告2016年第75号规定，自2016年12月1日起《国家税务总局关于全面推开营业税改征增值税试点后增值税纳税申报有关事项的公告》（国家税务总局公告2016年第13号）附件1"增值税纳税申报表（一般纳税人适用）"（以下称"申报表主表"）第13栏"上期留抵税额""一般项目"列"本年累计"和第20栏"期末留抵税额""一般项目"列"本年累计"栏次停止使用，不再填报数据。申报表主表第20栏"期末留抵税额""一般项目"列"本年累计"中有余额的增值税一般纳税人，在本公告发布之日起的第一个纳税申报期，将余额一次性转入第13栏"上期留抵税额""一般项目"列"本月数"中。

关于增值税留抵税额的会计处理及报表列示，参见第三章第五节。

（八）"简易计税"明细科目，核算一般纳税人采用简易计税方法发生的增值税计提、扣减、预缴、缴纳等业务。

（九）"转让金融商品应交增值税"明细科目，核算增值税纳税人转让金融商品发生的增值税额。

（十）"代扣代交增值税"明细科目，核算纳税人购进在境内未设经营机构的境外单位或个人在境内的应税行为代扣代缴的增值税。

（十一）"增值税检查调整"明细科目，凡检查后应调减账面进项税额或调增销项税额和进项税额转出的数额，借记有关科目，贷记本科目；凡检查后应调增账面进项税额或调减销项税额和进项税额转出的数额，借记本科目，贷记有关科目；全部调账事项入账后，应结出本账户的余额，并对该余额进行处理：

1. 若余额在借方，全部视同留抵进项税额，按借方余额数，借记"应交税费——应交增值税（进项税额）"科目，贷记本科目。

2. 若余额在贷方，且"应交税费——应交增值税"账户无余额，按贷方余额数，借记本科目，贷记"应交税费——未交增值税"科目。

3. 若本账户余额在贷方，"应交税费——应交增值税"账户有借方余额且等于或大于这个贷方余额，按贷方余额数，借记本科目，贷记"应交税费——应交增值税"科目。

4. 若本账户余额在贷方，"应交税费——应交增值税"账户有借方余额但小于这个贷方余额，应将这两个账户的余额冲出，其差额贷记"应交税费——未交增值税"科目。

上述账务调整应按纳税期逐期进行。

小规模纳税人只需在"应交税费"科目下设置"应交增值税"明细科目，不需要设置上述专栏及除"转让金融商品应交增值税""代扣代交增值税"外的明细科目。

二、账务处理

（一）建筑业一般计税项目增值税预缴的会计处理

建筑企业预缴增值税时，借记"应交税费——预交增值税"科目，贷记"银行存款"科目。月末，企业应将"预交增值税"明细科目余额转入"未交增值税"明细科目，借记"应交税费——未交增值税"科目，贷记"应交税费——预交增值税"科目。房地产开发企业等在预缴增值税后，应直至纳税义务发生时方可从"应交税费——预交增值税"科目结转至"应交税费——未交增值税"科目。

建筑业在两种情况下应预缴增值税：

一是工程项目跨地级以上行政区域的，应在发生纳税义务时在工程项目所在地预缴增值税。

二是收到预收款时，无论工程项目是否跨地级以上行政区域，都应预缴增值税。工程项目跨地级以上行政区域的在工程项目所在地预缴，工程项目未跨地级以上行政区域的在总机构所在地预缴增值税。

【案例12-1】某建筑公司注册地在北京市，2020年1月1日在河南省中标了一个工程项目，合同不含税金额1亿元，税率9%，工程项目所在地城市维护建设税税率7%。

（1）1月20日收到30%的预付工程款300万元，开具了不征税发票，当月无分包发票。

案例解析：

建筑公司收到预收款时，工程项目跨地级以上行政区的，在建筑服务发生地预缴增值税。

应预缴的增值税 = (300 - 0) ÷ (1 + 9%) × 2% = 5.5（万元）

应预缴的城市维护建设税 = 5.5 × 7% = 0.39（万元）

应预缴的教育费附加 = 5.5 × 3% = 0.17（万元）

应预缴的地方教育费附加 = 5.5 × 2% = 0.11（万元）

①缴纳预缴的增值税：

借：应交税费——预交增值税　　　55 000

　　贷：银行存款　　　　　　　　　　55 000

②计提预缴的税金及附加：

借：税金及附加　　　　　　　　　6 600

贷：应交税费——预缴的城市维护建设税　3 900
　　　　　　——预缴的教育费附加　　　 1 600
　　　　　　——预缴的地方教育费附加　 1 100

③缴纳预缴的税金及附加：

借：应交税费——预缴的城市维护建设税　3 900
　　　　　　——预缴的教育费附加　　　 1 600
　　　　　　——预缴的地方教育费附加　 1 100

贷：银行存款　　　　　　　　　　　　 6 600

预缴的增值税抵减应纳增值税的时间，在实务中可能会存在争议，争议的点在于，工程项目预缴的增值税是抵减本项目的应纳增值税还是抵减纳税人的应纳增值税（跨项目抵减），如果是抵减本项目的应纳增值税，"应交税费——预交增值税"科目应直至纳税义务发生时方可从"应交税费——预交增值税"科目结转至"应交税费——未交增值税"科目。如果是抵减纳税人的应纳增值税（即跨项目抵减），"应交税费——预交增值税"科目应按月结转至"应交税费——未交增值税"科目，而不考虑预缴增值税项目是否发生纳税义务。

本书认为，建筑业工程项目预缴的增值税抵减的是纳税人的应纳增值税，而不局限于只抵减该工程项目的应纳增值税，无须考虑该工程项目是否发生增值税纳税义务，即，发生的预缴增值税额月末应结转至"应交税费——未交增值税"科目。理由是：

一是财会〔2016〕22号文关于预交增值税科目使用的特殊规定："房地产开发企业等在预缴增值税后，应直至纳税义务发生时方可从'应交税费——预交增值税'科目结转至'应交税费——未交增值税'科目"这里的等字，虽然可以理解为包括建筑业，但这毕竟是会计口径，我们还要看税法关于预缴增值税抵减应纳增值税额的口径。

二是国家税务总局关于发布《纳税人跨县（市、区）提供建筑服务增值税征收管理暂行办法》的公告（国家税务总局公告2016年第17号）第八条规定，"纳税人跨县（市、区）提供建筑服务，向建筑服务发生地主管税务机关预缴的增值税税款，可以在当期增值税应纳税额中抵减，抵减不完的，结转下期继续抵减"。这里的"在当期增值税应纳税额中抵减"的主语是"纳税人"，即"纳税人""预缴的增值税税款""可以在'纳税人'当期增值税应纳税额中抵减"。因此，从国家税务总局公告2016年第17号公告第八条规定看，建筑业预缴的增值税是可以跨项目抵减应纳增值税的。

之所以一些人认为预缴的增值税只能抵减本项目的应纳增值税，除了财会〔2016〕22号文的规定原因之外，国家税务总局公告2016年第17号第五条"纳税人应按照工程项目分别计算应预缴税款，分别预缴"和第十条"纳税人应自行建立预缴税款台账，区分不同县（市、区）和项目逐笔登记全部收入、支付的分包款、已扣除的分包款、扣除分包款的发票号码、已预缴税款以及预缴税款的完税凭证号码等相关内容"的规定也有关系。不过需要提醒的是，这里说的区分项目，仅指增值税的预缴，并不是对抵减税款的规定。

因此，本书认为，建筑业预缴的增值税，应按税法口径在月末结转至"应交税费——未交增值税"，即：

④月末结转至"应交税费——未交增值税"的会计处理

借：应交税费——未交增值税　　　　55 000

　　贷：应交税费——预交增值税　　　　55 000

建筑企业如果按照财会〔2016〕22号文的规定直至该项目纳税义务发生时再结转预缴的增值税额，本书认为会计上可以这样处理，但是税法上规定是抵减纳税人当期的应纳增值税额，存在税会差异，申报时再调整太麻烦，不如直接按税法口径进行会计处理方便。鉴于税法在实务应用中的复杂性以及地域性特点，谨慎起见，建议读者事前与当地主管税务机关沟通确认一下。

建筑业预缴的城市维护建设税、教育费附加和地方性附加，在申报环节不再调整，申报环节仅考虑预缴增值税抵减后的应纳增值税对应的应交城市维护建设税、教育费附加和地方性附加，即使工程项目所在地和总机构所在地城市维护建设税的税率不同也不再调整。

（2）4月10日收到工程进度款200万元（扣除预付款100万元后），开具了征税发票300万元，截至2020年4月末取得尚未扣除的分包发票200万元，税率9%。

案例解析：

建筑企业工程项目跨地级以上行政区域的，应在工程项目所在地预缴增值税，预缴增值税的时间与建筑企业收到工程进度款即发生增值税的纳税义务时间和申报期限一致。发生纳税义务的增值税的计税基数按照合同约定的付款条件（应付300万元）、实际收到的款项的金额（扣除预收款100万元后实际收到200万元）、征税发票开具的金额（300万元）三者之间孰大孰早原则确定。由于三者发生的时间都在同一个月份内，因此，只按照孰大原则确认计税基数。即确认发生增值税纳税义务的计税金额为300万元。

应预缴的增值税额 = (300 − 200) ÷ (1 + 9%) × 2%
         = 1.83（万元）

应预缴的城市维护建设税 = 1.83 × 7% = 0.13（万元）

应预缴的教育费附加 = 1.83 × 3% = 0.05（万元）

应预缴的地方教育费附加 = 1.83 × 2% = 0.04（万元）

①缴纳预缴的增值税额：

借：应交税费——预交增值税　　　　　　18 300

　　贷：银行存款　　　　　　　　　　　18 300

②计提预缴的税金及附加：

借：税金及附加　　　　　　　　　　　　2 200

贷：应交税费——预交的城市维护建设税　1 300
　　　　　——预交的教育费附加　　　　　500
　　　　　——预交的地方教育费附加　　　400

③缴纳预缴的税金及附加：

借：应交税费——预交的城市维护建设税　1 300
　　　　　——预交的教育费附加　　　　　500
　　　　　——预交的地方教育费附加　　　400

贷：银行存款　　　　　　　　　　　　2 200

④月末将"应交税费——预交增值税"科目结转至"应交税费——未交增值税"科目：

借：应交税费——未交增值税　　　　　18 300
贷：应交税费——预交增值税　　　　　18 300

这样就实现了预缴增值税抵减应纳增值税的目的。

（二）增值税进项税额的会计处理

本书介绍建筑企业增值税一般纳税人取得增值税进项税额的会计处理，采用的是税务机关以票控税的思维，按照取得扣税凭证的种类进行分类介绍，并假定取得的都是基于发生真实业务基础上的合规凭证，且应用于允许抵扣的方面。

1. 建筑企业增值税一般纳税人取得增值税专用发票和海关进口增值税专用缴款书的会计处理。

按照财政部会计司关于《增值税会计处理规定》有关问题的解读中"一、关于待认证进项税额的结转"的规定，一般纳税人购进货物、加工修理修配劳务、服务、无形资产或不动产，用于简易计税方法计税项目、免征增值税项目、集体福利或个人消费等，其进项税额按照现行增值税制度规定不得从销项税额中抵扣的，取得增值税专用发票时，应借记相关成本费用或资产科目，借记"应交税费——待认证进项税额"科目，贷记"银行存款""应付账款"等科目，经税务机关认证后，根据有关"进项税额""进项税额转出"专栏及"待认证进项税额"明细科目的核算内容,先转入"进项税额"专栏,借记"应交税费——应交增值税(进项税额)"科目,贷记"应交税费——待认证进项税额"科目;按现行增值税制度规定转出时,记入"进项税额转出"专栏,借记相关成本费用或资产科目,贷记"应交税费——应交增值税(进项税额转出)"科目。

这里关于待认证进项税额的处理的核心思想是,会计核算应真实反映业务发生的全过程。

【案例12-2】购进钢材不含税金额2 000万元,取得增值税专用发票注明的税额260万元。其中1 000万元钢材用于简易计税项目,1 000万元用于一般计税项目。

案例解析:

建筑企业应进行如下会计处理。

(1)取得增值税专用发票时。

借:原材料——钢材　　　　　　　　20 000 000
　　应交税费——待认证进项税额　　 2 600 000
　　贷:银行存款、应付账款等科目　　22 600 000

(2)经税务机关认证(勾选或扫描认证)后。

借:应交税费——应交增值税(进项税额)
　　　　　　　　　　　　　　　　　 2 600 000
　　贷:应交税费——待认证进项税额　2 600 000

(3)按现行增值税制度规定转出时。

借:原材料——钢材　　　　　　　　 1 300 000
　　贷:应交税费——应交增值税(进项税额转出)
　　　　　　　　　　　　　　　　　 1 300 000

这样进行增值税的会计处理虽然有些麻烦,但是却真实地反映了业务发生的全过程。本书为了叙述方便,做了简化处理,后续会计处理介绍不再通过"应交税费——待认证进项税额"科目过渡。

2. 建筑企业增值税一般纳税人取得增值税普通发票的会计处理。

建筑企业增值税一般纳税人取得增值税普通发票（不包括农产品等计算抵扣的发票）等不能抵扣进项税额的发票，应直接计入成本处理。

【案例 12-3】 购进钢材不含税金额 2 000 万元，取得增值税普通发票注明的税额 260 万元。

借：原材料——钢材　　　　　　　　22 600 000
　　贷：银行存款等　　　　　　　　　22 600 000

3. 建筑企业增值税一般纳税人取得农产品发票的会计处理。

（1）取得一般纳税人开具的增值税专用发票、海关进口增值税专用缴款书：

【案例 12-4】 某建筑公司是增值税一般纳税人，2021 年 1 月从一般纳税人 B 公司购进农产品用于一般计税项目 C，取得增值税专用发票，价税合计 1 090 万元，税率 9%。

借：合同履约成本——工程施工——C 项目
　　　　　　　　　　　　　　　　　10 000 000
　　应交税费——应交增值税（进项税额）
　　　　　　　　　　　　　　　　　　　900 000
　　贷：应付账款等　　　　　　　　10 900 000

（2）取得农产品收购发票或者销售发票。按照农产品收购发票或者销售发票上注明的农产品买价按 9% 的扣除率计算进项税额。

计算公式：进项税额 = 买价 × 扣除率

【案例 12-5】 某建筑公司是增值税一般纳税人，2021 年 1 月从农民处采购其自产的农产品用于一般计税项目 C，取得增值税普通发票，买价为 1 000，税额为 0。

借：合同履约成本——工程施工——C 项目
　　　　　　　　　　　　　　　　　9 100 000

应交税费——应交增值税（进项税额）
900 000

贷：应付账款等　　　　　　10 000 000

（3）从小规模纳税人处取得增值税专用发票。

【案例 12-6】 某建筑公司是增值税一般纳税人（非核定抵扣试点纳税人），2021 年 1 月从小规模纳税人处采购农产品，价税合计 1 030 万元，取得 3% 的增值税专用发票。

案例解析：

建筑企业增值税一般纳税人购进农产品既用于生产销售或委托受托加工 13% 税率货物又用于生产销售其他货物服务的，应分别核算。用于生产销售或委托受托加工 13% 税率货物的购进农产品，按照 9% 的扣除率再加计扣除 1%。用于生产销售其他货物服务的，按照增值税专用发票上注明的金额和 9% 的扣除率计算抵扣进项税额：

①假设，购进的农产品 500 万元用于生产销售或委托受托加工 13% 税率货物，则应抵扣进项税额 = 500 × 9% + 500 × 1% = 45 + 5 = 50 万元，会计处理如下：

借：原材料　　　　　　　　4 650 000
　　应交税费——应交增值税（进项税额）
500 000

贷：银行存款等　　　　　　5 150 000

②假设，购进的农产品 500 万元用于生产销售其他货物服务，则应抵扣进项税额 = 500 × 9% = 45 万元，会计处理如下：

借：原材料　　　　　　　　4 700 000
　　应交税费——应交增值税（进项税额）
450 000

贷：银行存款等　　　　　　5 150 000

③假设购进农产品既用于生产销售或委托受托加工 13%

税率货物又用于生产销售其他货物服务的未分别核算，则应抵扣进项税额＝1 000×3%＝30万元。

借：原材料　　　　　　　　　　　　10 000 000
　　　应交税费——应交增值税（进项税额）
　　　　　　　　　　　　　　　　　　　300 000
　　贷：银行存款等　　　　　　　　　10 300 000

④工程项目领用原材料时：
借：合同履约成本——工程施工　　　10 000 000
　　贷：原材料　　　　　　　　　　　10 000 000

（4）建筑企业增值税一般纳税人从批发、零售环节购进适用免征增值税政策的蔬菜、部分鲜活肉蛋而取得的普通发票，不得作为计算抵扣进项税额的凭证，即这部分税金计入成本处理。

4. 从境外单位或者个人购进服务、无形资产或者不动产，自税务机关或者扣缴义务人取得的解缴税款的完税凭证上注明的增值税额。纳税人凭完税凭证抵扣进项税额的，应当具备书面合同、付款证明和境外单位的对账单或者发票。资料不全的，其进项税额不得从销项税额中抵扣。

【案例12-7】注册在北京的建筑企业打算去香港上市，聘请香港的会计师事务所审计，香港会计师事务所派人员到北京现场提供审计服务，支付审计费60万元人民币。

案例解析：

（1）香港会计师事务所向北京的建筑企业提供审计咨询服务的增值税纳税义务的确认须结合以下两个政策综合判断。

①服务（租赁不动产除外）的销售方或者购买方在境内属于在境内销售服务；

②境外单位或者个人向境内单位或者个人销售完全在境外发生的服务不属于在境内销售服务。

结合案例，香港会计师事务所派人员到北京建筑企业现场提供审计服务不属于销售完全在境外发生的服务，即属于在境内销售服务，服务的接受方北京建筑企业在境内属于境内销售服务。两个方向判断都符合境内销售服务的条件，因此，香港会计师事务所向北京建筑企业提供审计咨询服务发生了增值税的纳税义务。

（2）香港会计师事务所直接履行增值税纳税义务还是由北京建筑企业扣缴履行？

①中华人民共和国境外（以下称境外）单位或者个人在境内发生应税行为，在境内未设有经营机构的，以购买方为增值税扣缴义务人。财政部和国家税务总局另有规定的除外。从税收口径看，香港视同境外，香港的会计师事务所为北京的建筑企业提供审计咨询服务，属于中华人民共和国境外（以下称境外）单位在境内发生应税行为。

②境外单位或者个人在境内发生应税行为，在境内未设有经营机构的，扣缴义务人按照下列公式计算应扣缴税额：

应扣缴税额 = 购买方支付的价款 ÷ （1 + 税率）× 税率
= 600 000 ÷ （1 + 6%）× 6%
= 33 962.26（元）

借：管理费用　　　　　　　　　　566 037.74
　　应交税费——应交增值税（进项税额）
　　　　　　　　　　　　　　　　 33 962.26
　贷：银行存款　　　　　　　　　600 000

关于境内经营机构的理解，可以参照企业所得税法实施条例的规定：所称机构、场所，是指在中国境内从事生产经营活动的机构、场所，包括：管理机构、营业机构、办事机构；工厂、农场、开采自然资源的场所；提供劳务的场所；从事建筑、安装、装配、修理、勘探等工程作业的场所；其他从事生产经营活动的机构、场所。非居民企业委托营业代理人在中国境内从事生产经营活动的，包括委托单位或者个人经常代其签订合同，或者储存、交付货物等，该营业代理人视为非居民企业在中国境内设立的机构、场所。

(3) 境内建筑企业应留存的备查资料。

纳税人凭完税凭证抵扣进项税额的，应当具备书面合同、付款证明和境外单位的对账单或者发票。资料不全的，其进项税额不得从销项税额中抵扣。

5. 自2018年1月1日起，纳税人租入固定资产、不动产，既用于一般计税方法计税项目，又用于简易计税方法计税项目、免征增值税项目、集体福利或者个人消费的，其进项税额准予从销项税额中全额抵扣。

【案例12-8】2021年1月，上海某建筑公司租入建筑施工设备一台（固定资产），租金为一年20万元（不含税），取得的专用发票注明的税额是2.6万元。该建筑施工设备既用于一般计税方法计税工程项目，又用于简易计税方法计税工程项目的，取得的增值税专用发票上的增值税额可以全额抵扣。

案例解析：

(1) 固定资产的判断标准。

①会计口径。固定资产，是指同时具有下列特征的有形资产：一是为生产商品、提供劳务、出租或经营管理而持有的；二是使用寿命超过一个会计年度。使用寿命，是指企业使用固定资产的预计期间，或者该固定资产所能生产产品或提供劳务的数量。

②税法口径。固定资产，是指企业为生产产品、提供劳务、出租或者经营管理而持有的、使用时间超过12个月的非货币性资产，包括房屋、建筑物、机器、机械、运输工具以及其他与生产经营活动有关的设备、器具、工具等。

会计和税法只是对固定资产的持有目的和使用时间做了规定，并未对资产价值或金额做规定，实践中要结合企业自身情况以及职业特点进行综合判断。

(2) 既用于一般计税方法计税工程项目，又用于简易计税方法计税工程项目方可全额抵扣进项税额。

税法对专门用于简易计税方法计税项目、免征增值税项目、集体福利或者个人消费的购进的固定资产、无形资产、不动产不允许抵扣进项税额，同样，对专门用于简易计税方法计税项目、免征增值税项目、集体福利或者个人消费的租入固定资产、不动产，其进项税额也不允许抵扣。对既用于一般计税方法计税项目，又用于简易计税方法计税项目、免征增值税项目、集体福利或者个人消费购进的固定资产、无形资产、不动产或租入的固定资产、不动产，其进项税额准予从销项税额中全额抵扣。这里边还要注意政策执行的起始时间，前者是2016年5月1日，后者是2018年1月1日。

6. 纳税人支付的桥、闸通行费，暂凭取得的通行费发票上注明的收费金额按照下列公式计算可抵扣的进项税额：

桥、闸通行费可抵扣进项税额＝桥、闸通行费发票上注明的金额÷（1＋5%）×5%

【案例12－9】某建筑公司业务人员小张因公事经常开车往返境内某地，取得桥、闸通行费发票上注明的收费金额累计5 000元。

应抵扣的进项税额＝5 000÷（1＋5%）×5%＝238.10（元）

借：管理费用　　　　　　　　　　　　　4 761.9

　　应交税费——应交增值税（进项税额）

　　　　　　　　　　　　　　　　　　　　238.10

　贷：库存现金等　　　　　　　　　　　5 000

7. 取得左上角标识"通行费"字样且税率栏次显示适用税率或征收率的收费公路通行费增值税电子普通发票（以下简称通行费电子发票）的，可以抵扣进项税额。取得左上角无"通行费"字样，且税率栏次显示"不征税"的通行费电子发票（以下简称不征税发票）的，不能抵扣进项税额。客户通行经营性收费公路，由经营管理者开具征税发票，可按规定用于增值税进项抵扣；客户采取充值方式预存通行费，可由 ETC 客户服务机构开具不征税发票，不可用于增值税进项抵扣。

【案例 12-10】 某建筑公司员工小李境内出差，取得通行费电子发票的金额 500 元，通行费电子发票左上角标识"通行费"字样且税率栏次显示 9% 税率，取得不征税发票的金额 300 元。

应抵扣的进项税额 = 500 × 9% = 45（元）

借：管理费用　　　　　　　　　　　　　　800
　　应交税费——应交增值税（进项税额）　　45
　　贷：库存现金等　　　　　　　　　　　　　845

8. 取得收费公路通行费财政票据（电子）（以下简称通行费财政电子票据）的，不能抵扣进项税额。客户通行政府还贷公路，由经营管理者开具财政部门统一监制的通行费财政电子票据。

【案例 12-11】 某建筑公司员工小王境内出差，取得通行费财政电子票据金额 500 元，无法抵扣进项税额，全额计入管理费用。

借：管理费用　　　　　　　　　　　　　　500
　　贷：库存现金等　　　　　　　　　　　　　500

9. 自 2019 年 4 月 1 日起，纳税人雇佣员工或劳务派遣员工购进国内旅客运输服务，其进项税额允许从销项税额中抵扣。

（1）纳税人取得增值税专用发票的，为发票上注明的税额：

借：管理费用
　　应交税费——应交增值税（进项税额）
　　贷：银行存款等

（2）取得增值税电子普通发票的，为发票上注明的税额：

借：管理费用

应交税费——应交增值税（进项税额）
　　　　贷：银行存款等

（3）取得注明旅客身份信息的航空运输电子客票行程单的，为按照下列公式计算进项税额：

　　航空旅客运输进项税额＝（票价＋燃油附加费）÷（1＋9%）×9%

【案例12-12】某建筑公司员工境内出差，取得航空运输电子客票行程单上注明的票价1 000元，燃油附加费50元。

　　应抵扣的进项税额＝（1 000＋50）÷（1＋9%）×9%
　　　　　　　　　＝86.70（元）

　　借：管理费用　　　　　　　　　　　　　963.30
　　　　应交税费——应交增值税（进项税额）
　　　　　　　　　　　　　　　　　　　　　86.70
　　　　贷：银行存款等　　　　　　　　　1 050

（4）取得注明旅客身份信息的铁路车票的，为按照下列公式计算的进项税额：

　　铁路旅客运输进项税额＝票面金额÷（1＋9%）×9%

【案例12-13】某建筑公司员工境内出差，取得铁路车票上注明的票面金额1 000元。

　　应抵扣的进项税额＝1 000÷（1＋9%）×9%＝82.57（元）

　　借：管理费用　　　　　　　　　　　　　917.43
　　　　应交税费——应交增值税（进项税额）
　　　　　　　　　　　　　　　　　　　　　82.57
　　　　贷：银行存款等　　　　　　　　　1 000

（5）取得注明旅客身份信息的公路、水路等其他客票的，按照下列公式计算进项税额：

　　公路、水路等其他旅客运输进项税额＝票面金额÷（1＋3%）×3%

【案例12-14】某建筑公司员工境内出差，取得公路、水路等其他客票上注明的票面金额 1 000 元。

应抵扣的进项税额 = 1 000 ÷ (1 + 3%) × 3% = 29.13(元)

借：管理费用　　　　　　　　　　970.87
　　应交税费——应交增值税（进项税额）
　　　　　　　　　　　　　　　　 29.13
　贷：银行存款等　　　　　　　　1 000

10. 建筑企业机关总部发生的办公用品等进项税额的处理。

分析：

（1）当建筑企业增值税一般纳税人只有一般计税工程项目，即只有一般计税收入时，机关总部发生的办公用品等进项税额全额抵扣。

（2）当建筑企业增值税一般纳税人只有简易计税工程项目，即只有简易计税收入时，机关总部发生的办公用品等进项税额不能抵扣。

（3）当建筑企业增值税一般纳税人既有一般计税工程项目，又有简易计税工程项目，即既有一般计税收入又有简易计税收入时，机关总部发生的办公用品等进项税额属于无法划分的进项税额，应按简易计税收入占总收入的比例转出进项税额。

不得抵扣的进项税额 = 当期无法划分的全部进项税额 × (当期简易计税方法计税项目销售额 + 免征增值税项目销售额) ÷ 当期全部销售额

主管税务机关可以按照上述公式依据年度数据对不得抵扣的进项税额进行清算。

【案例 12 - 15】 某建筑公司（一般纳税人）2020 年 1 月总部机关发生无法划分的进项税额 10 万元，当月一般计税收入 900 万元，简易计税收入 100 万元，当月合计收入 1 000 万元；2 月份总部机关发生无法划分的进项税额 40 万元，当月一般计税收入 600 万元，简易计税收入 300 万元，合计收入 900 万元。为简化计算，假设当年只有这两笔无法划分的进项税额，只有这两个月取得了收入，即全年无法划分的进项税额合计 50 万元，全年一般计税收入 1 500 万元，全年简易计税收入 400 万元。

案例解析：

建筑公司是一般纳税人，按月计算申报增值税额，即按月计算不得抵扣的进项税额：

1月不得抵扣的进项税额 = 10 × (100 + 0) ÷ 1 000 = 1（万元）

2月不得抵扣的进项税额 = 40 × (300 + 0) ÷ 900
= 13.33（万元）

按月合计不得抵扣的进项税额 = 1 + 13.33 = 14.33（万元）

按照财税〔2016〕36号文规定，主管税务机关可以按照上述公式依据年度数据对不得抵扣的进项税额进行清算。也就是说，计算不得抵扣的进项税额是以年度数据为准的，因此，年末应按照年度数据进行清算，多退少补。

2020年度不得抵扣的进项税额 = 50 × (400 + 0) ÷ 1 900
= 10.52（万元）

根据上述计算，按月转出的不得抵扣的进项税额合计14.33万元，按年度数据计算不得抵扣的进项税额10.52万元，多转出进项税额3.81（14.33 − 10.52）万元。

多转出的进项税额3.81万元可以通过申报转回，具体操作要征得当地主管税务机关同意。

建筑企业平时的会计处理：

①2020年1月取得进项发票认证抵扣通过后：

借：应交税费——应交增值税（进项税额）
　　　　　　　　　　　　　　　100 000
　贷：银行存款等　　　　　　　100 000

②转出进项税额时：

借：管理费用　　　　　　　　　10 000
　贷：应交税费——应交增值税（进项税额转出）
　　　　　　　　　　　　　　　10 000

③2020年2月取得进项发票认证抵扣通过后：

借：应交税费——应交增值税（进项税额）
            400 000
  贷：银行存款等   400 000

④转出进项税额时：

借：管理费用   133 300
  贷：应交税费——应交增值税（进项税额转出）
                133 300

合计转出进项税额 = 1 + 13.33 = 14.33（万元）

⑤2020年按照累计全年数据计算的应转出进项税额 = 10.52万元，多转出的进项税额3.81万元可以再通过申报转回：

借：管理费用   -38 100
  贷：应交税费——应交增值税（进项税额转出）
                -38 100

【案例12-16】 某建筑公司（一般纳税人）2020年1月总部机关发生无法划分的进项税额10万元，当月一般计税收入900万元，简易计税收入100万元，当月合计收入1 000万元；2月份总部机关发生无法划分的进项税额40万元，当月一般计税收入1 200万元，简易计税收入100万元，合计收入1 300万元。为简化计算，假设当年只有这两笔无法划分的进项税额，只有这两个月取得了收入，即全年无法划分的进项税额合计50万元，全年一般计税收入2 100万元，全年简易计税收入200万元。

案例解析：

建筑公司是一般纳税人，按月计算申报增值税额，即按月计算不得抵扣的进项税额：

1月不得抵扣的进项税额 = 10 × (100 + 0) ÷ 1 000 = 1（万元）

2月不得抵扣的进项税额 = 40 × (100 + 0) ÷ 1 300
           = 3.07（万元）

按月合计不得抵扣的进项税额 = 1 + 3.07 = 4.07（万元）

按照财税〔2016〕36号文规定，主管税务机关可以按照上述公式依据年度数据对不得抵扣的进项税额进行清算。也就是说，计算不得抵扣的进项税额是以年度数据为准的，因此，年末应按照年度数据进行清算，多退少补。

2020年度不得抵扣的进项税额 $= 50 \times (200 + 0) \div 2\,300$
$= 4.35$（万元）

根据上述计算，按月转出的不得抵扣的进项税额合计4.07万元，按年度数据计算不得抵扣的进项税额4.35万元，少转出进项税额0.28（4.35−4.07）万元。

少转出的进项税额0.28万元应继续转出。

建筑企业平时的会计处理：

①2020年1月取得发票认证抵扣通过后：

借：应交税费——应交增值税（进项税额）　　　　　　　　　　　　　　　100 000
　　贷：银行存款等　　　　　　　　　　100 000

②转出进项税额时：

借：管理费用　　　　　　　　　　　10 000
　　贷：应交税费——应交增值税（进项税额转出）
　　　　　　　　　　　　　　　　　10 000

③2020年2月取得进项发票认证抵扣通过后：

借：应交税费——应交增值税（进项税额）　　　　　　　　　　　　　　　400 000
　　贷：银行存款等　　　　　　　　　　400 000

④转出进项税额时：

借：管理费用　　　　　　　　　　　30 700
　　贷：应交税费——应交增值税（进项税额转出）
　　　　　　　　　　　　　　　　　30 700

合计转出进项税额 $= 1 + 3.07 = 4.07$（万元）

⑤2020年按照累计全年数据计算的应转出进项税额 =

4.35万元，少转出的进项税额0.28万元可以在当期继续转出：

借：管理费用   2 800
　　贷：应交税费——应交增值税（进项税额转出）
                                                2 800

如果是跨年度发现以前年度多转出或少转出进项税额，可以通过"应交税费——增值税检查调整"科目调整。详见本章节"（八）增值税检查调整的会计处理"。

（三）增值税销项税额的会计处理

1. 建筑企业增值税一般纳税人一般计税项目收到预收款的会计处理

（1）开具不征税发票的，不发生增值税纳税义务，不确认销项税额，应确认"应交税费——待转销项税额"。

【案例12-17】 2021年1月，某建筑企业一般计税工程项目收到发包方预付款1 000万元，未向分包方支付分包款且未取得分包发票，已经向发包方开具不征税发票，款项已经收到。工程项目所在地适用城市维护建设税税率为5%。

案例解析：

应确认的应交税费——待转销项税额 = 1 000 ÷ （1 + 9%） × 9% = 82.57（万元）

应预缴的增值税额 = （1 000 − 0） ÷ （1 + 9%） × 2%
                = 18.35（万元）

应预缴的城市维护建设税 = 18.35 × 5% = 0.92（万元）

应预缴的教育费附加 = 18.35 × 3% = 0.55（万元）

应预缴的地方教育费附加 = 18.35 × 2% = 0.37（万元）

相关会计处理：

①2021 年 1 月收到款项：

借：银行存款　　　　　　　　　　　10 000 000

　　贷：合同结算　　　　　　　　　　9 174 300

　　　　应交税费——待转销项税额　　　825 700

"应交税费——待转销项税额"科目贷方金额在该笔业务发生增值税纳税义务时结转至"应交税费——应交增值税（销项税额）"科目贷方。

②2021 年 2 月申报之前预缴增值税：

借：应交税费——预交增值税　　　　183 500

　　贷：银行存款　　　　　　　　　　183 500

③以预缴的增值税为基数计提税金及附加：

借：税金及附加　　　　　　　　　　　18 400

　　贷：应交税费——应交城市维护建设税　9 200

　　　　　　　　——应交教育费附加　　　5 500

　　　　　　　　——应交地方教育费附加　3 700

④2021 年 2 月申报之前缴纳税金及附加：

借：应交税费——应交城市维护建设税　9 200

　　　　　　　——应交教育费附加　　　5 500

　　　　　　　——应交地方教育费附加　3 700

　　贷：银行存款　　　　　　　　　　　18 400

⑤2021 年 1 月末结转预交增值税至未交增值税。（财会〔2016〕22 号文认为房地产企业等的预缴增值税应直至本次预收款发生纳税义务时再结转至未交增值税，本书认为建筑业无须等到发生纳税义务时再结转，实务中请咨询主管税务机关确认）

借：应交税费——未交增值税　　　　183 500

　　贷：应交税费——预交增值税　　　183 500

当月没有增值税应纳税额，预缴的 18.35 万元可以抵减纳税人以后纳税期间的应纳增值税额。

（2）开具征税发票的，发生了增值税纳税义务，应确认销项税额，不再确认"应交税费——待转销项税额"。

【案例 12-18】 接案例 12-17：2021 年 1 月，假设某建筑企业一般计税工程项目收到发包方预付款 1 000 万元，未向分包方支付分包款且未取得分包发票，已经向发包方开具征税发票，款项已经收到。工程项目所在地适用城市维护建设税税率为 5%，总机构所在地城建税税率 7%。

案例解析：

应确认的销项税额 = 1 000 ÷ (1 + 9%) × 9%
　　　　　　　　 = 82.57（万元）

应预缴的增值税额 = (1 000 - 0) ÷ (1 + 9%) × 2%
　　　　　　　　 = 18.35（万元）

应预缴的城市维护建设税 = 18.35 × 5% = 0.92（万元）

应预缴的教育费附加 = 18.35 × 3% = 0.55（万元）

应预缴的地方教育费附加 = 18.35 × 2% = 0.37（万元）

相关会计处理：

①2021 年 1 月收到款项：

借：银行存款　　　　　　　　　　　　10 000 000
　　贷：合同结算　　　　　　　　　　　9 174 300
　　　　应交税费——应交增值税（销项税额）
　　　　　　　　　　　　　　　　　　　　825 700

②2021 年 2 月申报之前预缴增值税：

借：应交税费——预交增值税　　　　　183 500
　　贷：银行存款　　　　　　　　　　　183 500

③2021 年 1 月计提预缴的税金及附加：

借：税金及附加　　　　　　　　　　　18 400
　　贷：应交税费——应交城市维护建设税　9 200
　　　　　　　　——应交教育费附加　　　5 500

　　　　　　——应交地方教育费附加　　　3 700

④2021年2月申报之前缴纳税金及附加：

借：应交税费——应交城市维护建设税　　9 200
　　　　　　——应交教育费附加　　　5 500
　　　　　　——应交地方教育费附加　　　3 700
　　贷：银行存款　　　　　　　　　　18 400

⑤2021年1月末结转预交增值税至未交增值税。（财会〔2016〕22号文认为房地产企业等的预缴增值税应直至本次预收款发生纳税义务时再结转至未交增值税，本书认为建筑业无须到发生纳税义务时再结转，实务中请咨询主管税务机关确认）

借：应交税费——未交增值税　　　　183 500
　　贷：应交税费——预交增值税　　　　183 500

⑥2020年1月应纳增值税额 = 82.57 − 0 = 82.57万元，1月末应纳增值税结转至未交增值税。

借：应交税费——应交增值税（转出未交增值税）
　　　　　　　　　　　　　　　　　825 700
　　贷：应交税费——未交增值税　　　　825 700

⑦2020年2月申报期内缴纳增值税：

借：应交税费——未交增值税　　　　642 200
　　贷：银行存款　　　　　　　　　　642 200

⑧总机构计提税金及附加会计处理：

借：税金及附加　　　　　　　　　　77 100
　　贷：应交税费——应交城市维护建设税　　45 000
　　　　　　　　——应交教育费附加　　　19 300
　　　　　　　　——应交地方教育费附加　　　12 800

⑨总机构缴纳税金及附加的会计处理：

借：应交税费——应交城市维护建设税　　45 000
　　　　　　——应交教育费附加　　　19 300

——应交地方教育费附加　12 800

贷：银行存款　　　　　　　　　　　77 100

总机构应申报缴纳税金及附加 = 64.22 × (7% + 3% + 2%) = 7.71 万元。其中：

应申报缴纳城市维护建设税 = 64.22 × 7% = 4.50（万元）

应申报缴纳城市维护建设税 = 64.22 × 3% = 1.93（万元）

应申报缴纳城市维护建设税 = 64.22 × 2% = 1.28（万元）

2. 建筑企业增值税一般纳税人一般计税项目收到工程进度款的会计处理

预收款从进度款中扣回的会计处理（预收款开具不征税发票的）。

【案例12-19】 2021年1月，某建筑企业一般计税工程项目收到发包方预付款1 000万元，未向分包方支付分包款且未取得分包发票，已经向发包方开具不征税发票，款项已经收到。工程项目所在地适用城市维护建设税税率为5%，总机构所在地适用城市维护建设税税率7%。合同约定，预收款在以后拨付进度款中扣回。假设2021年3月应拨付工程进度款2 000万元，发包方扣回1 000万预付款后实际拨付1 000万元，建筑企业开具征税发票2 000万元，无增值税上期留抵税额，当月取得并认证通过增值税专用发票税额100万元。工程项目跨地级以上行政区域。

案例解析：

预收款增值税纳税义务发生的时间：

预收款在以后拨付进度款中扣回的时间或开具征税发票的时间，即预收款增值税纳税义务发生的时间，本案例中，预收款向进度款转化的时间即为预收款增值税纳税义务发生的时间。

本案例中，2021年3月应拨付工程进度款2 000万元，发包方扣回1 000万预付款后实际拨付1 000万元，即2021年3

月份建筑企业1月份收到的预收款（当时开具了不征税发票）发生了增值税的纳税义务。

预收款发生纳税义务应确认的销项税额 = 1 000 ÷ (1 + 9%) × 9% = 82.57（万元）

实际收到的进度款应确认的销项税额 = 1 000 ÷ (1 + 9%) × 9% = 82.57（万元）

2021年3月份开具的征税发票2 000万元中包含的发包方扣回的预收款1 000万元已经预缴过增值税，3月份不再预缴。但是实际收到的进度款1 000万元，由于工程项目跨地级以上行政区域，应预缴增值税。

应预缴的增值税额 = (1 000 − 0) ÷ (1 + 9%) × 2%
= 18.35（万元）

应预缴的城市维护建设税 = 18.35 × 5% = 0.92（万元）

应预缴的教育费附加 = 18.35 × 3% = 0.55（万元）

应预缴的地方教育费附加 = 18.35 × 2% = 0.37（万元）

相关会计处理：

①2021年3月收到工程进度款项：

借：银行存款　　　　　　　　　　　10 000 000
　　应交税费——待转销项税额　　　　825 700
　　贷：合同结算　　　　　　　　　　9 174 300
　　　　应交税费——应交增值税（销项税额）
　　　　　　　　　　　　　　　　　　1 651 400

由于建筑企业2021年1月收到预收款没有发生增值税纳税义务且开具的是不征税发票，因此当时会计处理应为确认"应交税费——待转销项税额"贷方金额，本次预收款抵顶进度款的金额1 000万元发生了增值税纳税义务，因此，将"应交税费——待转销项税额"贷方的82.57万元结转至"应交税费——应交增值税（销项税额）"贷方。

②2021年2月申报之前预缴增值税：

借：应交税费——预交增值税　　　　　　　183 500
　　贷：银行存款　　　　　　　　　　　　　　183 500

③2021年1月计提预缴的税金及附加：

借：税金及附加　　　　　　　　　　　　　18 400
　　贷：应交税费——应交城市维护建设税　　9 200
　　　　　　　　——应交教育费附加　　　　5 500
　　　　　　　　——应交地方教育费附加　　3 700

④2021年2月申报之前缴纳税金及附加：

借：应交税费——应交城市维护建设税　　　9 200
　　　　　　——应交教育费附加　　　　　5 500
　　　　　　——应交地方教育费附加　　　3 700
　　贷：银行存款　　　　　　　　　　　　　18 400

⑤2021年3月末结转预交增值税至未交增值税：

借：应交税费——未交增值税　　　　　　　183 500
　　贷：应交税费——预交增值税　　　　　　183 500

⑥2021年3月税款所属期认证抵扣增值税专用发票：

借：应交税费——应交增值税（进项税额）
　　　　　　　　　　　　　　　　　　　1 000 000
　　贷：银行存款　　　　　　　　　　　　1 000 000

⑦2021年3月末结转应交增值税至未交增值税：

应交增值税=165.14-100=65.14（万元）

借：应交税费——应交增值税（转出未交增值税）
　　　　　　　　　　　　　　　　　　　　651 400
　　贷：应交税费——未交增值税　　　　　　651 400

⑧2021年4月申报期缴纳3月税款所属期的增值税（1月形成的预缴增值税18.35万元在本月得到抵减应纳税额）。

总机构应补（退）增值税额=65.14-18.35-18.35
　　　　　　　　　　　　=284 400（万元）

借：应交税费——未交增值税　　　　　　　284 400

贷：银行存款 284 400

⑨总机构计提税金及附加会计处理：

借：税金及附加 34 100
　　贷：应交税费——应交城市维护建设税　19 900
　　　　　　　　——应交教育费附加　　　　8 500
　　　　　　　　——应交地方教育费附加　　5 700

⑩总机构缴纳税金及附加的会计处理：

借：应交税费——应交城市维护建设税　19 900
　　　　　　——应交教育费附加　　　　8 500
　　　　　　——应交地方教育费附加　　5 700
　　贷：银行存款 34 100

总机构应申报缴纳税金及附加 = 28.44 × (7% + 3% + 2%) = 3.41 万元，其中：

应申报缴纳城市维护建设税 = 28.44 × 7% = 1.99（万元）

应申报缴纳城市维护建设税 = 28.44 × 3% = 0.85（万元）

应申报缴纳城市维护建设税 = 28.44 × 2% = 0.57（万元）

3. 建筑企业增值税一般纳税人一般计税项目开具征税发票的会计处理

开具征税发票即发生增值税的纳税义务，应当确认销项税额。建筑企业收到预收款没有增值税纳税义务，但开具了征税发票即发生了增值税的纳税义务，这样处理对建筑企业不利，应开具不征税发票；建筑企业收到工程进度款即发生了增值税纳税义务，等额开具征税发票对建筑企业没有税金的影响；建筑企业收到工程质保金即发生了增值税纳税义务，等额开具增值税征税发票对建筑企业没有税金的影响。

（1）收到预收款时开具了征税发票。

①确认销项税额的会计处理：

借：银行存款
　　贷：合同结算

应交税费——应交增值税（销项税额）

同时作预缴增值税、计提和预缴税金及附加、结转预交增值税、总机构申报缴纳增值税、计提和缴纳税金及附加的会计处理：

②预缴增值税的会计处理：

借：应交税费——预交增值税

　　贷：银行存款

③计提预缴的税金及附加的会计处理：

借：税金及附加

　　贷：应交税费——应交城市维护建设税（工程项目地税率）

　　　　　　　　——应交教育费附加

　　　　　　　　——应交地方教育费附加

④缴纳预缴的税金及附加的会计处理：

借：应交税费——应交城市维护建设税（工程项目地税率）

　　　　　　——应交教育费附加

　　　　　　——应交地方教育费附加

　　贷：银行存款

⑤结转预缴增值税至未交增值税的会计处理：

借：应交税费——未交增值税

　　贷：应交税费——预交增值税

⑥结转应交增值税至未交增值税的会计处理：

借：应交税费——应交增值税（转出未交增值税）

　　贷：应交税费——未交增值税

当"应交税费——未交增值税"有贷方余额时，说明预交增值税小于应纳增值税，继续进行以下增值税和税金及附加计提或缴纳的会计处理。当"应交税费——未交增值税"有借方余额时，无须进行以下会计处理。

⑦总机构申报缴纳增值税的会计处理：

借：应交税费——未交增值税

　　贷：银行存款

⑧总机构计提税金及附加的会计处理：

借：税金及附加

　　贷：应交税费——应交城市维护建设税（总机构所在地税率）

　　　　　　　——应交教育费附加

　　　　　　　——应交地方教育费附加

⑨总机构缴纳税金及附加的会计处理：

借：应交税费——应交城市维护建设税（总机构所在地税率）

　　　　　　——应交教育费附加

　　　　　　——应交地方教育费附加

　　贷：银行存款

（2）收到工程进度款时开具了征税发票。

①收到工程进度款，无论是否开具征税发票，都发生了增值税的纳税义务，应确认销项税额：

借：银行存款

　　贷：合同结算

　　　　应交税费——应交增值税（销项税额）

如果是跨地级以上行政区域的工程项目，同时作预缴增值税、计提和缴纳预缴的税金及附加的会计处理：

②预缴增值税的会计处理：

借：应交税费——预交增值税

　　贷：银行存款

③计提预缴的税金及附加会计处理：

借：税金及附加

　　贷：应交税费——应交城市维护建设税（工程项目地税率）

　　　　　　　——应交教育费附加

　　　　　　　——应交地方教育费附加

④缴纳预缴的税金及附加的会计处理：

借：应交税费——应交城市维护建设税（工程项目地税率）

　　　　　　——应交教育费附加

——应交地方教育费附加

　　贷：银行存款

⑤结转预缴增值税至未交增值税的会计处理：

借：应交税费——未交增值税

　　贷：应交税费——预交增值税

如果不是跨地级以上行政区域的工程项目，无须作预缴增值税、计提和缴纳预缴的税金及附加的会计处理。

⑥结转应纳增值税至未交增值税的会计处理：

借：应交税费——应交增值税（转出未交增值税）

　　贷：应交税费——未交增值税

当"应交税费——未交增值税"有贷方余额时，说明预交增值税小于应纳增值税，继续进行以下增值税和税金及附加计提或缴纳的会计处理。当"应交税费——未交增值税"有借方余额时，无须进行以下会计处理。

⑦总结构申报缴纳增值税的会计处理：

借：应交税费——未交增值税

　　贷：银行存款

⑧总结构计提税金及附加会计处理：

借：税金及附加

　　贷：应交税费——应交城市维护建设税（总机构所在地税率）

　　　　　　——应交教育费附加

　　　　　　——应交地方教育费附加

⑨总机构缴纳税金及附加的会计处理：

借：应交税费——应交城市维护建设税（总机构所在地税率）

　　　　——应交教育费附加

　　　　——应交地方教育费附加

依据收款金额和开具征税发票金额确认销项税额时孰大孰早原则，即收款（非预收）和开具征税发票在同一税款所属期按照孰大原则确认销项税额，收款（非预收）和开具征税发票不是同一税款所属期按照孰早原则确认销项税额。

(3) 合同约定付款条件实现时开具了征税发票。

合同约定付款条件实现即发生了增值税的纳税义务，开具征税发票即发生了增值税的纳税义务，因此，此种情况下的税务和会计处理与"(2) 收到工程进度款时开具了征税发票"相同。

①当合同约定付款金额等于开具的征税发票金额时，发生增值税纳税义务的金额等于合同约定的付款金额也等于开具征税发票的金额。

②当合同约定付款金额大于开具的征税发票金额时，发生增值税纳税义务的金额按照孰大原则确认，即按照合同约定付款金额确认发生增值税纳税义务金额。

③当合同约定付款金额小于开具的征税发票金额时，发生增值税纳税义务的金额按照孰大原则确认，即按照开具的征税发票金额确认。

(4) 提前开具了征税发票。

提前开具了征税发票，是指在没有发生增值税纳税义务时开具了征税发票导致增值税纳税义务提前发生，需要确认销项税额，如果是收到预收款或跨区域工程项目，同时需要进行确认预缴增值税及税金及附加的处理。

收到工程预收款，按照税法规定可以开具不征税发票，开具不征税发票的原因是建筑企业收到工程预收款没有发生增值税的纳税义务，如果开具增值税征税发票就提前发生了增值税纳税义务，对建筑企业不利，实践中要注意把握这个政策的合理运用。

4. 建筑企业增值税一般纳税人一般计税项目视同销售的会计处理

建筑企业向其他单位或者个人无偿提供建筑服务视同销售服务，但用于公益事业或者以社会公众为对象的除外。

借：营业外支出
　　贷：应交税费——应交增值税（销项税额）

5. 建筑企业增值税一般纳税人一般计税项目价外费用的会计处理

建筑企业增值税一般纳税人向工程发包方收取的奖励费、赔偿款等价外费用按照主业（建筑服务）缴纳增值税，建筑企业收到价外性质的款项是含增值税的金额，应换算为不含增值税的金额再乘以税率计算销项税额。

【案例12-20】某建筑企业增值税一般纳税人一般计税项目工程进度和工程质量达到了发包方的要求，发包方奖励10万元，建筑企业收到奖励时的会计处理为：

借：银行存款　　　　　　　　　　　　　　100 000
　　贷：合同结算　　　　　　　　　　　　　　91 743
　　　　应交税费——应交增值税（销项税额）
　　　　　　　　　　　　　　　　　　　　　8 257

（四）增值税应纳税额的会计处理

1. 当月发生纳税义务当月缴纳增值税的会计处理

借：应交税费——应交增值税（已交税金）
　　贷：银行存款

2. 当月发生纳税义务次月申报期缴纳的会计处理

借：应交税费——未交增值税
　　贷：银行存款

（五）进项税额抵扣情况发生改变的账务处理

【案例12-21】2020年11月，某建筑公司购进树苗一批，买价1 000万元，取得合规发票，用于一般计税项目，已经计算抵扣（按9%），由于简易计税项目需要此类型树苗，公司直接按账面成本调配50%，请计算应转出的进项税额。

案例解析：

（1）计算抵扣时：

借：合同履约成本——工程施工（树苗）
　　　　　　　　　　　　　　　　　9 100 000

　　　　　应交税费——应交增值税（进项税额）
　　　　　　　　　　　　　　　　　　900 000
　　　　贷：银行存款　　　　　　　10 000 000

（2）计算转出进项税额：

账面成本 = 910 万元，调配账面成本的 50% 即 455（910 × 50%）万元。

计算转出的进项税额需要将账面成本还原成买价，即账面成本 455 万元对应的买价为 500 [455 ÷ (1 - 9%)] 万元。

因此，转出的进项税额 = 500 × 9% = 45 万元。

　　借：合同履约成本——工程施工（简易计税）
　　　　　　　　　　　　　　　　　　4 550 000
　　　　贷：合同履约成本——工程施工（一般计税）
　　　　　　　　　　　　　　　　　　4 550 000
　　借：合同履约成本——工程施工（简易计税）
　　　　　　　　　　　　　　　　　　450 000
　　　　贷：应交税费——应交增值税（进项税额转出）
　　　　　　　　　　　　　　　　　　450 000

（六）增值税税控系统专用设备和技术维护费用抵减增值税额的账务处理

企业初次购买增值税税控系统专用设备支付的费用以及缴纳的技术维护费允许在增值税应纳税额中全额抵减。

　　借：应交税费——应交增值税（减免税款）（一般纳税人）
　　　　或应交税费——应交增值税（小规模）
　　　　贷：管理费用

（七）关于小微企业免征增值税的会计处理规定

小微企业在取得销售收入时，应当按照税法的规定计算应交增值税，并确认为应交税费，在达到增值税制度规定的免征增值税条件时，将有关应交增值税转入当期损益。

借：银行存款等
    贷：主营业务收入
        应交税费——应交增值税
借：应交税费——应交增值税
    贷：其他收益

(八) 增值税检查调整的会计处理

【案例 12-22】某年1月，某市稽查局对A建筑公司（一般纳税人）上年度增值税进行检查时发现：上年11月，公司存货发生非正常损失，全部记入"营业外支出"账户，其中包括增值税进项税额320万元；将自产产品作为福利发放给职工，未按视同销售进行税务处理，少计算增值税销项税额400万元，稽查局作出补缴增值税的决定，A建筑公司会计处理如下：

(1) 转出非正常损失的增值税进项税额。

借：以前年度损益调整　　　　　　3 200 000
    贷：应交税费——增值税检查调整　3 200 000

(2) 补提视同销售的增值税销项税额。

借：应付职工薪酬——职工福利　　　4 000 000
    贷：应交税费——增值税检查调整　4 000 000

在年度纳税检查中，"应交税金——增值税检查调整"借方发生额为零，贷方发生额为720万元，余额为720万元。"应交税费——增值税检查调整"的贷方余额冲减上期留抵税额，冲减后的余额作为补缴增值税处理。

(3) 如"应交税费——应交增值税"账户无余额，则：

借：应交税费——增值税检查调整　　7 200 000
    贷：应交税费——未交增值税　　　7 200 000

实际缴纳查补税款时：

借：应交税费——未交增值税　　　　　7 200 000
　　　　贷：银行存款　　　　　　　　　　　　7200 000

（4）如"应交税费——应交增值税"账户借方余额800万元，查补税款可全部从留抵税额中抵扣，则：

　　借：应交税费——增值税检查调整　　　7 200 000
　　　　贷：应交税费——应交增值税　　　　7 200 000

（5）如"应交税费——应交增值税"账户借方余额350万元，则：

　　借：应交税费——增值税检查调整　　　7 200 000
　　　　贷：应交税费——应交增值税　　　　3 500 000
　　　　　　——未交增值税　　　　　　　　3 700 000

实际缴纳查补税款时：

　　借：应交税费——未交增值税　　　　　3 700 000
　　　　贷：银行存款　　　　　　　　　　　　3 700 000

A公司在申报上年应交企业所得税时应同时调整所得额。

第二节　建筑业一般纳税人简易计税工程项目增值税的会计处理

"简易计税"明细科目，核算一般纳税人采用简易计税方法发生的增值税计提、扣减、预缴、缴纳等业务。

【案例12-23】某建筑公司（一般纳税人）简易计税工程项目（跨区）收到进度款1 030万元，当月取得尚未扣除的分包发票（税率9%）价税合计545万元，款项已经支付，工程项目所在地城市维护建设税税率5%，总机构所在地城市维护建设税税率7%。

案例解析：

应预缴的增值税额＝（全部价款和价外费用－支付的分包

款)÷(1+3%)×3% = (1 030 - 545)÷(1+3%)×3% = 14.13（万元）

应预缴的城市维护建设税 = 14.13×5% = 0.71（万元）

应预缴的教育费附加 = 14.13×3% = 0.42（万元）

应预缴的城市维护建设税 = 14.13×2% = 0.28（万元）

（1）缴纳预缴的增值税会计处理：

借：应交税费——简易计税（预缴）   141 300

　　贷：银行存款   141 300

（2）计提预缴的税金及附加的会计处理：

借：税金及附加   14 100

　　贷：应交税费——应交城市维护建设税   7 100

　　　　　　——应交教育费附加   4 200

　　　　　　——应交地方教育费附加   2 800

（3）缴纳预缴的税金及附加的会计处理：

借：应交税费——应交城市维护建设税   7 100

　　　　——应交教育费附加   4 200

　　　　——应交地方教育费附加   2 800

　　贷：银行存款   14 100

（4）计提应交增值税的会计处理：

借：银行存款   10 300 000

　　贷：合同结算   10 000 000

　　　　应交税费——简易计税（计提）   300 000

（5）支付分包款的会计处理：

借：合同履约成本   5 450 000

　　贷：银行存款   5 450 000

简易计税差额扣除分包的增值税 = 545÷(1+3%)×3%
　　　　　　　　　　　　　　 = 15.87（万元）

（6）差额扣除分包增值税的会计处理：

借：应交税费——简易计税（扣减）   158 700

　　　　贷：合同履约成本　　　　　　　　　　　158 700

　　总机构应交增值税额 =（全部价款和价外费用 – 支付的分包款）÷（1 + 3%）× 3% =（1 030 – 545）÷（1 + 3%）× 3% = 14.13（万元）

　　"应交税费——简易计税"借方合计 = 14.13 + 15.87 = 30 万元，"应交税费——简易计税"贷方合计 = 30 万元，借贷方相等，无须申报缴纳增值税。

本例中简易计税工程项目预缴的增值税额 = 14.13 万元，总机构所在地扣减分包税额后的应纳增值税 = 30 – 15.87 = 14.13 万元，由此可以看出，跨地级以上行政区域的简易计税建筑工程项目在工程项目所在地预缴的增值税正好等于总机构应交的增值税，预缴的增值税抵减应交增值税以后总机构申报的增值税额为零。

如果建筑工程项目不是跨地级以上行政区域的，无须在工程项目所在地预缴。

【案例12 – 24】 接案例12 – 23，假设工程项目在总机构所在地，某建筑公司（一般纳税人）简易计税工程项目收到进度款 1 030 万元，当月取得尚未扣除的分包发票（税率9%）价税合计 545 万元，款项已经支付，总机构所在地城市维护建设税税率 7%。

案例解析：
工程项目没有跨地级以上行政区域，无须预缴增值税。
（1）计提应交增值税的会计处理：
借：银行存款　　　　　　　　　　　　10 300 000
　　贷：合同结算　　　　　　　　　　　10 000 000
　　　　应交税费——简易计税（计提）　　 300 000
（2）支付分包款的会计处理：
借：合同履约成本　　　　　　　　　　 5 450 000
　　贷：银行存款　　　　　　　　　　　 5 450 000

简易计税差额扣除分包的增值税 = 545 ÷ (1 + 3%) × 3%
$$= 15.87(万元)$$

(3) 差额扣除分包增值税的会计处理:

借: 应交税费——简易计税(扣减)　　158 700
　　贷: 合同履约成本　　　　　　　　　　158 700

"应交税费——简易计税"借方合计 = 15.87万元, "应交税费——简易计税"贷方合计 = 30万元, "应交税费——简易计税"贷方余额 = 30 - 15.87 = 14.13万元。

(4) 总机构缴纳增值税的会计处理:

借: 应交税费——简易计税　　　　　　141 300
　　贷: 银行存款　　　　　　　　　　　　141 300

按照税法规定的公式计算的应交增值税额 = (全部价款和价外费用 - 支付的分包款) ÷ (1 + 3%) × 3% = (1 030 - 545) ÷ (1 + 3%) × 3% = 14.13万元。会计处理与税法处理一致。

同时总机构计提和缴纳税金及附加。

应缴纳的城市维护建设税 = 14.13 × 7% = 0.99(万元)
应预缴的教育费附加 = 14.13 × 3% = 0.42(万元)
应预缴的城市维护建设税 = 14.13 × 2% = 0.28(万元)

(5) 总机构计提税金及附加的会计处理:

借: 税金及附加　　　　　　　　　　　　16 900
　　贷: 应交税费——应交城市维护建设税　　9 900
　　　　　　　　——应交教育费附加　　　　4 200
　　　　　　　　——应交地方教育费附加　　2 800

(6) 总机构缴纳税金及附加的会计处理:

借: 应交税费——应交城市维护建设税　　9 900
　　　　　　——应交教育费附加　　　　　4 200
　　　　　　——应交地方教育费附加　　　2 800
　　贷: 银行存款　　　　　　　　　　　　16 900

第十三章　建筑业企业税收筹划案例解析

搞税收筹划一定要注意区分筹划与避税和偷税的界限，避免恶意筹划违法甚至犯罪。建筑业企业税收筹划节点很多，本书选取其中的几个案例进行解析，以期抛砖引玉。比如工程项目的计税方式的选择测算方法，公司制企业的自然人股东和个人独资企业的投资人的税负对比分析等。

第一节　筹划、避税与偷税的边界分析及应对

为了能更直观地说明筹划、避税与偷税的边界，本书根据真实稽查案例进行了改编，案情如下：

国地税合并前，某市地税稽查局在检查某建筑公司时，发现该建筑公司有大量的咨询服务合同，检查人员问该公司财务人员这些咨询服务合同是什么内容，财务人员说不清，稽查人员即展开对咨询公司的延伸检查，发现咨询公司的资金都付给了个人，再进一步追查发现收款的个人与被查建筑公司的员工是近亲属关系，至此，稽查人员怀疑该被查建筑公司是在变相给员工发工资，随即与建筑公司财务负责人和法定代表人进行询问并确认了稽查员的判断是正确的，最后对该建筑公司按偷税给予了补税、滞纳金和罚款的处理。

案例中建筑公司本来是聘请一个中介机构给做的税务筹划，把收入高的高管等人员的工资进行分解，一部分以支付咨询费的方式变相发

放,具体操作是由公司员工的近亲属在税收洼地成立个人独资企业(案例中的咨询公司),由咨询公司给案例中的建筑公司开具发票、收款,然后由个人独资企业的投资人再把钱给到该建筑公司员工,从而实现工资的个税税负降低和社保缴纳数额降低,对个人和单位来说都实现了少缴纳税费的目的。

这个是筹划吗?

显然不是,这是偷税!

偷税是违法的,是征管法第六十三条规定的禁止行为,严重的会触犯刑法逃避缴纳税款罪,关于这个问题在本书"第九章 建筑业企业涉税违法与涉税犯罪分析""第一节 偷税及逃避缴纳税款罪"中有详细介绍。

由于当时是地税稽查局检查的,没有对咨询服务发票开具环节是否存在虚开行为进行进一步确认,国地税合并后再检查类似案例一定会全面检查,开具咨询服务发票环节是否涉嫌虚开要结合实际情况判断,如果没有真实提供咨询服务,即使四流是合一的也不能改变虚开发票的本质,实践中要注意辨别,避免过度筹划导致违法甚至犯罪。

从上述案例中可以看出,筹划不能违法,并且要具有合理商业目的,不能以不缴税、少缴税或晚缴税为主要目的。上述案例中,被查建筑公司的员工在税收洼地成立咨询服务公司的主要目的是少缴个税和社保费,显然不具有合理商业目的,这种操作明显违背了征管法第六十三条,是违法的,不是筹划。

怎么理解避税呢?中国的的税法有很多反避税的规定,具体为:

《中华人民共和国税收征收管理法》第三十六条;

《中华人民共和国税收征收管理法实施细则》第五十四条、第五十五条、第五十六条;

《中华人民共和国企业所得税法》第四十一条至第四十八条;

《中华人民共和国企业所得税法实施条例》第一百零九条至第一百二十三条;

《中华人民共和国个人所得税法》第八条;

《国务院关于废止〈中华人民共和国营业税暂行条例〉和修改〈中华人民共和国增值税暂行条例〉的决定》（国务院令第 691 号）第七条；

《中华人民共和国增值税暂行条例实施细则》第十六条；

《财政部 国家税务总局关于全面推开营业税改征增值税试点的通知》（财税〔2016〕36 号）第四十四条。

综合分析上述反避税条款，我们发现反避税的处理是加收利息而不是加收滞纳金，并且没有罚款，由此可以得出结论，避税行为并不是违法的行为，只不过是不符合商业目的而已。

怎样理解纳税筹划呢？显然是合法且符合商业目的的行为，也可以理解为合法且合理的投资、经营行为。因此，搞税收筹划一定要把握好避税和偷税的边界，市面上有一些打着筹划的幌子诱导纳税人偷税甚至虚开发票的中介机构，纳税人要注意辨别。

税收筹划是相当复杂的工作，对筹划者的要求很高，要精通财务、税法、其他法律以及具有丰富的行业经验。因为操作不当，会形成一招不慎、满盘皆输的不利局面。所以，提升专业能力，积累行业经验是必经之路，还有就是要掌握基本的测算分析工具，比如所得税税负测算、增值税税负和净现金流量指标测算。

第二节　利用所得税税负测算指标筛选筹划方案实操演示解析

公司制企业的自然人股东和个人独资企业的投资人的税负哪个更高呢？通常认为，公司制企业有利润要先缴一道企业所得税，税后分配利润再缴一道个人所得税（税率 20%），如果企业所得税是 25%，综合税负是 40%，公司制企业自然人股东的税负是不是很高呢？

小型微利企业和高新技术企业等有优惠政策，从而导致公司制企业自然人股东的综合税负并不是始终比个人独资企业的投资人税负高。

本书分别就小型微利企业、高新技术企业和没有税收优惠政策的公司制企业的自然人股东的综合税负与个人独资企业的投资人的税负进行比较,假设都是查账征收模式。

为便于计算,把经营所得个税税率表列示如表 13-1。

表 13-1 经营所得个税税率表

级数	全年应纳税所得额	税率(%)	速算扣除数
1	不超过 30 000 元的	5	0
2	超过 30 000 元至 90 000 元的部分	10	1 500
3	超过 90 000 元至 300 000 元的部分	20	10 500
4	超过 300 000 元至 500 000 元的部分	30	40 500
5	超过 500 000 元的部分	35	65 500

一、小型微利企业政策

1.《财政部 税务总局关于实施小微企业普惠性税收减免政策的通知》(财税〔2019〕13 号)第二条(执行期限为 2019 年 1 月 1 日至 2021 年 12 月 31 日)

对小型微利企业年应纳税所得额不超过 100 万元的部分,减按 25% 计入应纳税所得额,按 20% 的税率缴纳企业所得税;对年应纳税所得额超过 100 万元但不超过 300 万元的部分,减按 50% 计入应纳税所得额,按 20% 的税率缴纳企业所得税。

上述小型微利企业是指从事国家非限制和禁止行业,且同时符合年度应纳税所得额不超过 300 万元、从业人数不超过 300 人、资产总额不超过 5 000 万元三个条件的企业。

从业人数,包括与企业建立劳动关系的职工人数和企业接受的劳务派遣用工人数。所称从业人数和资产总额指标,应按企业全年的季度平均值确定。具体计算公式如下:

季度平均值 = (季初值 + 季末值) ÷ 2

全年季度平均值 = 全年各季度平均值之和 ÷ 4

年度中间开业或者终止经营活动的,以其实际经营期作为一个纳税年度确定上述相关指标。

2.《财政部 税务总局关于实施小微企业和个体工商户所得税优惠政策的公告》(财政部 税务总局公告 2021 年第 12 号)第一条(执行期限为 2021 年 1 月 1 日至 2022 年 12 月 31 日)

对小型微利企业年应纳税所得额不超过 100 万元的部分,在《财政部 税务总局关于实施小微企业普惠性税收减免政策的通知》(财税〔2019〕13 号)第二条规定的优惠政策基础上,再减半征收企业所得税。

依据《财政部 税务总局关于小微企业和个体工商户所得税优惠政策的公告》(财政部 税务总局公告 2023 年第 6 号)规定,自 2023 年 1 月 1 日至 2024 年 12 月 31 日,对小型微利企业年应纳税所得额不超过 100 万元的部分,减按 25% 计入应纳税所得额,按 20% 的税率缴纳企业所得税。

小型微利企业优惠政策的享受,自 2023 年 1 月 1 日起,征管问题按以下规定执行:

(1)符合财政部、税务总局规定的小型微利企业条件的企业(以下简称"小型微利企业"),按照相关政策规定享受小型微利企业所得税优惠政策。

企业设立不具有法人资格分支机构的,应当汇总计算总机构及其各分支机构的从业人数、资产总额、年度应纳税所得额,依据合计数判断是否符合小型微利企业条件。

(2)小型微利企业无论按查账征收方式或核定征收方式缴纳企业所得税,均可享受小型微利企业所得税优惠政策。

(3)小型微利企业在预缴和汇算清缴企业所得税时,通过填写纳税申报表,即可享受小型微利企业所得税优惠政策。

小型微利企业应准确填报基础信息,包括从业人数、资产总额、年度应纳税所得额、国家限制或禁止行业等,信息系统将为小型微利企业智能预填优惠项目、自动计算减免税额。

(4)小型微利企业预缴企业所得税时,从业人数、资产总额、年度应纳税所得额指标,暂按当年度截至本期预缴申报所属期末的情况进行判断。

（5）原不符合小型微利企业条件的企业，在年度中间预缴企业所得税时，按照相关政策标准判断符合小型微利企业条件的，应按照截至本期预缴申报所属期末的累计情况，计算减免税额。当年度此前期间如因不符合小型微利企业条件而多预缴的企业所得税税款，可在以后季度应预缴的企业所得税税款中抵减。

（6）企业预缴企业所得税时享受了小型微利企业所得税优惠政策，但在汇算清缴时发现不符合相关政策标准的，应当按照规定补缴企业所得税税款。

（7）小型微利企业所得税统一实行按季度预缴。

按月度预缴企业所得税的企业，在当年度4月、7月、10月预缴申报时，若按相关政策标准判断符合小型微利企业条件的，下一个预缴申报期起调整为按季度预缴申报，一经调整，当年度内不再变更。

3.《财政部 税务总局关于进一步实施小微企业"六税两费"减免政策的公告》（财政部 税务总局公告2022年第10号）（执行期限为2022年1月1日至2024年12月31日）

（1）由省、自治区、直辖市人民政府根据本地区实际情况，以及宏观调控需要确定，对增值税小规模纳税人、小型微利企业和个体工商户可以在50%的税额幅度内减征资源税、城市维护建设税、房产税、城镇土地使用税、印花税（不含证券交易印花税）、耕地占用税和教育费附加、地方教育附加。

（2）增值税小规模纳税人、小型微利企业和个体工商户已依法享受资源税、城市维护建设税、房产税、城镇土地使用税、印花税、耕地占用税、教育费附加、地方教育附加其他优惠政策的，可叠加享受该公告第一条规定的优惠政策。

（3）该公告所称小型微利企业，是指从事国家非限制和禁止行业，且同时符合年度应纳税所得额不超过300万元、从业人数不超过300人、资产总额不超过5 000万元三个条件的企业。

从业人数，包括与企业建立劳动关系的职工人数和企业接受的劳务派遣用工人数。所称从业人数和资产总额指标，应按企业全年的季度平均值确定。具体计算公式如下：

季度平均值=（季初值+季末值）÷2

全年季度平均值=全年各季度平均值之和÷4

年度中间开业或者终止经营活动的，以其实际经营期作为一个纳税年度确定上述相关指标。

小型微利企业的判定以企业所得税年度汇算清缴结果为准。登记为增值税一般纳税人的新设立的企业，从事国家非限制和禁止行业，且同时符合申报期上月末从业人数不超过300人、资产总额不超过5 000万元两个条件的，可在首次办理汇算清缴前按照小型微利企业申报享受第一条规定的优惠政策。

4.《国家税务总局关于进一步实施小微企业"六税两费"减免政策有关征管问题的公告》（国家税务总局公告2022年第3号）第一条"关于小型微利企业'六税两费'减免政策的适用"（执行期限为2022年1月1日至2024年12月31日）。

（1）适用"六税两费"减免政策的小型微利企业的判定以企业所得税年度汇算清缴（以下简称"汇算清缴"）结果为准。登记为增值税一般纳税人的企业，按规定办理汇算清缴后确定是小型微利企业的，除本条第（二）项规定外，可自办理汇算清缴当年的7月1日至次年6月30日申报享受"六税两费"减免优惠；2022年1月1日至6月30日期间，纳税人依据2021年办理2020年度汇算清缴的结果确定是否按照小型微利企业申报享受"六税两费"减免优惠。

（2）登记为增值税一般纳税人的新设立企业，从事国家非限制和禁止行业，且同时符合申报期上月末从业人数不超过300人、资产总额不超过5 000万元两项条件的，按规定办理首次汇算清缴申报前，可按照小型微利企业申报享受"六税两费"减免优惠。

登记为增值税一般纳税人的新设立企业，从事国家非限制和禁止行业，且同时符合设立时从业人数不超过300人、资产总额不超过5 000万元两项条件的，设立当月依照有关规定按次申报有关"六税两费"时，可申报享受"六税两费"减免优惠。

按规定办理首次汇算清缴后确定不属于小型微利企业的一般纳税人，自办理汇算清缴的次月1日至次年6月30日，不得再申报享受"六税两费"减免优惠；按次申报的，自首次办理汇算清缴确定不属于小型微利企业之日起至次年6月30日，不得再申报享受"六税两费"减免优惠。

新设立企业按规定办理首次汇算清缴后，按规定申报当月及之前的"六税两费"的，依据首次汇算清缴结果确定是否可申报享受减免优惠。

新设立企业按规定办理首次汇算清缴申报前，已按规定申报缴纳"六税两费"的，不再根据首次汇算清缴结果进行更正。

（3）登记为增值税一般纳税人的小型微利企业、新设立企业，逾期办理或更正汇算清缴申报的，应当依据逾期办理或更正申报的结果，按照本条第（1）项、第（2）项规定的"六税两费"减免税期间申报享受减免优惠，并应当对"六税两费"申报进行相应更正。

二、高新技术企业政策

1. 《财政部 国家税务总局 科学技术部关于修订印发〈高新技术企业认定管理办法的通知〉》（国科发火〔2016〕32号）第十一条，认定为高新技术企业须同时满足的条件

（1）企业申请认定时须注册成立1年以上；

（2）企业通过自主研发、受让、受赠、并购等方式，获得对其主要产品（服务）在技术上发挥核心支持作用的知识产权的所有权；

（3）对企业主要产品（服务）发挥核心支持作用的技术属于《国家重点支持的高新技术领域》规定的范围；

（4）企业从事研发和相关技术创新活动的科技人员占企业当年职工总数的比例不低于10%；

（5）企业近3个会计年度（实际经营期不满3年的按实际经营时间计算，下同）的研究开发费用总额占同期销售收入总额的比例符合如下要求：

①最近一年销售收入小于 5 000 万元（含）的企业，比例不低于 5%；

②最近一年销售收入在 5 000 万元至 2 亿元（含）的企业，比例不低于 4%；

③最近一年销售收入在 2 亿元以上的企业，比例不低于 3%。

其中，企业在中国境内发生的研究开发费用总额占全部研究开发费用总额的比例不低于 60%；

（6）近一年高新技术产品（服务）收入占企业同期总收入的比例不低于 60%；

（7）企业创新能力评价应达到相应要求；

（8）企业申请认定前 1 年内未发生重大安全、重大质量事故或严重环境违法行为。

2.《财政部 税务总局关于延长高新技术企业和科技型中小企业亏损结转年限的通知》（财税〔2018〕76 号）第一条

自 2018 年 1 月 1 日起，当年具备高新技术企业或科技型中小企业资格（以下统称资格）的企业，其具备资格年度之前 5 个年度发生的尚未弥补完的亏损，准予结转以后年度弥补，最长结转年限由 5 年延长至 10 年。

3.《国家税务总局关于延长高新技术企业和科技型中小企业亏损结转弥补年限有关企业所得税处理问题的公告》（国家税务总局公告 2018 年第 45 号）

为支持高新技术企业和科技型中小企业发展，根据《中华人民共和国企业所得税法》及其实施条例、《财政部 税务总局关于延长高新技术企业和科技型中小企业亏损结转年限的通知》（财税〔2018〕76 号，以下简称《通知》）规定，现就延长高新技术企业和科技型中小企业亏损结转弥补年限有关企业所得税处理问题公告如下：

（1）《通知》第一条所称当年具备高新技术企业或科技型中小企业资格（以下统称"资格"）的企业，其具备资格年度之前 5 个年度发生的尚未弥补完的亏损，是指当年具备资格的企业，其前 5 个年度无论是否具备资格,所发生的尚未弥补完的亏损。

2018年具备资格的企业,无论2013年至2017年是否具备资格,其2013年至2017年发生的尚未弥补完的亏损,均准予结转以后年度弥补,最长结转年限为10年。2018年以后年度具备资格的企业,依此类推,进行亏损结转弥补税务处理。

(2)高新技术企业按照其取得的高新技术企业证书注明的有效期所属年度,确定其具备资格的年度。

科技型中小企业按照其取得的科技型中小企业入库登记编号注明的年度,确定其具备资格的年度。

(3)企业发生符合特殊性税务处理规定的合并或分立重组事项的,其尚未弥补完的亏损,按照《财政部 国家税务总局关于企业重组业务企业所得税处理若干问题的通知》(财税〔2009〕59号)和该公告有关规定进行税务处理:

①合并企业承继被合并企业尚未弥补完的亏损的结转年限,按照被合并企业的亏损结转年限确定;

②分立企业承继被分立企业尚未弥补完的亏损的结转年限,按照被分立企业的亏损结转年限确定;

③合并企业或分立企业具备资格的,其承继被合并企业或被分立企业尚未弥补完的亏损的结转年限,按照《通知》第一条和该公告第一条规定处理。

(4)符合《通知》和该公告规定延长亏损结转弥补年限条件的企业,在企业所得税预缴和汇算清缴时,自行计算亏损结转弥补年限,并填写相关纳税申报表。

(5)该公告自2018年1月1日起施行。

4.《中华人民共和国企业所得税法》第二十八条第二款

国家需要重点扶持的高新技术企业,减按15%的税率征收企业所得税。

【案例13-1】假设一人有限责任公司(独资)是小型微

利企业，企业应税所得额为 X 元（假设不超过 100 万元），应交企业所得税 = X×5% 元，分配利润应交个人所得税 = X×（1－5%）×20% 元，假设个人独资企业应税所得额也是 X 元，税率按最高 35%，建立等式关系如下：

$$X \times 5\% + X \times (1 - 5\%) \times 20\% = X \times 35\% - 65\,500$$

解方程，得：X = 595 454.55。

即应税所得额为 595 454.55 元时，一人有限（仅指小型微利企业）自然人股东与个人独资企业投资人税负相同，595 454.55 元即为税负平衡点。在税负平衡点以下，个人独资企业税负低于公司制（仅指小型微利企业）企业税负，在税负平衡点以上，个人独资企业税负高于公司制企业税负。为了计算方便，本案例假设 X 不超过 100 万元，实际上 X 在 100 万元到 300 万元之间也符合这个规律，请读者自行计算测试。小型微利企业和个人独资企业的自然人税负只有一个平衡点，即 595 454.55 元。

请读者借鉴以上方法或应用其他方法自行测算以下几种情况：

1. 高新技术企业自然人股东与个人独资企业投资人的税负平衡点并找出规律；

2. 适用 25% 企业所得税税率的公司制企业自然人股东与个人独资企业投资人的税负平衡点并找出规律；

3. 把上述个人独资企业替换成个体工商户再测算一下并找出规律。

以上测算过程和结果请见笔者于 2020 年 2 月 26 日在微信公众号"桃子说税"上发表的原创文章《浅议税务筹划方案中税务成本的测算方法与技巧》，并请参考最新的税收政策得出创造性结论，欢迎讨论！有不同意见或建议可以发到笔者邮箱（1030985381@qq.com）或微信交流（tgj20160307）。

第三节 增值税计税方式选择测算分析

建筑企业增值税一般纳税人符合条件的工程项目（老项目、甲供工程、清包工）可以选择简易计税方式，因此，是选择简易计税方式有利还是选择一般计税方式有利，是建筑企业在合同签订前需要认真思考的问题。

用来权衡两种计税方式利弊的指标通常有两种，一个是税负指标，一个是净现金流量指标。税负指标通常选取增值税税负，也可以按全税种综合税负测算。净现金流量指标选取最基本的计算公式，即：

净现金流量＝现金流入量－现金流出量

净现金流量数值越大，表示现金流入越多或现金流出越少，有利；反之，净现金流量数值越小，表示现金流入越少或现金流出越多，不利。

当税负指标与净现金流量指标指向相同时，即税负低且净现金流量大或税负高且净现金流量小的时候，如何选择最优方案？当税负指标与净现金流量指标指向不同时，即税负低但净现金流量也小，或税负高但净现金流量也大的时候，怎么选择最优方案？

税负指标是参考指标，净现金流量指标是决策指标。同等条件下，要先看净现金流量指标，净现金流量指标值越大越好，然后再看税负指标，税负越低越好。最好的方案是税负低且净现金流量大的方案，其次是税负高但净现金流量大的方案，要放弃选择税负高且净现金流量小的方案以及税负低且净现金流量小的方案。

净现金流量指标为什么是决策指标，因为老板关心的是最终的收益。税负指标仅仅说明现金的流出程度，最终还要看现金流入的大小，如果现金流入足够覆盖现金流出并有大幅结余，那这就是一个好的可供选择的方案。

工程项目选择一般计税还是简易计税有利，实践中要结合具体数据进行测算分析。

本书分几种情况来分析论证（站在总承包方角度）。

第一种情况：非固定总价合同定价模式，无论选择一般计税还是简易计税，不含税金额都相同，选择一般计税时，合同总价=不含税金额×(1+9%)，选择简易计税时，合同总价=不含税金额×(1+3%)。假设总包方选择一般计税时分包方都选择一般计税，总包方选择简易计税时分包方都选择简易计税，假设选择简易计税的依据都是甲供材料并且不考虑甲供材影响。

【案例13-2】某工程项目不含税金额10 000万元，工程预算数据如下：13%税率的材料不含税金额1 000万元，9%的分包不含税金额2 500万元，6%的咨询费不含税金额200万元，3%征收率的不含税金额4 000万元，假设都能取得符合要求的发票，请测算该工程项目计税方式选择一般计税有利还是简易计税方式有利？（本案例未考虑印花税、未考虑跨区域项目按工程收入核定个税等，实际测算时要结合实际税收成本与非税收成本综合考虑）

案例解析：

结合表13-2分析一下测算过程：

一般计税应纳增值税=900-130-225-12-120
　　　　　　　　　=413（万元）

一般计税增值税税负率=413÷10 000×100%=4.13%

一般计税应纳城建税及附加=413×(7+3+2)%
　　　　　　　　　　　　=49.56（万元）

一般计税应纳企业所得税=(10 000-1 000-2 500-200-4 000-49.56)×25%=562.61（万元）

不考虑其他税金情况下，一般计税情况下综合税收负担额=413+49.56+562.61=1 025.2万元。

同理，可以计算出简易计税情况下应缴纳的各个税种的金额

简易计税应纳增值税=(10 300-2 725)÷(1+3%)×3%
　　　　　　　　　=220.63（万元）

表 13-2　工程项目现金流量表

计税方式	含税总承包金	现金流入		现金流出								应纳增值税	城建及附加	所得税	增值税税负	综合税负	净现金流量
				材料		分包		服务		材料							
		金额	税额	金额	税额(13%)	金额	税额(9%)	金额	税额(6%)	金额	税额(3%)						
一般计税	10 900	10 000	900.00	1 000	130	2 500	225	200	12			413.00	49.56	562.61	0.04	1 025.20	1 687.83
简易计税	10 300	10 000	300.00	1 130		2 725		212		4 000	120	220.63	26.48	446.63	0.02	693.74	1 419.26
			600.00							4 120				331.43		331.43	268.57

简易计税增值税税负率 = 220.63 ÷ 10 000 × 100% = 2.21%

简易计税应纳城建税及附加 = 220.63 × (7 + 3 + 2)%
= 26.48（万元）

简易计税应纳企业所得税 = (10 000 - 1 130 - 2 725 - 212 - 4 120 - 26.48) × 25% = 446.63（万元）

不考虑其他税金情况下，简易计税情况下综合税收负担额 = 220.63 + 26.48 + 446.63 = 693.74 万元。

从税负指标可以得出结论如下：

一般计税比简易计税多缴纳税收总金额 331.43（1 025.2 - 693.74）万元。一般计税比简易计税增值税税负率增加 1.92%（4.13% - 2.21%）。

可否根据税负指标直接作出决策判断呢？答案是否定的。因为，决定企业是赚了还是亏了，以及多赚了多少或少赚了多少的指标不是税负，而是净现金流量指标。通过对比不同计税方式下的净现金流量，选择净现金流量较大的计税方式为最佳方案。

结合表 13-2 测算分析净现金流量如下：

一般计税情况下的净现金流量 = 10 900 - 1 130 - 2 725 - 212 - 4 120 - 1 025.2 = 1 687.83（万元）

简易计税情况下净现金流量 = 10 300 - 1 130 - 2 725 - 212 - 4 120 - 693.74 = 1 419.26（万元）

一般计税比简易计税净现金流量增加额 = 1 687.83 - 1 419.26 = 268.57（万元）

从上述测算结论看，一般计税比简易计税净现金流量额增加 268.57 元，优选一般计税。

从以上测算分析论证可以看出，税负指标只是参考，净现金流量指标才是决策指标。增值税是价外税，增值税税负对利润的影响只有税金及附加部分，这就很好理解为什么增值税税负只是参考指标了。

在实际工作中，财务在测算分析时要与业务人员多沟通，要结合合同定价模式、项目上发票的取得情况、是否享受税收优惠、是否有非税成本、是否应用甲供模式等具体问题具体分析,要把所有有利的和不利的因素考虑周全,不要直接照搬书中案例,书中案例只是提供一个方向指引和思路引导,而实际情况可能多种多样,一定要结合实际情况进行测算分析,要集思广益、多做探索。

第二种情况:非固定总价合同定价模式,无论选择一般计税还是简易计税,不含税金额都相同,选择一般计税时,合同总价=不含税金额×(1+9%),选择简易计税时,合同总价=不含税金额×(1+3%)。假设总包方选择一般计税时分包方都选择一般计税,总包方选择简易计税时分包方都选择一般计税,假设选择简易计税的依据都是甲供材料并且不考虑甲供材影响。

第三种情况:非固定总价合同定价模式,无论选择一般计税还是简易计税,不含税金额都相同,选择一般计税时,合同总价=不含税金额×(1+9%),选择简易计税时,合同总价=不含税金额×(1+3%)。假设总包方选择一般计税时分包方都选择简易计税,总包方选择简易计税时分包方都选择一般计税,假设选择简易计税的依据都是甲供材料并且不考虑甲供材影响。

第四种情况:非固定总价合同定价模式,无论选择一般计税还是简易计税,不含税金额都相同,选择一般计税时,合同总价=不含税金额×(1+9%),选择简易计税时,合同总价=不含税金额×(1+3%)。假设总包方选择一般计税时分包方都选择简易计税,总包方选择简易计税时分包方都选择简易计税,假设选择简易计税的依据都是甲供材料并且不考虑甲供材影响。

上述第二、三、四种情况的测算分析以及方案选择,读者可以参照第一种情况自行测算分析并选择最优方案。

关于固定总价合同定价模式,读者可以参考非固定总价合同定价模式的四种情况进行测算分析并选出最优方案。

关于纳税筹划部分,读者可以关注笔者公众号"桃子说税"和"老陶讲税法"或微信号(tgj20160307)交流探讨!

欢迎大家针对本书提出意见和建议并发送到邮箱：1030985381@qq.com，以便再版时修正。

感谢您阅读本书！希望本书能给您带去帮助！

本书提供配套视频讲解及服务：为了帮助大家进一步深入理解本书的内容，精准掌握建筑业企业全流程全税种实操细节，本书全部内容由作者亲自讲授的高清精品视频课程，请扫描二维码关注"老陶讲税法"微信公众号进入"学员中心"收看。